主编 胡绳武
副主编 牛贯杰 戴鞍钢

清末立宪运动史料丛刊

外文资料

30

王宪明 编译

国家清史编纂委员会·文献丛刊

山西人民出版社

国家出版基金项目
NATIONAL PUBLICATION FOUNDATION

本书获中国人民大学『中央高校建设世界一流大学（学科）和特色发展引导专项资金』支持

『十二五』国家重点图书出版规划项目

国家清史编纂委员会出版委员会

《清末立宪运动史料丛刊》出版工作委员会

总序

戴逸

二〇〇二年八月，国家批准建议纂修清史之报告，十一月成立由十四部委组成之领导小组，十二月十二日成立清史编纂委员会，清史编纂工程于焉肇始。清史之编纂酝酿已久，清亡以后，北洋政府曾聘专家编写《清史稿》，历时十四年成书。识者议其评判不公，记载多误，难成信史，久欲重撰新史，以世事多乱不果。中华人民共和国成立后，中央领导亦多次推动修清史之事，皆因故中辍。新世纪之始，国家安定，经济发展，建设成绩辉煌，而清史研究亦有重大进步，学界又倡修史之议，国家采纳众见，决定启动此新世纪标志性文化工程。清代为我国最后之封建王朝，统治中国二百六十八年之久，距今未远。清代众多之历史和社会问题与今日息息相关。欲知今日中国国情，必当追溯清代之历史，故而编纂一部详细、可信、公允之清代历史实属切要之举。编史要务，首在采集史料，广搜确证，以为依据。必藉此史料，乃能窥见历史陈迹。故史料为历史研究之基础，研究者必须积累大量史料，勤于梳理，善于分析，去粗取精，去伪存真，由此及彼，由表及里，进行科学之抽象，上升为理性之认识，才能洞察过去，认识历史规律。史料之于历史研究，犹如水之于鱼，空气之于鸟，水涸则鱼逝，气盈则鸟飞。历史科学之辉煌殿堂必须岿然耸立于丰富、确凿、可靠之史料基础上，不能构建于虚无缥缈之中。吾侪于编史之始，即整理、出版“文献丛刊”、“档案丛刊”，二者广收各种史料，均为清史编纂工程之重要组成部分，一以供修撰清史之用，提高著作质量；二为抢救、保护、开发清代之文化资源，继承和弘扬历史文化遗产。清代之史料，具有自身之特点，可以概括为多、乱、散、新四字。一曰多。我国素称诗书礼义之邦，存世典籍汗牛充栋，尤以清代为盛。盖清代统治较久，文化发达，学士才人，比肩相望，传世之经籍史乘、诸子百家、文字声韵、目录金石、书画艺术、诗文小说，远轶前朝，积贮文献之多，如恒河沙数，不可胜计。昔梁元帝聚书十四万卷于江陵，西魏军攻掠，悉燔于火，人谓丧失天下典籍之半数，是五世纪时中国书籍总数尚不甚多。宋代印刷术推广，载籍日众，至清代而浩如烟海，难窥其涯涘矣！《清史稿·艺文志》著录清代书籍九千六百三十三种，人议其疏漏太多。武作成作《清史稿艺文志补编》，增补书一万零四百三十八种，超过原志著录之数。彭国栋亦有《重修清史艺文志》，著录书一万八千零五十九种。近年王绍曾更求详备，致力十余年，遍览群籍，手抄目验，成《清史稿艺文志拾遗》，增补书至五万四千八百八十种，超过原志五倍半，此尚非清代存留书之全豹。王绍曾先生言：“余等未见书目尚多，即已见之目，因工作粗疏，未尽钩稽而失之眉睫者，所在多有。”清代书籍总数若干，至今尚未能确知。清代不仅书籍浩繁，尚有大量政府档案留存于世。中国历朝历代档案已丧失殆尽（除近代考古发掘所得甲骨、简牍外），而清朝中枢机关（内阁、军机处）档案，秘藏内廷，尚称完整。加上地方存留之档案，多达二千万件。档案为历史事件发生过程中形成之文件，出之于当事人亲身经历和直接记录，具有较高之真实性、可靠性。大量档案之留存极大地改善了研究条件，俾历史学家得以运用第一手资料追踪往事，了解历史真相。二曰乱。清代以前之典籍，经历代学者整理、研究，对其数量、类别、版本、流传、收藏、真伪及价值已有大致了解。清代编纂《四库全书》，大规模清理、甄别存世之古籍。因政治原因，查禁、篡改、销毁所谓“悖逆”、“违碍”书籍，造成文化之浩劫。但此时经师大儒，联袂入馆，勤力校理，尽瘁编务。政府亦投入巨资以修明文治，故所获成果甚丰。对收录之三千多种书籍和未收之六千多种存目书撰写详明精切之提要，撮其内容要旨，述其体例篇章，论其学术是非，叙其版本源流，编成二百卷《四库全书总目》，洵为读书之典要、后学之津梁。乾隆以后，至于清末，文字之狱渐戢，印刷之术益精，故而人竞著述，家娴诗文，各握灵蛇之珠，众怀昆冈之璧，千舸齐发，万木争荣，学风大盛，典籍之积累远迈从前。惟晚清以来，外强侵凌，干戈四起，国家多难，人民离散，未能投入力量对大量新出之典籍再作整理，而政府档案，深藏中秘，更无由一见。故不仅不知存世清代文献档案之总数，即书籍分类如何变通、版本度藏应否标明，加以部居舛误，界划难清，亥豕鲁鱼，订正未遑。大量稿本、抄本、孤本、珍本，土埋尘封，行将澌灭；殿刻本、局刊本、精校本与坊间劣本混淆杂陈。我国自有典籍以来，其繁杂混乱未有甚于清代典籍者矣！三曰散。清代文献、档案，非常分散，分别度藏于中央与地方各个图书馆、档案馆、博物馆、教学研究机构与私人手中。即以清代中央一级之档案言，除北京中国第一历史档案馆所藏一千万件以外，尚有一大部分档案在战争时期流离播迁，现存于台北故宫博物院。此外，尚有藏于沈阳辽宁省档案馆之圣训、玉牒、满文老档、黑图档等，藏于大连市档案馆之内务府档案，藏于江苏泰州市博物馆之题本、奏折、录副奏折。至于清代各地方政府之档案文书，损毁极大，但尚有劫后残余，璞玉浑金，含章蕴秀，数量颇丰，价值亦高。如河北获鹿县档案、吉林省边务档案、黑龙江将军衙门档案、河南巡抚藩司衙门档案、湖南安化县永历帝与吴三桂档案、四川巴县与南部县档案、浙江安徽江西等省之鱼鳞册、徽州契约文书、内蒙古各盟旗蒙文档案、广东粤海关档案、云南省彝文傣文档案、西藏噶厦政府藏文档案等等分别藏于全国各省市自治区，甚至清代两广总督衙门档案（亦称《叶名琛档案》），被英法联军抢掠西运，今藏于英国伦敦。清代流传下之稿本、抄本，数量丰富，因其从未刻印，弥足珍贵，如曾国藩、李鸿章、翁同龢、盛宣怀、张謇、赵凤昌之家藏资料。至于清代之诗文集、尺牍、家谱、日记、笔记、方志、碑刻等品类繁多，数量浩瀚，北京、上海、南京、广州、天津、武汉及各大学图书馆中，均有不少贮存。丰城之剑气腾霄，合浦之珠光射日，寻访必有所获。最近，余有江南之行，在苏州、常熟两地图书馆、博物馆中，得见所存稿本、抄本之目录，即有数百种之多。某些书籍，在中国大陆已甚稀少，在海外各国反能见到，如太平天国之文书。当年在太平军区域内，为通行之书籍，太平天国失败后，悉遭清政府查禁焚毁，现在中国，已难见到，而在海外，由于各国外交官、传教士、商人竞相搜求，携赴海外，故今日在外国图书馆中保存之太平天国文书较多。二十世纪内，向达、萧一山、王重民、王庆成诸先生曾在世界各地寻觅太平天国文献，收获甚丰。四曰新。清代为传统社会向近代社会之过渡阶段，处于中西文化冲突与交融之中，产生一大批内容新颖、形式多样之文化典籍。清朝初年，西方耶稣会传教士来华，携来自然科学、艺术和西方宗教知识。乾隆时编《四库全书》，曾收录欧几里得《几何原本》，利玛窦《乾坤体义》，熊三拔《泰西水法》、《简平仪说》等书。迄至晚清，中国力图自强，学习西方，翻译各类西方著作，如上海墨海书馆、江南制造局译书馆所译声光化电之书，后严复所译《天演论》、《原富》、《法意》等名著，林纾所译《茶花女遗事》、《黑奴吁天录》等文艺小说。中学西学，摩荡激励，旧学新学，斗妍争胜，知识剧增，推陈出新，晚清典籍多别开生面、石破天惊之论，数千年来所未见，饱学宿儒所不知。突破中国传统之知识框架，书籍之内容、形式，超经史子集之范围，越子曰诗云之牢笼，发生前所未有之革命性变化，出现众多新类目、新体例、新内容。清朝实现国家之大统一，组成中国之多民族大家庭，出现以满文、蒙古文、藏文、维吾尔文、傣文、彝文书写之文书，构成为清代文献之组成部分，使得清代文献、档案更加丰富，更加充实，更加绚丽多彩。清代之文献、档案为我国珍贵之历史文化遗产，其数量之庞大、品类之多样、涵盖之宽广、内容之丰富在全世界之文献、档案宝库中实属罕见。正因其具有多、乱、散、新之特点，故必须投入巨大之人力、财力进行搜集、整理、出版。吾侪因编纂清史之需，贾其余力，整理出版其中一小部分；且欲安装网络，设数据库，运用现代科技手段，进行贮存、检索，以利研究工作。惟清代典籍浩瀚，吾侪汲深绠短，蚊衔蚊负，力薄难任，望洋兴叹，未能做更大规模之工作。观历代文献档案，频遭浩劫，水火兵虫，纷至沓来，古代典籍，百不存五，可为浩叹！切望后来之政府学人重视保护文献档案之工程，投入力量，持续努力，再接再厉，使卷帙长存，瑰宝永驻，中华民族数千年之文献档案得以流传永远，沾溉将来，是所愿也！

二〇〇四年

序言

胡绳武

清末立宪运动是一场全国性的政治运动。这场运动历时9年（1903—1911），波及除内外蒙古、青海、西藏之外的全国22个行省（内地18个省、东北三省和新疆），对辛亥革命前后的中国政治、经济、社会和思想文化均产生过重要的影响。这场运动的人和事，自宣统年间以来不断地有国内外学者们进行研究和评议。由于研究者的立场与观点不同，对这场运动的人和事的评议自然是见仁见智的。但研究者们一致感到研究立宪运动的困难之一在于史料相对缺乏。中华人民共和国成立后，国家重视对近百年历史的研究，在中国史学会的主持下，曾出版过一套《中国近代史资料丛刊》。这套资料的出版对中国近代史的教学与研究曾产生了很好的推动作用，但这套资料丛刊却没有把立宪运动包括在内。

有关立宪运动的文献资料，除1979年中华书局出版过一部《清末筹备立宪档案史料》外，尚无一套比较完整的立宪运动文献资料丛刊，这给中国近代史的教学与研究带来一定的影响。为此，中华书局编辑部于1986年曾拟定编辑一套《立宪运动》的文献资料，作为《中国近代史资料丛刊》的续编出版，并邀请我作为这套文献资料丛刊的主编。我当时因为正在撰写《辛亥革命史稿》，无力承担此项工作而加以婉拒。当时中华书局近代史编辑室的主任陈铮向我表示这项工作可在《辛亥革命史稿》完成以后再着手进行，并希望我能将此项工作接受下来。当时我的研究生程为坤讲师也希望我将这项工作接受下来，并表示愿意全力帮助我完成文献资料的搜集与整理工作。这样，我就终于将此项工作接受下来，并开始注意有关立宪运动文献资料的搜集工作。1990 年以后，《辛亥革命史稿》的撰写工作虽然已经完成，程为坤却已出国留学，我又年近七十，无力单独承担，此项工作遂告中断。其后，我曾争取与中国人民大学图书馆古籍整理研究所合作，希望继续完成这套资料的搜集与整理工作，后因故再次中断。已经搜集却又未经整理的有关立宪运动的文献资料只好堆积存放。

2002 年国家清史纂修工程启动后，清史编纂委员会主任戴逸教授动员我组织力量，将《立宪运动》这套文献资料的整理工作作为国家清史纂修工程文献整理项目之一继续下去，争取完成。我考虑到早在 1986 年即已接受中华书局近代史编辑室委托，承担《立宪运动》的主编工作，中途虽因客观原因中断，但我内心总觉得对学术界和出版社欠了一笔账，不免感到内疚，现在有机会将这套《立宪运动》作为清史文献项目之一列入计划，这是给我完成上世纪中断了的《立宪运动》这套文献资料的一个极好机会，遂于 2004 年向国家清史编纂委员会正式提出申请，并于 2005 年获得通过，正式立项。

这套《清末立宪运动史料丛刊》总的要求是，能够较为全面地反映这场运动的发展全貌，对该运动发生的历史背景、酝酿与兴起、发展和声势、它与民主革命运动及清廷预备仿行立宪的关系、立宪团体、立宪派人士的思想与活动，以及该运动对于中国近代社会历史所造成的影响诸方面，均得到合乎实际的说明。

以往《中国近代史资料丛刊》的编辑方法大致有三种：一是按资料的类型进行整理编辑，如《太平天国》；二是按事件发展进行编辑，如《辛亥革命》；三是二者结合，如《第二次鸦片战争》。本套文献资料大体依照第三种形式，从以下八个方面对相关资料进行搜集、整理与编辑：一、立宪运动的酝酿与发动；二、立宪派与革命派的论战；三、清廷的预备仿行立宪；四、立宪团体；五、国会请愿运动；六、资政院；七、各省谘议局；八、有关立宪运动的外文资料。谘议局文献的选编范围涉及12个行省，即顺直谘议局、奉天谘议局、吉林谘议局、山西谘议局、山东谘议局、江苏谘议局、浙江谘议局、福建谘议局、广东谘议局、江西谘议局、湖南谘议局、四川谘议局。参加本项目的成员及分工如下：中国社会科学院近代史研究所李细珠研究员（立宪运动的酝酿与发动、福建谘议局），清华大学马克思主义学院王宪明教授（立宪派与革命派的论战、有关立宪运动的外文资料），首都师范大学历史系迟云飞教授（清廷的预备仿行立宪），北京大学历史系尚小明教授（立宪团体、国会请愿运动、山西谘议局、山东谘议局），中国人民大学历史学院牛贯杰副教授（资政院、湖南谘议局、广东谘议局），北京师范大学历史学院邱涛副教授（顺直谘议局），中国社会科学院法学研究所孙家红副研究员（奉天谘议局、吉林谘议局），上海图书馆上海科学技术情报研究所高洪兴研究员（江苏谘议局），广东警官学院法律系沈晓敏教授（浙江谘议局），中山大学历史系廖伟章教授（广东谘议局），南昌大学历史系黄志繁教授（江西谘议局），四川大学城市研究所何一民教授（四川谘议局）。

值得说明的是，这套文献资料丛刊立项伊始，清史编纂委员会考虑到我年事已高，故建议增加一位项目主持人，我们经过商议，聘请复旦大学历史系戴鞍钢教授为主持人。项目进行期间，他审阅了700余万字的文稿，并提出具体的修改意见，帮助我承担了不少审阅初稿的任务。牛贯杰副教授承担了大量烦琐沉重的学术辅助工作。清史编纂委员会文献组的王汝丰教授、出版组孟超编审对本项目给予了特别的关心与指导。没有他们的帮助，很难相信这套文献资料丛刊能够如期完成，在此表示诚挚的谢意。同时，山西人民出版社的领导也给予了特别的关注，编辑们付出了辛勤的努力，在此一并致谢。

当然，囿于种种因素，我们不可能将22个行省的谘议局文献全部搜求于内，只选择性地摘取了12个行省的相关文献，这些省份涵盖了沿江沿海、中原腹地、京畿重地与清王朝的龙兴之地——吉林与奉天两省。此外，我们对各省谘议局文献的选编原则以谘议局本身文献为主，因此，规模方面无法做到整齐划一，而且数量各有不同。这些不足和局限，衷心期待学术界进行批评和补正。

2014年10月

凡例

一、本文献为类编资料，资料来源均在正文结尾处标明。

二、本文献按照立宪运动发生、发展的脉络分为三十卷，各卷内容为：第一卷，立宪运动的酝酿与发动；第二卷，立宪派与革命派的论战；第三至六卷，清廷的预备仿行立宪；第七至八卷，立宪团体；第九至十卷，国会请愿运动；第十一至十二卷，资政院；第十三卷，顺直谘议局；第十四至十五卷，奉天谘议局；第十六至十七卷，吉林谘议局；第十八卷，山西谘议局；第十九至二十卷，山东谘议局；第二十一至二十二卷，江苏谘议局；第二十三卷，浙江谘议局；第二十四至二十五卷，福建谘议局；第二十六卷，广东谘议局；第二十七卷，江西谘议局；第二十八卷，湖南谘议局；第二十九卷，四川谘议局；第三十卷，有关立宪运动的外文资料。

三、文献史料如有原名，一律沿用；如没有原名，则由整理者自行拟定，文中注明。

四、资料原文所用繁体字，在不会造成歧义的情况下改为通行简化字。某些具体人名、地名不在此限。异体字、通假字尽量保持文献原貌。

五、本书在纂辑过程中，对清末惯用的一些字词，悉仍其旧，如“豫备立宪”、“豫算”、“筹画”、“画一”、“澈底”、“坐次”、“帐目”、“缕晰陈之”、“详晰”、“人材”、“发见”、“札覆”、“叠次”、“身分”、“省分”、“择尤”等。文中还有许多反复出现的字词属于此种情形，不在此一一列举。

六、文献资料均由编者标点、分段与校勘。错别字用（ ）标出，并于〔 〕中标明正确字，脱字以【 】标明，衍字以〈 〉标明，无法辨识文字和原公文中故意省略之字，均以□标示。

七、原稿繁体竖排，今改为简体横排。原稿中“左”、“如左”、“左列”、“右”、“如右”、“右列”等文字均保留原貌，一律不作改动。

八、为便于读者更好地利用资料，整理者对有必要加注的地方一律加注，以脚注标明。

整理说明

一、本卷所译各文，英文原文选自英国《泰晤士报》（Times）及美国《纽约时报》（*New York Times*）、《华盛顿邮报》（*Washington Post*）、《洛杉矶时报》（*Los Angeles Times*）、《基督教科学箴言报》（*Christian Science Monitor*），少量选译自《独立》（*Independent*）、《纽约观察家纪事》（*New York Observer and Chronicle*）、《北美评论》（*North America Review*）、《大西洋月刊》（*The Atlantic Monthly*）、《美国政治科学学会会议录》（*American Political Science Association*: *Proceedings of the American Political Science Association*）、《双周评论》（*Fortnight Review*）、《美国国际法杂志》（*American Journal of International Law*）、《中国教会年刊》（*D. MacGillivray ed.*: *The China Mission Year Book*, *Being the Christian Movement in China*, 1910, *Shanghai*: *Christian Literature Society for China*, 1910）、《人种发展杂志》（*Journal of Race Development*）以及英国外交档案《中国：政治报告》（1911—1960）（*Robert L. Jarman ed.*: *China*: *Political Report*, 1911 - 1960, *Archive Edition*, 2001）等报纸、期刊和外交档案。

所用英文原文底本主要来自清华大学图书馆所藏各相关数据库（含试用数据库），部分来自其他图书馆。

二、所收录各文有撰写时间的，按撰写时间先后排序，无撰写时间的，则按发表时间先后顺序排列。

三、所收录各文献力求保持原貌，不做任何改动。个别文献因篇幅太长或内容与预备立宪关系不大等原因而有所删节的，均在删节处加注说明。

四、翻译方法以直译为主，直译不易理解时，则兼取意译。原文中有较长直接引文的，尽量核查中文原文，少数一时未能找到中文原文的，则采取意译。个别地方译文中不增加文字就不容易理解的，则在相应之处增加一至数字，以帮助读者理解，所加内容放入“（ ）”内。

五、英文原文中的人名、地名等专有名词，已有通用译名的，尽量采用通用译名，确实未找到通用译名的外国专名，按照该专名的发音翻译，中文专名则保留英文原样，未加翻译，以免因翻译错误而误导读者。所以，本书中 Y. S. Wann，Lee Mon How，Hun Quan，J. H. Singleton 等几个人名并未译出。之所以不译，是因为晚清民国时期粤语中姓氏的拉丁拼法向来不统一，既不同于威氏拼法，也不同于后来的国语、普通话拼法，因此硬译很可能出现错误，反而会误导读者。

六、凡已发现的英文原文中的一些错讹之处，均加脚注说明。

七、莫理循通信中少数涉及到预备立宪的内容，采用骆惠敏编、刘桂梁译《清末民初政情内幕——〈泰晤士报〉驻北京记者、袁世凯政治顾问乔·厄·莫理循书信集》（上海：知识出版社 1986 年版）中的译文，特此说明并向该书编译者及出版社致谢。

八、从《纽约时报》选译的文章，初译稿由清华大学附中英语高级教师高继美老师提供，特此说明。

九、原定选译的英国外交档案和日本外务省档案中的相关内容，因时间等方面的原因，此次未能完成，至为遗憾，希望将来有机会能够继续完成。

整理、翻译者　王宪明

2016 年 10 月

目录

中国人的改革计划

一场有五百万追随者的运动

领导人将访问华盛顿

中国皇帝光绪的枢密使及主要顾问，尊敬的康有为——运动正悄悄向世界各地发展——由中国维新会①组织

一场强劲的改革运动正在悄然席卷全世界，对之表示出兴趣的人有五百万之多。目前，这场运动已经做好准备去唤醒中国的复兴，使之从几个世纪的沉睡中醒来，顺应时势，开发其无限资源，捕捉无限的商业份额。

这一运动以“中国维新会”而著称，该会的第一任美国会长是加州的谭树彬（Tom Shi Bin）医生。

天朝之国中最进步、受过很高教育、令人尊敬的康有为对运动有着浓厚的兴趣，他是现代进步主义的一位强有力的倡导者。他现在正在前往我们国家的途中，此后将会见罗斯福总统。不久之前，一位聪颖而迷人的 17 岁小姑娘康同璧在华盛顿逗留期间应邀拜会了美国总统，总统从她那里了解到这位有头衔的中国人即将到访之事以及现在正在进行的大规模的“将中国美国化”的运动。

尊敬的康有为是全球中国维新会总会长，也是中国伟大的变法领袖。他是在反对改革的慈禧发动血腥的戊戌政变之后离开中国的。在那场政变中，有六位内阁官员及变法领袖被斩首。皇太后极力反对在中国进行任何改革，极力反对目前外部影响下所进行的运动。她有一次悬赏十万元刺杀康、梁，死活均可。因为她反对他们给天朝帝国努力引进的进步观念。

① Chinese Imperial Reform Association，即保皇会，1899 年 7 月 20 日康有为等在加拿大千岛成立，陆续在美洲等地建立组织。1907 年改为帝国宪政会，译者。

不过，这笔赏金已经取消，因此阻止了某些无知的中国人要康有为命的企图。

袁世凯将军是康的一位热情的朋友，他是直隶省权势显赫的总督，四万名受过外国训练的军队的统帅。他现在是一位改革者，也是唯一一位让皇太后害怕的人——因袁巨大的权力和影响力，她又无法取消其军权。

尊敬的康首先去了英国。同情现代改革运动的中国皇帝传话给康氏，要求他保护自己。在逃亡过程中，英国体面地保护了他。然后，1899 年，他到了加拿大。在那里，康有为因仍未摆脱可怕的经历而心情沉重，便成立了中国维新会。

这位大改革家于 1857 年 2 月 22 日出生在中国，这样算起来，他已经差不多 48 岁了。他有一个妻子，两个女儿，其中一个已经结婚，而另外一个，即康小姐，在准备读纽黑文的一所大学。

在加拿大，尊敬的康有为指示其朋友、加州旧金山的谭树彬医生在美国开办“保皇会”，即保护光绪皇帝协会。光绪皇帝是他曾经发誓要保护的人，他确实这样做了。英语中所称的这个“中国维新会”决不像一些美国人所想象的那样是一个支持革命的组织。

运动的发展

加州旧金山一名富商刘（康）〔恒〕（Lew Kan），是当地中国维新会分会的会长；一位富裕而精明的外交官陈文中（Chen Mun Chung）被选为加州分会的会长；一名年轻而聪明的编辑欧云樵（Ow Wan Chew）被选为美国分会的会长。后者最近即将返回中国，而某位优秀的华人将接替其位置。除了这三位出色的中国人之外，在美国的主要城市，特别是中国维新派定居的城市之中，还有至少 30 位会长。在全球小一些的城市，还有 102 位干事担任维新会分会的领导，而这些领导人都与这场运动中所制定的各条进步路线保持着密切联系。

这一协会已经从原来只有少数会员，发展成为拥有 4.5 万名在美的中国商人，450 万名分散在世界各地优秀而富裕的中国人和美国人在内的协会。该协会甚至拥有千百万同情者，其中不少是在中国国内和国外的高级官员，他们因害怕皇太后而不敢公开承认与维新会的联系。

康访问的目的

尊敬的康有为来美是为了加强中国维新会所有分会之联系，而不是像有些人所相信的那样是为了来招募军人或任命任何军官。他将用1500万元成立一个（类似）中国国际银行的机构。有了这一支持之后，中国维新会事实上将成为决定中国最后命运的一个重要因素，因为在美国的中国人中最优秀的阶层将会支持这一改革运动。

在这场改革运动中政治上仅次于康有为的是尊敬的梁启超，他尽管年轻，只有大约33岁，但却充满了智慧与活力。1898年，当皇太后要把他处死时，根据伊藤（博文）伯爵的命令，他被救上军舰并被送往日本。康、梁是当今亚洲最重要的人物，两人都渴望和平，但同时又都坚持认为，只有光绪皇帝得到其婶婶即皇太后的承认，其目标即改革并唤醒中国才能立即实现。

与迷信斗争

改革者的第一步（改革计划）之一，就是要消除迷信。数千年来，迷信阻止了中国的进步。尽管康有为强烈希望在其旗帜上写上“要和平与教育，不要战争”，但是中国的改革者终将拥有一支强大的现代化的军队，从上到下组织起来，在其军官之中，我们将会发现有许多是美国人。

当现已70岁，在过去15个月中身患癌症，据称活不了几个月的老皇太后死后，谁能说清楚将会发生什么情况？

只要（光）绪[①]皇帝还活着，现在的王朝就应该加以保护。皇（太）后死后，全国所有的保守官员都将失去权力，中国将在年轻皇帝的统治下，按照英国的模式，成为一个君主立宪的国家。

鱼雷的发明者

这场在美国开展的维新运动中，最著名的是R. A. 法肯伯格将军，他是一位训练有素的美国人，将担任“中国维新军”的司令。他宣称自己发明了一种既

① 原文将“光绪”的“绪”字当成姓氏，按英文简称“Emperor Hsu”，译者。

可爆炸又可驾驶的鱼雷，一旦将来某个时刻这支军队应召支持中国的改革运动，或者可能是在目前远东正在进行的战争中与日本军队会合，这种鱼雷都可以首次使用并取得理想效果。

其他（对运动）感兴趣的美国人

在这场伟大的复兴中国的改革运动中，与法肯伯格将军积极配合的，还有许多杰出的美国人，他们将在参谋班子中担任重要职务。

情报部实在是总参谋部中最重要的部门。这一部门被将军交给了那位著名的费尔南德·帕门蒂耶尔准将，他被认为是一位聪明的谋略家，熟悉军队的所有部门，但是，法肯伯格将军则认为他是一位军事天才，在炮兵和工兵方面堪称拿破仑。

帕门蒂耶尔将军担任参谋长之职，此外还兼任副官，尽管这对年过40的他来说只是小事一桩。

陆军准将乔治·B. 科勒，华盛顿西雅图人，是前美国加州专员，也是中国改革者的忠实朋友，他将担任军事总检察长，而R. R. 罗杰斯上校则负责军令部。

在各师的司令官中有少将军衔的有艾德芒德·T. 英吉利将军，他曾在南北战争中出色服役；还有J. 斯包尔丁将军，他是一位美军退役军官。

《华盛顿邮报》，1905年1月8日

终于对中国抱有希望

日本人看到改革时代正渐露端倪的迹象

《伦敦时报》、《纽约时报》

《特别电报》，1905年版

东京，7 月 1 日。中国宣布一个外交使团不久将离开北京，以便考察、观察外国宪政制度的实际运转情况，对此，日本报界非常重视。他们回忆起一个事实，即这恰恰是明治初期由日本实施的方法，目的是打破舆论界名家倡导的保守主义。

这个计划使人联想到近来在北京官方授予留日学生的（荣誉）〔功名身份〕，这表明一个名副其实的改革时代在中国正渐露端倪。

《纽约时报》，1905 年 7 月 22 日

拟议中的中国议院

北京，8 月 29 日。外国公使们今天参加了庆亲王为即将前往各国考察的中国使团成员举行的宴会。使团的主要目标是考察世界各国的议院政治。皇太后欲于新年时发布上谕，以便于 12 年之后建立中国议院。在此期间，政府将派学生留学国外，以便为国家立宪做准备。

出洋大臣们将在日本逗留一个月，然后从那里经过美国前往欧洲。由于美国排华法案的缘故，（出洋大臣们）曾经讨论过绕开美国而经过加拿大前往欧洲旅行的问题，但考虑到加拿大气候寒冷，这一计划最终被放弃。出洋大臣们将由大批随员陪同。

《泰晤士报》，1905 年 8 月 30 日

中国事情确实在迅速进展之中

在中国，事情确实在迅速进展之中。中国政府不久之前刚刚宣布，已经任命了一个由满族亲王载泽率领的考察团，前往世界各国，考察政治。昨天，我们获悉，考察团还没有离开北京，就经受了一次致命的考验，这也许是东方能够从西方学到的最坏的政治活动方式之一。当他们即将离开北京时，一颗炸弹在他们的专列爆炸，至少 24 人，其中包括载泽亲王本人，因此受伤。此次导致实施者死亡的犯罪事件，似乎不祥地预示了中国在改革道路上取得长足进展之前所必须清除的困难，在这条道路上，她尽管步履蹒跚，但最近毕竟已在尝试着上路。（清廷）上个月宣布，皇太后尽管已经 70 高龄，但她高瞻远瞩，准备在新年的时候发布懿旨，宣布 12 年之后建立中国议院，而作为这一重要决定的结果，就有了目前这次考察团的组织——这样的安排次序颇有点像某一著名的审判案中所做的那样，先宣判，后审问。有人认为，除了考察议院之外，考察大臣们还将致力于考察经济问题，因为他们也希望获得有关其他文明国家特有的原则和实践之类的知识，这类知识一旦通过适当的机构在中原传播，将有望逐渐实现国民道德的提升。他们在这方面的工作将由经过特别选拔的学生来协助完成，这些学生在各国经过一段时间的留学之后，将被委以重任，以其言传身教，来抗击国内偏远地区广泛存在的偏见。当然，对于这些追求光明的努力，除了同情和支持以外，不可能有其他感情。考察外国的使团是一种工具，日本就是通过它而在其古老的文明之上，按照西方的路线，嫁接了一种新的文明。很有可能，中国通过学习日本的方式，也会逐渐取得同样的结果。如果说预测所谓的中国“觉醒”在合理的时间限度之内取得这些结果有困难，那么这是因为意识到中国所涉及到的问题巨大。中国从面积上说如此之大，从管理上说如此松散，是无法像把一件外衣摞在另外一件外衣上那样急速地把国民生活重整为一体的。但是这样一种变化，如果一定要来的话，必须慢慢地来，也许中国会经历痛苦的阶段。其中，目前派出的为12年之后的事情做准备的考察团以及与此同时发生的反对派制造的爆炸事件都是一种标志和类型。

《泰晤士报》，1905年9月26日

中国的未来

本报通讯员

巴黎，10月10日。中国新任驻法公使刘式训，昨天就中国的政策问题向《巴黎回声报》的亨利·德·诺桑先生发表了一些有意思的见解。刘式训三年前在巴黎担任中国使馆一秘，娶了一位德国太太，最近刚刚接替孙宝琦担任此职。刘式训一开始就承认，中国正准备把自己欧洲化。皇太后下决心为在中国的欧洲企业提供便利，而皇帝独立执政时，也不可能反对他们。至于所谓的“黄祸”以及中国将要武装起来的数百万士兵，公使认为，人们忘记了或者根本就不知道中国人民的和平本性。“用不了几年，中国毫无疑问会按照欧洲的方法重建陆军和海军，但是，这些军队将纯粹是防御性的。这一点毋庸置疑。”至于有谣传说日本决心把中国军事化并让其教官甚至宣传鼓动家占据全中国，公使将之概括为报纸的发明和夸张。中国和日本是不同的国家。中国不受日本的影响，中国将使自己欧洲化。中国正派学生来欧洲，他们经过工作和历练成熟之后，将会成为皇帝的顾问。现在有50人在法国，50人在德国，100人在比利时，70人在伦敦，10人很快将抵达奥地利。

刘式训肯定，随着中国的欧洲化，全中国都将向外国人开放。“在这方面，所有一切都取决于那些想在中国进行贸易的国家达成的协议。我们已经与英国、日本、美国及葡萄牙达成协议，现在我们正在与德国和法国谈判。重大的问题是治外法权问题。……治外法权不可能扩展到全中国。过去两年中，我们已经成立了一个委员会，负责修订我们的法律，准备组织一个更好的司法和警察系统。这将会产生一些规定和措施，使得我们能够为在中国旅行的外国人提供安全保护。此外，欧洲人有必要接受这些法律——这些法律本来就是针对他们特定的，最后，在中国，如有需要，这些已经现代化的中国法律将应用于欧洲人在中国违反法律的案子，而不必诉诸于治外法权，它对于我们来说一直都是不能接受的。”

至于（再次发生）义和团运动的可能性，公使说：

“我们不能指望全中国、全体中国人都谨慎小心。到处都有狂热分子，但就我个人而言，我根本就不相信1900年令人遗憾的义和团事件会卷土重来。为了避免再发生那样的事件，欧洲的机构和传教士应该更收敛自己，更有宽容心，最重要的是，要尊重最古老的民族的习惯和传统。……我们已经诚心诚意地签订了所有一切对于和平和我国的经济繁荣发展有利的和平协定。不久，你就会听到欧洲宣布，一个由载泽亲王率领的使团将要到访。他是皇族嫡系，是皇帝的堂兄弟。这一使团将由三位声望卓著的政治家和二十名随员组成，他们将于两周后从中国出发。他们将在法国逗留一个月，然后前往英国和比利时。使团将开展有益的工作并为更多的工作做好准备。如果不是因为他们从北京乘专列出发时有一犯罪分子向他们投掷炸弹，此刻他们早就应该在旅途中了。一块弹片炸伤了载泽亲王，所幸现在他已经康复。你将看到，中国在任何进步面前都不会退缩，她甚至还练习了投掷炸弹。”

《泰晤士报》，1905年10月11日

一部中国宪法

中国驻圣彼得堡公使发回的通信充满了对未来的思考。他告诉皇（太）后，俄国即将拥有一部宪法；随着这种新形式的民治政府而来的，将是一个内部发展、力量增长的时期；俄国将会成为一个比以往更为强大、更为富裕的国家，从而也将会成为一个更为危险的邻国。他认为，它不会停止其侵略，但是相信将更加难以抵抗。因此，他告诉朝廷，中国要巩固统治，也必须建立代议机构。中国须有一部宪法，须培养国民爱国思想，以此用人民的自愿和负责精神，来捍卫海约翰先生所说的“中国的政治体”。他的建议似乎颇受北京重视。（清廷）正是根据同一方针，已经派遣了一个高级别的使团前往美国和欧洲，考察并报告代议组织的情况，以便为中国提供一套宪政方案。他们是正确的。只有这样，中国才能摆脱困境，才有可能抵制列强对中国的分裂及瓜分，维护其统一。如果在未来的50年里，中国将发展成日本那样的国家，自觉意识到其权力与利益，那么我们简直无法想象世界历史将会发生什么样的变化。在教育领域，这一运动早已开始，而抵制“美约”只是这一运动的一个组成部分而已。

《独立》，1905年11月16日

中国高级官员寻求思想

考察美国的专使已航行在太平洋上

前来获取政治制度概要

模仿日本辉煌的先例

联合社，下午。华盛顿，12月30日。中国公使镇东梁诚先生今天拜访了国务院，正式知会鲁特国务卿，一个由两名中国高级官员及若干杰出随行人员组成的皇家专使团已经出发，前来美国。他们奉中国政府之命前来考察美国的政治、军事、海军、教育及工业方面的（方法）〔制度〕。

使团在穿越太平洋的途中，将在火奴鲁鲁停留数日，并计划于1月16日抵达旧金山。在旧金山港，他们将会受到通常给予到访的外交特使的一切礼遇和便利。穿越（美洲）大陆后，使团将于1月21日前后抵达华盛顿，下榻在中国使馆。

国务卿鲁特命令在北京的幕僚长查理斯·田贝代表政府负责接待和照顾使团。尽管使团接受的任务艰巨，但专使们希望在三周之内完成对美国（治国）方法的考察，然后返回中国。

使团的团长是端方将军。他是满族人，在其所管辖的省里，他以“陶斋”之名而为人们所熟悉。目前，他是湖南巡抚，最近署理湖广总督。

在派出前往美国的使团之后，（清廷）将派出另外一个使团，由现在署理山东巡抚的尚其亨率领，他们可能乘下一班轮船前来。不过，他们不在旧金山登陆，而是要在西雅图上岸。这一使团前往欧洲，做与第一个派往美国的使团同样的事情。不过，他们并不急于到达目的地，他们希望在穿越本国搭乘前往欧洲的船只之前，也在华盛顿逗留数日。

根据中方向鲁特国务卿所做的解释，之所以要派出这些使团，是因为中国政府正在模仿日本，试图学习该国的模式，使自己自由地利用那些能够嫁接到中国文明之上的现代外国最优秀的思想观念。

《洛杉矶时报》，1905 年 12 月 31 日

中国人愿意学习，使团将学习美国人及其方法

使团将于下月抵达

将考察我国的政治、海军、教育及工业事务。国务院幕僚长田贝将全程陪同他们

有关中国使团来访的官方消息，昨天已经发致国务院。该使团已经被派往我国，来学习西方人及其方法，以便改进中国政治、海军、军事、教育、工业等方面的事务。消息由中国公使镇东梁诚先生转达。

使团早已起航并将于 1 月 21 日前后到达华盛顿。在此之前，他们预计将在

旧金山停留五天。专使们将在火奴鲁鲁逗留数日，以便考察当地的工业状况。

国务院幕僚长田贝将代表美国政府接待专使们。专使们在美国旅行期间，他将全程陪同。当田贝先生的父亲在北京担任公使时，他了解了中国人的处世方式并熟悉受过教育的中国人所讲的（语言）〔官话〕。

使团团长

鲁特国务卿已经下令，让旧金山港口当局按正式外交礼仪来接待（中国使团）。

使团的团长是湖南巡抚端方将军。端将军在义和团起义期间，被所有外国人认为是不用怀疑的（中国官员）。那时，他在陕西担任巡抚，在他所管辖的省内，没有一个外国人被杀。在中国（发生义和团之乱的）那一部分地区，很多省内的外国人丢了命。（端）方[①]不仅保护了外国人的生命，而且还（为外国人）在获取北京内外的信息方面提供了不可估量的服务。他是改革派的成员，那时候，他很担心自己的生命受到威胁。（朝廷）选他担任使团的团长是要表明，改革派在北京的地位比以往任何时期都要好。

将拜会总统

使团的另外一位值得注意的成员是戴鸿慈，他担任的官职相当于我国的财政部副部长。戴曾经任协办大学士、刑部侍郎，目前任户部侍郎。

在（端）方使团到达旧金山之后，另外一个考察欧洲的中国代表团不久将抵达西雅图，那一使团的团长是署山东省巡抚尚其亨。最近，德国在那一省份获得了很大影响力。访问欧洲的这一使团亦将访问华盛顿，只是为了向罗斯福总统致敬。

（端）方使团有望在三周之内获取足够一两年内撰写出一份报告所需要的情报资料。驻在本市的使馆成员早已开始收集资料以便供使团使用。

《华盛顿邮报》，1905 年 12 月 31 日

---

① 原文误把“方”当成了姓氏。下段两处亦同此，译者。

寻求西方观念

中国专使在赴华盛顿途中抵达火奴鲁鲁，受到礼遇

西伯利亚号蒸汽轮船今天抵达（火奴鲁鲁），带来了59名中国人，其中包括两名中国皇帝的专使。他们正在前往美国及世界主要国家考察工业与政治状况的途中。

国务卿鲁特致电卡特将军，要求对这些中国贵客加以礼遇。他们受到国民警卫队的接待并被护送至领事馆。中午时，专使拜访了总督并受到总督接待，参加接待的还有当地的一批著名商人。今天下午，札治和窦乐夫人将在其住所为客人们接风。

两位中国专使分别是广东和北京的总督。[①] 使团的许多成员都是年轻人，他们将被安排到美国的教育和商业机构之中。西伯利亚号及船上的中国使团明天将继续踏上前往旧金山的道路。

《洛杉矶时报》，1906年1月6日

给中国人以礼遇

应国务卿鲁特要求，火奴鲁鲁给予（使团）热烈欢迎

① 原文如此，译者。

火奴鲁鲁，1月5日。西伯利亚号蒸汽轮船今天抵达（火奴鲁鲁），船上搭载有59名中国人，包括中国皇帝的两名专使。他们正在前往美国及世界主要国家考察工业与政治状况的途中。

数日之前，国务卿鲁特致电卡特将军，要求给予尊贵的中国客人以礼遇。他们受到国民警卫队的接待并被护送至领事馆。中午，专使们拜访了总督，总督在商人们的协助下接待了专使。

中国专使是广东和北京的总督。[①] 使团中的许多成员都是年轻人，他们将被安排到美国的教育机构和商业学校中学习。

搭载着中国使团一行的西伯利亚号明天将继续其前往旧金山的行程。

《华盛顿邮报》，1906年1月6日

将礼遇中国人

精琦教授前往旧金山接待专使一行

受国务卿鲁特之命，康奈尔大学的J. W. 精琦教授作为国务院的代表，前往旧金山，待中国尊贵的专使抵达后，负责接待他们。这些尊贵的专使正在前往本国的途中，他们前来考察美国的方法，以便决定采用那些对中国人民和政府有利的东西。

精琦教授今天离开华盛顿前往旧金山，在那里，他将与国务院幕僚长田贝一起，安排执行某些接待计划。专使们到达华盛顿之后，接待工作将由田贝负责。

总统的想法是完全按照使团的高规格与重要性来安排接待。因此，当专使一行抵达金门时，海军将参加（欢迎）仪式，而当使团成员到达旧金山时，陆军

① 原文如此，译者。

将参与进来。

军舰和要塞都要鸣放礼炮，军舰将披挂盛装，也许总统卫队分队会参加护送这些尊贵的客人。

《华盛顿邮报》，1906 年 1 月 7 日

中国高层抵达

专使将考察美国政治

在旧金山（他们）受到欢迎

康奈尔大学教授精琦作为罗斯福总统的私人代表致欢迎词。（使团）一行共 62 人，领队的是两位著名学者

旧金山，1 月 12 日。西伯利亚号蒸汽轮船今天从东方抵达，船上载有中国皇家专使端方、戴鸿慈及其僚属和随员，共 62 人。由于天气不利，轮船直到很晚才到达，但是，美方对这批尊贵客人的欢迎仪式却仍如预期的那样热烈。他们渡过太平洋，来考察美国和欧洲的政治与社会制度，而本国政府以最友好的精神接待了他们。

领导接待委员会工作的是康奈尔大学的 W. J. 精琦教授，他是作为罗斯福总统的私人代表前来的。与他一起前来的还有苏姆纳将军及其参谋，代表帕迪州长的副官长劳克，芳斯顿将军及其参谋，中国领事及副领事、秘书、商界领袖及其他著名的市民。

给予热烈欢迎

中国官员受到热烈欢迎。当轮船经过了检疫站之后，他们登陆并被护送到圣弗郎西斯宾馆，他们在本市逗留期间将居住于此，而逗留多长时间则尚未确定。

明天晚上，中国领事和副领事将为他们设宴。访问期间，他们可能在商业交易大厅会见本市商会的代表。

两位专使均由皇帝直接任命，在中国国内享有崇高威望，两人都对到美后所受到的接待表示非常满意。

端方是一位得到公认的学者、艺术评论家、收藏家，其古物藏品是中国国内所能找到的最好的藏品。在被任命为（现任总督）〔闽浙总督〕之前，他曾担任过四个省的巡抚和两个重要省份的总督。

给予外人以保护

义和团骚乱期间在陕西担任巡抚时，他（端方）把所有在他所管辖省份中的外国人都集中起来，对他们加以保护。

戴鸿慈是中国的大学者之一，年轻时毕业于翰林院，这在中国国内是所能获得的最高学术荣誉。他在若干个省的科举考试中担任过主考官。最近他担任了户部尚书之职。

使团的其他人员由各省督抚任命，均为有着突出成就之人。

《华盛顿邮报》，1906 年 1 月 13 日

来自中国的专使

一个由 62 名成员组成的中国皇家专使团于 12 日抵达旧金山，在那里受到康奈尔大学 J. W. 精琦教授（代表国务院）、苏姆纳将军、芳斯顿将军及本市重要商人的欢迎。使团团长是闽浙总督端方及戴鸿慈。前者是一位杰出的学者和中国古董收藏家，不久前曾任湖南巡抚，义和团造反时正担任陕西巡抚。后者也是一

位学者，曾经担任过科举考试的主考官，现任中国户部侍郎。[①] 使团的目的是要研究美国的政治、军事、陆军、教育和工业方法。他们穿越大陆，将在芝加哥逗留三天，在匹茨堡停留一天。2 月 2 日，使团成员将在纽约受到宴请。使团的领导解释说，从任何意义上说，使团的目的都不是政治性的，不会对中国移民问题加以关注。中国驻华盛顿的公使在给其政府的报告中说，由于劳工阶级在此间的影响，尽管国会中的大多数人都赞成（给劳工）更大的自由，但是，有关排华问题，不能指望有令人满意的立法。

《独立》，1906 年 1 月 18 日

中国人来了

华盛顿官方欢迎皇家专使

两位特使领队

尊贵的天朝官员向鲁特国务卿致礼

晚上，在中国大使馆为皇帝的两位特别代表、其随员中的数人举行了非正式宴会——使团全体今天将受到总统接见

中国皇帝任命的一个旨在亲自考察本国各方面情况、美国政府及治国方法的使团昨天上午抵达华盛顿，特使戴鸿慈和端方及其随员中的数人昨天晚上在位于第 19 大街和维尔农大道的中国大使馆出席了一场非正式宴会。

下午，两位特使到国务院拜会了鲁特国务卿。他们由中国公使镇东梁诚陪同。在尊贵的客人们访问期间，负责照顾他们的国务院幕僚长查理斯·田贝，被美国政府任命为特别代表前往旧金山迎接使团，康奈尔大学的教授精琦以及使团

① 关于端方、戴鸿慈的官职，译者采取了直译，虽文中有所矛盾，但当时的欧美媒体就是这样报导的。

一行的两位秘书及三位主要成员也陪同前往。

昨天晚上在大使馆为两位特使及五六位团员举行的宴会完全是非正式的，除了梁公使的家人及少数几名使馆工作人员之外，没有其他人参加。

但是，对于客人们来说，这次宴会却是值得记忆的。按照他们的解释，这是自从他们离开天朝国土以来第一次品尝到中国风味，欣赏到中国环境，他们非常喜欢。

用过晚餐之后，他们花了一个来小时，谈论到达美国以后的经历并拟定访问计划。此后，从匹茨堡出发经过一整夜的旅行之后，已经困乏的使团成员们返回到阿灵顿宾馆，使团一行全体都是住在那里的客人。

许多人都去参观唐人街

昨天晚上没有出席晚宴的多名使团成员参观了唐人街。在那里，他们以极大的兴趣，观看其同胞们为中国新年而举行的庆祝活动。

两位尊贵的特使都属于中国最能干、最有文化教养的人。他们到此的使命，据说无论对我国还是对中国，都特别重要。

戴鸿慈是使团的团长，官衔比另一位特使同事更高。他是中国户部的尚书，是一名中央政府的官员。他也是他们国家最著名的学者之一。

另外的那位特使，即端方，是福建和浙江两省的总督。这两个省都是中国最重要的省份，总人口达 5200 万。

两位尊贵的客人都不会英语，尽管使团中其他多数成员讲英语都很流利。

使团的团长戴鸿慈中等身材，体格粗壮。他有着一张典型的中国人圆而胖的脸，没有皱纹，留着一小撮短而硬的黑胡子。另外一位官员，即总督，年龄则要大得多，而且像大多数总督一样，下巴上留着长长的、没有形状的胡须，戴着镜架宽大的眼镜。从外表上看，他有点像著名的李鸿章。大约十年之前，李曾经访问过我国。

两位特使戴着相似的顶戴——红顶子，长长的（流苏）〔红缨〕，但是，他们的穿戴颜色却并不一样。戴鸿慈穿的是一件黑色的丝绸上衣，外罩一件黄色的马褂，而总督穿的则是一件黑色的上衣，外罩一件紫色的马褂。

在到达华盛顿之后不久，两位特使都评论说，这座城市是他们已经参观的城市之中最热的，并说这里的气候条件跟他们家乡的气候条件极其相似。

两位特使的秘书之一施（肇基）先生毕业于康奈尔大学1895级，现正从事外交工作。他也是中国派往海牙国际和平会议的代表团成员之一，通常被看作中国未来的强人之一。特使们在此访问期间，他将负责担任大部分口译工作。

专列晚点

戴鸿慈和端方这两位特使及使团一行共53人于11:10抵达宾夕法尼亚车站。他们从匹茨堡前来，在那里，他们参观了一些工厂和钢铁厂。他们所乘坐的专列晚点超过一个半小时，天朝的两位特使到达华盛顿时，都是又累又热。

中国驻美国公使镇东梁诚及使馆人员在车站迎接尊贵的客人。事实上，镇东梁诚及其一行早在专列到达前至少一小时就已经等候在那里，而在等候专列到达期间，公使及其下属中的三四位高级成员在斯密森逊广场上来回驾车打发时间。身穿丝绸盛装的使馆成员们不仅吸引了车站周围大群人的围观，而且消息很快就传到了唐人街。专列缓缓驶进时，早已有大约一百多名居住在华盛顿的中国人放下手头的工作，赶到车站来观看其尊贵的同胞一眼。他们站在大门口边的人群后边，没有参加欢迎特使的任何接待活动，只是相互之间兴奋而急切地交谈着。

公使欢迎使团

专列由三节客车车厢、一节行李车厢和一节观礼车厢组成。当火车停下来时，镇东梁诚先生及两名下属快速登上观礼车厢，热烈欢迎两位特使及使团一行。使团的其他成员留在火车站台上。

几分钟之后，特使及镇东梁诚先生在其他人的跟随下下了火车，向在第六大道等候他们的车子走去。上午的天气又热又闷，黑暗的车站真让人感到是一种又明亮又令人高兴的欢迎。

在站台上，在场协助接待使团一行的国务院幕僚长田贝被介绍给两位特使及其秘书，双方之间互相问候的场面特别动人。

当两位特使匆匆向车辆赶去而经过站在站台上的使馆成员们时，他们严肃地鞠躬，然后相互之间握手，一边疲惫地微笑着。

国务院的杜拉尼·亨特前往巴尔的摩去迎接专列并一路前往华盛顿。当火车到达时，他匆匆走上街道，为使团一行照管车辆。把天朝人送到阿灵顿宾馆，共需十六辆车。

田贝、梁先生及两位特使坐在第一辆车上，其他成员按照级别和官职依次跟在后边。最后一辆车上坐的是使团的五名年轻的“苦力”或仆役，每人都带着大包、小包、箱子、袋子，一大堆东西。

行李装满三辆车

尽管客人们的行李装满了三辆快车，但是，使团中几乎每一位成员都还随身带着一个类似于女士手包的小提包。据说里边装的是钱。无论如何，他们都小心翼翼地抓得紧紧的，似乎很珍贵。

端方的公子，一个大约 15 岁的男孩，曾经在大使馆数年，学习英语，他也在车站迎接他父亲。当他们互相打招呼时，这位老总督第一次表现出了超乎寻常的兴致。他好几次拥抱小伙子，把严肃和尊贵放在了一边。这一场景特别动人，特别温馨。

在宾馆稍事休息之后，在镇东梁诚先生、田贝先生以及康奈尔大学精琦教授陪同下，戴鸿慈和端方及其秘书和翻译邓邦述、熊希龄、关冕钧一起驱车前往国务院。在那里，国务卿鲁特和助理国务卿培根在外交接待室正式接待了他们。

接见的时间很短，形式非常庄严、正规。鲁特国务卿向专使们致欢迎辞，虽然简短，但特别热情。他在致辞中热情欢迎专使们来到我国，来到本市，表示很高兴见到他们。他说，他久仰两位专使的声名，希望他们对本国的访问愉快而有益，希望他们回到中国时，会带回对美国令人愉快的记忆以及那些将证明有价值并有利可图的情报和知识。

用中文答谢

由于两名专使都不会讲英文，他们通过翻译来致答谢辞。使团的团长及团员未再多耽搁即与鲁特先生及国务院的其他代表一一握手，然后离开了（国务院）大楼。

到这时，已经是快两点了！使团一行吃过早餐之后就再没有吃过东西，于是，在梁先生的邀请下，他们驱车前往使馆，在那里坐下来吃了一顿“久违的中国大餐”。

在此期间，使团的其他成员也没有闲着。他们有的雇了马车，有的雇了汽车，有的雇了出租车，下午在城中四处游览，而另外一些人则留在宾馆中，打开大旅行箱，写信或寄送报告。

在游览的一行人中，大约有 15 名学生，其中大部分都是由中国政府出钱送来考察我国情况的。他们都是中国“第一家庭”的成员，其父母都是有钱人。

总体而言，这些年轻人都是美国方式和美国习俗的紧密追求者。他们大多数会讲英语，衣服打扮都是美国式的。

需要美国教授

一名叫德阳（Te Yang，音译）的学生在与《邮报》记者交谈时说，在美国旅行他从来也没有像这次快乐过。他说他曾经在英国和德国学习过数年，在使团离开之后，他希望留在美国，并进入美国一所规模巨大的大学。他说，其他学生中有好几位也将这样做。他说，他们国家的愿望是希望中国未来的一代人接受高等教育，用地道的美国知识和美国方法武装起来，因为中国人认为这是最强大、最理想的（国家）。

使团一行中有三位军官。他们是中国皇家高级指挥官姚广顺参将、皇家军事学堂总办陈琪、皇家统带官舒清阿。这些军官都是年轻人，个子矮小。他们身穿军服，佩剑。上周在旧金山时，他们有机会观看一次典型的美国军队活动，那时，军队正在前往谢里登要塞参加阅兵。他们说自己对那次活动中所看到的情形留下了极深的印象。

陈琪上校是这些军官中唯一会讲英语的。他谈了自己的看法。他说，他是在德国接受的军事训练和教育。他所负责的学堂是按照西点的原则创建的，到目前为止，学堂是受学生欢迎的，办得很成功。他说，他希望在回中国之前能够参观西点。

预订 45 个房间

在阿灵顿宾馆，使团一行预订了 45 套房间。戴鸿慈和端方总督住在二楼的豪华套间里，有独立的餐厅、会客室及浴室。宾馆给他们配备了很多仆役，使团自己带着厨师，他们负责为尊贵的特使及使团其他成员准备餐饭。

他们按照欧洲方式安排房间，宾馆的经理人员被告知，使团绝大多数成员都已习惯于美国饮食，而且非常喜欢，因此，在此点上，无需做特别的准备。

两位特使明显特殊之处在于他们所饮用的茶叶。在快递马车送来的使团行李的大箱小包中，有两个箱子中装了从中国带来的茶。离箱子好几步远，就可以闻到这种广受欢迎的物品所散发出的香气。

这一使团并不是我国或任何个人（邀请来）的客人，相反，他们来此仅仅是为了考察政治、教育及商业情况。

总统将接见他们

今天下午，两位贵客及其所率使团一行将在白宫受到罗斯福总统接见。今天其余时间使团将会用于观光。星期四，基督教青年会将招待他们午餐。

《华盛顿邮报》，1906 年 1 月 24 日

中国致信罗斯福

光绪寻求帮助改革其政府

华盛顿，1 月 24 日。今天下午中国专使受到罗斯福总统的正式接见，仪式恰逢中国的新年。

两位专使，即中国最著名的学者之一戴鸿慈和湖南巡抚端方，在中国公使镇东梁诚陪同下，于 2∶30 左右到达白宫。在蓝厅，国务卿鲁特介绍了两位专使。戴鸿慈向总统致辞，称赞他为中国最可靠的朋友，并呈递了一封中国皇帝的亲笔信。

总统回答说：

“我国对东方帝国的友好同情在近年来已多有表达，我相信，新世纪将会在很大程度上实现我们对中国和平、繁荣和进步的共同愿望。”

皇帝的信写在精美的羊皮纸上，装在一个用黄色丝绸包裹的盒子里。信中写道：

“中国皇帝向美利坚合众国总统问候。”

“随着友好交往的岁月不断增加，中国和美国之间的关系已经变得更加密切和更加融洽。美国政府长期以来以组织良好而闻名，通过采纳新的政府原则，取得了令人满意而有益的结果。”

“我们仔细考虑目前的现状，决心改进现有秩序，我们渴望借助您的亲密友谊和善邻来获得必要的信息，以便比照选择。为此，我们已经任命户部侍郎戴鸿慈和湖南巡抚端方为专使，出发前往美国，学习贵国的政治制度。”

“这些高级官员关注时务，稔知政治需求，故我们长期以来把我们的信任和信心寄托在他们身上。我们已经命令他们把这封信恭呈阁下，并说明我们对这件事情的渴望。我们相信阁下将会善意地接待他们，以便他们能够充分地学习贵国政府体系的理论和运行模式，并获得必要的信息以备将来使用。”

“对您在这件事上的友好帮助，我们向阁下表示我们真诚的谢意。”

“光绪三十一年八月初九（1905 年 9 月 7 日）。”

非正式交谈几分钟后，总统带客人到国宴厅，那里准备好了茶水和自助午餐。在专使们离开白宫前，总统向他们赠送了附有亲笔签名的总统咨文和文件的豪华版本。然后专使们参观了海军和国防部，拜访了副总统费班，参加了由鲁特夫妇举行的招待会。明天早上使团一行将参观海军学院。

《纽约时报》，1906 年 1 月 25 日

中国专使在美国

使团受到罗斯福先生接待

华盛顿，1 月 25 日。正在美国访问、考察美国制度及行政方法的中国专使端方与戴鸿慈，昨天在白宫受到罗斯福总统的接见。身着华丽丝绸服装的专使们由其随从侍候，中国公使及其他著名人士陪同。国务卿鲁特先生向总统介绍了客人们，戴鸿慈则向总统呈递了皇帝的书信。罗斯福总统给予特使们最为热烈的欢迎。随后，总统和特使们共享午餐。

专使们拜会了海军部长波拿巴先生、国防部长塔夫脱先生，随后出席了鲁特先生的招待会。

《泰晤士报》，1906 年 1 月 26 日

鲁特宴请中国人

华盛顿官方午餐时会见中国特使

著名公众人物出席

来宾中陆军、海军及国会均有代表——中国公使解释说免去演讲是对其同胞的一大礼遇

昨天，国务卿艾里胡·鲁特在午餐时招待中国皇家使团的成员。华盛顿官

方、陆军、海军及国会均有代表，来宾之中有若干今日最著名的公众人物。

此事在很多方面类似于贝登堡的路易亲王到访华盛顿时谢飞将军代表美国陆军所做的接待。会见在韦拉德饭店的红房间进行，为迎接这一场合，房间内做了漂亮的装饰。一共有 97 名客人，坐在椭圆形的桌子旁，不按级别，不按顺序，以便使在场的所有人都自由自在。

省略演讲

使团的两位头头戴鸿慈和端方分坐在主人的左右两侧。这一场合的特点之一是没有演讲，对此，鲁特国务卿在午餐快要结束时发表的简短讲话中解释说，他不希望让尊贵的客人为了回报午餐费而让他们不得不做答谢演说，不管他们会多么感激。

中国公使镇东梁诚先生后来解释说，不安排演讲对其同胞来讲真是一种礼遇，因为在中国，类似这种性质的大事总是非正式的。

以下成员出席（午餐）：戴鸿慈阁下，皇家高级专使大臣；端方阁下，皇家高级专使大臣；伍光建，一秘；施肇基，英文秘书；温秉忠，英文秘书；刘若曾，二秘；王丰镐，二秘；关冕钧，二秘；邓邦述，二秘；熊希龄，二秘；麦鸿钧，二秘；陆宗舆，三秘；冯祥光，三秘；姚广顺，三秘；舒清阿，三秘；龙建章，随员；唐元湛，随员；岳昭燏，随员；金鼎，随员；周鸿业，随员。[①]

应邀会见使团（的官员）

应邀会见使团的有：

财政部部长、国防部部长、司法部部长、邮政署署长、海军部部长、内务部部长、农业部部长、商业与劳工部部长。[②]

昨天，到访者分成小组，在国会山及各部门花费了相当长的时间参观。当被带去参观雕版印刷处时，他们对制造纸币和政府债券的方法极感兴趣。其中一组还参观了地区大楼，并了解了华盛顿特区事务的管理方法。他们提出了许多有关

① 此处官职称谓，依英语原文所译。姚广顺、舒清阿二人此处官职为“三秘”，与前文所写官称有异，编者。

② 以下为各界出席者的详细名单，此处从略，译者。

卫生方面的问题。

昨天晚上，约翰·W. 福斯特夫妇宴请了使团成员。

《华盛顿邮报》，1906 年 1 月 28 日

中国特使忙碌

他们驱车出城视察士兵之家

向老战士致辞

乘车穿过明林公园和塔可马让皇家特使们多少对城市的郊区有了一些概念。(他们) 收集到足以装满一车的有关美国的资料

中国特使们自两周前在旧金山登陆并呼吸到第一口美国空气以来，他们及其随员都很活跃，一直都在不停地旅行之中。

昨天尽管是星期天，又阴暗，又在下雨，但是，这些尊贵的客人们一整个下午都花在了视察之旅上。两位特使戴鸿慈和端方以及镇东梁诚公使，陪同使团美国之旅的康奈尔大学的精琦教授以及使团之中五六名较为重要的随员访问了士兵之家，然后驾车穿过明林公园及塔可马。昨天，未参加专使们视察活动的其他随员则结队参观考科兰美术馆、动物园、国会山及国会图书馆，而部分人员则留在宾馆，负责撰写报告。

特使昨天做出安排，让使团一行中的 18 人离开华盛顿前往纽约——那里将是专使们下一个访问的地方。这一部分人将由中国驻旧金山副领事欧阳庚率领。像欧阳先生所说的那样，他们将在皇家使团一行到达之前，花时间“在这一美国的大城市探出一条线路”，以便专使们访问那里时，能够让专使们选择适当的路线。

星期天也不休息

专使们要到下星期一才去纽约，在起航前往利物浦之前，他们要在那个大都市逗留十天。今天离开（华盛顿）前往纽约打前站的这帮人将于1月6日启程前往英国。

尽管他们自从开始对美国的现状和风俗进行考察以来就保持了快节奏，但是，皇帝的两位特使昨天早晨还是很早就起了床，像往常一样清醒并做好了开始一整天工作的准备。

"大人，今天没有安排活动，"秘书长一边说，一边还翻看着大约十几页用打字机打出来的有关在华盛顿活动安排的材料。秘书长接着又说："此外，今天是星期天，什么都停业了，而且大人们也一定累了。"

"嚷嚷什么，"两位皇家特使一齐喊道。据翻译，他们的意思是"一定是有开业的"。

在接下来的时间里，各位秘书便分头仔细翻看《华盛顿指南》及城区地图，以便为两位专使计划一天的行程。他们订出以下日程：

游阿灵顿墓地，至午餐时分。下午参观国会图书馆及士兵之家。

天下着雨，到著名墓地参观的计划被取消。两点钟时，两位皇家特使随中国公使乘坐他们的大敞篷马车前往士兵之家，他们的随员们紧随其后。H. S. 霍肯斯准将及其官方参谋和大约一百来名身穿制服的休养人员在大厅中列队接待他们。

在士兵之家休息

客人们被带着参观了这一巨大的政府机构的角角落落。当他们停下来到图书馆稍事休息、抽口烟时，时间已经到了下午4点钟。

专使们特别感兴趣的正是士兵之家这类的机构，因为皇帝要求他们对美国的慈善事业进行专门的考察。在中国，（公众）很少了解公共慈善，而慈善事业将很明确地包括在帝国即将到来的改革和调整之中。

（端）方总督在向士兵之家的接待委员会及休养人员致辞时说：

"你们这些勇敢的人们确实有一个漂亮的家，美国政府一定会很自豪地想，他们能够使那些为其事业奋斗过的人们活得舒适。”

离开士兵之家时，他们发现已经太晚了，无法前往图书馆，一行人便决定驱车穿过塔可马和明林公园，以便让两位专使能够对华盛顿郊区的情况有所了解。

晚上他们是在下榻的宾馆度过的。今天，他们将访问邮政总署和政府印刷办公室，下午，他们将乘坐政府派遣的船只海豚号前往参观弗尔蒙山。

仔细观察细节

尽管专使们在华盛顿的访问是急匆匆地从一座政府大楼跑到另一座政府大楼，他们受到的款待很多——盛大的宴会以及私人的招待，但是，（他们）对政府机构和城市状况的每一个细节，都以极其认真、彻底的态度进行考察。当他们离去时，他们所编纂的有关政府机构和本市的情报及其数据资料可以装满一大车。

中国使团特别郑重其事。当两位专使及其所带讲英语的秘书们以官方的身份前往政府各部门访问并在华盛顿之家受到款待时，其随员中的其他二三十人则悄悄到各部门及公共大楼，为其上司收集所需的数据。

每天早上，专使们会把其随员划分成两三个小组，然后指派他们到某一特定的地点进行考察。到了晚上，每个考察组都要进行详细汇报。

学校让（他们）大吃一惊

让专使们感到大吃一惊的是，他们发现，这里的男孩、女孩同校，设有数量众多的女子学院，特别是全国大多数的大型学院和大学都允许妇女入学。

使团的美国之行最为重要的部分是这样一个事实，即他们就我国的状况向皇帝所做的报告，将会对中国几年之后将要采纳的宪法起到相当重要的作用。

昨天，一位客人说道：“中国皇帝已经下定决心允准人民实行立宪，正因为如此，他才令其代表前来访问美国、英国及法国。”

“实行立宪势必会削减皇帝相当一部分权力，将按照目前英国有限君主制的模式来改造政府。”

《华盛顿邮报》，1906 年 1 月 29 日

中国的改革计划

北京，1 月 29 日。由于皇帝强行要求进行代价昂贵的改革，结果各省政府迫切需要金钱。特别是，北京所制定的军事与教育前景规划需要投入大量资金，有好几位督抚已经提出要求与外国进行借款谈判。袁世凯到任以后，取消了捐官制度。这被认为是一项重要的改革，但是，最近他又接到请愿，希望朝廷重新允许这种买卖，以便筹集资金来给养军队。政府最新的改革计划是把北京的贡院大厅改为军事学堂。

中国将无力管理粤汉（广州—汉口）铁路，这一预测很可能会成为现实。对这条铁路最有兴趣的湖南省的富裕阶层已经上奏，称铁路事务处于一片混乱之中，要求政府采取步骤，重新制定相关章程。奏折进一步说，民众对这一事业缺乏信心，不愿意投钱来支持它，因此筹集不到足够的资金。由于购买这一让与权的资金来自于英资，这笔交易的唯一结果就是把让与权从美国人手中转移到了英国人手中。

《泰晤士报》，1906 年 1 月 30 日

特使今天离开

中国一行人对此间的接待非常感兴趣

跟美国士兵逗乐

当骑兵和炮兵在梅耶要塞演练熟悉的技艺时，皇家专使高喊“好”。查

理斯·田贝招待一行人吃饭。(使团)参观大印刷所

国务院幕僚长查理斯·田贝昨天晚间在其位于康狄格大道西北1301号的家中设便宴，招待中国皇家专使端方总督和戴鸿慈先生。

便宴规模很小，完全不是正式的。除两位专使之外，出席的人还有他们的两位秘书伍光建和施肇基，最高法院的哈兰法官，加州的国会议员麦金雷、W. E. 克蒂斯、T. J. 奥·劳兰、J. N. 斯诺以及海军军团的哈定舰长。

中国公使梁诚先生也应邀出席。自其尊贵的同胞来到华盛顿之后，梁先生几乎一直陪伴着他们，但到最后一刻，他却不得不辞谢。

专使们一行今天上午将参观国会图书馆，然后到国会山，去看一看立法两院。下午晚些时候，他们将拜会国务院。在那里，他们将向鲁特国务卿辞行，并为他们在华盛顿期间所受到的真诚热烈的接待致谢，为他帮助他们达成考察美国政治的目标所采用的方式表示感谢。

晚间，这些皇家客人将离开华盛顿前往纽约，他们计划在那里停留两周。昨天的行程安排证明，这是自专使及其随员一行到达此间以来最有趣的一天。早上，他们参观了政府印刷办公室，对大印刷所从上到下进行了一场彻底的考察，而到下午，他们在梅耶要塞受到该处司令官哈特弗尔德上校的招待。下午的特色活动是一场特别的炮兵和骑兵演习，皇家特使们说，美国士兵们精彩的骑术和驾驶技术让他们感到特别高兴。

骑兵护送特使们

由两位专使、他们的四位秘书、中国公使梁先生、国务院幕僚长、温秉忠、王丰镐、欧阳庚、参将姚广顺、陈琪上校、舒清阿上校以及特使随员（大概六名左右）所组成的天朝参观团，从宾馆驱车前往要塞。当一行人接近阿奎达克特大桥弗吉尼亚一端时，由菲律浦上尉指挥的第十三骑兵部队的H队前来迎接他们。骑兵们全副武装骑在马上，马刀出鞘，向东方客人敬礼。

在剩余部分的行程中，他们护送着特使一行前往要塞。他们在跑马厅前列队，客人们将在那里观看骑术表演。

当一行人从马车上下来时，要塞鸣礼炮19响欢迎他们。

哈特弗尔德上校及其参谋接待了他们。客人们刚刚走到大厅中为他们预留的席位，演习立即开始。H 队的 32 名队员穿着他们最漂亮的军装，骑上了高大而黑黝黝、油光光的战马，从后厅入口处慢跑进入大厅。他们由菲律蒲上尉和莫晨特副官率领，骑马来到离贵宾席几尺远的地方，并在正式敬礼之后，开始了其演练。

哥萨克式表演引发掌声

在围成圆圈骑、二人骑、三人骑以及骑拼“8”字和一个又一个漂亮而复杂的数字之后，他们排成一长队，剑出鞘，从马术大厅的一端全速向观礼席冲去，一边还像哥萨克（骑兵）那样狂喊着。这令人震惊的尾声引起了巨大掌声。由此，这场被称之为“梦幻演习”或“马鞍演习”的活动宣告结束。

然后，骑兵们开始展示其真功夫。他们返回马厩，脱掉夹克、头盔及靴刺，然后骑着光背的坐骑冲进马术大厅。士兵们分别表演在一匹、两匹、三匹马上进行跨越。他们在马背上腾越，从马腹下穿过，翻筋斗，站立在马背上飞奔，并展示了其他许多几乎不可能做到的精彩功夫。

最后一项绝技特别有趣。四匹马被绑在一起，十二个人在马背上搭成金字塔，而四匹马则快速小跑着在大厅中转圈。

看到这一幕，一直在以极大的兴趣观看表演的两位专使，拍着手喊道：“CHO GING”，用美国人的话说，就是“棒极了”。

后来，他们对哈特弗尔德上校说，自从他们到美国以后，他们访问了两处美军军营，但是，昨天是他们第一次亲眼目睹如此壮观、精彩的一场马上技艺表演。他们也对梅耶要塞称作“硬骑”和“哥萨克式表演”的两项内容有兴趣。

专使们说，他们对美国一般士兵个子之小多少有点吃惊。他们说，他们一直都想象着美国士兵像巨人一样。他们被哈特弗尔德上校告知，美国骑兵的平均身高是五英尺七英寸，平均体重 148 镑。

骑兵演练之后，紧接着驻扎在该要塞的炮兵第三连进行了演练。该连有四门炮，指挥官是麦克唐纳和基尔本两位中尉。士兵们进行了各种形式的演练，在标桩之间快速冲锋转弯，在演练后一动作时，他们之间仅保留足以让大炮穿过而互相不磕碰的距离。他们的演练赢得了连续不断的掌声。

演习之后，皇家专使们对阵地上的各种建筑物进行了视察，并于五点钟时驱车赶回城里。

昨天正午之前，两位专使与梁先生、十余名较重要的随员以及国务院的幕僚长前往政府印刷办公室。

公共印刷官查理斯·A. 斯蒂玲斯、印刷工头奥斯卡·瑞凯茨及其私人秘书F. A. 科林斯接待了一行人，并亲自引导他们参观了这座有趣大楼的各个部分。

他们参观了庞大的印刷车间并观看了平台鼓筒、平台、两转滚筒、自动进纸印刷机以及一台大型轮转印刷机，《国会纪要》正在该机上印刷。

印刷机引起他们的兴致

接着，（印刷办公室）向来自中国的这些兴趣盎然的客人们展示了为邮政部门印刷注册卡的印刷机。担负此项任务的压凹起凸印刷机印制出了政府及国会各部门广泛使用的漂亮的浮雕卡片。这似乎引起了他们的特别兴趣。

然后，客人们又被带去看莫诺铸排机的工作原理及其“奇迹”。他们接着又去看装订部，对嵌线和线装机器表示出很大兴趣。他们还被带去参观了大楼内的其他部门。在离开之前，（印刷办公室）送给他们一些纪念品，诸如铅字条、莫诺铸排件、在齿孔机上做出的奇怪图案等。

一些没有陪同（特使）参加昨天正式访问的团员则在各部门拍照。仅在财政部，他们就照了十多张照片。其他人则在邮政总署和农业部收集资料和数据。

《华盛顿邮报》，1906 年 1 月 31 日

中国特使盛装抵达

486 件行李堵塞了宾馆大堂

参观华尔街

听到“排华法案”通过

今天他们开始第一轮餐会和招待

前来我国考察社会经济状况并附带了解我国情况的中国皇帝陛下的特别使团，已于昨天凌晨到达本市。一行人到达之后不到半小时，中国皇家龙旗（白色旗帜上画有黑色动物）和我们的星条旗就已飘扬在第五大道宾馆的阳台上。总督及其随行的53名秘书、仆人和学生已经在该宾馆为今后两周预订了55个房间。

特使团是横穿我国大陆，从旧金山过来的，一路上收集了许多有用的情报，吃了很多宴席。一行人从华盛顿来到纽约。在这里，他们将为其已经取得的知识再添上最后几笔，将向中国皇帝及其令人敬畏的（母亲）〔姨妈〕呈交篇幅巨大的报告。在2月15日乘坐布吕彻号前往普利茅斯之前，使团就必须开始撰写报告。

中国皇家派出使团，这可是一件大事，比想象的公款旅游的成份要少。当然，这一帮来寻求知识的人没有休息。在轮番考察、出席午餐、出席晚餐与了解西洋事物之间，皇帝陛下的使团十分忙碌，而且在轮船把他们从我国（东）海岸载往大（西）洋之前，他们还会继续忙碌下去。

尽管他们有这些活动，但是，昨天早上到达纽约地界时，53名随员还是没有适应按照火车时刻表起床的习惯。当来自宾夕法尼亚的火车驶进泽西市时，戴鸿慈和端方总督，他们的秘书伍光建、施肇基，中国公使镇东梁诚先生，翻译以及随员中的几人已经用过卫生间并做好了下车登渡轮的准备。但是，其他多数人都还未睡醒，搬运工费了很大劲才让他们明白他们必须起床了。最后，一节车厢被转到了旁边的轨道上，并被允许停留在那里，直到其他随员考究地用完卫生间为止。结果，整个一个下午，一些随员都在随随意意地进出第五大道的宾馆。

码头上的迎接仪式

纽约迎接使团一行的仪式在第23大街开始。唐人街的大人物们从太阳升起时就一直等在那里。中华帝国宪政会的成员们把头剃得干干净净，身穿蓝色制服，很容易识别。商人们按东方习俗打扮，拖着长辫子，打扮得光彩照人，分散站在打扮更严肃的宪政会成员们的对面，而一些打扮得更喜庆的中国小孩则在人们身边戏耍，就像纽约的孩子们在同类场景下也会做的那样。

在其他旅客都下来以后，使团成员们穿过人墙走了过来。人墙一边是宪政会成员，一边是商人们。两位总督先行，他们大笑着，互相握手作为致敬的表示。第一个人是一位体格壮实、身穿黑色长袍的男子，留着分成三绺的胡子。他似乎对其同胞组织的迎接仪式极为高兴。他就是端方。他在中国国内时，是福建和浙江两省的总督，管辖着七千万生灵。戴鸿慈走在他身边，他是中国国家财政部的助理部长①、度支部尚书，是使团真正的头。

使团一行受到夏（偕复）总领事和容（Wing）（揆）副总领事、宪政会会长辛高顿（Singleton）、东方俱乐部的葵尔·潘茨（Kwial Panz）的欢迎。在一行人到达第五大道宾馆之后，希真斯州长的代表詹姆斯·B. 雷纳德参加到了欢迎的人群之中。稍后，查理斯·田贝以及前国务卿约翰·W. 弗斯特也来了。

当皇家特使一行驱车前往宾馆时，广场上挤满了出租车。（宾馆）很快就为一行人办完了入住手续并分配了房间。这项工作由温先生负责。当中国人使坏开始使用双关语时，他们就把这位先生称作“唯一的温”。② 他掌握着皇家的钱包，这就是为什么（大家这样称呼他）。

使团构成了一个华人的时装展。一位总督身穿紫色的衣服，而另一位则身着黑色，而两人的顶戴上都镶有他们那一级别的玉徽章。然后是一排团员，他们有穿紫色的，有穿天蓝色的，有穿棕色的，有穿深黑色的，还有穿欧式服装的。据一位秘书说，如果要解释清楚不同的服装代表着什么、是什么级别等等，那么得把使团在此期间的所有时间都花上才行。没有人要求他进行这项测验。

486 件行李

在使团的行李运到宾馆之时，那里的雇工们连连惊叹，声浪翻卷着冲向沃斯纪念碑。箱式货车、地排车、马车、卡车，一车车的箱包运来了，看上去就像租户因未交房租而被驱逐出来一样。宾馆的行李搬运工头担心交通警察会来找麻

---

① 疑记者弄错，与下文重复，实际上是一个官衔。下文的“尚书”应为“侍郎”，译者。

② 原文为“The Only Wun”，与英文“ The Only One”（意为“唯一的一个”）同音，译者。

烦，便令手下人将行李搬到第五大道的公共大厅。全部存入其中之后，从大门一直到礼拜角的每一寸空间都被行李占用了，客人们不得不从第23大道进出。行李堆放得如此之高，职员们连前门也看不见。进行计数后，发现53位客人共有486件行李。

每件行李上都贴有中、英文标签“H. I. C. M’s Special Mission”（“中国皇帝陛下特使团”）。大约300件行李标有“不需要”字样，这些行李当天被送到宾馆的仓储间存放。十点钟时，……[①]用粗糙的绳子包扎起来并标有“不需要”的一捆东西中，有一个洗脸盆和一个罐子。为此，端方自己的儿子乐得不得了。他是一名14岁的孩子，在这里上学。

“他们过去常常带比那还要更古怪的东西，”中国领事馆的侦探麦克唐纳说。他讲中文，对东方相当了解。他和中央办公室的方斯顿、富加蒂正负责照看这些客人。麦克唐纳说：“中国亲王第一次来这里时，他们对这里能够提供的东西信心不足，他们甚至还自带了食物。”

很显然，客人们还没有完全克服这样的观念。行李之中，有许多烹饪用具，还有三大袋子大米。这些都被收藏了起来，因为几周之内，他们将会对第五大道的食谱感到很满意。

尽管两位都是特使，但皇家使团的两位头头之间有着非常明显的差别。昨天二人的一举一动都引起了记者的注意，例如两位总督在上楼梯这件小事上，戴鸿慈都是走在端方的前边。据解释，（端）方的省份远离京城，而（戴鸿）慈[②]则是在北京的朝廷中任职，因此，后者就排在前边。据解释，这就好比纽约州州长和堪萨斯州州长到北京去一样。皇帝会首先接见纽约州州长。

一行人到达之后不久，格兰特将军及其参谋全身戎装来到宾馆，在公共会客室举行了接待仪式。他提议客人们或许可以去参观一下纽约周边的工事，但是这一提议没有得到积极的回应，此事也就没有再坚持。格兰特将军通过翻译告诉两位总督，他将很高兴在总督岛见到他们。他的声音很大，盖过了照相机快门闪动的嘈杂声。他说，自己很高兴见到如此尊敬他父亲的民族的代表。特使们在离开

① 此处原件疑有脱文，省略号为译者所加，译者。

② 记者此处误将端、戴二人姓名的最后一个字音当成了姓，译者。

本市之前，将前往参观格兰特将军墓，并看一看李鸿章在那里栽种的树木。

两位总督并没有被成群的相机所吓着。据雷纳德兹先生说，（端）方先生本人就是一位摄影专家，在家时非常喜欢照相。在格兰特将军到访之后，忙碌的秘书温先生向记者们发表了谈话。

他说："就两国关系而言，我们的目标不是政治性的，而是来考察你们所有的制度——政治的、社会的、教育的以及财政的。然后，我们会撰写一份报告——一份大型报告，带回去给皇帝。中国将采取你们的一些制度。我们已经知道，我们需要这些制度。我们将选择最好的。"

"皇太后下达了特别谕令，要求我们考察这里的妇女教育——这里的女子学校。你们明白其中的意义。新知识对中国的影响将特别巨大。"他又动情地补充说："这确实十分重要。"然后，他便跑开，去让人把混乱的行李理出个头绪来。

参观华尔街

就在正午之前，使团中的部分人乘坐六辆电动摩托车前往证券交易所，华尔街和百老汇立即躁动起来，场外证券市场也移到了证券交易所内，以便欢迎衣着华丽的中国专使们。E. H. 哈理曼是护送专使一行的财政家之一。一行人穿过证券交易所，首先前往州长的房间。在那里，他们会见了官员们。后来，他们对现场骚动的情景非常感兴趣，这种场面他们在顶层上曾目睹过，而这种骚动在客人们在场的情况下也似乎没有减轻。然后他们又在底层参观保管库，对存储在那里的数以百万计的股票和证券留下了相当深刻的印象。然后，他们驱车前往商会。在那里，他们是杰素甫会长午餐桌上请来的客人。他们还旁听了该会正常月会的大部分会议。

很奇怪的是，一行人被迫听取了一场由外交委员会的古斯塔夫·H. 史瓦布介绍的"限制中国人进入我国"的决议案讨论情况。那时，有人反对介绍这一问题，因为有人认为介绍这一问题的时机不太合适，尽管意见不一致，但最后还是坚持了下来。这样，商会就在客人们在场的情况下，通过了一项决议，要求通过国会第12973号决议，限制中国劳工进入美国。这项决议是商会正常会务的一部分，在他们得知中国客人要来之前，就已经做出了决定。

在杰素甫做了介绍之后，戴鸿慈用中文致辞，然后进行了翻译。

他说，见到美国乃至全世界商业中心的商人们，自己很高兴。他说，他希望，中美两国的商业日益密切。他说，使团不会忘了报告他们所受到的友好接待，并希望他的国家将会从使团在此获得的知识中受益。

中国公使说，使团对截至目前他们所看到的一切，都留下了深刻印象，他相信，使团将会获益良多。前国务卿福斯特也做了简短讲话，然后开始午餐。午餐之后，一行人参观了辛格制造公司。

不少娱乐

昨天晚上，两位总督和使团的许多成员在宾馆休息，而好几位成员则经受不住娱乐新闻记者的甜言蜜语而前往观看演出。当天早些时候，当行李还散乱堆放在宾馆走廊上时，就有许多无孔不入的新闻记者造访，介绍各种各样有吸引力的节目，使皇家客人们能够找到剧场中有什么有趣的、新鲜的东西。他们没有上楼。

今天上午 11 点，总督和使团将接待一个商人代表团，下午 2 点他们将对格兰特将军进行回访，晚上他们将在瓦道夫·阿斯特里亚宾馆出席一场宴会，由长老会、新教圣公会、美以美会、浸礼会、新教归正会、公理会、路德会国外传教部做东，前国务卿福斯特担任主席。东道主将在大舞厅和阿斯特美术厅摆放可供 700 名客人就座的席位。

发言者将包括司礼官、长老会国外传教部书记、牧师阿瑟·扎森·布朗博士，他将作为好几个教会传教部的代表发言，将会介绍在中国的传教工作；莫里斯·K. 杰素甫，他将讨论一般商业问题；哥伦比亚大学的巴特勒校长，他将“谈一谈教育”。古雷尔副主教，归正会国外传教部主席、牧师孟席斯·H. 哈顿博士，前美以美会在华传教士、现为京师大学堂教授的富兰克·D. 贾腓力也将做简短发言。贾腓力教授于 1900 年义和团起义时曾策划了北京城的防御，由于他的努力，许多人的生命得以拯救。

发起此次宴会的动议起源于这样一种感情，即如果不做点什么事情向两位总督展示一下支撑着美国许多组织并对许多美国传教士负责的基督教教会力量，那么他们回到中国时就会留下一套并不完整的印象。

他们在逗留期间的其他计划如下：

星期六访问女子学校、慈善组织协会、当铺，在亚洲学会吃午餐，参观美国烟草公司的工厂。星期天乘汽车参观纽约，参观格兰特将军墓及大都会博物馆。星期一访问标准炼油厂，晚上在大都会俱乐部吃晚餐。星期二，6日，前往西点，次日前往费城，晚上返回本市。然后，一行人将访问设在艾尔米拉的威尔士学院，访问康奈尔大学，参观尼亚加拉瀑布。此后，一行人将前往波士顿，停留三天。13日，一行人将返回此地。两天之后（应指15日），他们将起航回国。

《纽约时报》，1906年2月2日

中国特使在纽约

当商会签名支持“移民限制法案”时，他们正在场

纽约，2月1日。正在美国考察工业情况的中国皇家使团今天从华盛顿抵达本市，并开始新一轮观光和考察活动。此轮活动将持续两周左右。在渡轮码头，使团一行受到当地帝国宪政会的迎接，并被护送到第五大道宾馆。在那里，东道主早就为客人们预订好了整整一层楼。在使团到达宾馆之后不久，东部军区司令员弗雷德里克·D. 格兰特将军[1]在其参谋的陪同下，前来进行了正式拜会。

专使们对商会进行访问时，恰逢该会正常的月会之日，客人们进来时，会议正在进行之中。该会通过决议支持国会正在讨论的旨在禁止中国劳工进入美国的法案，当时他们就在现场。

莫里斯·K. 杰素甫用简短的致辞欢迎使团一行，闽浙总督端方和中国驻华盛顿公使镇东梁诚先生做答。总督说，他希望中美两国在商业来往方面能够更密

① Frederic Dent Grant（1850—1912），美国将军，第18任总统尤里西斯·格兰特之子，时任东部军区（The East Division）司令员，下辖东方部（The Department of the East）和海湾部（The Department of the Gulf）。

切。他说，通过使团的访问，中美两国之间的关系将会得到改善。前国务卿约翰·W. 福斯特也讲了话。然后，（客人们）吃了午餐。

下午，中国人参观了好几个与工业相关的项目。客人们还到证券交易所进行了参观。

《华盛顿邮报》，1906 年 2 月 2 日

传教部招待中国特使

巴特勒博士在晚宴上引用了谚语“不分西东”
他和杰素甫道歉
他后悔对中国来访者无礼
——她的公使说该国正在觉醒

为了欢迎来自中国的皇家高级专使端方和戴鸿慈，昨天晚上 700 名男女聚会在瓦道夫·阿斯特里亚宴会上。盛宴由所有基督教会的传教部主办，由关心中美和平关系的著名人士协办。两位高级专使坐在宾客席上，陪同的有哥伦比亚大学的尼古拉斯· 穆雷·巴特勒校长、商会主席莫里斯· K. 杰素甫、弗雷德里克·D. 格兰特准将、舰队司令科尼利厄斯·N. 布利斯、副州长 M. 林·布鲁斯、罗伯特·C. 奥格登、前国务卿约翰·W. 福斯特、副主教古雷尔，塞斯·娄·和中国公使镇东梁诚先生。

客人们分坐在 75 个圆桌旁，许多桌子不得不推至看不见大舞台前凸起高台的阿斯塔回廊。即使这样，也还是几乎没有弯肘的空间。没能得到楼下座位的男男女女都挤在包厢里。

除了对中华帝国的外务部尚书所派的特使表示欢迎外，这个宴会的目的是想让戴鸿慈和端方对美国教会在中国已经做的和正在做的慈善工作留下印象，并极

力主张中国政府给予他们同样良好的待遇和鼓励。

尽管在国内地位低于戴鸿慈，但昨天晚上端方的确是该场合的主角。他用汉语作了十分钟的演讲，赢得全场掌声，即使除了中国佬外没有人懂得一个字。一位年轻的康奈尔大学毕业生施肇基坐在端方大人旁边，然后用英语把演讲的内容读给参加宴会者。其他人在演讲时，施也一直把他的嘴皮紧紧贴在大人的耳边，翻译他们讲话的内容。

戴鸿慈面无表情。不管讲话的内容是严肃还是有趣，对他来说都一样。他沉默着，显然正因犯困而痛苦，他与端方形成鲜明的对照。端方在恰当的时刻哄笑。戴的唯一兴趣，正如大家所看到的那样，是抽一支又长又粗的雪茄。他一口一口地喷烟，好像这就是生活中全部的重要事情。

在瓦道夫·阿斯特里亚宾馆从来没有过这么大的宴会而不招待酒的。除了几杯零星的咖啡外，再也没有比矿泉水更烈性的饮料了。可是吸烟是不禁止的。

在贵宾席上悬挂着一面白色丝绸的旗子，上面印有三四个汉字。这些汉字，据到过中国的男女向那些没有到过的人解释，意思是“官运亨通”。据说那是在国内对中国佬说的最恭维的话。一团团的红郁金香，由隐蔽的电灯照亮，点缀着桌子。黄色是皇家的颜色，红色是官员的颜色。两个有爵位的来访者都不是皇室成员。

欢迎宴会委员会主席罗伯特·C. 奥格登宣布宴会开始。他宣布收到了罗斯福总统和国务卿艾里胡·鲁特的致歉信，然后介绍宴会主持人约翰·W. 福斯特。在正式致欢迎辞之后，福斯特将军转向布鲁斯副州长。

他说：“按顺序，首先是来自纽约州的欢迎。我们知道谦逊是我们公众人物的特征——尤其是那些来自纽约的人们。但是尽管他谦逊，我想提醒布鲁斯副州长，虽然纽约州州长管着八百万人，但是今天晚上我们设宴欢迎的一位客人统治着五千五百多万人。”

“如果我是正州长，”布鲁斯先生站起来回应道，“我可能会被福斯特将军的评论力量所打动，但是我只是一个副州长。但即使我是正州长，在统治着五千五百万人的尊贵的来访者面前也不会感到惭愧，因为我记得一个曾经是纽约州州长的人现在统治着八千万人。”（鼓掌）

布鲁斯副州长讲完时，端方高兴地鼓掌，就好像他理解了每个字似的。接下来，传教部发表了致辞，由长老会传教部书记官布朗牧师宣读。大概，他讲的第一句话是拿他本人所穿的衣服做比较，来表扬中国的礼服。当施（肇基）把这句话翻译给端方时，端方非常高兴。布朗博士演讲完毕，端方大人讲话。

他从我们的物质资源给他和他的伙伴们留下的深刻印象开始说起。他补充说："但是，我们非常高兴地注意到在奇妙的物质扩张中你们没有藐视国家的道德建设。所以我们今晚很高兴地在这里会见从事这项有意义工作的美国人民的代表。"

"对我们来说，听到美国传教部发言人布朗先生说，保证你们派到中国的传教士没有干涉我国习俗的欲望或者'剥夺任何中国基督徒的国籍'，没有政治目的——他们去中国'完全作为一个平民，没有任何官方身份'，这真是幸运。"

"而且，我们理解你所说的'尊重贵国的法律是传教部基本政策的一部分'，当传教部的皈依者是诉讼中所涉及的当事人之一时，传教部的政策是不允许传教士干预审判。能否允许我得寸进尺把'不允许'换成'禁止'？"

"我再次感谢你们今天晚上慷慨、殷勤的接待，同时也感谢你们认真听我发言。"

巴特勒校长讲话的部分内容如下：

"这些贵宾的到访正合时宜。美国人民已经摒弃——让我们希望——已经摈弃建立在侥幸教义基础之上的政策，即尽管他们应该尽力促进他们自己的自由、幸福和繁荣，然而他们必须自我抑制，不掺和自己国土以外世界的任何事情。国家利己主义和孤立主义比个人自我中心和缺乏人类同情心好不到哪里去。"

"我们热诚而喜悦地欢迎来自中国的和平友好大使。我们的欢迎完全可以向他们道歉，并通过他们向远在太平洋对岸的人民道歉，向他们的学者、他们的商人以及希望来北美游历的中国人、有见识的和有领导力的人道歉。而之所以要道歉，是因为我们曾经做出过心胸狭窄的、恶作剧般的无礼举动。我们现在已变得明智和善良一些了，美国人民最好的情操要求我们必须结束这些野蛮行为。"

两位巨人来自天涯，
相对而立，
不分西东，
不别疆界、种族、出身。

莫里斯 ·K. 杰素甫在其演讲中说出了一个有趣的事实，即自从 1868 年以来，商会中就有块两江总督曾侯（国藩）送给商会的匾额，上面的文字一直无人能够辨识，直到皇家专使到来才得以破解。使团成员之一在星期四把该铭文翻译了出来。杰素甫先生说，该匾是中方为了感谢商会在 1868 年救济中国灾民并募集的六万美元捐款而送的。

杰素甫先生说："该匾是几天前从一个壁橱里拿出来的。"而当使团成员之一翻译匾牌上面铭文时，铭文写道：

"天下种族皆兄弟。"①

"12 年来，"杰素甫先生继续说，"我们已经忘记和抛弃了中国给予我们的手足之情。我们不得不向这些贵宾呈现的是多么可怜的景象。我们已经背弃信仰，我们名誉扫地。我们已经向贪婪之偶和劳工统治屈服。现在，正是我们应该要求国会实现人民愿望，做正当合法之事的时候。让我们向这些来访者表明，我们的愿望是贯彻我们总统宣布的原则，给每个人公平机会，依据与我们中国朋友的手足之情做出真诚的安排，签订一份使我们脸上有光且将天长地久的协议。"

美国外国传教部部长曼涩斯 · H. 哈顿牧师，谈完中国的地位及其潜力后说："黄祸？一点也不。我更愿意认为它是世界的黄（色）安（全）。"（他的话）引起了一阵掌声，北京京师大学堂贾腓力牧师被介绍为义和团起义和北京使馆被围时的英雄之一，他赞成福斯特先生谈到的关于那时本土基督教徒的忠诚话语。贾腓力先生是唯一一位用汉语演讲的美国人，当轮到他开始演讲时，特使们密切地注意着。演讲结束时，他们喊叫着鼓掌。

当中国公使镇东梁诚先生站起来作晚宴最后的演讲时，已经接近午夜了。

他说："每位中国的忠实朋友都热切地想看到她从数个世纪的睡梦中醒来并加入前进的行程。她已经睡了这么长时间，因此没有人相信她会正在觉醒，但是即使还没有觉醒，这一天也正在临近。"

"中国人民不安的征兆表示了中国的不满，她的觉醒是思想启蒙运动的结果。所有巨大的物体运动都很缓慢，但是当它们运动时，它们会迅速地集结力量。中国也一样，就像她很久以前那样，当她确实真的开始运动时，什么也无法

① 未找到原文，此据意译，译者。

阻挡她前进的步伐。对我们国家来说，我们极其感激地注意到这个伟大的国家、永恒的朋友。为满足中国加入进步行列的雄心和愿望，我再次感谢美方所采取的方式。我们应该感谢你们对皇帝专使的热情欢迎。”

特使乘坐地铁

同样乘坐高架铁路，并在总督岛受到款待

昨天早上一起床，中国高级专使戴鸿慈和端方（他们由中国陛下派遣到这里来挑选好的风俗习惯以便移植到东方），从黎明到黄昏一直忙着参观纽约市。他们招待了来自唐人街的一百位中国商人，看到了美国人如何制作嚼烟，到总督岛拜会了格兰特将军，在地铁站乘坐没有皮带拉手的奥古斯特·贝尔蒙特的私人专车。

北京户部侍郎戴鸿慈和闽浙总督端方总是兴趣盎然，但是从来不吃惊。他们带着无所不懂的专家神态，却总想多问一个问题。戴鸿慈询问了第三轨、禁止通行的信号设备，以及地铁内的发动机设备。

下午，特使们与镇东梁诚公使及一群秘书和随员一起，走下第六大道高架铁路的南渡口。一辆专车在那里准备着，区间总监赫德莱在那里负责回答问题。可能有官衔的客人注意到了帮助哈莱姆区居民和布朗克斯区居民回家的车上有皮带拉手，但是他们什么也没有说。在地铁里乘坐贝尔蒙特先生的私人专车回来时，一位客人用肘轻推了一下特勤人员。“没有皮带拉手，”他指着顶上解释说。

“是没有，”美国人通过懂英语的中国佬解释说，“这里没有必要用皮带拉手。这是一辆私人专车，看清楚，一辆私人专车。”

中国佬礼貌地说他知道，也许他确实知道。

戴鸿慈、端方、镇东梁诚及50位秘书、随员昨天刚吃完早餐，唐人街代表团就把第五大道宾馆的走廊挤满了。除商人外，还有许多中国维新会成员。该会想在中国实行某些改革，并在远离北京大约12000英里的安全地点实施。会长辛高顿（J. H. Singleton）昨天向高级专使呈递了一份装订漂亮的请愿书。戴鸿慈和端方答应亲自把它带回中国。

接待了其他来访者之后，特使们去了第五大道111号的美国烟草公司，了解烟草业管理情况。参观人员又乘马车和汽车从那里去了该公司位于西22街的工厂。中国佬对美国工人把烟叶变为嚼烟的速度表示非常钦佩。

“太妙了——简直太妙了,”闽浙总督评论道,“在我们国家我们也吸烟,但不像你们国家的某些居民那样吃烟。太妙了。”

一行人在第五大道吃午餐,然后乘坐高架铁路上的专车去总督岛。

当车在西第三大街转弯处转弯时,戴鸿慈的翻译员天真地问道:“您遇到过事故吗?”

“嗯,当然了,有时候会遇到,”赫德莱总监回答道。

“事故是如何发生的?”

“司机一时疏忽,把火车撞到前面一辆车上,或者类似的情况。”

当中国佬在代表希真斯州长的雷纳德斯先生带领下到达南渡口的高架铁路台阶底部时,十余名美国陆军军官,身披闪闪发光的金色饰带,列队欢迎他们。他们是格兰特将军的参谋人员,其中一位是负责东方局的参谋长亨利·O. S. 海斯坦上校。尽管有来自港口刺骨的寒风,专使们在登船之前不慌不忙地与美国人一一握手。格兰特将军在总督岛码头迎接他们。第八团的队伍全副武装站列在渡口通往军官俱乐部的人行道上。当最后一名客人通过时,大家都放松下来。这是一段漫长的人行道,温度计突然接近零点,皇帝陛下的专使非常高兴地进到里面,并在取暖器前搓着双手。

军官们和他们的太太、女儿在那里欢迎客人。格兰特夫人是女主人。在接待的过程中,米尔斯夫人、史密斯夫人和海斯坦夫人协助女主人迎客。出于对戴鸿慈和端方的敬意,乐队演奏了中国音乐。

贝尔蒙特的专车在专使返回南渡口时迎接他们并载着他们由高速轨道到达格兰特中心车站。他们在那里下车,乘坐待命的马车,返回到他们位于第五大道的驻地。

《纽约时报》,1906 年 2 月 3 日

中国人受到宴请

尊敬的约翰·W. 福斯特主持名人聚会

向古老的帝国敬礼

每当遇见中国绅士时，他就有一种想毫无掩饰地站在其面前的冲动——

端方总督说他永远都会以拯救生命为目标——不希望传教士干涉诉讼

纽约，2月2日。今天晚上，在总部设在纽约的各家传教部的支持下，美方在瓦道夫·阿斯特里亚宾馆为中国皇帝高级出洋大臣即端方总督和中国户部侍郎戴鸿慈举行了一场名人聚餐会。

前国务卿约翰·W. 福斯特担任主席。M. 林·布鲁斯副州长代表纽约州致欢迎辞；阿瑟·扎森·布朗代表传教部致辞；端方总督代表使团对美国给予的欢迎表示感谢；纽约商会会长莫里斯·K. 杰素甫牧师、圣公会教区古雷尔副主教、哥伦比亚大学的巴特勒校长、归正会国外传教部主席孟席斯·H. 哈顿博士、中国京师大学堂教授贾腓力及中国驻华盛顿公使镇东梁诚先生先后致辞。

送来致歉信

东道主在宴席上宣读了罗斯福总统和艾里胡·鲁特国务卿的致歉信。在宴席上就座的有800名男女客人。前国务卿福斯特在简短的致辞中说：

“当我遇见中国绅士的时候，我就有一种冲动，想毫无掩饰地站在其面前，并出于对其伟大国家和种族的尊敬之意，深深地鞠一躬。他们的国家和人民及其文明在存在时间上早于我们有记录的任何其他国家和人民，他们在文学、哲学、艺术以及其他实用发明方面的成就无与伦比。正是这样一种感情，才促成了在我国的大都会举行这样一场伟大的聚会，来欢迎中国皇家使团的尊贵的成员们。他们前来考察我们的制度，以便对其古老的体制进行改革，这是对我们国家的一种最高礼遇。”

基督教是基础

“今天晚上，我们给他们带来的信息就是，我们国家之所以强大而又幸福，起作用最大的制度，是几个世纪以前传教士从罗马给我们的祖先带来的。这一制度即基督教，已经渗透进我们的整个政治和社会组织之中，是我们社会组织的基础。”

端方总督宣称，他永远都会尽其最大能力，不分种族、肤色、宗教或社会地位，保护好其治下百姓的生命财产。他接着说：“自从我到贵国以来，我们得到各种机会，看到你们伟大国家的物质方面。所有商业和制造业都向我们敞开了大门，为我们提供了足够的便利来考察美国模式。你们的政府也给予了我们不加限制的便利，对于所有这一切，我们都十分感激。”

对美国留下深刻印象

“我们对贵国的巨大资源和人民神奇的活力留下了深刻印象，这自不用说。不过，我们很高兴地注意到，在这样神奇的物质扩展的过程之中，你们没有忽视国家道德方面的提升。”

“今天晚上，我们很高兴为美国传教士在促进中国人民进步方面所起的作用作证。”

“中国的觉醒似乎已近在眼前，这种觉醒在不小程度上可以追溯到传教士身上。你们会发现，对于你们所提供的服务，中国人民是不会不感激的。”

“听美国传教部发言人布朗博士保证说，你们派往中国的传教士无意于干涉我们国民的习俗，也无意于让任何中国基督徒脱离（中国）国籍。这对于我们来说，是一件非常令人高兴的事情。”

他说，他希望，遇有皈依者被捕时，传教部禁止其传教士们干涉中国法庭（的审理）。

《华盛顿邮报》，1906 年 2 月 3 日

中国皇太后可能逃往某个公使馆

整个国家处在白热化的政治大讨论之中

袁总督受到威胁

采取特别防范措施来保护自己——北方没有针对外国人的公开敌意

北京，2月2日。皇太后的支持者坦率地谈论她有可能因革命被迫到外国公使馆寻求避难。

随着反对外国蚕食情绪的增长，年轻和进步的中国人直言不讳地对政府（表达）不满。这部分人太急切且不给皇太后试图变革的试验时间，他们要求政府立即完成日本用三分之一世纪才取得的所有成就。

目前的政权建立在不稳定的基础上。袁世凯总督之死将会去掉皇帝最强大的后盾。来自当地报纸和茶馆的谣言说袁的军队与反清的秘密团体有染。袁氏经常受到暗杀威胁，所以采取特别防范措施来保护自己。他被严密地日夜保护着。

一直对秩序构成威胁的是，死亡幽灵会突然降临到皇太后身上，由此使不得人心、也没有继承人的皇帝，处在野心勃勃且诡计多端的官员的包围之中。他们身后有躁动不安、心怀不满的芸芸众生。

在上海、香港和天津出版的外国报纸继续忧心忡忡地详述排外纷争，但是北京没有对外国人表示出任何敌意，朝廷想方设法和公使馆保持友好关系。

皇太后今天接待了外交团。她展示了一贯的热诚。朝廷和使馆之间的关系绝不改变。公开煽动反对外国人（的地区）仅限于华中和华南。可以预料，如果纷争发生，它们将会被限制在这些地区，就像“义和团之乱”局限在北方一样。然而，那些举足轻重的预言家们恰恰是最不情愿表达观点。

毫无疑问，全中国都处在白热化的政治大讨论之中。这种在居民中盛行的强烈情感以前很少看见，因此任何后果都有可能出现。当地的暴动可能使普遍敌意突然发生。除了抵制美国的运动之外，记者尚未发现有组织的排外运动，但是中国人的民族精神越来越强烈，而外国人在中国的特殊地位成为许多冲突的焦点。

最近，在威廉皇帝生日庆典时，天津发生的一件本来无关轻重的事件却显示出重要意义。当袁世凯通过英国租界与德国官员进行正式会谈的路上，他的一个警卫遭到一名中国警察殴打，该警察正在执行靠左行驶的道路交通规则。结果发生了混战。总督后来要求租界交出警察加以惩罚。

经工部局、英国总领事、袁世凯的代表会谈之后，租界草拟了一份详尽的道歉书，该警察被解雇并移交给中国官员，他们答应宽大处理。然而，总督手下的臬司立即处肇事者杖 1000 棍——该种惩罚通常是致命的，另处 3 个月的劳役监禁。

这里的外国舆论认为，总督要求租界交出此人以及命令给予极严的惩罚，两者都是蓄意想让外国人知道中国当局的威严。英国官员因交出警察而受到外国侨民的强烈谴责，因为该警察是英国的雇员。

《纽约时报》，1906 年 2 月 3 日

中国特使试乘地铁并上升

戴鸿慈坐在第六大道的列车操纵杆前

看到哥伦比亚和伯纳德

他们还访问了师范学院

高级使团敦促国际理解

高级专使戴鸿慈和端方以及包括希真斯州长的代表 B. 雷纳德斯在内的一群秘书和学生，昨天饱览了纽约市的风光。前天长时间的活动安排，包括在瓦道夫·阿斯特里亚宾馆的宴会，都没有使这些中国客人畏惧。10 点以前，他们就

在第五大道宾馆前跃跃欲试，一个小时以后又上了路。他们每天按日程表行动，昨天的第一个项目是访问哥伦比亚大学、伯纳德学院以及师范学院。两位专使特别希望参观师范学院，因为最近中华帝国花了相当多的钱来建立女子学校，而这被认为是中国向着正在努力以求的新环境迈出的巨大一步。

他们去晨景观光台，是坐由赫德莱总监提供的一辆第六大道火车专车上去的。在上升的过程中，专使们饱览了沿途的风景。在此次旅途中，戴鸿慈专使进入机房，并被允许把他的一只手暂放在操纵杆上，这样，等他回国后，就可以吹嘘说，他曾经驾驶过第六大道的升降火车。当来到第 110 大街的低凹处时，两位专使及部分学生多少有些颤抖，并指着下面的街道大喊。经翻译，（人们）才知道他们喊的是："太高了，太高了！"

在哥伦比亚大学附近的一处高台上，高级专使们第一次看到了格兰特将军的坟墓。他们似乎对之留下了极为深刻的印象，一遍又一遍地重复着："格兰特将军！格兰特将军！"

中国客人们在哥伦比亚大学图书馆大厅受到尼古拉斯·穆雷·巴特勒校长、中文教授弗雷德里克·赫斯及其助手 R. J. H. 克拉恩的接待。一行人被带到哥伦比亚大学的各个大厅参观，校方经中国学生的翻译，作了详尽的介绍。然后，在巴特勒校长的陪同下，客人们前往师范学院，在那里，他们受到塞缪尔·T. 都顿教授及学院秘书的接待。在这里，客人们会见了西斯·罗及莫里斯·K. 杰素甫。在餐饮部，在海伦·戴小姐的主持下，（东道主）向客人们献茶。

此后，客人们前往伯纳德学院。在那里，他们受到教务长劳拉·D. 吉尔小姐的接待。在参观了该院各个大厅之后，客人们又被用车送往第 116 大街的地铁站入口处。从那里，客人们上了奥古斯特·贝尔蒙特的私人车厢"明尼奥拉"，然后乘车前往市中心。专使们向雷纳德斯先生提出了许多有关开关和信号灯之类的问题。在阿斯特地方，他们对地铁商店非常感兴趣，于是便在那里停了几分钟，让他们好好看一看这家商店。在沃斯大街，一行人下了地铁，到商人俱乐部去吃午餐。

这家俱乐部在纽约生命大厦的顶层。在这里，客人们受到美国亚洲学会的款待。午餐非常讲究，吃了三个小时。美国亚洲学会的主席暨纽约日本—中国贸易公司董事长西拉斯·D. 韦伯致欢迎辞。

戴鸿慈专使用汉语宣读其致辞。据翻译，他在致辞中宣布，使团的使命是非政治的。专使说，每一个国家都有需要解决的问题，而中国也不例外；他的国家以及他本人都相信，美国是最能够为他们国家提供帮助的国家之一。使团自从抵达美国以来，已经看到了许多奇迹，但是印象最为深刻的还是美国人民的善意。

专使接着说："我们的愿望是消除一切造成磨擦的原因，如果真的有这类磨擦存在的话。有时候，两个国家之间难免产生磨擦。让我们更经常见面，相互之间更多些了解，并让我们勇敢地说出我们的想法，做正确之事，而不是想方设法地伤害对方。让我们比比看，谁能努力为对方做更多好事。"（掌声）

中国公使镇东梁诚先生也发了言。他向约翰·W. 福斯特致以崇高的敬意，因为他在美国制定了有利于中国的立法并做出了努力。

专使们对把他们送到17层楼的电梯运行速度之快大为吃惊，他们是否喜欢其旅程的这一部分内容，这倒成了一个问题。

午餐之后，客人们被带到公正大楼，去见保罗·默顿总裁，一位专使与他相识。晚上，专使们在剧场观看表演。

在剧场，高级专使、他们的秘书及陪同他们的学生，共45人，坐在6个包厢里。这些包厢插上了中美两国国旗。专使们对剧场的雄壮及景观的豪华表示震惊。

使团一行对芭蕾舞大感兴趣，通过翻译说很好看、很棒。他们表示很喜欢芭蕾舞中的演员，称赞芭蕾舞中的年轻女演员长得漂亮，舞技娴熟。

秘密特工J. O. 布津斯基向中国人介绍表演情况。他们似乎对舞蹈中女演员们所持的金黄色的花杆儿极有兴趣。当秘密特工解释说这种东西在美国各地都有生长，许多人都支持用它来作为国花的象征时，他们似乎更加吃惊，因为他们过去都以为，这种花只有中国才有。

今天上午，专使们将乘坐汽车前往格兰特墓。他们将从那里前往圣帕特里克大教堂，然后再去大都会博物馆。晚上，第五大道宾馆将设私人宴会招待他们。

《纽约时报》，1906年2月4日

西点军校使中国特使高兴

他们重戳士官生，士官生们不笑

厨房中的奇迹

真诚钦羡自动门、烤面包机及土豆削皮机

据中国公使镇东梁诚说，正在深入考察我国的中国高级使团成员昨天参观了西点军校，度过了一生中最高兴的一天。这是公使的原话。公使接着说，使团成员们从来没有见到过如此壮观的训练年轻人的机构。

管辖着五千五百万人民的闽浙总督端方对在此地看到的一切事务都极感兴趣。其同事戴鸿慈虽不直接管民，但他是中国的户部尚书。他也是一位兴趣极浓的考察者。昨天下午，在代表团乘专列离开西点的途中，记者请求镇东先生让使团成员们谈谈其观感。

“西点是我们所见过的最了不起的机构，”他们通过公使先生说，“那里的心身结合训练棒极了。”

镇东先生说：“使团成员们希望通过报纸说，他们非常感谢他们所受到的礼遇。在每一方面，他们都对美国人的好客留下了最美好的印象。”

昨天使团行程的花絮之一是会见正在军校学习的两名中国籍士官生，他们都是新生，今年读二年级。他们是陈廷甲①和温应星②，在岗位上被称为陈和温。他们两人都来自广东。当士官生们列队进食堂就餐时，特使们第一眼就看到了同胞。但是，这两位年轻人严格遵守西点的纪律，一直向前进，既不左顾，也不右

① 陈廷甲（1875—1942），广东番禺人，1905 年入美国西点军校，是该校最早的两名中国学员之一。归国后曾任黄埔军校编纂委员，官至国民政治财政部少将顾问，译者。

② 温应星（1887—1968），广东新宁（今台山）人，1905 年与陈廷甲同入西点军校，是该校最早的两名中国学员之一。归国后曾任孙中山英文秘书、国民政府宪兵副司令、上海公安局局长等职。晚年定居香港。1968 年在美国华盛顿逝世，译者。

盼，然后在其餐桌旁就座。

半小时以后，当使团成员参观正在举行重要接待仪式的库勒姆纪念堂时，身着全套华丽校服的陈和温迈着正步进入纪念堂。他们向军官敬礼，然后立正。特使们严肃地望着他们，然后，端先生微笑了。他看上去非常高兴。迈尔斯将军告诉士官生们可以稍息，于是，他们转身向特使们深深鞠了一躬。端总督握住他们两人的手，把他们拉到自己面前，并发表了简短的讲话，鼓励他们勤奋学习。

陈和温更把胸膛再挺起一寸，看上去他们高兴到了纪律所允许的极点，然后，在迈尔斯将军的建议下，他们回去取大衣。此后，他们便陪同特使们完成了参观军校的其余行程。

大风对使团来说并不可怕。那些十点钟左右出现在西岸路第 42 大街码头的人都裹在缝了厚厚皮毛的丝质披风中。披风的手腕部缝有厚厚的皮毛，这样，当披戴者把手放到一起时，他们就似乎戴上了很多手套。

在西岸站，由小约翰 · D. 洛克菲勒先生提供的专列正等在那里。洛克菲勒先生并没有陪同使团，尽管他原来曾想那样做。一个来自总督岛，由 H. O. S. 海斯坦德少校、E. 珀肯斯上尉、伊万 · M. 约翰逊上尉以及 C. L. 考宾中尉组成的特别小组，已经在列车上，同样在车上的还有方斯顿探长、弗嘎帝探长以及特工人员克凌克。

当火车到达西点车站时，军校的主管 A. L. 米尔斯准将率其身着全副制服的全体参谋人员以及一个由麦克唐纳德上尉指挥的常规骑兵小分队已经等候在那里。从河上吹来的大风撕裂了平原，温度计在正午前就已经达到了零下四度。军官们敬礼，特使们则几次点头，尽管穿了皮毛衣服，但还是（冻得）发抖。然后，所有人都上了马车，驱车先去医院，由主管外科的医师 H. O. 珀雷少校陪同他们参观。士官生们的餐厅及为之配餐的大厨房据说是最好的。为了使之完善，托马斯 · 富兰克林上尉花费了大量时间进行研究，对于客人们所表示的高兴之情，他十分感激。从厨房通向餐厅的自动门，当每个人走到其前边的台阶时，就会自动打开，这使端方大为高兴。大门一直敞开着，直到最后一个人走过——通常是端着巨大托盘的侍者通过为止。总督从自动门走过一遍又一遍。

更让总督高兴的是一台机器，把好几蒲式耳的土豆倒进去之后，机器转一两转，再倒出来的就是去皮并洗干净的土豆。他高兴地鼓起掌来，往料斗里探视。

他如此好奇，以至于工作人员又专门为他往机器里另加了一蒲式耳土豆去削皮。然后，一群人又参观机器如何揉面、切割、烤面包——期间不用人动一根手指；他们又看到另外一台机器从烤炉中取出巨大的烤肉，精确地切成块并进行分发；他们还看到制冰机、消毒机器、巨大的粥锅，等等。而当一行人列队观看士官生步入餐厅时，特使们通过施（肇基翻译）说："这是我们所看到过的最好的厨房，太神奇了。"

然后，特使和镇东先生去米尔斯将军的住宅吃午餐。代表团其他成员则是军官们的客人，在俱乐部就餐。

然后，使团到库勒姆纪念堂参观，堂内富藏艺术品及纪念品。接着参观图书馆、军械博物馆、教学大楼、体育馆以及骑马厅等。

在体育馆，特使们参观了士官生们所穿的各式各样的制服。为了展示这些制服的优点，（西点）专门指定了16个人，分成四组来试穿四种制服。他们必须穿好衣服之后，从营房大厅经过很长一段距离走过来。其中四个士官生受命穿上全副夏季的灰色上衣和薄裤，他们在路上几乎冻僵。

16个人像雕像一样站在那里，而特使及其他中国人用手指头猛戳他们，并做着评论。士官生们既不左顾也不右盼，压抑着不让自己大笑出来。这场折磨持续了五分多钟，期间连一个微笑的人也没有。当士官生们背着枪、子弹、水壶、水杯、短锹以及其他装备行进时，端总督对这套全副行军装备的作战服极为感兴趣，当总督一件件拿起时，更是逐一评论并要求描述其用途。摔跤比赛、搭建营地训练以及优等生们在骑马厅的操演等都引来了代表团一行诚心诚意的赞美。最初，西点校方想用盛装行进来完美地结束这一天，但在四点左右，温度计已经指向零下四度，大风呼啸着穿过阅兵场，因此，计划被放弃。

特使及其一行所乘坐的专列离开西点，跑过从威哈肯延长线到泽西市外的联结点，在那里转上泽西中央铁路。这里，专列加挂了一节餐车，带高级特使们向费城开去。

《纽约时报》，1906年2月7日

中国（派遣）使团的原因

明恩溥牧师

编者按：有关中国人的知识和情感方面，没有一个人比传教士明恩溥有着更为深切的了解。明撰写了下述文章并将接着撰写另外一篇关于中国使团及其成员的文章。北京之围时，他是其中（成员）〔见证者〕之一。他写过好几本有关中国的著作，其中最著名的也许就是《中国人的性格》及《中国的乡村生活》。他陪同中国使团一行来到本国，途中中国官员多有向他咨商之处。

对于一名普通美国人来说，任何与远东相关的事情，都有一种半个世纪之前一位英国作家所谓的“远在万里之外”的感觉，本质上说是无法理解的。之所以如此，自然是有显著的理由，这些理由在此没有必要赘述，试举一例就足够了。中国的情况变化如此之快，如果没有持续而努力的关注，对于一个局外人来说，要想跟上其变化是完全不可能的。天朝帝国的老居民自己也常常被一些突如其来的、与此前的一切似乎都毫无联系的变化弄得大吃一惊。

我们脑子中再经常不过地想到，中国政府——不管这一术语指的是谁、是什么——很像一个装在袋鼠育婴袋中的大家庭。我们偶尔可以听到尖叫声，但是却根本无法听懂他们到底在争什么，也听不懂他们到底是怎么调整的。其法庭也像一个袋子一样，其行动似乎是合力作用的结果，其中有些力量是神秘莫测的，没有一种力量是完全清楚的。

中国这一庞然大国在 1894 至 1895 年的战争中被自己瞧不起的小国日本打败，并被迫接受屈辱的和平。但是，作为一个整体，全国对此事并不关心，也许仅仅是因为，作为一个整体，全国并不知道此事。一些朝贡国据说造反了。只有两个省份牵涉其中，即使这样，在和平条约签订以后，它所带来的屈辱主要是在赋税的加重方面（令中国百姓）有所感觉。1898 年皇帝尝试的变法引起（世人）对变革需要的普遍关注。在中国，很容易举出一些颇具说服力的证据来证明这类改革的价值。例如，（人们）可以指出，唐朝[①]、宋朝时都遇到过类似的“夷狄”问题，都得到成功解决。在那决定命运的一年中，如果光绪皇帝陛下进行得稍稍缓慢一些，那么完全可以设想——尽管远不能确定——所有重要的措施都可能会被采纳，而不会有什么大的反对。中国似乎已经做好准备，但是只有聪明的政治家才能够使之实现。不过，不幸的是，不管出于什么原因，聪明的政治家一直以来就是中国所没有的。45 年来，这艘巨大的东方国家之轮一直处在飘摇之中，方向舵笨拙且破旧不堪，配备着中世纪的罗盘，由于磁偏角的关系，其差值大约（比如说）在 45 度左右。“中国真正的问题”是：尽管有那么多的管理不善，历经了那么多的风暴，这艘船为什么还能够继续漂浮在水上？1898 年 9 月 21 日，当皇太后把皇帝拉下马并实际上囚禁了她这一“侄子兼儿子”时，国内的反应已经种下了后来一切灾难的种子。普通民众不可能看不出守旧的老者和不切实际的新人之间存在着压抑不住的矛盾。

如果西方国家设计过一种总灾难，倒不如说它们以再好不过的方式，顺水推舟，制造了这样的灾难。在一年左右的时间里，出现了一大串“让与”（对“侵略”的一种洗礼命名），接着在北京传来忽冷忽热的阵风，接着义和团突然爆发，政府为自保而将之加以收编，这即使在中国也是第一自然规律。如果皇帝对抗义和团，满洲政府可能早就被其反击而亡。

1901 年议和专使们所达成的“议定书”，除了没有解决任何问题之外，什么也没有议定。所采取的每一项措施都是令人愤怒而无用的。十数种力量从不同方向拉扯这一方向舵，实际上不可能产生任何运动，这是无法避免的。

但是，在中国人民麻木的大脑中，已经充满了深深的不安。问题大了——那是什么问题，他们并不清楚，他们只知道中国正在屈辱地遭受列强的生拉硬扯。如果日俄战争没有发生的话会出现什么情况，这谁也不敢说。正是这一事件改变了中国整个局势，就像它最终有望影响到整个世界的历史一样。要评估“日本潮流”在中国的走向，重要的是必须区分本能的情感和协调的知识。在长达二三十年的时间里，日本的崛起在中国很少引起兴趣，尽管就发生在家门口，发生

① 原文为 Fang，似为 Tang 之误，译者。

在中国人的眼皮底下。直到 1895 年，日本仍被（中国）认为或说成是一个蕞尔小国。从那时起，日本所取得的巨大成功逐渐渗透进所有中国人的内在意识之中。正因为如此，中国人缓慢发展的世界意识开始于 1904 年。这一论证简洁，但具说服力。日本在年龄上比我们（中国）小得多。日本所拥有的大多数东西都是从我们（中国）这里学习过去的——包括（部分）语言、文学、文明。她只有我们的十分之一大小，但是她并没有把任何领土割让给西方国家。她取消了治外法权，被接纳为西方平等的对手，而现在无论是在陆上还是在海上，她都以蔚为壮观的方式和条件，彻底打败了一个头等强国。

中国古老、团结、同一，人口和潜在资源方面不可限量。有什么能阻止我们这样一个比日本大十倍的国家现在去做同样的事情并在将来去做更多的事情？我们认为，这就是中国人最初深感不安的原因。此种不安感缓慢发展，不断增长。这一新生民族情感的形成，还未达到如此爱国之程度以至于大批人都甘愿为之做出牺牲，但它基本上不是唯一地发现于学生阶层之中。学生们的接受能力比那些成年人更强，而其青春年华使之热血沸腾，不计后果。他们的判断力尚未成熟，他们对于哲学、历史、政治学等的实际了解很大程度上是非常粗浅的。但是，他们的自信心，他们的热情，他们的决心，似乎都是无限的。从某种重要意义上说，他们毫无节制，显然是无法约束的，这是中国目前所面临的最大的危险之一。他们每一个人都是变革的鼓吹家，多少都有些视野狭窄，但信仰坚定，目标明确，在语气上都是极为教条主义的，霸道专断的。

这些野心勃勃的年轻人阅读中国所有的各种各样的杂志，迅速地得出结论，并用警告、恐吓之类的电报塞满外务部，甚至命令之类的电报也并非罕见。一位知情的朋友告诉笔者，有时候他手上会积累厚达一尺的这类电报，没有人有时间去看。

在日本的八千多名官费生和自费生，主要在东京，最近威胁要离开日本，因为许多人——可能大多数——都痛恨相关方面试图将他们纳入像日本学生一样的管理条例。然而，这些自己不愿接受约束的年轻人，却随时愿意接管任何无论多么复杂、多么困难的公共事业。此类事情可以说在每一个教育正在大发展的国家中都会发生。但是，除了中国之外，所有国家都有数量众多、势力强大、实际担负责任的群体，他们完全了解自己的职责所在，不会因突然而来的骚动而受到影响。在中国，顽固的保守派（所占比例完全不清楚）蔑视激进的改革者，而后者则绝对肯定，除非采取某些行动，中国将会四分五裂。

在义和团起义之前，中国人民（在多样性中）还从未显示过如此本质上的统一。抵制美国运动只不过是同一系列中的另外一个事件，而且根据笔者的观察，1905 年 12 月 18 日在上海发生的骚乱也是如此。事件发生时，楼房被毁，外国人受到攻击并受伤，许多中国人被杀，一切都是为了抗议（外国人）对中国人所犯下的真实的和想象的侵略，中国人已经决心不再屈服了。

就像在义和团运动的个案中一样，这种巨大的力量可能（而且经常潜在的）会被引向反对清王朝，这一王朝从未得到过爱戴，而现在已是受到许多人的痛恨。政府对于这些混乱及警告状况的答复——答复之一——可以说就是目前派出的皇家使团。它是个什么样子、它将会做什么，这些我们都将在近期刊登的另外一篇文章中进行讨论。

《独立》，1906 年 2 月 8 日

宴请中国专使

约翰·班克罗夫特·德温斯

传教之友热烈欢迎皇家客人

瓦道夫·阿斯特里亚（宾馆）曾经举行过的最为绚丽、最为动人的宴会是上周五晚间举行的。在本市设有办事处的国外传教部招待来自中国的皇家高级专使。尽管准备时间很短促，但是，还是有 750 多名来宾分享了对这些尊贵客人的欢迎。不光传教会的官员讲了真诚欢迎的话，而且来自联邦政府、商业、教育及教会方面的代表也讲了真诚欢迎的话。专使之一以及中国驻华盛顿公使做了得体的回应。

那些忏悔美国政府的缺点而歌颂中国人美德的人，如果得知就在他们讲出这些慷慨的忏悔和赞美之词的时候，美国长老会主要的传教会之一设在广东的家正遭受到一帮武装匪徒的抢劫——传教士们的地盘及其衣服和贵重物品被洗劫一空，那么宴会上的调子可能就会是另外一个样子了。但是，有关美国人受到侮辱的消息过了整整一天之后才传到本市，欢乐没有受到影响。

坐在主桌上的客人，按首字母顺序排列如下：

乔治·亚历山大牧师，神学博士

尊敬的利尼利厄斯·N. 布理斯

阿瑟·J. 布朗牧师，神学博士

尊敬的 M. 林·布鲁斯

尼古拉斯·穆雷·巴特勒校长

阿莫瑞·布雷福德牧师，神学博士

镇东梁诚先生

周斯·B. 考格兰准将

尊敬的约翰· W. 福斯特，法学博士

约翰· G. 法格牧师，神学博士

富兰克· D. 贾腓力牧师，神学博士

弗雷德· 格兰特准将

戴维德· H. 古雷尔主教，神学博士

M. H. 哈顿牧师，神学博士

莫里斯· K. 杰素甫，法学博士

J. W. 精奇教授，法学博士

关翰林[1]

尊敬的塞斯· 娄，法学博士

亨利· C. 马宝牧师，神学博士

罗伯特· C. 奥格登

詹姆斯· B. 雷纳尔兹

① 使团主要成员中有关姓三人：关冕钧、关赓麟和关葆麟，前者为翰林院编修，后两者一为兵部主事，一身份不详，但在使团成员排名中排在关赓麟之后。故此处似应指关冕钧，译者。

尊敬的 K. F. 沙

端方

戴鸿慈

施肇基

邓翰林[①]

温秉忠[②]

宴席上，女宾几乎像男宾一样多，而且包箱内几乎被前来听演讲的妇女挤得满满当当。

到场的教会和世俗人士包括以下人士。(名单略)[③]

陪同具有代表性

为了欢迎这些来考察美国制度的人，(官方) 很难组织更有代表性的陪同人士。两位专使都是非常有趣的人，一位是户部的侍郎，一位是管辖着两个省、统治着五千多万人口的总督。此外，当义和团的暴发威胁着帝国内的每一位外国人时，这位总督还像奥巴底亚一样，为耶和华的使徒们提供住宿和食物。在其致辞中，他对传教士在华的工作给予了很好评价，但是要求传教部禁止传教士在中国信徒遇到麻烦时干涉词讼。这一要求几乎是一命令，对于有传教士在中国的天主教会或团体来说可能更合适。确实，传教部反对此类干涉，但是，在外国政府相信中国政府能够公正对待美国人和欧洲人之前，他们很难反对向那些因改变宗教信仰而受到迫害的人提供保护。

接待委员会在选择宴会主席和主礼官方面都非常幸运。罗伯特·C. 奥格登领导着委员会成功筹备了这场出色的聚会，尊敬的约翰·W. 福斯特则是一个理想的祝酒大师。纽约州的欢迎是由布鲁斯副州长以一种谦逊但却极为优雅的方式表达的。长老会国外传教部秘书、神学博士阿瑟·J. 布朗牧师代表各教会传教部，发表了当晚的主要演讲。他对孔子及儒家学说的了解，一定让中国人大吃一

---

① 原文为 Ting Hanlin，使团主要成员的姓氏无发此音者，最近似的似乎是邓邦述，邓氏进士出身，翰林院编修，译者。

② 原文误作 Wu，Ping Chung，译者。

③ 此处原文开列了教会及教会外宾客名单各 80 余人，为节省篇幅，此处从略，译者。

惊。会上，他说自己曾站在为纪念孔诞日而建的孔庙前，并发现了儒家的美德。

莫里斯· K. 杰素甫代表商会发言，他揭露了连续几届国会跪倒在贪婪和自私的偶像前的罪恶行径，他呼吁美国人民应该诚实、忠诚，对于他的这一呼吁，国会应该倾听并加以注意。戴维德·H. 古雷尔主教、哥伦比亚大学尼古拉斯·穆雷·巴特勒校长、美国复初会国外传教部主席 M. H. 胡顿以及神学博士、原北京大学教授富兰克·D. 贾腓力等，也发表了动人的演讲。如果我国的某些人一方面极力奉承，另一方面又极度自贬，究其原因，不是酒后失言——因为宴会上根本就没有上酒，而是因为他们想说客人们乐于听到的话。这种礼貌之词得到了照本宣科般的回报。中国人老于礼节，他们的发言人端方总督阁下和镇东梁诚阁下所说的大部分都是美国人爱听的。

中国人的观点

虽然总督的致辞先是用中文讲了一遍，然后又用英文讲了一遍（都是书面的，两者意思应该相同），但是据客人——曾经在中国呆过的美国人，对中国人的了解，还是怀疑这两份稿子并不相同。一份是给使团的同事和随员听的，演讲者在这份讲稿中表达自己对孔子的信仰和对从西方带到中国来的学说的漠视；另外一份则带有在美国培养出来的总督秘书的烙印，他知道怎么说才会让东道主高兴。在这两份讲稿中，演讲者都表示相信，应该不分宗教信仰、种族、社会地位，向所有人类表示善意。总督谦虚地说，他为了保护所管辖省份内的传教士所做的努力不值得称道，因为那是其职责所在。

中国正在觉醒——根据中国公使的声明，这解释了其部分人民为何会发生骚乱。最近几年，烈士的亲戚朋友都得到了一个官方的解释，批评者也应该对之加以注意。从此以后，传教士不应受到谴责——是人民的“骚乱”不时造成了抢劫和谋杀。只要这种“骚乱”限于教会财产及传教士的生命，（清政府）就不会采取什么措施来防止此类事件的继续发生，但是，如果一个生命值点钱的水手、士兵、领事官或其他政府官员受到伤害，那么（清政府）就会采取措施来镇压这种“骚乱”。

接待委员会主席奥格登先生宣读了罗斯福总统、鲁特国务卿、塔夫脱国务卿及周特先生等人的致歉信。接待委员会曾经希望罗斯福总统能够到场，但是，国务使得他此时无法离开华盛顿。主席又补充说，委员会很幸运地请到了前国务卿，一位闻名中美的绅士——尊敬的约翰·W. 福斯特担任主礼官、司酒。

美国最伟大的制度

当福斯特先生起身讲话时，受到大家的热烈欢迎。他的致词简洁，但是，不等他讲完，每一位美国客人及中国使团中懂英文的人已经清楚，这场宴会的目的就是要宣布，基督教是美国最伟大的制度。福斯特先生所讲如下：

当我遇到一位中国绅士时，我就有一种冲动，要毫无任何掩饰地站在他面前，出于敬意，向他深深地鞠一躬，敬的是其伟大的国家和人民，其立国之久、文明之古，超越了我们所记录的所有其他国家，中国人在文学、哲学、艺术和实用性的发明方面取得的成就无与伦比。

毫无疑问，正是此种感情促成了在我国这一大都市的大聚会——欢迎中国皇家使团的著名成员。他们访问我国，前来考察我们的制度以便对其古老的体制进行改革。今天晚上我们带给他们的信息就是：我国强大幸福，（之所以如此），贡献最大的制度，就是很多个世纪以前罗马的传教士给我们的祖先带来的制度。那一制度，即基督教，已经浸透在我们的政治和社会网络之中，成为我们一切文明的基础。

但是，要阐明这一信息或确定其与中国的关系，这却不是我的本份或意图。这一任务已经交由头脑更聪明、口舌更能言的人士。第一道程序是来自纽约州的欢迎。我们知道，谦逊是我们公共人物的特点，尤其是纽约州的公共人物的特点。但是，谦逊归谦逊，我还是希望提醒布鲁斯副州长，纽约州的州长是统治着八百万人民的州长，而我们今天聚会欢迎的一位客人却是统治着五千五百万人民的总督。

令主席满意的是，布鲁斯副州长回答说，如果他是正州长而不是副州长的话，他就会对这一番介绍留下特别深刻的印象，因为他就会被提醒，纽约州的一位前任州长现在是八千万人民的统治者。在为客人们无法受到希真斯州长的欢迎而表达遗憾之后，他说他确信，专使们的到访将会大大加强中国和美国之间的和睦友好联系，相信在本州有许多中国人，他们都是全体公民之中冷静、勤劳、爱好和平的人。布鲁斯进一步说，无论是纽约的港口还是防御工事，还是美丽的哈德逊河或尼亚加拉大瀑布，都不是本州真正的光荣和骄傲所在，那些平民宁静平和的家园，才是本州基督教文明的光荣及成果。他代表住在这些平和家园中的人民，欢迎客人们来到纽约州。

来自传教部的信息

在介绍下一位发言者时，福斯特先生说，负责安排宴会的委员会指定了一位人士来发表主要的欢迎词。这位人士既熟悉中国，又适合代表本国的传教部讲话。他就是神学博士、长老会国外传教部书记阿瑟·J. 布朗牧师。接下来，布朗博士发表如下致词：

主席先生，专使阁下，女士们，先生们：在纽约的中国基督教之友欢迎皇帝陛下派来的高级专使。既然专使阁下是前来考察美国制度的，那么我们认为，强调各种制度赖以建立的基础是适宜的，以此表明美国最好的情感是对华友谊，此种友谊在基督教运动中找到最高级的表达方式，也是适宜的。

我们愉快地回忆起，当端方总督阁下在湖南担任巡抚时，他参观了一所教会学校，观看了一场足球比赛并亲自踢球。1900 年在陕西时，他是智慧而又坚决阻止义和团之乱扩散的四大巡抚之一。通过他个人的努力，他挽救了数十名外国传教士的生命。总督在衙门中接待他们，而当他们离开陕西前往杭州时，又派士兵护送，并送盘缠给他们，以供途中所需。我们很高兴地欢迎他的同事、皇帝陛下信任的师傅、户部侍郎戴鸿慈阁下。中国驻美公使镇东梁诚阁下出席宴会，让我们感到非常幸运。我们为他是安多夫学校和阿姆赫斯特学院的毕业生而感到骄傲，为他是一名以智慧和能力增进美中两国人民之间友好感情的外交官而感到骄傲。这种骄傲应是可以谅解的。

美国新教对中国的浓厚兴趣以及此时他们欲将之以某种方式表达出来的合理性将表现在这一事实之中，即他们在中国派有 1123 名传教士，设立了 1000 所学校和学院，开设了 100 所医院和药房，每年可以治疗 40 万名病人，建立了九家印刷所，每年可以发行 1. 19 亿页的印刷品，而为了维持这些机构的运转，每年支出经费 125 万美元。

他们这样做的动机完全是无私的，除了完成职责之外，他们不图任何回报。作为公民，他们愿意看到对华贸易额的增长，但是，作为传教人员，他们与贸易没有任何关联。

他们没有任何干涉国民习俗状况或消除任何中国基督徒国籍的意图。中国就是中国，我们认为试图使之美国化是不明智的，而且也没有必要这样做。我请求在场的杰出听众冷静想一想，中国绅士的长袍难道不比我们美国人今天晚上按照习俗必须穿出场的黑色燕尾服更漂亮吗？冒着以后挨批评的危险，我还要斗胆说一句，中国女士的服装比美国女士的服装更动人，更合身。至于说到食物，这场宴会唤起了我对中国丰盛宴会的记忆。在那些宴会上，我虽然欣赏中国人的大方好客，但却不太容易享用送上来的某些菜肴。但是，当我想起一位中国绅士从美国寄出的家书后，我便和着海参和蒸鱼，把不情愿吃的食物吞了下去。信中是这样说的：

“你无法教化这些洋鬼子。他们没治了。他们可以一连几个星期、几个月不吃一口米饭，但是，他们会大吃牛羊肉。这就是为什么他们身上的气味如此难闻。他们自己发出的气味也像羊。为了使自己去除这股难闻的气味，他们每天都要洗澡，但是却怎么也洗不掉。他们做饭时不会将肉切成小片。肉被大块地拿进房间，常常是半生不熟，然后他们就切开、割开、撕开。他们用刀叉吃饭。这让文明人感到大为心惊。你可能会想自己如何面对‘吞剑’。他们甚至还会与女人坐在同一张桌子上，而且上菜时还是女士优先，颠倒了自然的顺序……不过，女人也真可怜。到了过节时，她们就会伴随着魔鬼一般的音乐，被人拽着在房间里转来转去。”

这样看来，涉及到国民习俗的相互指责对任何一方来说说服力都是不足的。从这一观点来看，至少我们可以谨慎地记住：

“我们最好的东西中有如此多的坏东西，

我们最坏的东西中也有如此多的好东西。

我们每一个人都不应该对别人说三道四。”

传教者只反对那些本质上错误的东西，而错误的东西是不分种族或国度的。基督教徒痛恨在纽约的错误以及在北京的错误。至于说敬拜祖先，我们这些崇拜华盛顿和林肯的人，我们这些专门定出一天来为我们倒下的士兵修葺墓地的人，我们这些在家中保存父母肖像并全心站立在其神圣的遗骸前的人，希望中国的基督徒能够向孔子、向其已故的父母亲致以应向人类致的礼敬，致以与只属于对上帝的崇拜相适应的礼敬。

传教者也不想给中国一套不同的文明。中国有自己的文明，比我们的更古老，而且非常适合其需要。我们崇敬地牢记着，中国人民勤俭勤劳、孝敬父母。全世界都受惠于这个民族，他们的天文学家在亚伯拉罕离开吾珥[①]之前两百多年就已经做出了精确的观测；他们在基督纪元之初就已经使用了烟花；他们最早种植茶叶，生产炸药，制造胶及明胶；他们在基督教时代到来之前150年就已经在使用纸；在欧洲人知道活字印刷术之前500年，他们就已经发明了这一技术；他们最早创办银行，发明航海罗盘，开凿第一条运河，修建第一座拱形建筑，修建了山间公路——当该路新建成时，在工程和结构方面可能只有罗马人曾经修建过的公路才能与之相比；当我们的祖先还住在山洞中、身穿未经加工过的动物皮毛时，他们就已经身穿丝绸、居住在房子里了。

传教者也没有政治目标。传教部与政府之间没有关系。他们不向政府咨询，政府也不向他们咨询。考虑到欧洲政府与拥有其国籍的传教士之间的关系，应该强调这样一个事实，即美国传教士前往中国，仅仅是作为个体的公民，没有任何官方地位。确实，阁下会回想起，当中国政府主动提出在宫廷中给予传教士们官方地位时，美国传教士经各传教部商讨一致，拒绝接受。常常有人指责说，传教士们在极力保护皈依者时，干涉中国词讼。我们并不否认（传教士们）偶尔会做出这样的事情。但是，传教部的政策不鼓励这样的干涉，而我们的传教士本身也已经越来越清楚地看到了这种政策的重要性。相较而言，现在极少有美国传教士在这类事情上会做出冒犯之举。尊重传教工作所在国的法律，这是传教部的基本政策的一部分。

再进一步，我们坦率地承认，中国并不是一直都得到了西方国家的公平对待。我们为某些欧洲国家的侵略行为感到悲哀。我们承认，中国人民在广东港口消灭鸦片之举是正义的，就像我们革命时代的祖先在波士顿倾茶是正义的一样。

至于说到中国移民在美国所受到的待遇，让我们同样坦率地告诉尊贵的客人，本国最优秀的人民都认为（中国移民所受到的待遇）是不公正的。劳工领袖们宣布，他们之所以不愿意让“排华法案”做出修改以便承认那些不是劳工

① 吾珥（Ur）：古巴比伦迦勒底城市，约公元前2000年亚伯拉罕出生于此。

的人，是因为（他们害怕）如此多的苦力假装成商人和学生，靠欺诈手段入境。主席先生，我承认，能够成功避过严格执行的法律的苦力人数是微不足道的。我尊敬我们的劳工领袖，但是，当他们为了驱逐相对屈指可数的中国苦力而要求美国人民继续执行这样一项政策时，他们并没有把劳工事业摆在一个光荣的位置上。该项政策与我们对待地球上各个国家的态度并不相符，它伤害了我们的商业，毁掉了我们教育中国年轻人的机会，引发了这一伟大民族正当的痛恨。该项政策完全不符合我们引以自豪的正义、荣誉及公平待遇。

我们感到高兴的是，美国总统已经运用其个人的巨大影响来促进国内公平对待中国人的运动。他在最近致国会的咨文中说："在致力于执行排斥华工政策的过程中，本国已经对中国（最终也是对本国）做出了严重的不公和错误的行为。中国学生、买卖人及各类专业人士——不光指商人，还有银行家、医生、制造商、教授、旅行者等，应该鼓励他们前来，并受到与其他国家学生、买卖人、旅行者等完全相同的待遇。我们的法律和条约在制定时不应该把这些人列为例外的阶级，而应该宣布，我们接受所有中国人，但苦力阶级、熟练及非熟练劳工除外。"国会应该知道，这是绝大多数头脑正常人的情感。

与此同时，入境的中国人在现存法律之下将得到更好的待遇，因为罗斯福总统具有周日学校学者于无意识中描述的气质。那位学者被告知去诵读一首诗："现在这位丹尼尔身体中已经有了一种非常好的精神（spirit）。"但是，他眼神不太好，费劲地读道："现在这位丹尼尔身体中已经有了一种非常好的骨气（spine）。"那是对获得灵感的作家的意思的一种相当公正的解读，而且，如果罗斯福总统身上具有某种占主导地位的特点的话，那就是骨气，而不是许多政治人物脊背上所带的操纵木偶的棉线。

这样，我们可以坦率地承认中国已经给予了西方许多有价值的东西，也同样坦诚地为中国经常受到的不公正对待而感到悲哀。但是，如果我就此打住的话，那么，就对不起这个值得纪念的场合的意义与价值。没有任何国家是完美无瑕的。我们的国家当然不是完美无瑕的。阁下在美国无疑会看到很多严重的"瑕疵"，其中有些是我们很痛苦而清楚地知道的，如果另外一些"瑕疵"万一暴露在他们面前时，他们能够指出来，我们将会非常感激。我们也以同样的方式考察其他国家，不是作为批评者，而是作为朋友。

中国缺少什么，无须一个外国人说三道四，因为湖广总督张之洞阁下已经指出。在其著名的著作《中国的唯一希望》[①] 中，他痛心地谈及“懒惰”（P. 74）[②] 及“嗜好”（P. 75）。他痛惜许多官员的无知与腐败（P. 95，P. 123）以及“无心”鼓励求知（P. 96）。他感到必须批评那种“废弛欺饰而一无所为”的旧习俗（P. 123）以及“泥古之迂儒”（P. 123）之作为。他还坦率地加上一句，“像现在实行的儒教是无法将中国从困境中摆脱出来的”（P. 145）。[③] 引用这些意见不会犯忌，因为，正如阁下所知道的那样，皇帝陛下在上谕中曾宣布，他“详加披览”，“持论平正通达”。不仅如此，陛下还下令将副本“颁发各省督抚、学政各一部，俾得广为刊布，实力劝导”。

在美国的中国之友对于中国近日正在发生的变化，及所显示出的正在觉醒的求知意识极感兴趣。用现代学科取代科举考试，设立省高等学校和学堂，取消残酷的刑罚，重建司法体系，重组海陆军，提倡白话报刊，拓展铁路、电报、邮政设施，派遣青年学生到海外接受教育，这些以及诸如此类的运动，不仅对中国具有重大意义，对于世界也有着重要意义。

此类重要变化正在搅动着天朝帝国的最深层，这毫不惊奇。这些变化对我们来说极其亲切，我们带着极大的关注，观察着这些变化的直接效果。理性告诉我们，一个占人类三分之一的民族，不可能历经重大变化而不或多或少地发生一些骚动，不发生一些行动与反动的冲突，不打破一些旧的习俗，甚至在个别地方还会发生一些狂热或不法分子的暴力行为。最近，我们得知我们忠实的传教士在廉州被杀时的恐惧与悲伤，阁下想必是理解的。但是，那一可怕悲剧的幸存者是第一个要求我们不要为了一小撮疯狂暴徒的残忍行为而谴责中国人民的。

我们将不会忘记，中国驻华盛顿公使阁下不仅写过其政府已经采取了“有力措施以适应形势的需要”，而且还说过，他个人“对于这一可怕悲剧中受害者的家人和朋友致以衷心的同情”。我们哀悼那些在盲目的仇恨中牺牲的无辜者，但是我们不是用复仇的精神来哀悼，而且负责照料这些传教士的长老会传教部已

---

① 即《劝学篇》的英译本，译者。

② 括号内数字为《劝说篇》英译本页码，下同，译者。

③ 此句与张之洞原文意思有较大出入。张氏原文为“如仍颓废自甘，于孔孟之学术政术不能实践力行，……则何益乎”，译者。

经投票决定，不考虑为这些遇难者的生命索取赔款，也不要求采取惩罚措施。这样做并不是传教部不看重传教士的生命，而是因为传教部不愿意为无价的鲜血定下一个金钱的价格，是因为传教部想让中国人民看到，传教士们献出生命并不是为了钱，而是为了中国，为了上帝。我们非常牵挂那些仍在岗位上的忠实的传教士，但是当我们看一看这一问题所涉及的更大关系时，我们不会不注意到，目前骚动的真正的意义在于，中国已经觉醒。

“帝国雏形已具，
柔软，温热：
一个混沌的庞大世界
正在旋转中成形。”

因此，我们不灰心，相反，我们比任何时候都更充满希望。生命的骚动比死亡的惰性要好，尽管其最初的一些迹象可能会令人震惊。我们与中国驻华盛顿公使阁下一样相信，“中国决心与现代世界联系起来，在思想、物质和精神方面跟上进步的步伐”。而在美国的中国基督教之友将帮助（中国）不受阻碍。

现在，阁下作为皇帝陛下的高级专使前来，这表明帝国政府及其中最有思想的人士极其了不起。在这一个伟大的国家正在真诚寻找更高真理的关键时刻，（皇帝陛下派诸位）前来征询美国有何建议。在这方面，他们不过是在遵循孔子的建议。孔子说过：“好学近乎知，力行近乎仁，知耻近乎勇。……果能此道矣，虽愚必明，虽柔必强。”

我们斗胆相信，中国人曾经教过美国人一些东西，因此美国人可以教给中国人另外一些东西。这些并不仅仅涉及技术发明或政治制度。铁路、电报、蒸汽机及电子机器、普遍选举权及代议会议，这些确实都很重要。但是，美国要推荐的东西比这些更多。国家的强大依赖于全国的道德特性，而蒸汽船或投票箱中是没有道德品质的。无论在任何时候，任何地方，仅有物质文明，（而没有道德特性）都是祸而非福。

立法不能增加理想的品质。法律只管外部的行为和关系，它们无法使坏人变好。用赫伯特·斯宾塞的话说，“没有政治点金术，你不能用它来使铅质的动机变成黄金的行为。”至于世俗教育，麦考雷曾经很真实地说过，折磨人类的罪恶，十个之中有九个都是来自高等智慧和低等欲望的结合。希腊、罗马文明发展到其顶峰，但与此同时，古代世界也确实因邪恶而腐败。研究文艺复兴的学者都知道，意大利虽以古典学问之复兴而闻名，但从道德上说，文艺复兴时期的它却是糟糕的。历史学家西芒兹说过：“在人文修养的薄薄面具下，我们嘲弄那些未开化的野蛮人。我们这个时代一方面不理智地吹嘘其心智上的进步，但同时却又以其使人类丢脸的罪恶而臭名昭著。”在我们这个共和国里，有些最坏的人就是大学毕业生，最危险的人中有些就是具有极高智慧并能用之来进行诈骗和造假的人。知识就是力量，但是，到底是为善的力量还是为恶的力量，还要取决于控制它的那些原则。

对个人而言，也是对作为个人集合体的国家而言，最重要的东西是有关上帝的知识。美国希望把这一知识交流到中国。我们没有资格单独占有它。我们没有发明过它。我们的祖先只不过是安排在了这样的位置，在中西之间因不可逾越的海峡隔断了相互交流的那些世纪里，白种人得知上帝作为一个个体存在，一个神圣、公正、智慧的存在，一个造物主，一个至高无上的权力者，一个父亲，已经使自己在罪人面前做出启示。我们得知他已经让人把他的信息写到了一本书中，得知他已经派他所生的唯一的儿子来到世界，来展示上天的同情，来展示理想的生活并为全世界的罪人赎罪。我们发现，这一信仰的必然结果是改造人类的心灵，净化社会，提高妇女地位，发掘出人类身上一切高尚的东西。我们相信，阁下会同意我们的观点，即如果世界各地的人们获得了有关其同胞福祉的知识，他们就有义务把这些知识传播给他们。那些同胞在哪里，属于什么人种，他们是否已经意识到其需要，或者要接近他们需要多大努力或花多少钱，这些都不要紧。拥有世界所需之物者，就是全世界的欠债者。

我们心甘情愿地承认，在差不多两千年的时间里，这一信仰已经在一些白种人的性格特点上扎根，而继承了这些性格特点的传教士，或多或少不自觉地把自己等同于这些本质特点。基督教常常被中国人称为“洋教”，这也许是其原因之一。这一说法完全误解了其真正的特点。我们所传的并非西方的观念或美国的习俗，而是基督。我们并不想把那些纯粹属于种族特性的基督教特别强加给中国，也不想使西方在远东所做的划分永久化。为什么美国在南北内战期间要把中国的基督徒划分为北长老会和南长老会？为什么正在兴起的中国教会要被迫接受一种显然是盎格鲁－撒克逊所特有的教义形式？让中国人自己选择基督，并从基督[1]的教导中为他们自己找到方法和组织。基督[2]既不是美国的，也不是欧洲的，而是亚洲的。

《圣经》从封面到最后一页都是亚洲的。基督教最早是在亚洲人民中间传播的，基本上也是为适应亚洲人民的需要而创立的。因此，美国人对于《圣经》没有传统上的权力，在任何想象的优越精神方面也没有权力，但是在真正的兄弟精神和深层义务方面，美国人能够把他们自己最初从那里接受来的信仰返还给亚洲。那一信仰从来没有伤害过任何人或使任何人消除其国籍。它只是使他变成一个更好的人——更诚实，更智慧，更慈悲，更忠实于他自己的国家。

我知道，有人说在欧洲和美国有那么多罪恶，白种人很可能不太愿意教其他人。我们不否认这种罪恶的存在，也不会为之辩解。相反，我们很坦率地承认这种罪恶，并要说我们从内心里为之感到羞愧。但是，阁下在美国所看到的罪恶并不是因为基督教，而是因为对基督教的明白无误的违反（造成的）。基督的宗教并不是一个必须按照人群接受的国家性的宗教。它基本上是一个个人化的宗教。不管他是白种人、黑种人还是黄种人，一个惧怕上帝并做正义之事的人就是一名基督徒。那些身在中国而不信上帝的、不道德的、放纵的、对中国人民蛮横无理的美国人，他们不是基督徒，就像旧金山的恶棍代表不了中国的人民或孔子的箴言一样，他们也代表不了美国的基督徒或基督的宗教。我们谨请你们拿基督以及那些遵照基督教导的人来做判断，不要拿那些拒绝基督的人来做判断。

有时有人会说，在试图让其他民族皈依之前，我们应该先让美国皈依。我们正在让美国皈依，而且是以远比中国更大规模的皈依。但是，基督教要求的是个人的忏悔、自我否定和正义。难道仅仅因为一些美国人不愿忏悔、不愿自我否定、不愿做正义之士，我们就不让中国人获得这一既属于他们也属于我们的真理吗？设想一下，假如基督告诉其门徒在巴勒斯坦皈依之前不要把福音传给欧洲人，（这就好比）一个商人在其所在城市的所有居民都使用了其商品以前拒绝卖货给异乡人，这是不对的。事实是，任何东西一经发明，它就是属于全世界的。

① 此处原文为 HIS，译者。

② 此处原文为 HE，译者。

如果耶和华是全地球的上帝，那么整个地球都应该知道他。如果基督是“所有人民的大好消息”，那么我们有什么权力不让“人民”知道？确实，美国再也不应把基督教据为己有，就像它不应该把电报据为己有一样，就像中国不应该把印刷术据为己有一样。基督教就像阳光一样，普照所有人。你把它关起来的那一刻，它就不再是太阳，而变成了黑暗。当然，主席先生，在这一场合，应该为那些作为传教士在中国代表我们的男男女女说一句话。我们非常高兴地把他们看成是一家人。也许除了少数个别例外之外，参加这一盛大集会的人，都是相信并支持他们的。把传教士看作是低劣的人，这是错误的。世界上没有哪一个阶层的工作人员比他们经过了更仔细的挑选。本传教部不仅要认真调查他们是否虔诚、健康，而且还要考察其能力、学术水平及其最不寻常的素质即常识。我个人就认识这些传教士中的一大批人。我曾经看到过他们工作。我可以像批评他们的人一样了解他们。而且我可以证明，在中国的美国传教士是一群了不起的男男女女，其智慧、奉献精神及为上帝和人类自我牺牲的精神方面都是出类拔萃的。如果批评家们知道有哪位是不合格的，请指出其姓名和具体行为。涉及到哪家传教部，（我们）都会立即进行调查并采取决定性措施，以使事实得到澄清。

传教士们的工作是多么有益——他们治愈病人，教育年轻人，传达上帝的话语，传播和平与救赎的福音，撰写好书，增加世界对中国的知识及中国对世界的知识。当然，正是传教士们通过翻译成英语而让其他国家的人民了解了孔子的著作，而传教士们所宣传的无私的观念在促进中国的进步精神方面是一个不小的因素，现在，这种进步精神已经出现在全中国。在上海，一位传教士为中国妇女开设了一所救助院。一天，一位中国官员携其妻子一起参观了这所救助院。当他看到（救助院）对病人采取了和蔼可亲的护理之后，大为惊奇，对他妻子说：“除基督教之外，没有人会这样做。”

难道这位官员说得不对吗？是谁在中国设立了第一所医院？是一位传教士。是谁为盲人建立了唯一的一所学校？是一位传教士。是谁同情聋哑人并为之建立了一所学校？是一位传教士。是谁的心为精神病人所动并为之设立了中国第一所避难所？是一位传教士。是谁第一个以同情的眼光看待中国的麻风病人并以爱心将之找寻出来？是一位传教士。而在美国，难道不是传教士们的基督徒支持者在向无亲友的中国移民们表示出友爱之情，为之建立学校，当他们生病的时候为之治病，并尽一切可能保护他们，使之不受虐待。在旧金山时，毫无疑问阁下听说过中国妇女救助所，听说过那位叫卡玛龙小姐的传教士，她以极大的勇气面对恶人和无数的危险，阻止了贩卖中国女子的罪恶的奴隶贸易。

李鸿章总督到访本国时，他就在这家酒店对一个代表团成员说：

“我非常赞赏传教会所抱持的慈善目标。传教士们没有从我国人民手中寻求金钱上的利益。他们没有充当外交计划中的间谍。他们的劳动没有政治意味，最后，但并不是最不重要的，如果我可以补充一下的话，他们没有干涉或侵犯（中国的）领土主权。……你们开设了为数众多的教育机构，这是我国同胞获得西方科学与艺术知识的最好方法。至于说到机构的物质方面，你们的教会建立了医院和药房，不光拯救了我国同胞的灵魂，还要治疗了他们的肉体。我还要补充的是，当某些省份遇到灾荒时，你们尽最大努力让尽可能多的受灾者的灵魂和肉体能够维持在一起。”

他的继任者，直隶总督袁世凯阁下有一次亲口告诉我说，他承认并重视美国传教士在山东所做的工作，在义和团暴发后狂风暴雨般的日子里，他自己很高兴地努力保护他们，而在义和团的狂暴刚刚结束之后，他就给躲到港口避难的传教士们写信，邀请他们返回岗位，并承诺保护他们。

当然，皇帝本人也说话了。1903 年，皇帝陛下与美国签订了一个条约，其中第 14 款规定：“基督教宗旨原为劝人行善，凡欲人施己者，并必如是施于人。所有安分习教、传教人等，均不得因奉教致受欺侮凌虐。”

而现在，去年一年之内，十年前曾经接受过一本《新约全书》的皇太后陛下，亲自为传教士在北京所办的医学堂捐款一万两。确实，正像孔格先生所提到的那样，自从陛下用这样的方式表示赞成以来，小的官员们就不需要再犹豫要不要支持和赞赏传教士们的工作了。

一天晚上，当夜色降临时，我伫立在孔子墓边，光着脑袋，冥想着这位伟大的圣人的一生。我敬畏地想到，两千五百多年来，他塑造了无数人民的思想，在全中国到处都有其力量的象征——他的庙宇在各地都有，他的牌位在各家都供奉，他的著作每个人都读。我记得，数个世纪以前，一位皇帝妒心大发，焚烧了孔子的著作，耐心的学者就根据记忆重新把这些著作复制出来。我回想起我参观过的一些中国学校，世界上人口最为众多的国家的男孩子们都像两千多年前一样，背诵孔子的基本经典，其中宣布："父慈子孝，兄良弟悌，夫义妇听，长惠幼顺，君仁臣忠。十者谓之人义。"我感到，这些都是神圣的原则，其影响在许多方面都是有益的，它们把中国人民的（文化）水平提升到远在亚洲其他民族之上，创造了一个稳定的社会秩序，教育人民尊敬父母和统治者，它们如此尊重母亲，以致妇女在中国的地位比大多数非基督教国家的妇女地位都要高。

突然之间，在越来越重的暮光中，一个想法涌上我的心头：假如耶稣和孔子相遇，那会是什么情况！难道他们之间不会有若干同情点吗？孔子讲究的是理想人生。难道耶稣不就是这方面的榜样吗？孔子劝人忠孝。难道还有人比耶稣更完美地展示过忠孝吗？耶稣尽管相当于上帝，却非常尊敬顺从其父母。孔子宣布：仁、义、礼、智、信，此为人之五常。难道耶稣不是所有这些的化身？孔子坦率地承认，他不知道未来。当一名弟子向他询问时，他伤心地回答说："不知生，焉知死？"对于一个知死而且能够回答出无论任何年龄、任何国家善于思考的人内心深处都隐藏着问题的人，难道他会不为之喝彩吗？孔子从来也没有宣称过自己是上帝。如果他看到耶稣基督这一神性的化身，难道他不会敬畏且欢愉地说："就是他！我一直渴望的就是他！你听道吗？"

那天深夜，当我在思考这些事情时，我无法入睡，于是，不到天亮我就起了床，去寻找孔子出生之地的庙宇。当早晨的第一缕光线出现时，我爬到大图书馆的上层，仰望着附近的庙宇，然后又俯瞰着许多古老的建筑、黑黝黝庄严肃穆的松树林、耸立在巨大石龟上的纪念碑，以及在阴影中站立着的、脸部奇怪且向上方仰起的一群中国人。就在那时，太阳从地平线上辉煌地升起来，把灿烂的光线泼洒到这一场景之上。在太阳光的照耀下，涂上了金色的孔庙顶熠熠生光，巨大的庙宇中此前所有那些黑暗的地方全都充满了光明和美丽。

中国的基督教之友所抱的强烈希望，这就是最好的象征！所有这一切都是真实的，所有这一切都是高尚的，所有那些具有永恒价值的东西都不会毁灭，而耶稣只会使之更真实，更高尚，更永恒。一群中国人早已仰起了脸，朝向映红了山巅的太阳。上帝之光撒向山坡，用其无声无息的脚步，穿越平原，追逐迅速消退的黑夜，"直到天亮，夜影逃跑"，这一时刻的到来为时不会太远了。

阁下，中国基督教之友正是抱着这样的信仰精神和希望之光，欢迎你们并祝你们成功！

此后（东道主）又对皇家使团的成员之一、闽浙总督端方阁下进行了介绍。他不仅是中国最伟大的统治者之一，而且六年以前，当义和团运动暴发、美国传教士们处于危险之中时，他还是他们的朋友。端方阁下用中文演讲，完全按照用天朝文字写成的讲演稿宣读，但是讲得很圆滑。他把手放在面前的桌子上，不时瞟一眼所做的批注，时而提高或放低声音，一些词拖长，另一些词则快速读出，有时托托眼镜，有时捋捋胡须，完全从容自若。他做了很多手势，主要是微微往两边指点，而有一两次他还挽起了长长的衣袖。他紧紧抓住了听众的注意力，尽管在场的人除中国人之外，没有一个人能够听懂他所说的哪怕一个词。当他坐下时，房间里响起了掌声。

他演讲的翻译稿是由总督的秘书施肇基先生宣读的。他是康奈尔大学1901届的毕业生。[①] 听众对演讲报以热烈（肯定）〔掌声〕，特别是当中国保证赞赏传教士们的工作时，尤其如此。当总督要求美国企业应该具有强烈的道德意识时，在座者也同样给予赞许。

以下是由秘书代读的直译的演讲稿：

我谨代表我的同事戴鸿慈阁下及使团成员，感谢今天晚上你们所给予我们的荣誉。能够见到你们这些对中国如此友好的人士是我们的荣幸。

尊敬的布朗博士刚才跟你们提到过我在义和团骚乱中所起的作用。我所做的只不过是自己的职责，这一职责无论是为了我的国家，还是为了我所管辖省份的人民，事实上甚至可以说为了世界，都是必须要完成的。我一直都在努力完成那一职责，将来，万一还会出现那样的情况，我还会做同样的事情——即我还会尽我知识和能力所能，不分种族、肤色、宗教和社会地位，保护好我所管辖下的（百姓）生命和财产。不管他是商人、传教士、学生还是熟练或非熟练的劳工，我将一视同仁地对待他们。

自从我们到达贵国以来，我们已经利用一切机会看到了你们的物质生活方面。所有商业和制造业都向我们敞开了大门，为我们提供了足够的便利来考察美国人的做事方式。贵国政府也为我们提供了同样无限的便利，对于所有这一切，

---

① 本处写法与第18页不同，前文说施“毕业于康奈尔大学1895级”。施是1895年入学，1901年毕业，编者。

我们都非常非常感激。不消说，贵国巨大的资源和人民神奇的能量都给我们留下了深刻印象。不过，我们也高兴地注意到，你们在这种巨大物质生活扩展的过程中，没有忽略道德建设。因此，今天晚上我们高兴地在此会见了参与这一有益工作的具有代表性的美国人。

毫无疑问，贵国巨大的财富要归功于对巨大资源的开发。从太平洋到大西洋，在这片广袤的土地上，我们看到了进步和活力的象征。现代企业精神似乎就飘荡在你所呼吸的空气中。但是，为了不使其对社会造成伤害，这种精神应该由强烈的道德责任感来加以引导。

今天晚上，我们高兴地为美国传教士在促进中国人民的进步方面所发挥的作用作证。他们把西方文明之光带到了中国的每一个角落。他们通过辛勤劳动，把西方宗教和科学著作翻译成中文，为中国人民提供了不可估量的服务。他们通过设立医院和学校，帮助我们给穷苦和受难的人民带去了幸福与安慰。中国觉醒近在咫尺，这在不小的程度上要归功于传教士们。你们会发现，中国对于你们的贡献是不会不感激的。

对于我们而言，从您——美国传教部的发言人布朗博士那里听到保证，美国派到中国的传教士“无意于干涉我们的习俗”及“无意使任何中国基督徒脱离国籍”，也没有任何政治目的，他们前往中国“仅仅是作为个体的公民，没有任何官方地位”，我们感到极为高兴。除此之外，我们理解你所说的“尊重所在国家的法律是传教部基本政策的一部分”，以及当诉讼中的一方是皈依者时，传教部的政策是不鼓励传教士干涉法庭（审判）。我能否得寸进尺，要求你把“不鼓励”一词改为“禁止”？

商业要求公正

杰素甫先生被介绍为商会的会长，而且还是一位因商业成功和在国内外乐善好施而受到所有爱国者欢迎的人士。杰素甫先生非常诚恳地谈及本市商人与中国商人的关系，痛言美国为了追求贪婪和劳工的要求而破坏了与该国的条约。他说：

我感到自豪的是，商业之名与宗教之名联系在一起。商业追随着宗教的觉醒；宗教造就诚实的人以及人与人之间公平的交易。因此，商业追随宗教是保险的。

昨天让我高兴的是，作为商会的会长去欢迎这些尊贵的客人，而我脑子中回想起1860年纽约的商人们向布坎南总统提交的一份请愿书，要求他如有可能，就运用他自己及国家的巨大影响力，来阻止英法联军动用武力来毁灭中国。1871至1872年间，当中国发生严重的灾荒时，一个由纽约商人组成的救灾委员会，通过商会赠送了六万美元，以帮助那一受灾的国家。昨天，（我们）从柜橱中拿出一块保存了多年的牌匾并出示给这些尊贵的客人们。这块牌匾是由时在南京担任总督的曾侯为感谢所收到的善款而送致商会的。上边用中文刻写着无法破解的铭文，直到皇家专使们到来，我们才知道上边是什么意思。翻译出来就是：

“天下教宗皆兄弟。”①

那一信息已在商会的档案中静悄悄地躺了30多年。今天，对我们而言，这是来自中国的一条多么伟大而又美好的消息——中国向美国伸出了兄弟之手，孔子与基督的代表握住了手。

牌匾所代表的兄弟之谊犹在。1868年，我们派往中国的公使蒲安臣代表美国与该国达成协议，其中就包含了这一原则。条约中我们承担什么义务？我们同意像从其他文明国家接受移民一样接受来自中国的移民。美国毫无保留地向中国敞开大门。兄弟之约就这样达成了，根据那一条约，当我们没有足够的劳动力来修建太平洋铁路时，中国人来到我们的西海岸，帮助我们完成了那一伟大工程。

从那时算起的12年之后，我们看到的是什么？1868年的条约被抛在一边，其中的条款被取消了，签订了一个新的条约，两国之间原有的兄弟情谊少了。但是，即使1880年的条约也不能令人满意，于是又被抛在一边，而代之以1894年的新约，施加了更多限制。尽管如此，中国仍向我们伸着兄弟之手。

我们这么多次失信于该国，现在，我们能够呈现给这些尊贵的专使们的情景是多么可怜。我们在世界面前丢尽了脸面。我们向贪婪、向劳工的要求低下了头。作为一个民族，我们都做过什么事情来纠正这些过失？国会做了它本不应该做的事情，而那些它本来应该做的事情却没有去做。我们现在要求国会应该去做

① 本处译法与第41页有不同，为译者依据英文原稿的不同而译。英文原稿，一处写为“种族”，一处写为“宗教”，且时间不同，前文的时间为“1868年”，编者。

正确、诚实、真实的事情。人民必须要求国会执行那些在心底里诚实、公平的人民的意志，支持我们尊敬的总统现在正在努力与中国达成的一项公正而诚实的条约，此项条约将是一个“公平交易”。让我们以兄弟精神为基础，与中国兄弟签订一项诚实的条约。这样一项条约将是我国的光荣，它将礼敬上帝，经得起所有时代的考验。

来自教会的欢迎

主席先生在介绍神学博士、纽约副主教古雷尔牧师①时，高兴地提到了设在上海的圣约翰书院。主教以所有教派基督教民的名义欢迎客人们来到本市。他的演讲如下：

请允许我代表新教圣公会以及纽约市所有教会，向今晚尊贵的客人、这些中国朝廷派来的高级专使表示热情的、衷心的欢迎。我不知道他们在这里是否会找到那无价珍宝，它是中国人民正在寻找的，是他们的国旗所代表的。但是，我确实相信，他们在这座城市中一定会找到他们在世界其他任何地方也许都无法找到的东西——他们在这里将找到一个世界。这是一个多语种的城市，在这里，几乎讲着世界所有的各种语言；这是一座国际大都市，居住着世界各国的代表，而且每年前来的人越来越多。因为，正如伯利克里说雅典那样，我们的城市向世界敞开大门，不是为了算计利益，而是因为对于自由的信心和坦率而无所畏惧的精神。

这座城市真实的东西，大体上也就是美国其他城市真实的东西，也是对美国民族真实的东西。美国民族就诞生在那种对自由的信心中，相信其价值是国家整体发展的一个重要因素。在此后的整个发展过程中，尽管出现过由此衍生出来的弊端，但它始终保持了那一信仰，通过其过程来塑造它，通过其政策来确定它，制定其制度框架及法律、习俗。那一直是而且现在仍然是我们国民生活中的一大能动原则及主要特点。这也是我们宗教生活的主要特点。在本国的宗教生活中，教会不接受政府的任何帮助，也不向政府索要任何帮助，而只是以自己的方式，

① 古雷尔的头衔译法多有不同之处，本文第 57 页、59 页，均为“主教”，前文第 36 页、38 页、44 页则译为“副主教”，但应该是同一个人，编者。

自由地开展自己的工作，不接受帮助，也不接受限制，而只是通过内在的价值，把自己推荐给人民。

这就是我们美国人生活的一个显著的特色——一个自由国家中的自由教会。我们并不想用华丽的辞藻或沾沾自喜的言辞来自我吹嘘。我们只不过如实地陈述事实，一个有特色的事实，并希望这是一个观察起来有趣的事实。我们特别希望这样的事实能引起这些来到美国海岸的最尊贵客人们的注意。他们从世界上最古老的国家前来考察这一最年轻、最新成立的国家的习俗与方法。如果他们万一在自由的美国或自由的宗教里或者在两者之中都发现了对他们自己有价值的东西，那么我们谨向他们保证，正像他们可以向我们学习一样，我们也可以向他们学习。这就是今天各国都在做的事情，相互予取，相互学习，而通过更加密切的联络、接触及关系，他们所能做的事情将越来越多。

但是，请允许我表达这样的希望，希望我们尊贵的客人在考察我们美国的文明时，不要忘记了考察一下基督教。基督教作为一种自由工作的力量和工作因素，在把美国塑造成今天这个样子的过程中起了极其重大的作用。那种宗教教育强调价值，强调所有人类的超越性的价值，并因此而试图照顾所有人类的生命，即使是用最微弱的形式与表现方式所展示出的生命，包括贫穷者、患病者、孤独者、无家可归及被抛弃者、囚犯及儿童。从这一基督教教义出发，至少在很大程度上，我们的医院、精神病院、孤儿院以及许多类似的设施及育婴机构建立了。由于他们是从此开始的，因此他们可以利用这些来维持并支持它。如果我们的文明中有基督教文明还未能加以消除的缺点和瑕疵，那么，至少我们自己认为，其中也还有我们希望推荐给我们尊贵的客人们的一些有价值的基督教特点和品质。

福斯特先生说，他认为，哥伦比亚大学校长要当着这些尊敬的客人们的面讲话。这担子不轻。在哈佛、耶鲁、哥伦比亚、普林斯顿等大学建立的一千多年前，这些客人们的国家就有了大学与学院。不过，巴特勒博士证明他是胜任这一工作的，他在其思想深邃的演讲中说：

这些贵客的到访正逢一个幸运的时刻。美国人民已经放弃了——让我们希望——是永远放弃了基于以下学说的政治观点，即美国人民在尽其所能推进其自由、幸福、繁荣的同时，必须防止自己在美国海岸线与边界以外的世界中分担任何工作。

民族自私及孤立比个人自私和缺少人类同情心好不到哪里。一个富有道德心的民族就像一个富有道德心的个人一样，将会使自己关心其同胞的幸福与福利。它会经常与他们交换意见，与之合作，更好地捍卫人类的生命与财产，更好地发展商业和贸易，更好地传播科学知识及文学艺术，更好地拓展教育的好处与机会。不管其人民的肤色是白是黄是棕，一个有道德心的民族都会愉快地分担起世界的责任。

我们发现自己热情而高兴地欢迎来自中国的和平与善意的大使。我们的欢迎完全可以这样开始，即对那些想作为旅游者和访客前来我国海岸的学者、商人及智慧而有领导才能的人所给予的卑劣、龌龊、不体面的待遇表示道歉，并通过他们向浩淼的太平洋对岸的国家表示道歉。

现在，我们已经变得聪明了一些，友善了一些，而美国人民最好的情感要求必将终止我们的这些野蛮行为。

人们之间存在的最深层的划分，是东西方相互对立的那种划分。对于西方人来说，东方长期以来一直都是神秘莫测的；而对于东方人来说，西方人从根本上说代表着另外一种完全不同的人生方式，代表着另外一种完全不同、尖锐对立的哲学体系。因此，为自己也好，为对方也好，两方都应耐心地、诚恳地、带着善意地寻求共同的、更为完整的理解。我们完全可以相信，这样一种寻求将会是有所报偿的，其结果将会是令人高兴、影响深远的。因为，正如基普林所说：

“两位巨人来自天涯，
相对而立，
不分西东，
不别疆界、种族、出身。”

归正会外国传教部的部长哈顿博士在巴特勒博士之后发言。他说：

我是带着极大的兴趣和喜悦站起来的，我代表我所在的传教部，向今晚尊贵的客人，献上我们的敬礼。我认为，这一场合比在座的各位所意识到的更为重大。它是无与伦比的。

因为，你们想想看！大家不是不知道，外国人有时会入侵另外一个国家，并将其远道带来的文明强加于此。于是，我们的祖先跨越大西洋，把新的观念和习俗带到了这块无数个世纪以来由红人主导的土地。同样，首先是东印度公司，接着是英国政府，它们征服了印度并使之英吉利化。同样，比利时人把自己殖民到非洲。同样，美国人在某种意义上迫使日本人打开了国门。这样的例子不可胜数。但是，在这里，没有听到一声枪响，没有听到一声军号，世界上面积最大、人口最为众多、长期以来和外界思想与文明隔绝的国家之一，却出于自愿，派遣皇家使团，来学习另外一种文明。这种文明，与他们先祖在数个世纪前形成的宝贵文明不同。我斗胆想，这是世界历史中的一场危机。问题出在哪里，只有上帝知道。

那么，信仰基督教的人民，尤其是美国传教部的人，除了欢迎你们的到来之外，还能做些什么？我曾经到过你们国家。不到一年以前，我曾有幸参观了厦门附近地区，那里有我所在的传教部的工作中心。我不是假装了解中国。也许没有任何一个外国人能够完全了解那样一个如此广袤、如此多样化、如此需要深入研究的国家。但是，我学会了向你们这一勤劳、圣洁、自尊的民族，一个在整个东方最有能力、最有前途的民族，致以最崇高的敬意。

那么，这两点想法就是我今晚讲话所要贡献的。以我个人的观察所见，那一民族是一个有着非同一般的优秀品质和巨大聪明智慧及强大发展力的民族。你们皇家专使团及所担负的使命宣布了一个如此聪明而新颖的进步，也许，你们的使命及你们将要带回去的有效信息将会像酵母放到了一个正在觉醒中的民族一样，迅速发挥作用，这可能在全球史上划分出一个新的时代。最近一年多来，东方像火一样在闪闪发光，西方站在一边，很惊奇。但是，结局也许会是这样的，这次你们有益的考察之旅将在中国悄无声息地引发一场令人高兴的变革，在这场作为改造世界的力量的变革面前，不久之前俄国和趾高气扬的日本之间所进行的战争简直什么都不是。

再说一句。你们前来见证和报告的其他兴趣之中，包括了我们西方的教育。像你们这样敏锐、精明的观察家不会不注意到，支撑我们所有一切真实知识的，使我们的科学及我们的文明成为现在这个样子的，正是基督教。我们“不因耶稣基督的福音而感到羞耻”。今晚邀请你们做客的传教部努力在你们人民中传播的，正是这种福音。我们之所以这样做，原因之一，就是我们坚定相信，我们这样做是在促进你们伟大国家真正的进步，你们此次远涉万里所要得到的也正在此。愿你们在美国的访问充满愉快，充满启示。愿你们为你们的政府及你们的国家所付出的劳动取得巨大成功！

无与伦比

美国人中最后一个致辞的是贾腓力博士。义和团围城期间，他曾在北京主持防守工作。他在用英文作完演讲之后，又用中文向专使们表示欢迎。当听到自己的母语被一名循道宗的成员说得如此流利时，客人们不啻受到电击一样。六年以前，这位循道宗的成员在其他传教士及中国基督徒的帮助下，做了很大努力，有效阻止了使馆工作人员及传教士被屠杀。贾腓力在演讲中说：

中国人常说：四海之内皆兄弟也。中国地理上的孤立限制了它对四海的理解，但是现在随着时间的推移，地之两极相聚在一起。阻止接触的障碍已经排除，整个世界成为一个大家庭。50 年前到达上海的那些人，有的还在中国坚持工作。那时，他们要花 150 天时间才能到达，而现在，今晚你可以离开宴会，但是用不了多少天你人就已经在上海。在短短半个世纪的时间里，纽约与上海之间已经近了四个多月。这种更加密切的接触意味着更好的理解，因为世界上的偏见都是源自对世界的不了解。当你讲一个民族语言的时候，当你在某种程度上学会了用他们自己的生活和思想来解释其人生而不是用你自己的生活和思想来对之做出解释时——总之，当你学会与他们心灵相通时——你就会认识到，正如大家所说的那样，“人性比皮肤深，在不同的语言和肤色下，其表现始终如一”。这正是保罗所表达的那一伟大的真理，即“上帝用同样的血液创造了所有国家的人类，让他们居住在地球各地”。

几周以前，在丁韪良博士离开（美国）前往中国的前一天，我有幸与他共进午餐。丁博士在中国已经呆了 50 年，有 30 年时间担任北京同文馆的（总办）〔总教习〕，后来又担任京师大学堂的（总办）〔总教习〕，后来又担任武昌大学的总办——其生命中有 40 多年花在了中国教育上。当我向他道别时，我对他说：“丁博士，如果用一句话来概括中国的局势，你认为中国目前的情况如何?”

他回答说：“从未如此充满希望。”但是，他又加了一句：“现正处在关键时刻。”

化学家告诉我们，当一种元素从化合物中脱离出来并处于所谓的初始状态时，它非常急切地想进入到其他化合物中。个人和民族在经过巨大提升之后，就被带入一种初生状态，就会急于寻找新的组合。中国目前正在经过这样的时期。旧有的组合已经打破。过去五年间发生了惊人的变化。《中国人的性格》、《中国的乡村生活》及《阵痛中的中国》等书的杰出作者、中国事务方面公认的权威之一明恩溥博士说："在过去五年中，中国比地球上任何其他国家都取得了更多的进步。"他所说的进步不光指物质方面的成就，而且还有观念方面的进步。这些观念将会改变四亿人民的生活。一场无血的革命已经发生。

十年以前，各位高级专使们的重要访问活动是不可能出现的。1898 年时，哪怕稍稍提及它们所代表的某些东西，都会震惊全国。寺庙正在从北京消失，它们被改造成学校。过去供 12 000 至 15 000 名学者参加、每三年举行一次的科举考试的大殿，现已被改造为海军学堂。

为中国服务半个世纪、引起文明世界关注的赫德爵士大致说过这样一番话，即中国的希望"在于基督教奇迹般的传播"。

中国有一套了不起的伦理准则，除了没有上帝启示的知识之外，它已经达到了很高的文明水准。正是因为上帝的命令，正是因为我们确信，仅仅考察我们的政府及制度，仅仅采用我们的物质文明，将无法满足该国的需要，因此基督教会才派出代表前往那一伟大的国度，主要不是去教授一种学说，而是要去展示一个大写的人物。正如已说过的那样，"上帝在宇宙中所拥有的最伟大的力量就是人格，而最伟大的人格就是耶稣基督。"在目前这样一个时刻，把这样一个人格介绍到中国的机会，正如贝诗福主教所说："这一机会如果不是自耶稣基督诞生以来基督教世界所遇到的最大的机会的话，至少也是自宗教改革以来基督教世界所遇到的最大的机会。"

那些最了解中国的人是那些对中国无穷的自然资源印象最深的人，是那些对其人民最了解的人，是那些内心里为这一伟大国家的未来充满了最大希望的人。我们热情地欢迎高级使团诸位阁下的到访，并真诚地希望，此次代表中国政府高层的访问，将会使中国与美国以及整个世界之间相互更加同情、关系更为密切。

中国内部的骚动

中国驻美公使、安多夫学校及阿姆赫斯特学院毕业生镇东梁诚先生阁下是最后一个演讲的人。由于时间已晚，他的演讲简短，其中说：

希望看到中国从沉睡中醒来，这一直都是每一个狂热爱着中国的人的愿望。她已经沉睡了如此之久，以至于世界对其即将醒来还没有怎么做好准备。但是，觉醒的日子如果不是说马上到来，也是即将到来。明确无误的迹象就是，其人民已开始骚动。所收到的有关中国事件的相互矛盾的报告因外国观察者的失误而得不到正确解释。

庞大的物体运动起来缓慢，但是一旦运动起来，它就会迅速获得动力。把中国推上现代进步的轨道很困难，但是一旦当她进入轨道，就没有办法阻止她。

对于我的国家来说，我们特别感激地注意到你们是中国的朋友。作为朋友，你们满足了一伟大国家加入到进步运动中的雄心和愿望。我们应该特别感谢你们给予皇家使团的欢迎。皇家使团的到访将会使两国关系更为密切，对此我深信不疑。

《纽约观察家纪事》，1906 年 2 月 8 日

中国人的中国

本报通讯员

上海，12 月 28 日。俄国战败于日本，其影响在中国全国已经开始明显显现。促成这样一种影响的原因有好几个，潜藏在人民中间，而由此造成的形势则是政治家必需思考的。人民的整个心态发生了巨大变化。忍耐的、温顺的亚洲人似乎突然之间意识到，西方的势力再也不是不可战胜的，而其结果就是民族本能的迅速觉醒以及民族政策的表达——中国人的中国。

毫无疑问，导致中国人产生如此突如其来变化的主要原因，首先是他们对于欧洲文明的目标和方法的本能且理由正当的厌恶，其次则是那些士大夫和士绅们异乎寻常的无知。这些人担负着塑造和引导公共舆论的职责，担负着引导中国认识其与世界各国关系的职责。如果不是因为他们的无知与无能无处不在，那么，

日本的胜利就会安抚而不是刺激国民的头脑。不过，情况摆在那里，旧政权下的古典学者们沾沾自喜地提醒自己，日本的史前教育就是从中国接受的，而学生改革家们则高谈阔论，主张国权及立即组建军队。两方都没有认识到，他们本人就足以解释这样一些事实，即中国目前要达到日本已经达到的高度，其希望并不比土耳其大；其官僚的腐败远超过俄国；从制度上说，中国还不能做出全国性的牺牲，而日本正是通过这种牺牲，一日之间就能够抛弃中世纪主义。而正是因为他们无法明白这些真理，正是因为他们向在无知和偏见中沉沦更深的阶级进行宣传，局势就更不容乐观。

在远东问题观察家之间，存在着一种高估泛亚洲主义运动的倾向，他们认为中国和日本的民族特性和理想目标是一致的。从某种程度上说，他们当然是有道理的，大量日本人出现在中国内地的城市里，而欧洲人则不允许到那些地方，思想、语言、风俗习惯的相同，导致了关系的密切，这都是证明。但是，通过对两国的这些关系进行更深入的研究，就会让我们怀疑其种族同情的存在是否能够永恒维持。中国人目前的心态（变化）主要是因为日本在战争中获胜，出于自己的目的，中国人希望了解日本获胜的秘密。正是因为这种希望，（中国）才在最近两年中派出了一万名学生到日本留学，也正是这种希望，可以解释为什么在中国各省会都有大量的日本顾问、教习、军事教官。但与此同时，（中日的国民在）性情方面又存在着如此本质性的差异，以至于一名日本教官无法持久性地影响总督衙门的风气，就像在日本的中国学生无法接受武士道精神一样。

存在这样的差异，其原因是复杂的、深层的、种族性的。不过，我想，那些深入研究这一问题的人都会同意，其解释主要在于这两个国家的宗教史之中。中国国民性中缺少日本国民性中所具有的东西，主要在于利他主义、同情心及艺术敏感性。中国人本质上是个人主义者，其伦理观念和理想经过儒家的教育已经定型或固化为一套僵化的社会哲学体系。在日本，在过去一千年中，佛教的人文化与文明化的影响笼罩、塑造了日本的国民生活，把一个本质上尚武的种族带入了美与文的世界，把日本民族以各种形式表达美的本能都开发了出来，而中国直到今天都还像她第一次听到“柔弱的福音”时一样，当时就已经被五百年的纯儒所禁锢。几个世纪过去了，那套道德的枯骨已经比过去更干枯，而只以未受过教育的迷信方式留存下来的佛教，则无助于把麻木的大众从物欲之中解救出来。

但是，从哈佛留学归来的中国学生，充满了民主和人权观念，而其兄弟从东京归来，却常常在那些观念之外又加上很多更为危险的倾向。他们的推理能力并不出众，他们的文章和演讲都出奇的幼稚。中国需要改革，这一点他们都承认，但是他们令人惊奇地一致却是从结束处开始的。在缺少系统的教育和大幅度改良官制的情况下，留日学生倡导采取一些完全不可行的措施。他们想要一部宪法，一个月之后就颁布；他们想要一部法典，热乎乎刚从印刷机上印出来，就用它来取消外国人的治外法权；他们想让中国自建铁路、自开矿藏，而铲除所有外国人的影响；他们如此大声疾呼其观点，对无知的统治阶级影响如此明显，结果他们在很大程度上控制了国内局势。在报刊上，在上谕中，在各省官员的态度上，他们的观点随处可见。北京满心欢喜地看着少年中国党的所作所为，就像当时它看待义和团的作为一样。北京以远超容忍的姿态接受像抵制美约、爱国演讲（之行为），结果，除了袁世凯之外，全中国也许没有一个政治家有足够的智慧和勇气去反对现在这种倾向。与此同时，在更为明智的中国官员中间，存有一种不算反常的倾向，他们认为不管结果如何，少年中国党的政策都应得到鼓励而不受惩罚。他们认为英日同盟差不多可以保证中国不被瓜分。他们极为敏锐地认识到，任何列强都不可能通过占领领土或发动战争来表达其最强烈的抗议。

因此，眼前的局势并不乐观，但是现有心态的发展与表达之迅速，正可以支持这样的希望，即它不会持续太久。如果它真的持续下去，那么像上海的抵制运动及最近发生在上海的暴乱事件就会不可避免地重演，那么，在这种情况下，早晚有一天，中国的完整就会无法维持。日本作为在中国全国影响最大的列强，毫无疑问可以做很多事情，她可以把受骗上当的统治者拉回到更加安全的道路上来。通过更加审慎地甄选和培养在日本的中国学生，同样通过认真地甄选和监督在中国从事教育等工作的日本人士，日本可以做大量工作来消除、限制目前公共舆论发展的趋势。关于这一主题，我将在另外一篇文章中再讨论。

现在马上就要离开中国前往美国和欧洲进行一次长时间旅行的皇家专使团，其公开的目标是系统收集有关西方国家政治、财经、行政等方面的情报，但是，毫无疑问，其真正的目的，却是要让这些国家知道中国正在进行的改革是多么真诚，多么有效，以便争取其同情，取消治外法权。历史在重演。那些还记着蒲安臣使团（1867 年）的目标和结果的人们，会带着兴趣来观察目前的（中国）试验。从形象的角度看，出洋大臣及其随员不会不引起关注。他们的聪明才智和修养也可能让世界对产出这样的结果的制度有一个大概的（其实是完全错误的）了解。跟随端方（湖南巡抚）[①]、载（泽）贝勒及其同僚的80名随员和秘书中，许多都是挑选出来的，他们能够以令人满意的方式向华盛顿和伦敦温文尔雅的听众展示中国人可以以平等的资格参加到国际大家庭中来，能够理解国际事务并能明智地利用报刊。无疑，欧洲会因此而留下深刻印象，而伍廷芳的成功会在美国大规模重演。而出洋大臣们返回中国以后，尽管（中国）有文明化的意图，（但皇家使团）仍会像40年以前为同样的使命而派遣的蒲安臣使团一样，不会产生任何效果。她已经谕令取消刑讯逼供，但是，就连伍廷芳也在抢劫和谋杀案中允许保留刑讯，因为在这类案件中，证据确凿，而犯人顽抗。而伍廷芳本人则是意识到有必要向西方人文主义者妥协的官员。因此，可能除了对出洋大臣有帮助之外，上谕谁也帮不了。中国感激地承认精琦教授所提供的颇有价值的帮助。精琦在离开北京时得到保证，他所提出的建立金本位制的建议将被采纳。通过使全国铜钱贬值，她已经兑现了《马凯条约》中有关货币的条款，但却让银元汇兑率处于混乱之中，没有采取任何补救措施。她已经宣布（中国）决定要自办铁路和矿山——通常都是腐败透顶的各省机构在各地纷纷建立，但是，其目的则完全可以通过四川总督的作为判断出来。他从该省爱国的士绅那里收集了六万镑之后，宣布这笔钱将用于设立一所专科大学来培训工程师，当工程师培训好以后，铁路才可以正式开始修建。她准备取消厘金，但是《马凯条约》还没有得到批准，她就已经发展出另外一种聪明的本国关税分支机构系统，希望通过它来像从前一样有效地控制商人。她建立了西学学堂，设立了比较政治学科。尽管并不缺少真正希望改善教育的认真而爱国之士，尽管在某些地区确实取得了真正的进步，但是除了金钱之外，政府并未认识到教育的优点。要认识到其优点，（中国）需要比少年中国党更明智得多的人，比康有为之类的广东“改革家”更得当的人，来领导国家走上政治和道德启蒙的道路，而不对政府官制进行实质性的变革，（中国）就不可能进步。

请原谅，与出洋大臣和上谕的看法不同，中国政府今天的目标还是和它第一

① 端方受命出洋前任湖南巡抚，旋擢闽浙总督，未赴任即出洋考察各国政治，译者。

次与商战先锋发生接触时一样，这是明白无误的。而那一目标是什么？我说得再好，也不如重复前美国驻北京公使罗斯·布朗先生的话。布朗先生曾撰写过有关蒲安臣使团的著作。他严厉批评赫德先生（现已是爵士）在呼吁中国承诺进步方面的迟缓——赫德表示这需要耐心且不能干涉。布朗说：

“因此，其目标是阻止一切与中国的孤立不相一致的任何进步。……在中国历史上，自从与外国开始交往以来，没有什么东西能够保证这样的观念，即帝国的统治者们会有哪怕一丁点加入到国际法所设想的那类关系之中的念头。他们真正想要的是时间——大规模重复1842—1857年在香港、1858—1859年在大沽所做过的为了准备驱逐外国侵略而需要的时间，亦即建造兵工厂、修造军舰、毒化各省人民的思想所需要的时间。最后，在没有办法继续拖延条约的实施时，他们便孤注一掷地试图驱逐所有外国人离开中国。”

万一有可能通过外部压力或内部人民的意愿而急速改革中国政府官制，在论述中国的商业与社会的未来时就没有必要存在悲观之情，因为人民是很愿意改革的（除非其宗教或社会习俗受到攻击），而国家又提供了广阔的教育与实业的空间。情形就是这样，从某种哲学的角度看，我们可以质问欧洲人有什么权力一定要把自己不受欢迎的存在强加于中国人，并应承认中国人有权力利用一切手段来保护自己，反对这种存在，但是，似乎不可避免的是，或早或迟，要么是条约再次通过武力强加给中国，要么是条约所赋予的权力大部被放弃。

《泰晤士报》，1906年2月12日

中国专使在英国

路透社获悉，以载泽亲王为首的中国皇家专使团已经到达伦敦，他们持有（中国）皇帝致（英国）国王的信件，将在国王陛下返回英国时呈递。他们在我国逗留期间，英国驻上海前总领事拜伦·布雷曼由外交部正式指派陪同该团。同时，（政府）准备在各被考察部门指派专家，由他们来帮助专使们对将要考察的内容作思想准备。专使们受命进行考察的领域如此广泛，以至于在初期阶段无法预测他们将会提出按什么计划来进行。但是，希望他们在我国逗留期间——这段时间也许会有几周——除了伦敦之外，他们能够有时间去访问某些重要的中心城市。使团大约有30位官员，包括随员、秘书、翻译。皇帝发布的上谕要求（使团）对日本、大不列颠、法国和比利时进行考察。专使们在日本停留了几周，计划在我国停留五周，在法国停留一月左右，然后在比利时停留大约同样长的时间。专使们希望大约四个月后离开欧洲回国。他们的任务是考察所访问国家的中央政府的（运转）细节以及地方自治、现存中央与地方的关系等。中央各部的组织也是其关注的对象。

《泰晤士报》，1906年3月24日

中国不再是沉睡的巨人

威廉·詹宁斯·布赖安

我在谈论中国政府、教育制度、宗教、迷信时，曾把该国指为一个约两千年一贯如此的国家——戴着传统的枷锁，停滞不前。社会是分层的，那些当权者除了依靠民众的劳动而生活之外，别无大志，而人民大众则似乎没有动过解放的念头。人民生活中充满繁文缛节，但在家庭以外，相互之间毫无真正的同胞之谊或同情的联系，甚至即使家庭也可能因为同一屋檐下不同利益的冲突而积聚成风暴的中心。教育由相对少数人所垄断，而且对给予的这种教育并无扩展。迷信取代了宗教的地位，对已逝者灵魂的安慰重于仍活在地球上的人们的养育与发展。

但是，中国正在发生一场类似于近半个世纪以来使日本革命化的变革。这一沉睡的女巨人，其昏昏欲睡的双眼长期以来一直把早晨的阳光挡在外边，现在却显示出了确凿无误的觉醒的信号。人民拥有这样一种活力，以至于两千年的政治冷漠都无法将之耗尽；拥有这样一种坚韧性，多少个世纪的贫穷和迷信也不能将之毁掉。与欧洲和美洲日渐增多的接触正在对其发生影响，而日本的榜样则更具潜力，因为日本人民不仅是邻国，而且在肤色和人种特点上更为相似。让我指出一些变革的证据。

直到目前为止还是一个专制政权的政府即将变为立宪的君主制。1898 年，皇帝在一些激进改革者的影响之下，准备了一个其性质几乎是革命性的计划。由于意识到其姨妈即皇太后可能会反对，他便准备把她关押起来，但是，老太太得知其计划后，立即把他控制起来，使之在自己的宫殿中成为囚徒。从那开始，她便成为这个国家毫无疑问的统治者，虽然名义上的皇帝还把其名字签在她所拟定的文件上，但是形势发展如此之快，现在她已经在实施改革。不久以前，正是因为她外甥建议进行这些改革，她囚禁了他。一个由显赫的官员组成的专使团已经出洋，有的在欧洲，有的在美国，考察各国的宪法和政府组织。当我们回忆起中国无所不有，周边邻国都被称为“生番”、“夷狄”一词——甚至被用来指称那些与之订约的国家时，（你就会发现）这是一个多大的让步。

据报导，皇太后最近把御前大臣召集到一起并询问建立一个立宪政府需要多长时间。当被告知这可能需要 12 至 15 年时，她回答说，必须更快一些，因为她不想活太久，她想在去世以前看到宪政实行。她是否理解这场变革的含义，这倒有点可疑，但是除了俄国之外，各大国都有宪法，此点无疑给她留下了深刻印象，而俄国败于日本之手，再加上沙皇的领土上现在又出现了内部骚乱，其中有其教训。

刑法典的修订也正在完善之中。原驻美公使、现任外务部侍郎伍廷芳先生被任命为刑部官员。他与刑部侍郎沈家本一起，奉上谕修订法典。他们建立了机构，内设秘书、译员等，现在已经花了两年多时间，来考察各国的民事和刑事法典，以选择那些在中国国情下可以适用的法律。前公使伍（先生）对此问题有着浓厚的兴趣，并非常善意地向我提供了一份上谕已经批准的下列改革清单。

1. 凌迟，即通过割成碎片而慢慢处死（犯人）之刑，已经取消。此刑从前用于弑父、叛逆、杀夫（按照中国法律，妻子杀害丈夫比丈夫杀害妻子罪行要重得多）之罪。

2. 过去罪犯的头颅在执行死刑以后要示众，现在也已经取消。

3. 如果罪犯在行刑前死亡，现在不再允许砍掉其尸体的脑袋。

4. 根据旧的法律，父母的亲戚以及那些被证明犯有重罪者的朋友，都要受到株连。现在，惩罚只限于犯罪的一方（虽然把无辜的亲戚也算在判决之中的做法似乎特别野蛮，但是，从西方国家的原则来看，又似乎没有太大差别。在西方，战争时期对无辜者和有罪者都会不加区别地进行惩罚）。

5. 在罪犯身上烙印的做法已经取消。

6. 体罚已经取消。

7. 除了谋杀和罪证清楚者以外，对被告刑讯逼供的做法已经停止。按照中国法律，一名被证明犯了谋杀罪的人，在他招供之前，不得将之处死，保留刑讯就是为了在这种情况下（使用），当罪证已经确凿时，迫使犯人招供。但伍先生表示，他希望，在这种情况下的刑讯逼供在不久的将来也要废止。

修律处还成功地奏请建立现代监狱，要求对犯人进行体检，必须实施人道待遇等。从前，犯人要从残酷虐待中得到解脱，只能通过向主管官员行贿。

修律处现在正制定诉讼律，其中准备建议实行陪审制度、法庭录用律师，免除犯人及证人令人羞辱地在法庭上跪拜的做法。

为了确保有合格的法官和律师来实行新法典，修律处已经奏请政府并获准在北京建立一所新的法律学堂（校址已经购定）。（朝廷）已经下令各省的高中和专科学堂在其学习科目之中增加法律一项。

伍先生还提请我们注意中国最近几年所引进的其他改革，其中就有铁路的建设、政府商部的设立、省市巡警的组设、公司法的颁布以及造币厂的设立等。

最初，铁路都是让予外国公司修建，但是，由于此种让予不断滋生麻烦，越来越多的人支持政府修建铁路。正是在实行这一路线的过程中，政府获得了美国公司的权利，该公司正在计划修建一条从汉口到广州的铁路。居住在中国的一些美国人表达了这样的遗憾，即该路竟然会从美国人手中跑掉。不过，我感到高兴的是，对美国人来说，中国人拥有该路，比该路落入外国之手，甚至比落入美国人之手，都要更好。要运营该路，没有磨擦是不可能的。这类磨擦将会把各国牵涉到外交纠纷中来。如果中国自已经营该路，我们会给予各国同等权利，而没有私人拥有所带来的风险。而且，说到修路，北京城正在经历一个整修街道的时代，三年之内已经铺设了约 11 英里的路面，而且坚固的便道也已经出现。

中国的财政一直处于一种可怜的状态。平常用的钱都是现金，这些铜钱大约

1000 钱换 1 元，除了小的交易之外，干什么都太重。设想一下用这样重的钱来做买卖，要购买 10 美元的东西，你就必须携带着 100 磅重的钱币。在美国，因银币太重而有人抱怨，但是，银元券完全解决了这一问题，因为银元券跟金元券一样方便，而且比金币更方便。但是在中国，它们还没有纸质的替代品。货币单位叫作“两”，而且如果铸成钱币的话，其重量大约是墨西哥元重量的一又三分之一。但是，没有这样单位的钱币在流通。墨西哥元是通用的，而在一些省份，也有零碎的银币。但是，墨西哥元假币如此之多，习惯上交易时要逐个检验。我有一个，他们称作“三合元”，其制作方法是从银元的两面各锯下一薄片，将中间的银挖出，所留空洞用铅填上，然后再把两面焊接上。手艺如此娴熟，以至于只有通过听其声音才能辨别（真伪）。好几家银行都发行了可以用墨西哥元兑现的纸币，但是在各城市都要打一折扣，这样旅行者的钱就总要被宰一刀。政府已经决定建立统一的货币体系，包括金、银、铜，银两将继续作为单位。

专利法和商标法已在准备之中。事实上，通过获得越来越多有关西方文明的知识，中国在许多方面正在加速前进。他们甚至已经在考虑改革字母及汉字，以便使之更易于学习。

我早已提到过中国直到最近仍然几乎没有报纸这一事实。没有比发现报纸的数量增长更能证明中国所取得的进步一事。虽然与美国和日本的报纸发行量相比，这些报纸的发行量还很小，但是，（中国报纸）在不断增长，有时所采用的白话文使得新闻和社论能够让那些不能读书的人可以看懂。许多这类报纸都是为了改革的（兴趣）〔需要〕而出版的。在香港创立的报纸之一反对选拔官员的科举考试，反对裹足的习俗，反对留辫子。士兵们也在逐渐剪掉辫子，这成为了人们效仿的榜样。世人也能够注意到（禁止）裹足方面的进步。一道上谕已经发布，号召人民停止这一习俗。很多学会都在散发与此主题相关的材料。

但是，更重要的是（朝廷）最近取消了科举考试。这是一场震动古老帝国基础的革命，原因在于，科举制度不仅影响到政府，而且也塑造着教育体制。在一些较大的城市里，（人们）都为考试做了精心准备，在一些地方，要搭建一万个至一万五千个考棚。这些考棚大约三尺宽，六尺高，足以让考生站立。棚内唯一的家具就是一块用作座位的板子，和另一块用作写字台的板子。考生在规定的时间进入考棚，发给题目，一直待在棚中，不得与外界联系，直到完成题目为止。现在，这些考棚已经闲置，官员都从新式学堂中选拔。

我们参观了北京的考棚，发现它们已经毁弃。1900 年，它们曾被义和团占据，椽木都被拆下来当了柴火。当房顶塌落以后，失去保护的墙壁很快便倒塌了。

保守派对废除科举大为恼怒，但改革派却认为这是中国在正确方向上迈出的一大步。

在每一方面，都可以看到（中国）思想进步的标志。正如在另外一篇文章中所论述的那样，若干世纪以来，私塾一直是唯一可以学习读书的地方。而现在，一套完整的学校系统正在建立之中，包括小学、中学和高中，在大一些的城市里还有专科学校。袁世凯总督管辖北京所在的地区，我曾有幸在柔克义公使的引荐下拜会过他。他告诉我，在过去四年里，他在其辖区内建立了三千所学校。这位总督是李鸿章的继承人，被认为是该国最有势力的人。他大约 46 岁，给人的印象是睿智、机警。他似乎对目前正在实行的改革深感兴趣，而且在接待美国人时非常热情。

我们在南京访问时，驻上海总领事罗杰斯碰巧也在那里。我们向周馥总督致意。这位总督年事已经很高，身体虚弱，但是他正在努力解决新问题，支持教育。在最近几年中，他设立了一千多所学校，据估计此时在日本的中国学生人数约有五千人。

在上海，有一所政府办的大学，其建筑花费了二十一万美元。我们了解到，在一些地方，佛教寺庙被改成了学校，也早已有女子学校。考虑到在天朝帝国妇女地位长期低下，这些开办的女子学校与为男子开设的学校相比，是一个更了不起的进步。

除了官办学校之外，还有大量教会学校，招收男女学生。我们参观了北京、南京及上海的一些学校，发现老师们因我们来听课并表示出感兴趣而受到振奋。一些美国人以及更多的日本人正在官办学校中任教。

《华盛顿邮报》，1906 年 4 月 1 日

中国专使在本市

市长大人在大厦屋设午宴招待中国皇家专使载泽亲王及李盛铎和尚其亨。他们现正在我国访问。客人大约有100位，其中包括：中国公使，马格达拉勋爵那皮尔，费慈莫里斯勋爵，陆军元帅乔治·怀特爵士，乔治·葛尔帝爵士，威斯特·瑞奇威爵士，艾利逊·马戈尔尼先生，造币厂代总工师伊凡·斯帕塞，伦敦县政务委员会主席J. P. 布莱克威尔先生，伦敦商会会长F. 鲍尔顿先生，罗合社主席布里奇·韦伯少校，巴尔蒂克（公司）主席乔治·富德尔-菲律普斯爵士，詹姆斯·比彻爵士，威廉·特莱劳爵士，海军上将、尊敬的爱德芒·傅里满涛爵士，塞普里安·布里奇爵士，底格比·莫兰特爵士，T. 斯塔奇斯·杰克逊爵士，乔治·黑吉森爵士将军，比文·爱德华斯爵士将军，A. S. 斯各特-凯蒂（最高勋章嘉德勋章获得者），弗里克斯·舒斯特先生，瓦尔特·希里尔先生，艾尔德曼与谢里夫·斯毛曼先生，谢里夫·波文特先生，麦金农少将，诺特·布尔上校，毛波利·贝尔先生，罗伯特·道格拉斯先生，吉尔斯教授，巴罗克教授，三等功爵士拜伦·布里南先生，以及国会议员约瑟夫·华尔顿先生。中国专使们由左秉隆、周树模[①]、陈恩焘上校、曹先生、Ivan Chen 先生[②]、吴宗濂、严璩以及柏锐先生。宴会期间，金流卫兵乐队奏乐。

市长大人在先后为国王和中国皇帝的健康干杯之后，又提议为中国专使们的健康干杯，宣称当日他们的到来，令整个伦敦城感到光荣。

干杯的提议得到诚心的响应。

载泽亲王在答谢辞（其致辞由左秉隆翻译）中，对市长大人所给予的友好接待以及他对中国的友好情谊致以诚挚的感谢。不幸的是，他在英国短暂逗留期

---

① 原文为 Chen Shu - moh，疑为 Chou Shu - moh 之误，译者。

② 疑指沈觐扆，曾留学比利时财政大学，译者。

间所学到的有限的几个英文单词还不足以表达他们对这种友好欢迎的哪怕最低限度的感谢之意。而如果他用自己的母语来表达其感情，那么，他担心市长大人又会无法把握他所表达的全部意义。（笑声。）这是一个不利条件，随着两国交往的日益增多，这一不利条件将会消失。本次使团的访问表明，中国希望与西方建立更加良好的关系。（欢呼。）他希望，这一趋势会如此迅速地发展，以至于用不了多少年，就可能出现这样的情景：在这座好客的大厦里，中国人会听到将来某任市长大人用孔子的语言向中国客人敬酒，而那时来的中国专使则能够用莎士比亚的语言来致答谢辞。（欢呼，大笑。）正像他们所知道的那样，使团来到英国，是为了考察政府体制及公共部门的运作情况。他希望，最急不可待的改革者也应该感到满意的是，他们应当首先开始考察和研究，深思熟虑的行动则在其后。说某种制度完美无缺，可以推广到各国而皆可，现在这样的时机还没有到来——假如有一天它确实会到来的话。某些政体形式可能要比另外一些形式好一些，而在一个国家行之有效、永恒的政体，却必须要根据所在国的民族性来调整。量体裁衣总比购买成衣好，比削人抻人以适衣要好。（欢呼，大笑。）他们对大伦敦市的富裕、商业的繁荣和良好的秩序都留下了极深的印象。发展到这样的程度，其背后的原因到底是什么，这是值得认真研究的。能够成为这样一座大城市的行政长官的客人，是一种很高的荣誉。（欢呼。）他们知道，市长办公室已经存在了数百年。他们真诚地希望，它还会继续存在几百年，因为，“大厦屋”是好客的同义词——特别是对那些从其他国家而来的客人——好客与友谊是非常接近的关系。（欢呼。）中国希望与其他国家和平相处，尽管相互之间远隔天涯，太阳在此国落下时，在其他国家则正在升起，但是善意是一种无需改革的美德，也无法改进。正是因为这一原因，他表示希望，令人景仰的市长办公室作为一个潜在的加强国际友谊的工具，会永远存在下去，希望后来的继任者都能像它现在和蔼可亲的主人一样能胜任工作。（欢呼。）载泽亲王以提议为“市长大人干杯”而结束了自己的发言。

市长大人作了简短的回应，然后散席而去。

《泰晤士报》，1906年4月3日

中国专使访问国防部

我们从国防部收到以下消息：

中国皇家专使载泽殿下在尚其亨阁下、李盛铎阁下、中国公使阁下、钱上校、刘少校、陈上校（中国海军）及中国大使馆一秘[①]左秉隆的陪同下，于星期六访问了国防部。

由于国防部终身副部长爱德华·华德爵士不在，助理国防部长布雷德先生接待了他们。他们被引至国务大臣[②]房间，在那里，他们受到了哈尔顿先生的欢迎。一起欢迎他们的还有陆军中将道格拉斯将军，参谋长、陆军中将 W. 尼克尔逊先生，后勤部将军 J. 伍尔夫·穆雷爵士，军需部主管将军、陆军中将里奇，苏格兰司令部部指挥官、国防部助理部长布雷德先生，作战指挥部的凯尔上尉，国务大臣的私人秘书艾里逊上校及韦尔斯先生以及爱德华·华德爵士的私人秘书克雷德先生。

哈尔登先生表达了他及军事委员会见到皇家专使团的高兴之情，并承诺给专使们提供一切便利，以便获得有关军队组织和训练方面的相关资料。

来自传教士团体的代表团

星期六晚上，中国专使们在中国使馆接待了来自英国新教传教会的 18 个不同团体的 40 名代表。代表中包括 T. 傅威尔·巴克斯顿爵士，安德鲁·温吉特爵士，艾尔伯特·斯帕色先生，国会议员、牧师 J. 孟禄·吉布逊博士以及牧师李提摩太博士。有关这次会见的情况，提供给我们的报导如下：

T. 傅威尔·巴克斯顿爵士由前驻上海总领事本南先生引荐给载泽公爵，并

① 应为使团一秘，见下文，译者。

② 原文为“Secretary of State”。18 世纪末、19 世纪初，英国先后设立内政大臣（Home Secretary），外务大臣（Foreign Secretary）、国防大臣（Secretory of State for War）、印度事务大臣（Secretary of State for India）等。国防大臣初设时，除统管军事外，还兼管殖民地事务，其地位在首相之下、各部部长之上，译者。

呈递了一份来自传教士们的带彩饰的报告。据他说，这些传教士们追求的唯一目标就是要中国好。伦敦传教会的乔治·阿文宣读了这份用简易文理翻译的报告。

在诺斯安普顿勋爵因不可避免的原因而缺席的情况下，安德鲁·温吉特爵士代表圣经会向每位专使都赠送了装订精美的钦定文理本《新约圣经》以及女王庆典本的英文版《圣经》。他的发言也由乔治·阿文先生口译。使团的一秘左秉隆代表载泽公爵，用英文宣读了以下答词："殿下要求我说，见到这么多到过中国或对中国人民感兴趣的绅士，他很高兴。这表明，全体英国人民都对我国抱有好感。我可以向你们保证，这种好感是相互的，我们也有同样的好感。他很感谢你们刚才所表达的如此多的善意。"

这份报告系代表以下团体而签：浸礼会、伦敦会、英国圣公会、圣教书会、大英圣书公会、维斯理传教会、友谊会、大英长老会、中国内地会、中华圣公会以及其他七个团体。报告中指出，参加签名的各团体之所以来见专使们，"是相信能够得到你们支持其动机与目标，希望你们回到中国的时候，能够利用你们强大的影响力来防止或消除误解。这类误解不时引起你们及其他国家的焦虑。他们派往中国的传教士与外国政府或商业机构的代表不同。他们与兼并领土、调动海陆军及签订任何国际条约等均无任何关系。此外，现在向你们报告的这些团体明确指示其传教士尊重中国法律的管理，不得干涉中国内政，不为自己追求社会地位，不为皈依者寻求治外法权。传教士们谴责并反对任何有助于扩散鸦片的行动，谴责并反对任何有损中国最佳利益的东西。他们真心同情任何对你们国家有利的运动。……传教之友非常激动地感谢中国许多处于高位者的善意与礼遇，特别是感谢那些在1900年的骚乱中为保护并救助无辜男女和儿童的生命做出贡献的人们。他们特别欣赏那种友好的感情，正是这样友好的感情，促成了最近皇太后陛下的慷慨捐赠，促成了一些中国官员支持教育、慈善及宗教的工作。"

中国专使们星期三晚上将访问达岭顿，市长和当地团体将招待他们。他们到达城里时，（市长和当地团体）会向他们致欢迎辞，他们会被要求在"风土民情及人口普查簿"上留下他们的名字。星期四，他们将访问若干工厂，晚上他们将出席宴会，届时，东道主将邀请当地主要的制造商及居民参加。

《泰晤士报》，1906年4月9日

中国专使

昨天晚上，在摄政街皇家餐馆，中国协会举行晚餐会，招待了大批商人、银行家等。他们对中英贸易感兴趣，是前来会见正在我国访问的载泽殿下及尚其亨和李盛铎大人的。巴思爵士、协会会长 R. S. 贡德瑞先生担任主席。出席者中包括中国公使、左秉隆先生、严璩先生、陈恩焘先生、周树模先生、费慈莫里斯勋爵（负责外交事务的次官）、海军将军 R. 特里塞爵士、尊敬的艾里克・巴灵顿爵士、陆军中将 J. 波文・爱德华爵士、帕特里克・孟森爵士、W. G. 艾里森－马戛尔尼先生、W. 罗伯逊先生、国会议员约瑟夫・华尔顿先生、C. P. 路卡斯先生、W. 亚当森先生、H. S. 威尔肯森爵士、托玛斯・杰克逊爵士、艾尔弗雷德・登特爵士、G. 考斯顿先生、J. 威尔奇先生（荣誉秘书）。宴会上，大家为（英国）国王和中国皇帝的健康祝酒。

主席建议为载泽公爵及其同僚们的健康干杯。他说，代表英国利益和旅居中国代表英国人利益的中国协会欢迎贵宾的到来。这些贵宾们目前正在欧洲访问，考察我们的政治形式及公共部门的运作情况。他感到遗憾的是，这些贵宾们在我们中间逗留的时间太短促，但是，他相信，他们回国以后，会对西方文明有更加清楚的理解。目前，西方文明正在中国引起如此大的兴趣。

载泽公爵用中文答谢这一提议（其演讲由左秉隆先生口译）。殿下说，能够受到中国协会会长和会员们如此友好的欢迎，他本人及其同事都深为感激。然后，他又说："中国特使团来到英国，是为了考察政府体制，大体而言，是要确定在多大程度上、在什么方向上，让西方国家的经验和实践适合于中国学习。在过去，外国曾经借鉴过中国的经验，或者用会长先生的话说，借去了种子，并在保持种子开花结果中获得发展。因此，我们索取报偿，也不感到内疚，也轮到我们该向西方借鉴了。但是，我们希望借鉴的，是那些将会对我们国家有益的东西，而正是在此点上，我们必须有极大的远见并谨慎小心。众所周知，航海罗盘是中国发明的，经过你们应用之后，重大的结果不说，无论如何，一个令人满意的成果就是，我们能够安全地航行到你们好客的海岸。（欢呼声。）火药与枪炮的发源地也在中国——开始时完全无害。（笑声。）它本来可以一直停留在那样一种状态。但是，在我们最近参观乌尔治兵工厂时，我们注意到，我们的种子已经得到多么大的发展，我们不禁冒出这样一个念头：我们做出这样一个发明，是否有益于人类。（笑声。）你们的会长说得很对，我们的目标是要到源头上来考察能够应用于我国的那些外国方法。在寻求这一目标的过程中，我们可以从你们的错误中得到有益的教训，直接从你们经过许多试验之后达到的地方开始。我们（发展）迟缓，这当然有所损失，但是，我们将从其他人的经验中有所获得。例如，在铁路方面，我们的考察让我们知道，有些铁路获利 12% 。这种铁路是最适合于中国的。（笑声。）相反，还有一些铁路，根本就没有赢利。眼下，这种铁路的建设（方案）就暂时不能考虑。（再次笑声。）因为，尽管中国人民和英国人民之间观点上可能有所分歧，但是在这一方面却是非常相似，那就是两国的股东们都期盼拿到大笔的红利。会长还提到我们正在进行的对于贵国政体的考察——按其名称，应该叫作立宪政府。中国认识到，她不能静止不动而无视周边所发生的变化。正如刚才提到的，一场运动早已相当可观，而一种变化一旦开始为人觉察并证明是对国家有利的，那么其进展将会十分迅速。我们有机会来考察贵国的宪政，而对于国会两院的参观使我们能够看到政府运作的机制。在中国，目前还没有办法直接揣测出公共舆论和人民意愿。将来哪一天，我们会找到某种获知人民意见的方法，也会发展出某种表达人民意愿的方法。这些将会采取什么方式，只有将来才能知道，但是，也许在未来几年，当英国派出一个特别考察团到中国来收集相关有用的情报时，在我们新建的国会中，也许会让这一使团坐在外国贵宾席上，他们就有可能判断出，这一模仿是否比原型有所改进，就像有些情形那样。（笑声。）那时，我相信，就像今晚我们在伦敦受到中国协会的热烈欢迎一样，你们将会在北京得到英国协会会员们的热烈欢迎。（笑声与欢呼。）”

下一次干杯是为了“商业”，是由托玛斯·杰克逊爵士提议的。

此后，艾尔弗雷德·邓特爵士提议为“我们的客人”干杯。

费慈莫里斯勋爵在回应时说：“在这样一个重大聚会上，东西相会，是大不列颠和中国关系拓展的征兆，而这种关系正是外交部用其全部能力真诚发展的目标。（欢呼。）”

J. H. 斯科特先生提议为“主席”的健康干杯，干杯至此结束。

《泰晤士报》，1906 年 4 月 11 日

中国专使在达岭顿

星期三到达岭顿的中国皇家专使昨天访问了城内数家工厂。在克利夫兰桥梁工程公司，东道主带他们参观了正在为东南铁路公司建设的一座大桥以及压制桥梁用的板件和打钻、固定等方面的工序。克利夫兰桥梁工程公司曾建造过赞比西河大桥，并为西北铁路公司在泰恩河上建造过新的高水平大桥。在达岭顿锻造公司，考察活动特别有趣。这家公司主要承接海军部的订单，制造船体尾部框架、曲柄、轴承。最近在泰恩河上的建筑工程及克莱德巨型船尾框架工程中，他们为两艘新的库纳德邮轮制造产品。皇家专使的第一个兴趣点指向了一个液压锻造的镍金属管——被用于制造国防部订购的一门口径十二英寸、身长十七英寸的大炮。这一部件不久就会被送到乌里治兵工厂，在那里装配完成。他们还让专使们观看压力为四千吨的液压机的工作情况。操作机器的工人们在为皇家护卫舰、一艘日本轮船泰伦号以及一艘邮轮锻造轴承和曲柄。专使团一行与公司主管们一起共用午餐。在场者除专使们之外，还包括市长（议员 R. 威尔逊先生）、达岭顿市办事员（H. G. 斯蒂文森先生）、T. 帕特南先生、管理主任以及公司的其他管理人员。专使们还参观了东南铁路公司的机车厂及罗伯特·斯蒂芬森先生公司的工厂。到下午时，他们又驱车前往拉比城堡。在晚上为专使们举行的宴会上，大批人士出席。市长主持当晚的宴会并提议干杯。载泽公爵的致辞由其秘书长翻译。他说，出洋大臣们来到本国，考察公共部门是如何运作的。英国的宪法是一棵茁壮的老树，现在有千百万人民和平地生活在其树叶的庇护之下。他们如果要从所有细节上来考察，就会发现自己成了英国公民，而那些派遣他们来到这里的

人就会白白地盼望他们回归。但是，他们的目标就是打开箱子，而让他们之后派遣的其他人来考察里边有什么有价值的东西并将这些东西带回去。他们的目标是政治的而非商业的。尽管如此，他们仍被达岭顿的企业所打动。在中国，他们也有煤和强大的军队，而政府的责任就是要把他们结合起来。

《泰晤士报》，1906 年 4 月 13 日

中国专使在牛津

中国皇帝派往欧洲考察政治、商业及教育方法的使团成员于昨天访问牛津，受到非常热烈的欢迎。在由副校长、林肯学院院长主持的大学学位典礼上，校方（向使团成员）颁授了荣誉学位。钦定民法教授古迪在向载泽公爵殿下颁授民法学荣誉博士学位时说，该大学很少有机会在其学生中录取到东方伟大国家的皇室子孙。文科学没有真正的终点，他们高兴的是他们当天迎来了来自中国的这样一位杰出代表。他们真诚地希望，从公爵本人及其在场同事们的考察中，会产生出对中国、对英国及其他国家都有利的结果。拜沃特教授向尚其亨和李盛铎阁下颁授了文学博士学位，而大学代理公共演说官、马格德林学院的 A. D. 高德雷先生介绍了左秉隆，为其颁授了艺术硕士学位。在举行仪式的谢尔登剧院挤满了人，客人们心中愉快。

此后，副校长在林肯大厅设午宴招待高级专使其随员们。他建议为客人们的健康干杯。随员之一的璩先生①在答谢时说，尚其亨和李盛铎阁下指示他说，他们深知牛津大学给予的殊荣，而当他们得知这是中国皇帝的臣民第一次获得这一荣誉时，就更加高兴。他们认为，这不仅仅是他们个人的荣誉，而且更是对他们所代表的伟大国家的一种礼遇。他们希望，将来能够看到中国的许多青年来到这

① 原文为“Mr. Chu”，此处疑指严璩，其英文拼写用的是“Chu Yen”，译者。

所大学，学习西方的经典和文化，与此同时，在创造英国传统（文化）精华的地方，领悟英国风俗和思维模式。这样的过程会大大加强英国和中国的友好感情，避免各种误解——由于两国语言、风俗如此不同，如果双方相互还不了解，这种误解就几乎难以避免。他们的学生将带着对这一民族和国家的强烈的友好感情回到中国，他们尽管人数很少，但是在迅速扩大中国对英国的友好感情方面，他们的影响将是十分巨大的。在这种基础上建立起来的两国友谊将会比任何条约都更牢固。牛津的一位伟大的毕业生，即塞西尔·罗兹就曾留下了他信仰这一真理的明确证据。

下午，专使们受到市长等人的接待，并在市政大楼发表了演说。（专使们还）参观了波德莱及大学的数座建筑。在离开之前，专使们目睹了夏季第二期八桨船比赛。

《泰晤士报》，1906 年 5 月 19 日

中国，一个更为古老的民主国家

梁诚公使说远在我们自由之前的两千年，该国已经自由

纽约，乔托夸，8 月 18 日。中国公使镇东梁诚先生今天在乔托夸告诉听众，中国将永远不会采取立宪形式的政府。

他说：“我们的政府形式在本质上是民治民享的政府。如此一步（立宪）将是革命性的，而中国人民永远无法习惯外国政体形式。”

“我们的政府一直由经过统治阶级同意的根本原则进行管理。在杰弗逊撰写（美国）《独立宣言》之前的两千多年前，孟子就为中国人民总结出了基本法中那条极其重要的原则。”

“我们的国家至少在理论上是一个民主国家。它基于以下理念，即政府管理

最少，管理最好。通过竞争性考试，中国避免了通常在君主制国家中出现的寡头政治和贵族政治，从被统治阶层中招募统治者。在中国，官居高位的人是来自人民而不是名气大的人。我们在很大程度上拥有你们真正民主的、美国特有的政党竞争。但是，在你们形成一个国家之前的某段时间中国已经把政党竞争巧妙地处理了。”

《纽约时报》，1906 年 8 月 19 日

为了中国立宪

皇太后计划召开一次高级官员会议

北京，8 月 22 日。皇太后计划召开一次包括几位总督在内的高级官员参加的会议，以讨论立宪事宜。

近来考察美国和欧洲并已回国的中国专员，建议（朝廷）逐渐转变为一个立宪政府，用 10 到 15 年的时间教育人民来适应宪政。

《纽约时报》，1906 年 8 月 23 日

中国的改革

两道上谕已发布，令采取预备（立宪）措施

《伦敦时报》、《纽约时报》

《特别电报》

北京，9 月 2 日。昨天发布的上谕的重要意义在于以下事实，即它保证中国继续推进改革运动以便使这个国家适应立宪政府。放在首要位置的是官制的改革。

今天一道补充性的上谕，命令一批封疆大吏对改革问题深思熟虑，各抒己见。在民众为立宪政府作好准备之前，（官方）也要对教育、法律、财政、军事和警察（制度）进行改革。

上谕——皇太后的懿旨，尽管由皇帝发布，但它语气极好也非常合情合理，且已经给人留下了很好的印象。对北京的资深官员而言，这是深思熟虑的结果，他们正在讨论最近出洋大臣们的报告。

《纽约时报》，1906 年 9 月 3 日

中国的改革运动正在进展中

中国的改革运动正在进行中——（至少）在纸面上。（皇帝）刚刚发布了一道关于立宪问题的上谕，而我们驻北京的通讯员——其判断力毋庸置疑，不是专门喜欢拍马的人——对此文件本身，除了称赞，没有别的什么可说。他把这一文件描述为语调优美、非常平实，又补充说，它已经给人们留下了很好的印象。高级官员们在北京开会，讨论评估最近刚从欧洲回国的出洋大臣们所提交的报告。对此，（我们的通讯员也）做了一个概括。这一审查委员会由皇太后任命，而她正是上谕的作者，尽管上谕是用皇帝的名义发布的。上谕的重要意义并不在于任何具体的改革计划，而在于对未来的承诺。根据我们的通讯员的观点，它促使中国进行连续的改革运动，直到国家适合立宪为止。官制和财政改革被安排在其他改革之前，正如我们的通讯员所指出的那样，这些都是中国人在按照西方模式做

好立宪准备之前,国家每一个部门必须进行的调整。上谕似乎把这一前景推到了很遥远的未来。如果像上谕所说的那样,官制改革意味着结束官民相隔的状况,那么中国的宪法可能要等上很长时间才能被制定。如果正是如此的话,那么这就是对腐败的官僚阶级的一个直接挑战,他们为了自己的目的,只要能够,就一定会拼命控制住这场新的运动。迄今为止,他们已经努力这样做了,而且在某种程度上还相当成功。毫无疑问,促使这道上谕问世的委员会中,他们也有强有力的代表。

不过,认识到这一点,并不是要贬低参加此次会议的其他著名官员的工作。这些人中包括了年轻的醇亲王——大家会记得,他曾为克林德被杀一事率团到德国道歉并表现出了机智和尊严,还包括更有势力的人物袁世凯。不管我们对其政策的初步成果怎么看,但可以相信,这位直隶的大总督一定是有爱国志向和真诚目的的。据说他把新建的军队看作是复兴中国的工具,而中国与外国之间最不吉祥的一些发展情况都可追溯到这一设计。尽管有可能是这样,也没有理由怀疑,他把新宣言中规定的改革看作是全国性运动必不可少的一个因素。如果不是总督的雄心(不管多么老到),我们有理由对上谕的结果抱怀疑态度。不信任的原因还要更为深刻。承诺是一回事,落实又是一回事,这在中国与列强的交往中从来都是很突出的。除非中国采取今天的这种政策,否则我们还有什么能够保证实现这些理想?如果她正在正确地执行一大系列改革,并最终使人民做好了立宪的准备,那么我们就可以从其目前的行动中看到诚意。不幸的是(臭名昭著的是),我们不能这样做。首先,我们只需要看看目前她在海关问题上所采取的立场即可。赫德爵士四十年忠心耿耿的工作,使这一部门成为中国拥有的唯一一个真正高效的公共服务机构。如果她想真正做事的话,那么可以设想她会维持海关服务目前所有的较高级的管理,并努力把它目前可以教授的经验应用到全国其他部门中去。这两件事情之中,她既没有做第一件,也没有做第二件。虽然帝国到处都像从前一样存在贪污和滥竽充数,但她却直接威胁赫德爵士所控制的中国海关。因此,效率并不是中国国民运动的目标,甚至有可能不是主要目标。运动受到多种政治矛盾的影响,其中有些更有可能把国家投入到反动之中,而不是把它引导到立宪进步之中。

如果我们看一看中国在一般性商业关系问题上对外国的态度,我们就能发现同样的事情。在这方面,没有比答应让与英国公司铁路(修筑权)等更为重要的事情。在日俄战争之前，中国同意让出许多铁路的（修筑权），因此实际上等于承认，她自己无法为这些事业提供资金，无法自行运营这些事业。但是，现在，她似乎开始有意识地执意取消或无视这些协定的政策。然而，我们并未看到任何有效的证据可以证明中国有能力自行建造协定目标中的这些铁路。在华南，士大夫阶层虽然一直愿意为中国自办铁路集资，但其明确条件却是官方不得插手其事。在日本接受过教育、很大程度上是少年中国党主体的汉族学生排斥与外国合作，其理由是日本也是这样做的。不过，这样一种比较仅仅是表面的。日本从一开始就把国家骨干的线路和矿产资源保留给了自己的人民。相比之下，中国人接纳了外国人，从而一劳永逸地放弃了排斥原则。此种对日本先例援引的虚假性，必然会引起人们的某种怀疑，怀疑上谕是否真得会产生像日本那样的效率。中国广大人民中，确实震荡着真正的雄心和良好的愿望，而且一种国民意识也正在开始形成，在其自我明智发展的同时，无论如何，我们对此种意识没有别的，只有同情。但是，这些理想必须穿越无知以及过去对外国人野蛮仇视的厚壳。他们必须反对官方的腐败，这些官员为了转移运动方向并利用这一活动来达到自己的目标。官员们会不择手段。正是通过这样的反思，我们才能认定改革上谕中所做出的大量承诺，才能高兴地看到这些承诺落实到实效——像我们应该做的那样，看到中国被改造成一个真正进步的国家。

《泰晤士报》，1906 年 9 月 3 日

中国的改革

本报通讯员

一道上谕

北京，9 月 2 日。昨天所发上谕的重要意义在于以下事实，即它承诺中国继续改革运动以便使国家适合于建立立宪政府。排在最前边的是官制改革。今天，

（皇帝）又发布了一道补充性的上谕，命令一大批在京高级官员和各省督抚讨论并提出必要的变革措施。在人民做好准备像其他国家那样可以实行立宪之前，中国还需要进行教育、法律、司法、财政、军事、警察等方面的改革。

这道尽管用皇帝名义发布、实则出自皇太后的上谕，语调优美、极为平实，已经给人留下很好的印象。这是在北京讨论最近出洋大臣们的报告的那些资深官员们多次讨论后所得出的结果。

端方，最近访问过欧洲的出洋大臣之一，今天被任命为南京总督①，受命立即赴任，而现署理总督周馥则被调往福建。此项任命很久以来一直就在大家的预料之中，因此将受到普遍赞成。

北京，9月2日。直隶总督袁世凯刚刚在此度过几天，参加主题为预备立宪的会议。皇帝发布了一道上谕，许诺人民一旦做好准备时，就颁布宪法。陛下说："我朝自开国以来，列圣相承，谟烈昭垂，无不因时损益，著为宪典。现在各国交通,政治法度,皆有彼此相因之势,而我国政令,积久相仍,日处阽危,忧患迫切,非广求知识,更订法制,上无以承祖宗缔造之心,下无以慰臣庶治平之望。"

皇帝引用了出洋大臣报告中的话，大意是说，中国国势不振，实由于上下相睽。他承诺引进官制和财政改革，并说，当这样的改革完成之后，人民明白了其与政府的关系之后，国家就会制定宪法大纲，而将宪法付诸实践的时间，则要视国家向开明进步的具体速度而定。

《泰晤士报》，1906年9月3日

预备立宪上谕②

北京，9月2日。皇帝已经发布一道上谕，许诺当人民做好准备时实行立

① 原文如此，指两江总督，译者。
② 原文无标题，此系译者所加，译者。

宪。上谕内容如下：

“我朝自开国以来，列圣相承，谟烈昭垂，无不因时损益，著为宪典。现在各国交通，政治法度，皆有彼此相因之势，而我国政令，积久相仍，日处阽危，忧患迫切，非广求知识，更订法制，上无以承祖宗缔造之心，下无以慰臣庶治平之望。”

上谕引用事实说，大臣出洋考察报告称国势不振，实由于上下相睽，内外隔阂，因此承诺进行官制改革，清理财政。当这些改革完成，人民悉明国政时，宪法才会宣布。上谕说实施宪政的时间将取决于国家进步的迟速。

北直隶省的总督和军队统帅袁世凯，已经在这里数天了。他参加了关于立宪的会议。

《纽约时报》，1906 年 9 月 3 日

制定神圣宪法

关于天朝帝国承诺的“宪法”，有经验的西方人可能提出的第一个问题是：中国政府意欲何为？这是对中国有良好信任的人不溜须拍马的质问，而我们必须小心翼翼，不要让反感和种族偏见影响我们的观点。但是它依然是对的，大多数源自官员阶层的所谓的“进步”已经对危及外国的利益产生了影响，而他们的创始人却表示完全相反。

有两件事情是中国人，尤其是官员阶层，急切盼望废除的：外国人干预的（关税自主，即逼迫）中国以海关税收为担保偿还所借外债，以及为保护居住在中国的外国人而由外国机构行使的治外法权。与此相关联的，还有一种（中国人）对外国行使铁路和其他工程的让与权的强烈厌恶感。把英国著名的管理家赫德从中国海关驱逐出去的计划，根源上就是此种情感在作怪。政府的行为是间接的但却是奏效的。（朝廷）任命了两位督办税务大臣，他们立即在赫德之上发

布命令，尤其是海关报告在提交给他们之前不允许发表。英国政府到目前为止唯一满意的是，它得到了（中国）郑重保证“1896年和1898年通过贷款协议确定的关税管理不变”。按同样的精神，1898年之后承认的铁路让与权已经被转移给各省机构，而英国公使则沉着地保证让与权仍然有效。与此同时，令人烦恼的且纠缠不清的障碍使外国法官陷入困境。

因此，当皇帝召集总督到北京，由直隶省举足轻重、实力强大的总督袁世凯牵头来商谈有关“立宪”事宜，并许诺人民一旦做好预备就实行立宪时，人们本能地想知道他和他的顾问们到底计划什么。可以理解，人们至少怀疑这一结果在表面上是要进行现代化，但其背后则是政府对原来排外、反现代的政策顽固坚持。这种怀疑得到了来自日本最新报道的证实。该报道大意是说，过去他们期盼日本人在帝国复兴的新运动中担任领导者，而且日本人自己也以此自期，但现在，日本人却遭到中国政府官员的冷遇，而他们的企业甚至比西方人的企业要遭受到更多的推诿扯皮，更加频繁的妨碍。如果中国统治阶级方面确实想使帝国和世界其他国家和睦相处，那么毫无疑问日本的榜样和忠告就得效仿。但是日本人明白他们（中国人）能够赢得西方的信任、尊重甚至惧怕的唯一方式是（名副其实）〔富国强兵〕。在大多数情况下，这种情感在中国统治阶级的思想中激起了藐视而不是效仿。毫无疑问，最终，中国人将会受到盛行于文明世界的思想影响，但是目前趋势似乎正相反。

《纽约时报》，1906年9月5日

中国的改革运动

本报通讯员

北京，9月13日。中国14位最高级别的官员正在每天开会，讨论最近出洋大臣们提交的改革冗官的计划。大声疾呼改革的少年中国党正以极大的兴趣和热切的期望，等待着他们的决定。

这 14 人之中，1 人是蒙古族，6 人是汉族，7 人是满族。他们之中，只有 4 人有过短期出洋的经历。他们的决定要经过庆亲王和孙家鼐及瞿鸿禨的最后审定。庆亲王是不称职的外务部尚书，有很大的鸦片烟瘾，其名字在中国官场中代表着所有一切最不受欢迎、最不受人待见的人；孙家鼐是一位年过八旬、声誉极佳的老人；瞿鸿禨是湖南人，外务部尚书，他在任职的数年间，每天都表现出对于外国事务自鸣得意的无知。以上官员中，没有一个人懂得任何外文单词，其所受训练、思维习惯及环境一定不能用任何西方标准来评判。但是，在原则问题上，他们一定会做出很大让步，因为他们意识到现在有影响的各种势力的力量，看到必须安抚革命党人，看到成千上万正在国内接受教育或从日本游学归来、现在已经控制了报界的学生们的勃勃雄心。这些雄心必须加以明显的理解，而现在，在中国，决定官员意见的最新因素，即对无处不在的炸弹的担心，将会在诱使他们接受自由原则方面发挥重大影响。

改革的范围将有多大？满族的皇粮及满族的诸多特权会取消吗？官制会模仿日本吗？介于地区和巡抚之间的地方官会取消吗？那些无用的部门会撤销吗？那些在宫中拥有灾难性影响的太监会保留下来吗？诸如此类的许多问题都是我们每日在思考的问题。

《泰晤士报》，1906 年 9 月 15 日

中国的觉醒

河上清

一

天朝帝国的腐朽状况第一次因中日战争的结果而真相大白，而与义和团起义

接踵而至的，则是甚嚣尘上的瓜分中国的传言，全世界各国都在忙着算计如此终结这一庞大帝国将会对各列强的利益产生什么影响。多谢可怜的美国海（约翰）国务卿为门户开放政策所做的坚持不懈的努力，今天，中国的完整几乎得到了保证。出于保护其政治和经济利益的需要，不，更准确地说，是出于保护其安全和生存的需要，日本迫使俄国放弃其在满洲的要求。因此，与俄国的战争已经使日本上升到这样一个重要地位，以至于在未来处置中国问题时，列强必须正视日本所宣布的保护中国完整的意愿。与此同时，中国几个世纪以来一直萎靡不振的民族统一感似乎已经被明确无误地激发起来，这在最近接连发生的一系列事件中都得到了证明。这种民族意识目前虽然还有些原始，有些不定型，但是通过日本战胜其北方大敌之役，（其民族意识）已经获得了新的动力。毫无疑问，它注定要在复兴软弱的帝国过程中发挥明显的作用。像所有重大运动一样，目前中国向前发展也有其怪癖之处，有其荒唐之处，有其过头之处，例如传教士在南昌被杀一案，例如发生在上海会审公廨的暴动事件。不过，这些都只是枝节性的问题，不太可能对进步的主流产生严重影响。暴民之中反映出来的明显排外精神已不像义和团起义时那样得到中央政府和地方政府的同情。现在正在进行的全国性鼓动宣传，所用的口号“中国人之中国”完全不同于义和团运动中的口号“（扶清）灭洋”。派代表团出洋考察先进国家的行政机构，采取步骤取消为保护其统治者而定的荒唐的法庭，大大增加出国学习自然科学的留学生人数，自由邀请外国教习，特别是日本的教习来负责教育机构，按照新的原则来整饬军队，彻底摆脱从前盛行且已经不合时宜的科举考试，试图建设自己控制的铁路，抗议美国排华风潮的联合运动，近期发生的上海会审公廨事件（中国官员要求拥有独立审判权，来处理本国违反法律者，并进行处等事务）等，所有这一切都明白无误地表明，中国最后终于真正地从长期的沉睡中清醒。

二

中国最近事件的记录很像日本历史中的一页，大约40年前，那时，西方文明刚刚进入日出之地。日本从中世纪的传统中刚刚被解放出来，天皇就向其臣民庄严宣布：“广开国会，万机决于公论；广求知识于世界。”天皇当时还很年轻，现在已经成为世界上重要的统治者之一了。天皇的这一宣言是日本通向文明高速路的第一块里程碑。他派遣了许多代表团和使团，到西方发达国家考察研究其政治经济状况，而日本的新时代由此开启。

1905 年 7 月 16 日，中国皇帝和皇太后发布了一道上谕，开始提出派遣最初的几个使团到文明国家去考察政治制度以及官制。

中国政府派遣这些使团出国的基本目的，就是要调查与中国建立立宪政府相关的事务。在下述事实面前，即自其向外国开放交通以来，中国对文明的影响几乎没有表示接受，那么“是什么原因使中国对西方文化的态度发生了如此剧烈的变化”？这样的问题自然使我们不得不加以考虑。也许，将原因归之于任何某个单一的因素都不够周全，但是如果断定日本在其大战史上出人意料的成功大大促成了沉睡帝国的觉醒，这或许离事实不会太远。中国人问，是什么秘诀使得我们的小小邻国取得了如此巨大的成功？北方庞然大国的彻底崩溃又该如何解释？

为了解答这一问题，也许第一个引起他们注意的就是这两个交战国之间在政府组织方面的巨大差异。俄国的失败，是一绝对君主制政府对一个立宪政府的失败。日本的海陆军并非是用来对抗俄国的唯一武器。正如我们所知道的那样，连续不断的内乱严重妨碍了沙皇的战争。另一方面，就日本而言，有一个团结一致的运动来对抗其敌人。正是观察到了交战国之间内部环境的这种巨大差别，袁世凯和张之洞两位总督才向皇帝和皇太后强烈建议采用立宪制政府。前边提到的派遣使臣出洋（考察宪政），就是这两位政治家的建议。最初派出的两个使团最近在赴欧洲途中访问了美国，中国以后每年都将派出其他使团，这样中国主要的领袖人物就可以有机会分批近距离地考察西方各国的政治经济制度之优势。

三

中国开始对其周边世界产生兴趣的最为明显的证据在于以下事实，即在过去几年里，她一直都在派遣大量学生到日本各类大中学校接受教育。此外，她还邀请了相当数量的日本学者到各地学校任教。在 1897 年 4 月，中国政府首次派遣两名学生到日本。从此以后，中国学生进入日本学校的人数逐年增加，当日本在最近的战争中获得标志性的胜利时，新来的（中国）人数量之多突然之间超出了所有人的预料。目前，有九千名中国学生在日本，从中国到来的每一艘船都会带来至少百名新留学生，而在上海，至少还有三四百名学生在等待机会渡航而来。中国关内的十八省中，现只有一省没有派遣赴日学生。

这些学生之中，有的是中央或地方政府派遣（的官费生），而更多的则是自费生。这三类学生之中，每类各有多少，目前还没有统计数字。从有关中国学生学习机构的分布情况说明中，可以表明其学习方向：东京帝国大学，5 人；京都帝国大学，2 人；早稻田大学（私立机构，由政治经济学、法学及文学等系科组成），23 人；东京法学院（私立机构），23 人；庆应义塾（私立机构，设有政治经济学、法律及文学系），1 人；明治学院（私立法学机构），3 人；法律学院（私立法学机构），296 人；东京高等师范学校（政府为培训高中及师范教师而设的机构），12 人；高等中学（政府机构），68 人；成城学校（私立官助的军事学校），151 人；（东京）振武学校，305 人；弘文学院（私立文法学校），1 100 人——以上共 1989 人。

毫无疑问，虽然中国人在日本接受教育有诸多好处，但是应该知道也有弊端。可以肯定，两国之间有许多相似之处，主要是他们属于同一人种。由此，据称，日本人了解中国人可以达到西洋人无法达到的程度，反之亦然。但是，当我们对这两个国家的人民目前的现状进行更加专门的研究时，（就会发现），此种相似性看上去似乎非常肤浅。几个世纪以来各自享有的独立的国民生活已经发展出两种极其不同类型的文明及种族特性。此外，日本人和中国人之间没有借以交流思想的共同媒介。确实，日本采用了许多汉字，似乎是将之（直接）移植到了本土的东西上。但是，这是日语中的两种成份，尽管彻底融合为一，但在书写和口语中却保留了他们原来的文字，中文的“字 - 词”被赋予了全新的发音，而日文的发音符号被放入句子之中以便把中文象形字聚拢在一起。结果，当讲话时，日本人听不懂一个中国词，反之亦然。虽然在书面语言中，中国人可以看懂分散在日文句子中的中文单字，但是却无法把握整句的意思。

确实，这就是中国学生在日本留学时所遇到的最大的不方便。也许，中国人要学习日语，就像学习任何一种西方语言一样费时费力，尽管书面的日语在某种程度上更容易学会。此外，除了虚假的爱国主义之外，我们必须承认，与欧洲语言文学相比，我们的语言很贫乏，无法从容而自由地表达观念及高水平的反思。由此，任何把科学的或哲学的著作从西文翻译到日文的尝试都充满了困难，它们如果不是完全无法克服的话，至少也是难以解决的，而且日文是否足以必然发展到以适应更高文化的需求，似乎也颇有疑问。因此，我们要求中国学生把更多的时间花在日语上，并不是没有顾虑。在西方的权威著作之中，绝大部分还远未翻译成日文，只有通过对西方语言的了解，中国学生才有可能掌握科学与哲学。

但是，在中国新文明的初期阶段，日本作为其导师，服务价值不可估量。两国间政治经济利益的一致使得日本人更加热心、更加同情地努力接近中国人。如果其四亿人口全部现代化，如果其巨大的自然资源全部被开发出来，那么中国毫无疑问会提供一个了不起的市场，日本可以从那里得到原材料，日本的剩余产品也可以在那里找到出口地。由于意识到这一点，日本人正在把中国看作是其未来政治经济的同盟者。在西方，中国人，无论是苦力还是学生，都会被人鄙视与厌恶，在其（发展）道路上被设置了百般障碍。与此相反，在日本，中国人受到同情、敬重的欢迎。随着其文明与文化的发展，中国人也许可以在西方寻求高等教育。与此同时，日本将是其真诚而富于同情心的导师，在未来的一段时间内能够满足其所有要求。

四

日本教育对中国的影响，其重要性已经通过后者发布的上谕显示出来。上谕指示：在日留学的学生不需参加省里举行的乡试——这是（参加）在北京举行的会试所必不可少的步骤；日本大中学校颁授的文凭与中国各省考试所取得的功名具有同等效力。这道上谕的结果，使从日本学校毕业的中国学生可以立即去北京竞争倍受垂涎的功名，它可以打开通向最高级别官职的大门。按新进度进行的第一次考试于去年夏天在北京举行，八人获授第一级学位，四人获授第二级学位。这些成功的候选者早已分配到各自的职位，又一次在宫中在皇帝面前通过了两场考试。

考虑到以下事实，即已有大约千年历史的这一令人尊敬的竞争性考试，其维持的基础对于培养独立思想及实学来说，如果说不是完全没用的话，至少也是几乎没有多少用处，更谈不上产生出有效率、能够应对现代政府功能日趋复杂化的官员，因此，摆脱保守的文官考试制度，其深远后果不难理解。这一制度的缺点在于竞争者必须完成的课程。这一制度与这一僵化国家的许多其他制度一样，从建立以来就少有变化，而今天，可惜的是，他们还在逼着学生沿着充满荆棘、不利发展的路继续走下去。数千年来，他们的祖先曾走过同样的道路。首先，学生要背诵经书并练习书法——书写结构各异的无数汉字，其次学生要在学习政治伦理主题的美文及撰写文章的过程中，阐发古代圣哲留传下来的观念。学生的负担距离实用目标如此遥远，以至于最终获授官职时，却发现自己对政府管治之事完全不熟悉。摆脱这一失败的教学模式而代之以现代学术作为竞争的基础，中国将会实现一场其程度和结果还难以预料的思想革命。就像传奇故事中那位铁杵磨成针的老妇一样，中国士大夫有着了不起的耐力，此种耐力转入正确的轨道，就会在发展科学与艺术方面产生奇迹。当北京政府重新按照新的基础调整考试制度之后，学生们的热心与热情，将会转向追求现代科学研究。学生们的热心与热情到现在为止还聚焦于书法、（背诵）经典、美文学习方面。通过为留日学生取消乡试，清王朝朝着现代政权的开端前进了一大步。

五

在加速推进这一运动方面，没有一个人比中国的直隶总督袁世凯起过更关键的作用。他十年前作为中国派驻朝鲜的使臣，还是一个坚定的反日分子，也是中日战争的真正发动者，但是这位精干的政治家一旦确信了日本的能力及其将中国从西方侵略的危险下解救出来的真诚愿望之后，便在日本的同情帮助下，使自己变成了现代文明的使者。袁世凯通常被认为是其治术和政术方面的老师——李鸿章逝世之后中国最能干的政治家。袁拥有那位已经逝世的政治家的许多特点，他是一位随机应变的外交家，是一位才能广博、视野开阔的人。鉴于满洲像磨盘一样——俄国人在上，日本人在下，满洲在中间徒劳地反抗，于是这位谋略高明的总督半心半意地寻求日本的援助，直到岛国人民取得了胜利，无可辩驳地证明其有在远东地区扼制俄国人侵略的能力为止。从其最近所采取的行动和运动来看，这位总督现在已是日本真诚的朋友。很大程度上正是因为他的影响，现在才会有差不多两百名日本人在中国中央和省级政府中担任不同职务。他们当中部分人在大学和中学担任教习，部分人在担任军官，部分人在担任巡警，而另有一些则在担任财政或经济顾问。

袁世凯所设计的改革计划，首先是现代教育的推广。他孜孜以求的计划是根据先进的教育学原理来调整中国整个教育制度。首先，他要在他所主持的省即直隶试行这一计划，当证明了其可行性之后，他将会开始重组其他十七个省的教育机构。这是个庞大计划。在实施这一计划的过程中，总督向日本寻求合作与帮助。据认为，日本不仅引进了西方文明，而且还吸收了西方文明，从而使之与该国特殊的条件和特点相适应。据认为，西方文明这样经过日本之手东方化之后，就能比直接从西方引进的文明对中国更有益。依照几十年前日本所采取的计划，袁已经在保定建立了一所师范学校，同时，为了改革省内的警察制度，他已经建立了一所训练警官的学校。

袁不仅是教育改革方面的先行者，而且他还是军事改革方面最热心的倡导者。在按照德国军制组建了其省内的军队之后，最近他又按照日本的制度，将其一省的标准扩展为一场全国性的运动。按照他的计划，全国军队将划分为六个镇，由一个总参谋部来负责监督。现在这一计划正在重构，镇的数目将扩大至二十个，每一镇有四个步兵团，一个骑兵团，并相应配备一个工兵队和一个炮兵队。据估计，如果这一计划彻底实行，中国五年之后将会有五十万名受过训练、可直接在战地服役的士兵。考虑到现存的由各省总督掌握的既不统一、也不团结的各省军队——这些军队遇到义和团之类的骚乱时完全无法提供大的商业国家有理由要求的保护，那么这种调整的重要意义无论如何强调都不为过。袁世凯手中握有兵权，又控制着教育、财政、司法部门，同时还有改革者不可缺少的、非同一般的坚强意志，除此之外，在一个专制政府下更为重要的是，袁氏拥有皇帝和皇太后的信任，他可能发现自己所处的位置已经可以实施他认为复兴国家所必需的任何措施。

六

袁世凯之后，张之洞算是现在中国的改革运动中最为突出的人物。作为中国南方两个大省湖南和湖北的总督，张所拥有的权力与其他八位总督相比毫不逊色（直隶总督除外）。他在袁世凯宣布放弃对腐朽的中世纪主义的信仰之前，就已经转向了现代主义。当光绪皇帝宣布其激进但却不够策略的内部变法措施时，张公开宣布自己准备支持这位进步的统治者。正是在那时，他撰写了《劝学篇》一书，强调对古老的观念和制度进行改革的必要性。那时（帝国）正处在一个关键的时刻，保守派猛烈反对任何带有西方色彩的改革，而进步派在一群冷嘲热讽者的煽动下，对中国事务中什么是过激（行为）全然无知，并蔑视那些满腹经纶的士大夫和专家们。两派之间的冲突似乎一触即发。有感于这种危险的局势，张之洞带着满腔爱国热情，运用其全部文学才华，撰写了《劝学篇》。自由派人士对这本书狂热地赞颂，而作者的影响力及其人格，再加上高雅的文体，甚至引得那些最顽固的保守派也禁不住带着钦佩的心情用心地阅读这本书。总督忠于祖国的道德理想，但是又毫不迟疑地谴责其祖国落后的一面，毫不吝啬地把鞭子猛抽在其人民及统治者的脊背上。

当撰写《劝学篇》时，张总督被置于一种极端危险的处境之中。如果不是在他麾下有一支经过现代化训练的强大军队，那么不得不肯定的是，皇太后可怕的政变及端王恶毒的行为将会把总督牵连进来。与变法派其他成员的命运一样，他将会用自己的鲜血来染红断头台。但是，在那样一个考验人的时刻，当变法者最为迫切地需要他援手时，他却感到，（自己）无法对变法者保持忠信而同时又能保证自己的安全，而光绪皇帝所抱持的中国复兴的希望也像一道流星一样逝去。但是，自义和团骚乱以来，不同寻常的五年间隔却（给中国）带来了象征性的变化。时任山东巡抚的袁世凯那时对西方文明尚未完全摆脱偏见，而现在当了权势更大的直隶总督后，袁成为一名无可争议的引进西方知识的忠实的先驱者。这样，有了总督之位上最强有力的封疆大吏的支持，张之洞开始实施数年前制定下的计划。

与袁相比，张可能是日本更热情的朋友。正是张第一个派遣学生到日本，从他所管省份来的学生总数几乎达到500人。在他的支持下，数十名日本教习在两湖各类大中学堂任教，而在其省政府内，许多日本官员在各种职位上协助他。

七

对中国目前的进步运动进行研究时，不应忽视铁路问题，因为在所有国家中，铁路都是最为有益的促进文明的工具。确实，中国人曾经顽固地反对拓展铁路。但是，难道我们不能把这种情绪归之于中国人民中间盛行的单纯的无知和迷信之外的其他原因吗？在中国担任美国华发公司总工程师的威廉·B. 帕森斯在其有趣的《一位美国工程师在中国》一书中告诉我们，中国民间普遍反对铁路，原因是两方面的，部分原因是由于迷信，另外一部分原因则是担心（铁路）对手工劳动构成竞争。这真够真实的。但是，除了这类宗教的和经济的原因之外，难道我们不能找寻一下政治方面的某些原因，以便我们可以更衷心地同情中国人。

在考虑这一问题时，重要的是要记住，铁路在执行列强尤其是俄国在远东所发起的殖民政策方面，起了多么重要的作用。像往日西班牙的传教士一样——他们跑到世界各地，公开举着耶稣的旗帜，而实际上则是征服者的先锋，在中国，欧洲列强从清政府手中夺取铁路让与权，表面目的似乎是要发展交通运输业，而在一层薄薄的伪装之下掩盖着的，则是贪婪的领土野心。满洲的例子就足以在中国人中间响起警钟。在满洲东部边界跨越（阿穆尔河）〔黑龙江〕，西伯利亚大铁路深入中国腹地，一直到黄海，37 万平方英里领土，生活着 350 万人口，拥有庞大的农业和矿产资源，如果不是日本的小个武士勇敢地拿起武器挑战入侵的巨人的话，那么所有这一切中国都将永远丧失。俄国的计划也不限于华北。人们相信，获得京汉铁路让与权的比利时公司背后有俄国人的重要影响，其野心要么是最终开辟一条贯通圣彼得堡到扬子江的铁路线，要么是以此来换取（更大利益），如在北方得到一些对她更有直接利益而且其性质上对大不列颠不太具有威胁性的东西。这本身就已足够惊人，但是当有评论说整个国家似乎将被六个外国列强活活分解成许多铁路让与区以便作为建立“势力范围”的预备时，即便是沉睡不醒的中国人也会怀疑巨大的危险正在降临其国家。

仅仅是在昨天，俄国的抢夺之手在南满受挫，东清铁路（的一部分）被割让给了日本。尽管如此，一千英里的西伯利亚大铁路仍将穿越中国领土。此外，俄国还声称，比利时获得的京汉铁路支线（共计 653 英里）必须让与俄国。在天津以南及山东省，德国影响最大，并获得了总长约为 375 英里的地方铁路让与权，以及天津至镇江之间主干铁路的部分让与权（长度达 470 英里）。通往上海的干线和支线铁路归英国辛迪加，长度约达 1400 英里。除此之外，英国还在英国与意大利合作的福公司中持有大部分股份，在山西和陕西两省获得了 125 英里铁路的让与权。从北方的北京到内陆地区的大都市汉口，穿越中国心脏地带，一家比利时辛迪加已经建成了一段干线铁路，绵延长达 700 英里，其中，俄国和法国据认为占有重大利益。从汉口往南一直到广东，美国人的华发公司原本要建筑一条长度为 918 英里的铁路，其让与权已被中国政府取消。最后，在最南部，法国获得了800英里的让与权。与这些让与外国的巨大里程数形成对比的是，中国政府仅保留着已经建成的大约550英里的铁路。这样一种形势既反常又危险。欧洲列强向中国政府索取铁路让与权的动机是政治的，而非商业的。他们急于在中国领土上建立立足点，因此竞相占领有利位置。在这种情况下，建造的铁路将会像紧箍咒一样死死捆在这一停滞的帝国身上。把这样一份让与外国的记录摆在我们面前，再把中国铁路建设中所遇到的种种麻烦和困难都推到中国人门前，这难道公平吗？公正地说，中国人反对铁路的原因不能仅仅归结为他们无知或迷信。

自从中国买回汉－粤铁路的让与权以来，中国也一直在与英国谈判收回天津－镇江铁路的让与权，其中德国占有很大份额。英国政府答复说，它愿意答应中国的要求，前提是德国要放弃其所占份额。这场收回运动似乎不仅仅是排外精神的反映，中国方面随后也没有自建铁路的意图。最新一份来自广东的报告，大意是说，要求购买汉－粤铁路股份的申请如此之高，以至于街道之上人满为患。这份报告是一份极好的证明，说明中国人对铁路已经再无偏见。中国驻华盛顿公使镇东梁诚先生说："实现我们国家理想的最初步骤之一，就是在中国人的主持下，建筑一条从广州到北京、贯穿中国中部和最肥沃省份的干线大铁路。"中国人买回铁路并把路轨、车厢、机车等抛到河里——就像1877年吴淞铁路所发生的那样，那样的时代已经过去了，那样的时代再也不会回来了。一个联结全国的铁路网不仅仅出现在纸面的设计图上，而且在实际上开始建设了，这样的时代似乎马上就要到来了。

要指望一个占人类三分之一的民族一天之内就抛弃数个世纪以来的惰性，毫无疑问是太草率了。它在完成自我改造并进入新的生活之前，将会经过许多代人（的努力）。但是，它确实已在改造的过程之中，这几乎没有怀疑的余地。

中国复兴、启蒙以后，利用其巨大的自然资源，唤醒过去处于沉睡中的巨大人口，其陆海军将按照先进的榜样进行改造，与日本达成真诚的谅解，迟早会形成政治经济的联盟。到那时，天皇的臣民将会认识到，在最近的战争中花费的12亿元及牺牲的8万条生命，是为远比他们所曾梦想过的更重大的问题而付出的。

《北美评论》第183卷第5期（1906年10月），第647—659页

中国呼唤改革

上谕立宪政府

皇（太）后说法律太旧，国家必须广求知识，广兴教育，整饬财政，设立巡警，（爱国主义），预备把庶政公诸舆论。出洋考察的结果

本月初在北京发布、希望在中国建立立宪政府的一道谕旨，其全文的官方翻译文本，已由美国驻北京公使柔克义发至美国国务院。

这道谕旨是北京历来所发上谕中最为重要的一道，如果实施的话——这在那些熟悉情况的人头脑中是一个疑问——将会在中国内部引起重大变化，会把政府和人民团结起来，使得全国空前统一。

帝国政府发布这道谕旨的决定，是今年初中国派专使团到全世界（考察）的结果。使团之一由中国最显赫的人物组成。他们来到美国。另一个（使团）则去了欧洲。所有使团都把时间用在考察上，特别注意寻找那些可以引进中国的观念。

这道谕旨发自慈禧陛下，她显然认为，已经到了必须改革国内状况的时候。她说，中国的政治体制“积久相仍，日处阽危，忧患迫切”。

必须广求知识

懿旨说：“非广求知识，更订法制，上无以承祖宗缔造之心，下无以慰庶民治平之望，是以前派大臣分赴各国考察政治。”

上谕接下来又说：“我朝自开国以来，列圣相承，谟烈昭垂，无不因时损益，著为宪典。”

“现在各国交通，政治法度，皆有彼此相因之势，而我国政令积久相仍，日处阽危，忧患迫切，非广求知识，更订法制，上无以承祖宗缔造之心，下无以慰

庶民治平之望，是以前派大臣分赴各国考察政治。”

是考察的结果

“是以前派大臣分赴各国考察政治。现载泽等回国陈奏，皆以国势不振，实由于上下相睽，内外隔阂，官不知所以保民，民不知所以卫国。而各国之所以富强者，实由于实行宪法，取决公论，君民一体，呼吸相通，博采众长，明定权限，以及筹备财用，经画政务，无不公之黎庶，又兼各国相师，变通尽利，政通民和有由来矣。”

“时处今日，惟有及时详晰甄核，仿行宪政，大权统于朝廷，庶政公诸舆论。”

政府的基础

“以立国家万年有道之基。但目前规制未备，民智未开，若操切从事，涂饰空文，何以对国民而昭大信。故廓清积弊，明定责成，必从官制入手，亟应先将官制分别议定，次第更张，并将各项法律详细厘订，而又广兴教育，清理财务，整饬武备，普设巡警，使绅民明悉国政，以预备立宪基础。”

“著内外臣工，切实振兴，力求成效，俟数年后规模粗具，查看情形，参用各国成法，妥议立宪政体及其①实行期限，再行宣布天下，视进步之迟速，定期限之远近。”

必须提倡文明

“著各省将军、督抚晓谕士庶人等发愤为学，各明忠君爱国之义，民族团结以倡文明②之理，勿以私见害公益，勿以小忿败大谋，尊崇秩序，保守和平，以豫储立宪国民之资格，有厚望焉。将此通谕知之。（尊敬之）〔钦此〕③。”

《华盛顿邮报》，1906年10月21日

---

① “政体及其”四字为上谕原文所无，译者。

② “民族团结以倡文明”八字，英文原文为“comprehend those principles by which the nation is to be united for the promotion of civilization”，当属误译。中文上谕原文为“合群进化”，“合群”与“进化”当时有特定含义，都是译自社会进化论中的词汇，而不是西方一般意义上所说的“民族团结”和“文明”，译者。

③ “尊敬之”三字，英文原文为”Respect this”，中文原文为“钦此”，译者。

莫理循致瓦·姬乐尔（节选）

1906 年 11 月 1 日

……人民正奔走呼号要求改革，而改革是一定会到来的。但是对于挡住进步道路的反动官僚应该怎么办？变革在进行中。例如北京有了碎石子铺的马路、有极好的警察、有良好的秩序、有马车、有外国式的住房、有电话和电灯，今天的北京已经不是仅仅几年前你所知道的北京了。中国能够不激起任何骚动便废除了建立那么久的科举制度，中国就能实现无论多么激烈的变革。……

录自〔澳〕洛惠敏编，刘桂梁等译：《清末民初政情内幕——〈泰晤士报〉驻北京记者、袁世凯政治顾问乔·厄·莫理循书信集》上册，上海：知识出版社，1986 年，第 473 页

中国改革宪法

上谕刚刚在北京发布。国家现存的法律太旧。（中国）必须在改革之路上前进

本月初在北京发布、希望在中国建立立宪政府的一道谕旨，其全文的官方翻译文本，已由美国驻北京公使柔克义发至美国国务院。

这道谕旨是北京历来所发上谕中最为重要的一道，如果实施的话——这在那些熟悉情况的人头脑中是一个疑问——将会在中国内部引起重大变化，会把政府和人民团结起来，使得全国空前统一。

帝国政府发布这道谕旨的决定，是今年初中国派专使团到全世界（考察）的结果。使团之一由中国最显赫的人物组成。他们来到美国。另一个（使团）则去了欧洲。所有使团都把时间用在考察情况上，特别注意寻找那些可以引进中国的观念。

这道懿旨发自慈禧陛下，她显然认为，已经到了改革其国内状况的时候。她说，中国的政治体制“积久相仍，日处阽危，忧患迫切”。

必须广求知识

懿旨说：“非广求知识，更订法制，上无以承祖宗缔造之心，下无以慰庶民治平之望，是以前派大臣分赴各国考察政治。”

上谕接下来又说：“我朝自开国以来，列圣相承，谟烈昭垂，无不因时损益，著为宪典。”

“现在各国交通，政治法度，皆有彼此相因之势，而我国政令积久相仍，日处阽危，忧患迫切，非广求知识，更订法制，上无以承祖宗缔造之心，下无以慰庶民治平之望，是以前派大臣分赴各国考察政治。”

是考察的结果

“是以前派大臣分赴各国考察政治。现载泽等回国陈奏，皆以国势不振，实由于上下相睽，内外隔阂，官不知所以保民，民不知所以卫国。而各国之所以富强者，实由于实行宪法，取决公论，君民一体，呼吸相通，博采众长，明定权限，以及筹备财用，经画政务，无不公之黎庶，又兼各国相师，变通尽利，政通民和有由来矣。”

“时处今日，惟有及时详晰甄核，仿行宪政，大权统于朝廷，庶政公诸舆论。”

政府的基础

“以立国家万年有道之基。但目前规制未备，民智未开，若操切从事，涂饰空文，何以对国民而昭大信。故廓清积弊，明定责成，必从官制入手，亟应先将官制分别议定，次第更张，并将各项法律详细厘订，而又广兴教育，清理财务，整饬武备，普设巡警，使绅民明悉国政，以预备立宪基础。”

“著内外臣工，切实振兴，力求成效，俟数年后规模粗具，查看情形，参用各国成法，妥议立宪政体及其实行期限，再行宣布天下，视进步之迟速，定期限之远近。”

必须提倡文明

“著各省将军、督抚晓谕士庶人等发愤为学，各明忠君爱国之义，民族团结以倡文明之理，勿以私见害公益，勿以小忿败大谋，尊崇秩序，保守和平，以豫储立宪国民之资格，有厚望焉。将此通谕知之。（尊敬之）〔钦此〕。”

《洛杉矶时报》，1906 年 11 月 5 日

中国的诸项改革

本报通讯员

上谕

北京，11 月 7 日。（皇帝）昨天夜间发布了一道上谕，对北京中央政府的高级职位做出了种种调整。这些都是中国报界长久期盼、长期希望、长期敦促的，在整个秘密讨论期间，报界表现出非同一般的预见性和消息的准确性。虽然这些变革与进步派所呼唤的相比还不够彻底，性质上还只能算是一种妥协，但是它们毫无疑问向着正确的方向前进了一步，并很有希望地预示着此后皇帝将有更加激进的上谕发布。

军机处、大学士、外务部、学部、吏部保持不变。尽管朝廷已经宣布稍后将设立一个海军部，但各部的数目仍然是十个，工部并入商部（改为农工商部），新创设邮传部，负责管理电报、轮船、铁路、邮政等。巡警部与其他机构一起，合并为内政部。礼部将多个小部门合并。户部和刑部名称更改，兵部名称亦改，

现兵部已将练兵处合并。

不过，更为重要的是，所有各部——如果其名称称作“部”的话，其职责可能更好理解——将来只设一个尚书和两个侍郎，而不是像目前这样，设一个管部大臣，两个尚书，四个侍郎，而且今后满、汉大臣也将不再区分。这样，改革可能会导致一人一职，双长制将取消，个人所承担的责任将更加清楚。尽管由于反动派反弹过于厉害，像（镇压）〔淘汰〕太监、取消满族皇粮、取消一系列闲散衙门之类的激进改革还没有开始尝试，但这些变化将会受到欢迎。

最新消息。在昨天夜间下令进行的官制调整中，最重要的变化是设立邮传部，负责管理电报、轮船航运、铁路及邮政，其中，前两项目前掌握在袁世凯总督手中，铁路在商部掌握之中，邮政则是海关总署的一个分支部门。在这方面，我们必然记得，中国邮政服务系统是通过1896年3月20日的上谕，由赫德主持创立的海关总署的一个下属机构。该机构成立之后的第三天，就签订了一项借款合同，保证现有关税不变。1898年3月1日，该机构又签订了一个类似的条约，因此，很明显，邮政是赫德控制下的中国海关的一个组成部分。此外，在今年5月9日在罗马召开的邮政大会上，中国正式宣布，邮政现在是、将来也继续是在中国海关的监管之下。由于这一理由，当中国（宣布其政策是）希望在下届大会之前获准加入邮联时，它就获得了大会的赞成。在现有的管理下，邮政服务如此之好，如果在未经训练的中国管理人员的控制下（中国的邮政事业）出现衰败，那么所有人都会为此感到遗憾。

上谕把唐绍仪调至新设的邮传部。在外务部接替其职务的是目前在伦敦任中国公使的汪大燮。

北京，11月7日。与改革官制的上谕同时发布的，有另外一道上谕。这道上谕在提及各省官制时指出，“州县本为亲民之官，乃往往情形隔阂，对人民肆为侵欺鱼肉，吏治腐败。现在国民资格尚有未及，地方自治，一时难以遽行。究应如何酌核办理，先为预备，著各省督抚一并妥为筹议。”

第三道上谕令铁良、鹿传霖、荣庆、徐世昌开去军机大臣之职，任命广西巡抚世续①为军机大臣，而庆亲王和瞿鸿禨则仍为军机大臣、尚书。因官制改革而

① 世续在被任命为军机大臣前，其职衔为吏部尚书、体仁阁大学士，译者。

失去职位的侍郎在候补新的职位期间，（朝廷）将发给其一笔薪俸。

《泰晤士报》，1906 年 11 月 8 日

中国的改革上谕

本报通讯员

北京，11 月 8 日。研究表明，在北京中央各部院所进行的改革谕令受到了民间的欢迎。谕令被认为是所需改革的一个组成部分，不过不是全部。昨天晚上的上谕革除了 20 多名旧派的高级官员，新任命了一大批官员。不过，有抱怨说，虽然（皇帝）保证不分满汉，但任命的满员还是偏多。尽管有人感到不满，说改革还不够，但是很显然，袁世凯在面对强大反对力量的情况下，成功地进行了一些真正的官制改革。令其支持者感到高兴的是，有三位官员被从军机处革职，他们是鹿传霖、荣庆及铁良——三人均是出了名的反动派。有趣的是广西巡抚林绍年被提拔进入军机处（在军机大臣上学习行走），他是第一个向皇帝奏请中国实行立宪的人。

俄国发生的一系列事件和中国驻圣彼得堡公使所发的耸人听闻的电报迫使中国在涉及更大规模的改革方面停手，这一点得到普遍认可。在邮传部，张百熙被任命为尚书，这受到外国的欢迎，这一方面是因为其高尚的人格，另一方面是因为以下事实，即一旦机会到来时，他会全力投入到废除过时的科举考试（从古盛行于今）的运动之中。不久前担任过驻德公使的荫昌被任命为重组后的陆军部侍郎，这将会得到德国方面的赞赏，因为荫昌力倡用德国方法来练兵。

人们表示，也许现在中央政府，特别是外务部，所遇困难的部分原因是由于这些预计中的改革没有完成，也许不久会有显著的改善。这种解读是否真实，只有时间才能证明。

北京，11 月 8 日。关于昨天上谕下令创建的两个机构之一，即政治委员会，

其中文称作资政院，意为资助政治的委员会。据称，上谕对这一机构职能的界定是收集并吸纳了世爵阶层的意见，而审计院则被授权调查有关经费开支问题，这不过是国家国会下院的特权。从这两个新设立的机构中，有人看到了未来两院制国会的种子。

《泰晤士报》，1906 年 11 月 10 日

中国的改革上谕

——日本报纸的观点

本报通讯员

东京，11 月 11 日。日本报纸对北京刚刚宣布的官制改革大表不满，认为这些改革仅仅有名而无实，因为双长制还在继续保留着。其次，原有的满汉之分仍然维持着。第三，改革没有规定把财政和军事控制权从各省督抚手中转移至中央政府。另一方面，报纸又衷心欢迎司法独立及创设地方自治。

上海，11 月 9 日。最近发布的上谕令改组中国军机处。此间人们平静地接受了这些上谕，这被认为是袁世凯领导下的改革派在促使皇帝陛下继续朝着革新政治的方向前进所取得的一个胜利。《北华捷报》认为，这一运动目前还只是局限于高级官员的调整，此外还有一些皇家的套话，不过，与此相对立的，则是这样一些行动——据认为，这些行动会引起对中国友好的人士对中国拟议中的改革是否真诚而感到严重不安。

《泰晤士报》，1906 年 11 月 12 日

推进中国改革

强大的政党坚持遵循现代化的政府理念

华盛顿，1 月 12 日。驻北京美国公使馆的中文秘书爱德华·T. 威廉姆斯向国务院提供给了一份因最近改革官制的上谕在中国引发显著变化的综合报告。

威廉姆斯先生在复述了两个机构（将要负责制定改革计划）组成的命令后说，一个多月以来，这两个机构每天都在举行会议，其中的两派一直在为领导权而斗争，一派决心走现代化路线建设一个自由政府，而另一派则决定将绝不背离祖先的传统。到目前为止，他们的报告只是一份折中方案，但是许多有价值的部分被保留了下来。

特别值得注意的是，中国放弃了内阁计划，放弃了提议海关总署与度支部合并的计划——可能是因为外国反对中国对海关管理的进一步干涉。上谕本身暗示在改革运动中所遇到的最大困难是“崇拜过去”。

上谕的主要特征是，（政府）明确努力达到“一人一职”的理想，同样重要的是取消闲散无用的衙门——外务部除外，未经列强允许，该部是不能改变的。从今以后，每一个政府部门只有一位首长。

尽管建立国会的时机还未成熟，但是朝廷提供了部分“替代品”，皇帝任命了一个“协助政府”的机构。该机构将成为人民的代言人，虽然朝廷不允许他们推荐或选举其成员。

御史制度被保留了下来，作为对堕落和无能官员的震慑。新闻业在中国还处在发展初期，根据威廉姆斯先生的说法，新闻业具有唯利是图的特点，因此给予完全自由是不明智的。

威廉姆斯先生说这两个机构正在继续他们的改革工作，所以构成已经发布的谕令基础的报告只是部分内容。现在各省官制（的改革）正引起关注，据说这比已经完成的任务更艰巨。

“总的看来，我们必须把该上谕看成是开创中国历史上最重要时代的一道上谕，”威廉姆斯先生说，“尽管乐观派无可置疑地会对结果感到失望，但是人们似乎没有理由怀疑皇帝和许多爱国官员对改革的渴望是真诚的。与此同时，一些改进措施会随之而来。我们至少可以希望，现在刚开始的变化将证明这只不过是把中国带入世界最先进国家行列运动的起点。”

《纽约时报》，1907 年 1 月 13 日

中国的改革运动

本报通讯员

上海，11 月 15 日。如果政府是一些自动化的团体，按照统一的原则或大多数被统治者的意志来运转，那么政治家们的事业就容易了，而世界也就没有那么有趣了。但是，在最文明的以及最平静的社会中，正是从人的因素的变量中，我们在寻找世界事务的震惊和新奇之处。罗马皇帝的不检点或大臣们的不理解顷刻之间就可以使一个庄严的条约作废，从而使我们精心绘制的地图改变。这是因为，即使在我们欧洲这样集体主义、程式化、繁文缛节盛行的地方，都可能因为某个个人的冲动或少数人的狂热而突然间把令人愉快的均势毁灭。这些人认为，政治的游戏吸引了那些玩游戏的人以及旁观者。如果我们的情况都是这样，那么中国的政治制度对人们的想象力会有多大的吸引力啊！那种制度几乎接近理论和哲学传统的完美层面，其中蕴藏着东方人性的残酷阴影及其所有无法控制的激情与不可测度的冲动。中国人自己并不抱幻想。他们之中，即使处在最上层的人，也是以赌徒般的冷静，利用其政治制度的机会从中获利。他们知道，政府的所有光彩与境遇、孔子的格言、仁慈的上谕以及“我朝神圣的传统”等，在强人的野心、仇恨与贪婪所带来的突发风暴面前，就像秕糠一样。像我们的游戏一样，

他们的游戏是为了打动“愚民”，也是为了玩得有规有矩，但是，围绕紫禁城开展的权力和地位的激烈斗争，却正是不受约束的人为因素在起决定作用，在塑造着一个种族的命运。不久以前，发生在康斯坦丁的戏剧性的一幕曾经生动地提醒过我们这一真理。《贝得尔可汗的倒台》，最近发表在《泰晤士》报上，在薄窗帘拉开的那一刻，我们得以瞥见其中人性的真实情况。确实，西方世界认为中国是一个儒商与哲人的国家，这种自鸣得意的观念，偶尔会使西方感到困扰。我们曾经听说一名记者被鞭笞致死，曾听说过督抚们饮被野蛮处死的叛乱者的鲜血，我们也曾听说过中国人以法律的名义或以政府的名义所犯的残酷罪行。但是，温文尔雅的特使和平和的使团却向我们保证，开明的上谕也告诉我们，说那些罪恶都已经是过去的事情，新生事物的时代（即将）到来，因此，今天，我们的态度又像 1900 年一样，成为一种满怀同情之期盼。在这些情况下，改革运动的实际立场就很值得关注。

那些撰写有关中国事务问题文章的人常冒前后不一的风险。变化是如此之快，局势莫明其妙的矛盾之处是如此频繁，即使最细心的观察者也难以弄清其真实的原因，因此调整观点以适应变化的现实，就不能不使国外的读者感到迷惑。在处理改革运动方面，这种情况特别明显。因为朝廷的态度在不断变化，进步的上谕紧随反对的措施之后，像万花筒般迅速变化，所有的理论都被颠覆。而真正的解释隐藏在人的因素之中，很难被发现，因为到现在为止，还没有强光照射到龙座之上，几乎没有外国人能够确切知道站在龙座之后的人的真实观点和动机。

今天的政治问题之中，没有一个能比中国的改革运动为政治家和商人们提供更大兴趣的问题。到目前为止，由于情报不够全面，英国政府对最近几年的这场改革运动保持同情，而采取这种态度的原因，可能是出于国际政治中出现的紧急状况以及对这场运动本身理智的赞赏。典型的事例发生在 1898 年。那时，在情报不准确的情况下，我们的政策忽冷忽热，一会热情洋溢，一会又漠不关心，任其自流。在那关键的年份中，我们温和地默认了政变，改革派的希望和英国在北京的影响力一下子被彻底摧毁。但是，过了不到一周，我们的军舰却又忙于运送逃亡的改革者康有为到英国殖民地去安全地避难。从那时起，我们就清楚地表明，我们的同情完全在（改革者一边）。他们希望努力奋斗以便把中国从腐败的中世纪制度中挽救出来。进步派及进步报纸建立更健康的民族主义的雄心一直得到我们更慷慨的支持，有时（大英帝国）给予的支持甚至比他们所值的支持更多。虽然在北京被围之后，我们曾有机会阻止旧政权的恢复，或对之加以改造，但是我们没有准备好替代性的政策。从那时开始，我们就一直在观望，期间有时在订立条约，有时在抗议（中国政府）违反条约。我们看到民众运动在稳步发展，也看到特权阶级同样在步步为营地抵抗着，但是对于起作用的力量，我们却没有清楚的认识。事实上，我们在中国的政策似乎是“杜马万岁”，而另一方面，对于那些说杜马不应该存在的反革命，则决不加以批评或反对。

公正地说，即使对于那些身在现场的人来说，也很难在反革命力量与改革力量之间划出一条线来。很难准确地说出，在（中国）现正发展中的民族运动中，我们应该以什么样的方式、向谁提供帮助。进步派在其主要的据点——广东和湖南——如此广泛地认同于仇视外国人，因此要同情其宣传是困难的。另一方面，很显然，虚弱的满族及其顽固不化的官僚（阶层）对国家的统治命运已经注定。但是，局势也不是没有希望。现代教育已经创造并扩大了一个阶级，该阶级并不认为排外是中国民族主义的基石。尽管这一群体具有懦弱性，这一阶级目前还在沉默之中，但是，今后它将会成为一个强有力的因素，值得我们随时给予支持。就目前而言，能够肯定的是，在同中国政府打交道的过程中，我们应该清楚地认识到：改革将会到来，尽管作用于政府，但不是源自政府；满族上层的保守派系“会向恐惧让出一切，但不会向理性让出任何东西”；最近皇帝所讲的一些开明言论，诸如那些预告取消鸦片及同意建立立宪政府的言论等，其用意主要在于满足时局的紧急需要。如果不是如此，局势将变得十分危险——这是向公共舆论让步，公共舆论如果遭到公开否认的话，（激进派）有可能（会向政府官员）投掷炸弹。尽管公共舆论及袁世凯等顾问颇有远见地做出的警告，但是早已有证据显示，朝廷认为危险已经过去，随之而去的，还有对既有制度进行任何重大改革的必要。到目前为止，就最新上谕而言，立宪政府之事已经被推迟到遥遥无期。

在茶馆中，新闻传播很快且保留了部分真相。11 月 6 日在颐和园（万寿）山上召开了会议，那个文静的人（光绪）之所以出现，据那里的消息解释说，总督演习回来时，皇帝在皇太后的命令下特别接见了他。在谈到提议中的变革所面对的困难和危险时，皇帝问他个人是否愿意为其后果承担责任。皇帝说：“朕对俄国的前车之鉴印象极深，把国会制的政府给予如此不识文义和没有知识的中国人民，朕很担心。总督能够确保这一步骤的安全吗?”当提到拟议中的取消宫中太监的问题时，陛下问总督将用什么来替代太监，问他是否意识到这种变革背后的不便和危险。据一般的报导说，袁迟疑了一下，回答吞吞吐吐，建议皇帝考虑采取一种缓慢而谨慎的政策。显然，进步派和反动派之间达成了妥协，其功劳部分应归于宫中的太监（他们已捆好了铺盖卷，宣称自己毫无私利，为了国家，他们愿意过退休生活)，一部分应归功于一名叫作文海的御史①所呈递的一份出色的奏折。这份奏折证明，采用立宪政府来满足中国人民的需要和条件是不可行的。这令整个士大夫阶层感到满意。

但是，运动正在发展，而且最终必然要么通过满族默许，要么通过满族灭绝来达到其目标。这些目标目前还只是粗略地界定为“中国人的中国”。由于官员们精湛的治国技术而“愚民们”随时愿意从衙门中接过政治，号召改革运动的口号已经逐渐认同于一种排外政策：只有一小部分受过教育的中国人认识到，这样一种政策是与真正的改革不相容的。在（1898 年）运动的开始阶段，康有为的追随者们曾梦想并撰文描述过一个觉醒而强大的中国，在那一中国里，他们不仅要驱逐洋人，甚至还要驱逐满人。满族扭转了运动的方向，使之集中对付欧洲人。但是，除非这一帝国的统治者终于意识到人民的意志还没有统一意味着什么，否则，(排外）潮流将会再次回来，而南方的反王朝势力将重新兴起并得到加强。

现在，中国政府组织如此不良，把行动的直接责任交给任何个人和团体，都毫无希望，假如进步派和反对派斗争的结果会导致列强之间发生冲突，那么可以确定，朝廷将会把少年中国党及其进步政策指为引发此种麻烦的罪魁祸首，而东方外交的一般目的，即挑拨一个危险分子反对另一危险分子，到那时也就实现了。这做起来更容易，因为外务部对外事的处理权，最近都集中到了广东进步派领袖唐绍仪手中。尽管大家都知道其政策总体上受阻于商部和军机处的保守派，但是外务部和皇帝之间工作的机制设计如此巧妙，如此隐蔽，因此，真正能为阻力负责的人所冒风险很小。

连皇帝都发布上谕，宣布官制问题迫切需要改革。如果英国政府有意帮助改

① 上此奏折时，文海的官衔是内阁学士兼礼部侍郎，译者。

革派对之实现真正的改良，那么第一步就应该坚持要求（清政府）真诚地完成（《北京条约》）〔《辛丑条约》〕规定的有关改组外务部的条款。负责处理外交事务的部门应该交由能够胜任的人士来负责，应使其摆脱其他一切事务，应授予其履行职责所必要的足够权力，不受地方士绅或城市部门的干涉。自 1901 年以来，我们对此就有无可置疑的权力，没有这一条，就不能期望中国与列强的关系能够得到改善。皇太后在有关立宪政府的第一道上谕中向世界承认：中国政令“积久相仍，日处阽危”。但是，最近一周所发上谕给人留下的印象是，经过深思熟虑，满族宁愿接受学生和报纸的挑战，而不愿放弃那一古老的制度所承认的任何特权。

《泰晤士报》，1907 年 1 月 29 日

中国的改革运动

本报通讯员

上海，11 月 19 日。11 月 6 日的上谕向全世界特别是向中国的改革党宣布，经过长时间艰苦的会议，由载泽、庆亲王等人呈递的有关官制改革的方案已获得皇帝批准，作为实施立宪的准备。此外，上谕又进一步解释说，之所以要采取这些改革措施，目的在于“专责成，清积弊”。带着这样的目标，军机大臣及各部堂官应“自行核议”“各部院衙门等职掌事宜”，“悉心妥筹”。同时，他们受命“循序渐进，以臻至善”，立宪政府因此要推迟至达到这一状态时才能实行。在等待各部自我改造之前，注意到上谕下令实行的改组是十分有用的。

军机处和内阁自雍正以来，尚无流弊，不需改革，因此“著照旧行”。同样，外务部、吏部、都察院、学部、宗人府、翰林院、钦天监及皇室各部门、侍卫处、步军统领衙门、顺天府、仓场等，或因其古老无疑，或因其似乎确有成效，亦各仍其旧（顺便提一下，现存局面的复杂性极其重要，在举行第一次留

学生“西学”考试、强调取消科举制度的同时，这道上谕却把像钦天监、翰林院、太医院之类如此过时的机构包括在其改革计划之中）。

在中国的管理哲学中，（官方）对名称赋予了很多意义。因此，如果发现上谕把涉及到的好几个重要公共部门——户部、巡警部、兵部、刑部的改革仅仅是变更一下称号（在某些情况下，只是把下属的部门合并在了一起），这也就不足为奇了。同样，大理寺被改为大理院（未提及伍廷芳最近司法改革尝试方面的惨败），理藩院被改为理藩部。自从实施改革，官方把总理衙门改为外务部以来，与之打过交道的欧洲外交官们都会赞赏现有措施的有效性。

通过把工部与商部合并、财政处与户部合并，通过把中央政府部门高级主管官员数量从七人减少至三人，毫无疑问，中国政府是向着节省开支、明确责任方向迈出了一步。而被免职官员的名单，特别是军机处被免职官员的名单，包括了许多长期以来被认为是碌碌无为之辈的官员。到此为止，由袁世凯所领导的进步派可以宣布取得了胜利。但是，如果头脑中想到这些被人接替的官员都还在继续领着薪俸，自由派原来的计划中还包括了建立责任内阁及改革官制（首先从裁撤宫中太监开始），那么已经达成的妥协似乎只是一种僵持状态而已。

汉人之中的乐观者把这道上谕看作是皇帝在压力之下不得不勉强采取的第一步，他们盼望着在即将到来的各省官制改革中会有更加令人鼓舞的结果。中国的报刊强调以下事实，即上谕承认了局势的严峻性，并因此希望，公共舆论、人民的苦难对督抚们形成比来自宫中更大的压力。在沿海各省及任何有报刊读者的地方，上谕所引发的改革几乎无法满足那些寻求更激进改革的人们，而那些受命报告各省官制进一步改革方案的高级官员并不是那些同情或支持进步派的人。外务部的一位成员最近在与一位法国外交官讨论这一问题时，坦率地表达了以下意见：当然朝廷必须做些事情，但是不能指望现在所任命的人去做这些事情。他说：“这些人甚至在义和团时期就被认为是固执己见的保守分子。”

从欧洲人的观点看，他们对于官制改革计划的兴趣主要集中于外务部和新成立的邮传部。关于前者，我早已在另外一篇文章中提及过，其现行人员和方法（上谕中使之照旧不变）很突出地反映了中国人消极抵抗的特性以及西方外交官们集体无能为力的状况。自从（《北京条约》）〔《辛丑条约》〕使之成为一个有效办理外交事务的机构以来，所完成的唯一的“改革”就是其名称变了，会见时四方形的桌子换成了圆桌。其尚书庆亲王很恰当地代表了旧中国沾沾自喜的无知和腐败。在这样一个政权之下，外交使团怀疑上谕的真诚性，不相信它所宣称的“所有各大臣，责无旁贷，惟当协力同心，尽去偏私，真任劳怨，务使志无不通，政无不举”，这完全是可以谅解的。如果不是因为一个人，即在美国接受教育、一身兼具爱国理想与商人精明品质的唐绍仪，缺少效率的外务部可能会比1860年时更令人绝望。

邮传部被委以管理轮船航运、铁路、电报、邮政事宜，它的建立显然是一个十分有用的举措。迄今为止，在这些事务中，中国与外国人打交道最多，但却由外务部、商部、户部等负责办理，没有明确的制度，也没有明确的责任。例如，在铁路方面，外务部可能提出的任何进步想法，迄今都被商部里的保守派以及同情他们的各省官员们有效地加以拒绝。这些官员害怕省内学生和士绅们的鼓动宣传。

被任命主持邮传部的官员——张百熙、唐绍仪及胡燏棻——都以其智慧、活力及视野开阔而著称，因此该部有望实施迫切需要的改革，并给现存的混乱无序状态理出一个头绪来，树立起一种权威来。政府事务的处理是否会交到有能力者的手中，而免受各省令人讨厌的干预？在改革官制的过程中，皇帝是否愿意而且能够坚持这样一个基本条件，即在涉及到全国性重要问题上，皇帝（是否会）向各省总督下达政令？这还有待于观察。从中国与西方国家建立关系始，虽然它无力在其领土范围内行使政府的普通权限，但其政策的主调和不接触外交的秘密就一直是声称（自己）拥有主权国家的权利。利用这样的方法，它躲避了责任和义务，直到西方外交界厌倦且认为这一问题无法解决为止。不过，对许多精干的观察者来说，现在的上谕似乎能够有望改善状况，而最基本的就在于，它非常强调明定责成。中国如果这一点做到了，那么其他方面的改进就会有所依据。

中央政府声称对各省没有足够的权威，这在多大程度上是真诚的，对于任何一个欧洲人来说，这一问题都难以回答。在各省士绅鼓动抵制外国铁路企业时，中央政府表现出不可思议的软弱无力，而与此同时，我们却发现，皇帝严厉禁止国俗方面有任何变化，严禁剪辫，下令各省督抚严厉查处少年中国党在服饰方面有任何脱离王朝神圣传统的企图。如果这是一个连学生的发式都能够严厉管制的政府，那么它在国有铁路建设和管理方面（必将）能够制定政策，这样的期盼应该是合理的，因此朴素的人能够得出结论：虽然各省所谓的反对可能确有其事，但是它却从未成为时局中的关键因素，除非政府鼓励它们这样做。

迄今为止，与中国政府打交道就像用钉子试图把冰淇淋钉到墙壁上一样（困难）。现在的上谕提议（大臣们）给国家某种程度的统一性，使之运行更加顺畅。Quivivra，verra. ①

《泰晤士报》，1907 年 2 月 5 日

中国的反动

——进步派的任命被取消

本报通讯员

上海，1 月 31 日。昨天发布的一道上谕使反动派在北京的优势得到加强。在那道上谕中，邮传部侍郎唐绍仪受到严厉训斥，并被警告“切勿再师心自用、引用参丞”。上谕是根据一名无关轻重的保守派的喉舌、翰林马吉樟的奏劾而发布的。上谕特别提到施肇基的个案。施氏毕业于康奈尔大学，在去年 10 月的西学考试中，他与其他通过考试的竞争者一起，受到皇帝接见。此后，因其对铁路事务有专门知识，被唐绍仪推荐担任邮传部秘书。尽管这完全符合 11 月 6 日发布的改革上谕的精神和条文，但是这一任命引起了（守旧势力）强烈的痛恨，引发了有组织的反对进步党人的运动。现在发布的上谕撤销了对施肇基的任命，这等于宣布，最近所发布的改革上谕并不准备对现存的官制进行改革。

代表袁世凯及进步党人政策的邮传部似乎是被厄运纠缠着。尚书张百熙病入膏肓，侍郎胡燏棻于（去年）11 月间去世，而其继任者吴重熹在上任后差一点

① 法文，意为“等着瞧吧”，译者。

淹死在鄱阳湖中。眼下，唐绍仪没有同僚来与其分担重大责任。

《泰晤士报》，1907年2月10日

中国反动派在北京的影响

本报通讯员

北京，4月10日。唐绍仪曾被委任为中国外务部尚书，他是尚书之中最能干的一位。他现在被任命为奉天巡抚。这是一个新任命的职位，相当于中国关内一个省的巡抚。因此，他卸去了在京城中与外务部、铁路、海关、满洲问题、（鸦片）〔禁烟〕以及其他谈判方面相关的一切职务。他这么早离开北京，是改革事业的一个重大损失，中国人和外国人均对此普遍感到遗憾。两个月以前他刚刚受过责备，反动派在北京的影响正在上升，他在北京任职以来困难都在增加。

与此同时，北京正在庆祝外务部尚书、军机处领班大臣、皇太后的密友及顾问庆亲王的七十大寿。仪式规模颇为壮观。庆亲王收到了皇家史无前例的恩宠，北京的每一位官员及各省无数官员送来了生日礼物，其总价值巨大。明天是生日的（正日子）〔庆典日〕，但是，今天，亲王在外务部尚书、侍郎们的搀扶下，于午餐时宴请了外交团的成员。由于长期患病，亲王身体非常虚弱，颤抖不已。

3月7日，当（价值）150万镑的广州—九龙铁路借款合同签订时，广东巡抚表示欲购买其中一半的股票。这一提议因既有利于中国人又有利于英国人而受到欢迎。于是双方约定，中方将在昨天之前告知其最后决定。英方没有收到任何告知，于是，这一计划便无果而终。据解释说，这位巡抚想使用八百万元（约合八十万镑）来购买股票，但是，喧嚣的股东大会拒不同意。这八百万元，是来自于广东、新加坡等地爱国华人所认购的粤汉铁路建设余款。去年10月，这一数额中的一百万元（约合十万镑）由张之洞总督借走，用于支付1905年10月总督向美国辛迪加赎回这条铁路线而从香港政府借款的第一期还款。余款正在逐步减少。人们围绕着这一资金的浪费问题而进行的辩论和驳论不断发生，但中方却没有采取任何措施。

但是，“恢复利权”政策仍很活跃。中国正在游说外国财团，希望筹集到一笔款项来赎回北京—汉口铁路，并且就赎回云南铁路问题同法国公使接洽过，显然是希望（法方）彻底放弃建筑那条铁路。值得注意的是，在最近所有试图获得外国资金的尝试中，过去没有进行过这类尝试的中国已经宣布，借款的基本条件是国家借款，只以国家信用为担保，铁路将不再用作抵押物。出洋大臣们最近在欧洲各国首都考察期间，得到大陆国家财政家们的特别保证，说这样做的时机已经成熟了。

《泰晤士报》，1907 年 4 月 12 日

中国：势力强大的官员被革职

本报通讯员

北京，6 月 18 日。瞿鸿禨突然被革职，这再次证明了北京高级官员职位的不确定性。瞿是湖南人，是中国上一代最有势力一派的领袖人物。直到昨天之前，很长一段时间以来，他都被大家看作是皇室以外在北京最有势力的官员。他在庆亲王手下担任外务部尚书，是军机大臣、大学士及会议政务处大臣。昨天晚上，一道上谕令其开缺回籍。作为一种特别的恩赐，他被参的事项不予追究。对他的指控包括阴结外援，暗通报馆，授意言官，其婿余肇康因案降调未久，被瞿保授新职等。

奇怪的是，人们可以注意到，一年之前，中国有四位湖南人位居要职（却终被革职）。他们是：瞿鸿禨；张百熙，邮传部尚书，在受到严厉训斥后于最近去世；袁树勋，原在上海任海关道台，现在北京准备赴巡抚任，但因英国政府反对而无法上任；余肇康，江西省按察使，因南昌事件被降调，最近又被革职。

对皇帝而言，必须公正地说，革去瞿鸿禨的职务在各国使馆中并未引起什么遗憾，许多使馆都认为他是所认识的外务部尚书之中最不称职的。

今天晚些时候。1902 年签订过《马凯条约》及其他条约的吕海寰，今天被任命为外务部尚书，接替被革职的瞿鸿禨。八大皇族首领之一的肃亲王被任命为民政部尚书，徐世昌调任东三省总督。这位亲王的能力和性格早就给外国人留下了很好的印象。许多人将会记得，他的王宫就在英国使馆对面，是 1900 年（义和团）围城时的中心点。以上两项任命都得到了良好反响。

《泰晤士报》，1907 年 6 月 20 日

中国更多的改革

将在各省建立现代法庭

北京，7 月 11 日。重要的上谕已经发布，命令对地方司法制度进行改革，在各省设立警察、劝业道台以及现代审判厅。这些改革将首先在满洲、（北）直隶和江苏省开始实行。

（上谕）同时也号召官员和民众为采纳立宪形式的政府作好准备。

《纽约时报》，1907 年 7 月 12 日

天朝的觉醒

丁韪良博士论述了中国维新运动的起源和发展——（女王）〔皇太后〕的性格

文科硕士河上清写给《纽约时报》周六书评

在以义和团骚乱而著称的那次可怕的事件期间，该书的作者，丁韪良博士和大约一千名外国人一起被围困在北京，撰写了一份“来自狮巢的呼吁”，其中包含下列词句：“让基督教强国瓜分这个异教徒的帝国，祝愿新世纪中国面目焕然一新！”新世纪现在刚开始七年，而中国新纪元的黎明好像几乎得以保证，但不是通过那个庞大帝国的解体，而是由于在保卫它的完整和“门户开放”政策中已故海约翰国务卿的坚定努力。

天朝目前的进步运动，其原因与其说是外部势力的影响，不如说是由于该民族从过去的迟钝中发生了普遍觉醒。它的目的，用作者的话说，不是变化了的王朝，也不是政府形式上的一场革命，而是有更高的目的和更深层的动机。它保证令几乎是最古老、人口最为众多且最保守的国家彻底新生。面对中国形势如此剧烈的变化，来自北京的那位作者（曾被围困在英国公使馆可怜兮兮写呼吁书的丁博士）竟然要改变或者取消其驱逐满族人并瓜分王朝的要求，看来这就再自然不过了。“如果我要撤销（原来的观点），”作者坦率地承认，“那是由于我看到清政府的精神发生了令人充满希望的变化。”他的观点是：人民在皇太后和皇上的领导下，比在一个新朝代的领导下或在瓜分波兰式的政府指导下，取得和平发展的可能性更大。

没有几个人像丁韪良博士那样有资格写一本关于现在发生在中国的伟大运动的书。他已经在北京定居40年并在中国其他地区度过了15年，他已经见证过过去半个世纪几乎所有震撼王朝的盛衰和危机。他作为一名传教士来到中国，但是他的学问和能力是如此之大，以致于被中国政府要求担任京师大学堂总办，后来又应张总督要求负责（管理）一所南方大学（由总督创办的）。于是，他有极好的机会熟悉中国各阶层。此后，他返回这个国家住过两个冬季。但是，不久之后，这场有可能使古老王朝最终焕发新生的重大运动又呼唤他回到北京，在那里，他打算用声音和笔来支持新中国的事业。他说：

“如果人们继续和半个世纪以前一样迟钝和静止，我可能禁不住对他们的未来绝望。但是当我看到他们今天这个样子，下定决心团结起来与过去决裂并通过采纳西方文明的基础来寻求新的生活，我感到我对于他们未来的希望多半已经实现，所以我高兴地用声音和笔来帮助他们的事业。”

在本书中，作者旨在解释那些似乎从深处内部唤起今日中国的各种秘密力量。政治鼓动，无论像潮汐一样有周期性，还是像飓风一样出人意料，一般都是表面的和暂时的，而中国目前的改革运动，作者相信，在力量方面扎下的根比那些偶然发生的要深得多。不过，细读这本书，会使人怀疑作者是否对中国地理描述和历史研究给予了过于冗长的篇幅，因为它们占了全书的几乎一半。的确，地理环境和历史往事在国家的发展中构成了一个强有力的要素。

中国转变的时代可以说从鸦片战争已经开始。亨利·璞鼎查爵士在结束冲突时强加给中国的和平条件“令人惊讶的温和，如果其他列强不出面干涉，作为征服者，（大英帝国本来）完全可以拿下整个（大清）帝国”。并且，条约未包含一句赞成鸦片贸易合法化的词语。在条约的履行过程中，中国的五个港口对英国贸易开放。天朝，正如中国人自豪地称呼他们的国家那样，在她的历史上首次了解到那些国家的存在，这些国家使她不得不站在一个平等的基础上来与之打交道。我们的作者用下面的话来称赞这个值得纪念的条约的签订者：

“璞鼎查温和、宽容、克制着，不要求（中国）做出更大让步，让这场战争的后果随着时间的推移慢慢展开，这完全可以与佩里将军在1854年处理日本政治进程一比高低。”

鸦片战争后的半个世纪，中国历史就是连续不断的灾难记录，这些灾难大多数起源于国民的愚昧无知和荒谬的自豪。太平天国叛乱使整个国家处于一种动乱状态；英国与法国联手，又诉诸武力来解决“亚罗号”事件之难题；法国消灭了中国舰队并攻占了福州；日本从朝鲜半岛清除了清廷的影响；1900年的义和团起义再一次把这个国家带入了如此的无政府状态，以致于列强秘密地计议瓜分那块巨大的领土。所有这一切对这个傲慢的古老帝国来说都是沉重的打击，然而她不是一个彻底的失败者，因为从这些灾难的云层之中闪烁着复兴之光。

但是，促使中国觉醒的最强力的因素是最近那场战争的结果——日本突然上升到了强国的行列。正如作者恰如其分所说的那样，其他战争使中国人感觉到其弱点，但是俄日战争使他们相信他们潜在的力量。

当他们亲眼目睹日本人战胜西方最难以对付的强国之一，在陆上和海上取得的一系列胜利时，他们说："如果我们的邻居能做到，为什么我们不可以做同样的事情？我们当然能，如果我们像他们那样摆脱过去软弱的体制。让我们以这些岛国英雄为师。"

按照其新信念，中国正在派遣年轻的精英到日本，在岛国的中学和大学接受教育，此外还邀请数以百计的日本教习和学者负责其教育机构。但是，五年或六年以前，在日本只有少数中国学生；今天他们的数量几乎达到了一万。首批来到中国的日本教习是在军事领域，忙于复兴陆军和海军。然后来的是各类教授，被公立或私立机构所聘用。甚至在中国人引以为豪的农业领域中，他们也已经拜日本人为师，而理所当然地他们（中国人）在林业方面也把他们（日本人）当作教师。值得注意的是，作者不同意那些危言耸听者的观点，他们在"和化"进程中发现了"黄祸"的征兆。"对我来说，"他说，"在日本的教导中我不担心有任何恶意的倾向，无论是政治的还是教育的。"

值得注意的是，作者在描述中国改革时，只用了寥寥数语来描述军队重建，而世界对此却是赋予了重大意义。辛博森先生，在其杰作《远东重塑》中，用相当篇幅详细论述了中国新建的军队。然而，对丁韪良博士来说，军队的重组不是改革精神的证据。确实，他并不认为中国人把军队重组作为新政策的出发点是受人误导，然而他相信"仅仅提议建立国会这一项就比所有这些军事力量（之革新）都更好地反映了改革精神"。但是，通过建立一支足够强大的国防军来维持贸易伙伴国正当要求的和平与秩序，替代现有的完全不能对付诸如义和团起义之类紧急情况的各省军队，难道这不是中国的头等责任吗？

不幸的是，作者没有过多地阐明中国铁路企业目前的状况，因为中国也像其他国家一样，铁路是促进其文明的动力先锋。自从1900年帕森先生发表了他有趣的书《一个美国工程师在中国》以来，铁路和铁路让与情况在天朝帝国已经发生了巨大变化。甚至在E. F. G. 海赫先生《远东印象》（1905）中关于中国铁路的那章（很有价值的一章）也跟不上目前情况。因此，我们很自然地转向像丁韪良博士这样的中国问题资深作者求助，期望他对已建成的或现在正在建设中或在计划中的中国铁路做出更准确和最新的描述。

在中国，对进步运动的主要障碍之一是汉族和满族之间的种族差别。满族是征服者，16世纪中叶从北方的有利地形（南下）袭占中国本部平原地区发展而来。于是胜利民族一直都把汉族看作是一个低等民族并强迫他们留辫子和剃发——作为屈从的象征。这种种族差异对革命鼓动者有诱惑力，这已经被证明是不间断麻烦的根源。如果中国目前的改革运动要有一个坚固的基础，正如作者所建议的那样，最重要的是要废除强加给被征服民族的所有劣等标志，法律上允许两个民族通婚，并在考试和官职分配方面放弃所有（旗人）特权。作者相信，如果北京朝廷采纳这个政策，比起因为派别冲突而出现一个更好政府的机会，人民将毫无疑问更愿意现朝代的继续。

一个非常重要的事实是，昨天的大沙文主义者皇太后，今天居然支持改革运动。作为一位经历过72个冬夏的妇女，她已经变得更加谨慎，从经验中学习，她现在正忙于改造中国人的任务。"她用铁腕抓住了缰绳，而她的勇气是如此之大，以致于她毫不犹豫地驾驭着国家之车奔驰在一条新的且未经试验的道路上。她知道可以依靠总督们——她亲自任命的人的支持。她也知道改革精神在大地上广泛传播，并且人民的心和她在一起。"至于她的性格，流传的各种观点大相径庭，但是作者稍微提到了这个问题，说"要表达观点现在尚为时过早"。很显然，他既不同意卡尔小姐《和皇太后在一起》中有关皇太后的乐观观点，也不同意诸如文庆[①]的《中国内部的危机》中的尖刻的批评。

---

① 即林文庆，字梦琴，原籍福建，出生于新加坡，毕业于英国爱丁堡大学，获医学硕士学位，回新加坡后创办学校、银行、保险公司、种植园等。1900年，孙中山在新加坡被当局逮捕，经文庆出面活动营救，最终获释。1906年，应孙中山邀请，加入同盟会。1912年，出任南京临时政府内务部卫生司司长，不久，随孙辞职。1921年出任新创设的厦门大学校长。1957年在新加坡病逝。《中国内部的危机》是义和团运动期间他发表在《新加坡自由报》（*Singapore Free Press*）上的文章结集而成，经过G. M. Reith编辑，以*The Chinese Crisis from Within——Articles from the Singapore Free Press*为题，署名"Wen Ching"，于1901年由伦敦Richards出版社出版，译者。

此书用一章的篇幅来描写湖广总督、首位在中国提倡西方文明的人——张之洞。在我们看来似乎直隶总督袁世凯，在天朝目前的进步运动中站在最前列，值得专写一章。此书如果附上一幅中国地图将更有价值，它确实对阅读这样一本详细描述中国地理的书是不可缺少的。

《纽约时报》，1907 年 7 月 13 日

光绪的上谕

昨天的北京电讯把刚刚在颐和园开始的御前辩论的原因归结为皇族相信而政府害怕“汉族决心推翻（执政的）满洲皇位”。因此，皇帝打算融合满汉，解散满洲旗兵；驻防旗人编为齐民，不再享受津贴；满汉女子均可嫁入皇室；禁止汉族妇女裹足；满人像汉人一样采用汉姓。通过此种方式，人们期望中国的统治者和被统治者之间的差异，无论是表面上的还是根本上的，将不复存在。

这些变化因皇太后临近逝世而加速，证据就是，去年派往美国和欧洲考察政府和教育体制的高级专使一回国汇报后，光绪皇帝就发布了上谕。中国驻华盛顿代办周自齐在 9 月份的《万诺顿杂志》上称，这是“有史以来中国君主所发布的最值得注意的上谕”。他解释了皇帝之所以要发布这一上谕的原因，其中一条极其重要的理由是：

这些专使们现在已经回来了，并忠告我们说我们可爱的国家不繁荣的原因是因为“上下相睽，内外隔阂。官员不知道所以保民，民不知所以恤国，而各国之所以富强者，实由于实行宪法，取决公论，君民一体，呼吸相通”。

所以皇帝陛下愿意“仿行宪政”。“广兴教育；清理财政，整顿武备，设立巡警。”他补充说：

除非我们得益于其他开明国家的范例并改变政治法度，否则上无以承祖宗缔造之心，下无以慰臣民治平之望。

皇帝的上谕谈到“在数年之内”制定一部宪法。但是，几天之内国家官制就被改革了，所以可以肯定人民应尽快准备为一个代议制政府承担责任。

《纽约时报》，1907年9月1日

中国将进行更多改革

皇帝派专使考察其他国家

将研究宪法

皇（太）后的代表将访问日本、大不列颠及德国。中央政府据信将进行重大改革。袁世凯得宠

北京，9月9日。今天皇帝命达寿、汪大燮、（于式枚）[①] 分别出使日本、英国和德国，考察这些国家的宪政体制。

任命另外三位大臣出洋考察宪政体制，是袁世凯活动的结果。这位政治家最近毫无保留地指责满族专使端方和亲王载泽以考察为名而周游世界，去年11月考察结束后，二人所带回的结果肤浅而毫无价值。今天（皇帝）任命两位汉族人出使世界上两个最重要的君主立宪国家，并任命一位满族人出使日本。这是该国对汉族所做的进一步退让。

重大改革被推迟

可以注意到，如此一来，在其强有力而保守的同僚张之洞到京之前，袁世凯已经迈出了极为重要的一步。若干时日以前，这里都盼着这位官员，而张在皇太后召唤他的命令到达之后，却神秘地长期逗留武昌。他所给的借口是，自己正在

① 原件此处有错乱、缺失，还应有于式枚。此据《清史稿·德宗本纪》三十三年八月条补，译者。

与继任者交接中国最复杂省政府的行政管理。过去若干年来，张之洞实际上一直是该省的总督，他被认为是无法撼动的人物。

中国最著名的两位总督袁世凯和张之洞被接纳进中央政府，特别是进入军机处。到目前为止，这是中国政府改革的唯一证据。

像元老

皇帝给予这两位总督的职位权力无限，不对任何人负责。但是，皇帝今天决定了积极的改革措施，即任命三位国家专使（出国考察），这似乎表明军机处正在变成日本的元老院。

此间的外国使馆把今天的任命看作是袁世凯和张之洞调入军机处的直接结果。他们认为这一措施只是试探性的，相信随后会有更重大的行政措施和改革措施出台。也有意见认为，皇帝喜怒无常的干预——这是过去两年历史的一部分——将不会停止。

《华盛顿邮报》，1907 年 9 月 10 日

中国元老院

相信军机处将变成日本的元老院之类的机构

更多专使出洋

将考察日本、大不列颠和德国的宪法体制

北京，9 月 9 日。今天，皇帝任命达寿、汪大燮、于式枚①为皇家专使，分别出使日本、大不列颠和德国，目的是考察并报告这些国家的宪法体制。

---

① 原文误作 Ting Shi－Hmei，译者。

这些任命是袁世凯活动的直接结果。这位政治家最近毫无保留地指责满族专使端方和亲王载泽以考察为名而周游世界，去年 11 月考察结束后，二人所带回的结果肤浅而毫无价值。

今天（皇帝）任命两位汉族人出使世界上两个最重要的君主立宪国家，并任命一位满族人出使日本。这是该国对汉族所做的又一让步。袁世凯在其强有力而保守的同僚张之洞到京之前，已经迈出了极为重要的一步。若干时日以前，这里都盼着这位官员，而张在皇太后召唤他的命令到达之后，却神秘地长期逗留武昌，所给的借口则是正在与其继任者交接中国最复杂省政府的行政管理。

中国最著名的两位总督袁世凯和张之洞被接纳进中央政府，特别是军机处，到目前为止，这是中国对中央政府的行政机构所做改革的唯一证据。皇帝给予这两位总督的职位权力无限，不对任何人负责。但是，皇帝今天决定了积极的改革措施，即任命三位皇家专使（出国考察），这似乎表明军机处正在变成日本的元老院。

此间的外国使馆把今天的任命看作是袁世凯和张之洞调入军机处的直接结果。他们认为这一措施只是试探性的，相信随后会有更重大的行政措施和改革措施出台。也有意见认为，皇帝喜怒无常的干预——这是过去两年历史的一部分——将不会停止。

《纽约时报》，1907 年 9 月 10 日

中国与立宪进步

将派专使出洋

北京，9 月 9 日。皇帝已经发布上谕，派遣专使前往大不列颠、德国及日本考察这些国家的宪政。外务部尚书之一汪大燮是被选中前往大不列颠的使臣。

《泰晤士报》，1907 年 9 月 10 日

变化的和不变的中国

本报驻上海通讯员

将近一年以前，经过费力的会议、付出巨大劳动之后，（龙皇帝）〔中国皇帝〕发布一系列上谕，宣布预备立宪，其明显的目标是为了改革官制，首先在北京，然后推广到各省。这种改革是要求官员方面更清楚地认识到责任，对责任有更加开明的认识，并清除腐败。在许多人看来，这些上谕的发布是由于皇太后及其主要顾问已经以政治家的眼光认识到了人民要求改革的真诚愿望。另一方面，另外一些人还记得（皇帝）过去也颁发过类似的政府公文，他们怀疑皇帝是否有改革的诚意，怀疑上谕中所规定的官制改革是否有价值。

事情发生在中国，一年的时间间隔实在太短了，人们不足以判断政府任何一项措施的最终效果，也无法准确地道出其意图。在目前的情况下，如果公共舆论的压力继续增加的话，或者京城中的进步派能够在朝廷中维持优势地位，这些上谕就能够使他们在中央各部的人事引进和办事程序方面进行变革——这些都是必须改革的，任何人都清楚这一点。满族不管有什么缺点，但他们从来不缺少政治艺术，其中就包含有紧跟强烈的公共舆论。但是，袁世凯总督的政策在湖南帮阴谋之下瓦解了，保守的士大夫们重新开始活跃，这些显然又使皇太后为之一振。结果，目前对有关改革上谕的执行，就像对《马凯条约》或中国对其他外交上的权宜之计的执行一样，艰难曲折，遥遥无期。

在北京，在最近的历史上，其政治中的派系冲突和公然腐败从来也没有像过去 12 个月中那样突出。御史们的买卖从来也没有像现在这样兴旺过。在相互竞争的派系收买下，他们会不加区别地参奏任何一个位高钱多、值得攻击的高级官员。而朝廷的耳朵似乎总是向后敞开着，其同情就像其幽默一样善变，于是，在全国，特别是在北方，就出现了不安骚动的情况，这样的情况很难实现皇帝所热切期望的明确责任、清除腐败的目标。这种不安的情绪如此突出，中央政府在官制（改革）问题上的政策如此明显地毫无目标，以至于御史们提出，从北京的情况来判断，各省无法承担改革所引起的负担，并以此为由，建议各省暂停改革。

举一个改革冲动对天朝（方法）〔政坛〕的例子（尽管也可举出最近其他一些例子），最典型的个案是御史对北京级别最高的官员庆亲王及其子、商部尚书载振的参奏——参奏前者是因为大笔贿赂，参奏后者是因为他从候任黑龙江将军段（芝贵）那里接受了一名作为物礼送来的歌女。一位著名的御史（赵启霖）在奏折中（指出）事实确凿。那道奏折本来意在打动皇帝以正官风。这一文件在北京官报上发表，并附有一个批语，要求恭亲王和孙家鼐进行公正的调查。据朝廷圈子中传出的消息说，庆亲王本人要求皇太后下令发表这份奏折并进行调查。调查终于进行了，程序上煞有介事，然后皇帝被告知，御史所参，为情所煽，查无实据。于是，现政权的主要拥护者及其儿子就被体体面面地洗刷干净，御史被撤职，（官方）〔谣言〕得到澄清。但是，这一案子的历史，北京赶骡子的及衙门里当差的都知道，在若干重大事实方面，它与将来皇家实录中流传下去的历史会有不同。确实，是庆亲王要求发表参奏的报告，但同样真实的是，这一奏折被扣留了十天，在此期间，歌女以及其他证据均从北京消失。载振和时任天津巡警头子的段之间的关系也像臭名诏著的东北钦差一样成为北京街谈巷议的话题。同样臭名昭著的是，所有有点价值的政府官员的任命在很大程度上都是按照庆亲王及其他高级贵族们所收到的礼金来决定的。段能够获得非同寻常的迅速提拔，肯定是慷慨地出了钱的，因此，可以理解，御史们不应去加以干涉。至于说促使赵参奏像庆亲王这样有势力的人物及其儿子的原因，各家看法不一，不过，这一事件在时间上正好与急脾气的巡抚岑春煊到达京城相吻合。自从岑春煊第一次觐见皇太后之后，京城里本来安定的人们就受到了惊扰。

11 月 7 日发布的改革上谕，所引进的官制改革之中，最重要的是创设一个新的部门——邮传部，负责管理轮船运输、铁路、邮政、电报事宜，此前，这些事务由户部、商部、外务部共同控制，管理混乱。该部被授权直接管理这些重要的事业，并被鼓励努力工作，大胆使之进入高效的轨道。在一篇论及弹劾唐绍仪的文章中，我曾揭示过那位能干的官员对皇帝上谕字面意思的解释，这成为保守派攻击他并使他被解职的有效把柄。除了这一具有说服力的事件之外，邮传部自从成立以后的历史也很有趣——如此有趣，以至于在京城的茶馆之中可以听到人们用有节奏的诗文述说其多灾多故的经历。似乎从一开始，奇怪的命运就伴随着其主要成员，出现意外的名单上包括一位尚书（张百熙）和一位侍郎（胡燏棻）死亡，一位侍郎（唐绍仪）被弹劾调任，一位侍郎（朱宝奎）受到参奏并被革职，而现在新上任的侍郎吴重熹在从南方赴任的途中差点淹死。张百熙之死，一般报告都认为是死于“气愤郁结”，在他的死亡与岑春煊被任命为下任尚书之间，该部都在一位代理尚书、富裕的福建籍保守派人士林绍年的直接控制之下。他曾公开吹嘘说，只要他担任此职，就不用想做任何事。在这些情况下，（林氏）除了任命了大量的秘书和职员并配备了办公室之外，该部的记录是空白的，这也许就不足为奇了。执行上谕的方式很重要，相较而言，当该部初建时，受命主管该部的都是富有经验、能够胜任的人，而现在，除了中国文学（知识）之外，该部几乎没有一个人有任何专业知识。因此，在人员的选择上，中国政府当然也就只能继续按照官场的方法并根据捐纳报效情况来进行。

由中国海关总署管理精良的邮政系统，还未受到中国总税务司或邮传部的干涉，因此它现在还在稳定发展。但是，在轮船航运、电报、铁路事务方面，急需进行重组和改革，该部就是为此而设立的。特别是在铁路建设方面，各方都认识到必须设计出某种方案来协调各省和中央政府的观点，毫无疑问，如果不是预先确定这些事业利润的分成——分成中明显存在着不可逾越的困难，如果不是利益相关的官员对提出的每一项方案都进行猛烈抨击，那么（改革派）本来是可以做一些事情的。意识到地方反对派在所有报酬和“榨油水”问题上的力量，现在的邮传部公开推卸皇帝所授予的“管理”铁路的责任，表示有意让各省自行解决。与此同时，只要各省没有满足其条件，它就不支持任何省份申请授权由国家担保与外国签订借款合同。事实上，经过改革之后的新政权，其形势正如外务部一样，plus a change，plusc’ est la meme chose. ①

《泰晤士报》，1907 年 9 月 16 日

① 法文，意为“越改革，事就越多”，译者。

中国的改革者和反改革者

自从日本战胜俄国以来，中国国内正在兴起一场真正而广泛的舆论运动，这是没有任何疑问的。这场运动的起点还可以上溯，至少可以上溯到空想政治家康有为流产的努力。1898 年，康试图以最不切实际的方法，通过有名无实的君主，来振兴国家。义和团运动及其自我吹嘘的所谓神力被镇压，对最顽固的反动理论的倡导者的信誉造成重大破坏，这又加强了改革事业。但是，毫无疑问，在北京，大家最害怕的还是一个东方国家使用西方的方法打败了一个西方列强，这大大震动了成千上万中国人的头脑。这场运动会扩张到什么程度，在那些目前支持这一运动的人们脑中扎下了什么样的根，这些问题在最精干的欧洲人中间都是存在分歧的，而且分歧可能还会继续存在下去。我们很难揣测大多数东方人的心思。我们不可能从我们所看到的个别人或有限阶层的语言或行动（有可能是狂热的），判断出其真正的重要意义。他们只不过是一个由四亿人口所组成国家的一部分而已。我们无法判断他们在多大程度上代表了他们背后那些成千上万默默无声的民众，我们也无法判断那些现在还不代表这成百上千万民众的领导人，此后是否会把自己的观点灌输给他们。正是这些及其他不确定因素，再加上目前阶段的重要性，构成了目前中国局势的引人关注之处。在与西方交往及西方学问不断侵蚀下，古老的习俗和传统的壁垒会让出道路吗？如果它们真的让出了道路，它们之中所蕴藏的惯性将开始往什么方向、以什么速度运动？如果它们确实一下子暴发出活力，对于人类而言，其结果无论是好是坏，都不会不成为重大的时刻。

昨天已经发表的来自我们派驻上海的通讯员的通信，以及今天上午我们发表的来自我们在北京的通讯员的电报，都从某种不同的角度描述了这一新的运动。对于那一帝国最近对某些最高级别官员所做出的调整，我们在北京的通讯员似乎倾向于持正面的、乐观的看法。袁世凯从直隶总督之职升补军机大臣之位，似乎具有特别重要的意义。在中国，他是极少数几个既显示出卓越的政治才干又有行政管理能力的人物之一。他的真实观点和雄心是什么，现在就做出判断还有些草率。但是，他自己承认对西方和西方的方法持总体友好的态度。而且大家一定记得，以他的能力，在那一关键时刻，他本来是可以做出不可估量的坏事的，而他并没有去做。如果他用其影响来支持义和团，各国使馆和西摩尔的救援行动肯定会遭到灭顶之灾，那样欧洲就会被迫以比占领北京而结束的行动更为可怕得多的军事行动来为其代表及士兵复仇，取消中国签订条约的权利。但是，他袖手旁观，尽管这毫无疑问引起了巨大压力。他因为明智或犹豫不决而得到了奖赏。设计了义和团阴谋的反动派的失败，给朝廷，尤其是给皇太后带来耻辱，帮他提高了权威和声誉。作为直隶总督，他完成了此前中国任何统治者都未曾完成过的事业。他成功地招募、训练了一支人数可观的军队并为其支付军饷，这支军队以高效率赢得了有资格的欧洲评论家的尊敬。当然，那种高效是相对而言的。即使袁世凯按欧洲模式组建的军队，也无法与欧洲士兵相比，无法与由欧洲人指挥、欧洲人担任军官而训练出来的士兵相比。在其军队中，总督把提倡健康和纪律作为一种必不可少的手段，禁止了鸦片的吸食。他在这一大胆创新中所取得的成功毫无疑问是去年颁布严禁鸦片上谕的主要证据之一。那一上谕可能将会使整个人类中不小一部分人的习惯得到革命，道德得到提升。现在军机处的汉族与满族的数目相等，这一事实不是没有重大意义，尽管现在还不清楚满族的长期统治是否正在接近尾声。尽管从扬子江调来的保守的老总督张之洞现在已经年迈多病，但是，他的升迁还是很管用，在该民族的大多数人眼中，这有助于提高军机处的品格。因为该民族既尊重他的高尚人格又尊重他的老成之见。

北京需要改革的还很多。我们驻上海的通讯员似乎认为，如果有更多开明的官员认真与腐败作斗争，他们就适宜于做这些（改革）工作。他告诉我们，在中国当代历史上，派系之间的冲突及其政治的“公然腐败”还从未像过去12个月那样明显。作为对此种政治的描述，他讲了军机处领班大臣、外务部尚书庆亲王及其子商部尚书载振生活中一件有教益且有趣味的事件。突然，某位御史感到其痛苦的职责之一是向皇帝弹劾这些高高在上而又势力强大的人物。他参奏庆亲王收受与其爵位相当的贿赂，而其子则收受实物礼品歌女一名，行贿送礼之人则是时任天津巡警道、候任黑龙江将军。习俗所规定的一切手续都规规矩矩地完成了，老百姓都在想，庆亲王一定急于澄清自己的名誉，他本人一定会恳求皇太后下令调查此事。御史所参奏的确实是实事，只不过他本来还可再加上一笔，不过没有加上。尽管每一个人都知道此事，但官方还是等歌女已离去、其他可有可无的证据都消失之后，才安排调查。所有这些都做完之后，调查开始了。被参奏者得以名声无损地摆脱出来，而那位多事的御史似乎是为庆亲王的政敌充当了猫爪，又被打发回去忙他自己的事情。正如我们的通讯员所说，这一事件很能说明问题。宫廷的顽固不化还是像过去一样，只不过看上去似乎值得怀疑的是他们是否还像过去那样有势力。皇太后的退休，按照某些人的看法，这是不可能推迟太久的，而这将不会不带来巨大的变化，会变得更好吗?

《泰晤士报》，1907 年 9 月 17 日

中国最近任命的官员

本报通讯员

北京，9 月 10 日。当最近高级官员变动的消息在官报上发表时，我正外出在满洲。大家早已看到，中央政府的软弱，尤其是中央权力在各省行使的软弱，已经成为对于稳定的威胁。袁世凯接受军机处的职务，这使他得到了一个强有力的地位，尽管这一经常变动的机构中的职位远不如他直隶总督的位子牢靠。军机处现有三位满人，即领班大臣庆亲王，皇帝的兄弟、曾经率谢罪使团到过德国的醇亲王，朝廷亲信、宗人府大臣世续；三位以前担任过总督的汉人，即鹿传霖、张之洞、袁世凯。大家希望，袁世凯接受外务部尚书之职后，办理外交的方法也会随之得到改进，尽管他在权力上仅排在第三，列在庆亲王和那桐之后。经过最近的变化之后，中央权力毫无疑问得到了加强，而张之洞进入军机处，这提高了那一派系在大多数人民中的声誉，尽管这位前总督已经年老体衰，其观点也与袁世凯没有共同之处。

其他新的任命也很为大家所接受。原山东巡抚、现署理直隶省总督的杨士骧是袁世凯的追随者，曾担任该省布政使多年。接替张之洞担任湖广总督的赵尔巽，他以前曾担任过户部尚书，那时他的能力和人格都让外国公使们赞赏。在满洲，他担任盛京将军时，控制财政颇有能力，到他离职时，库中盈余达100多万两，而正是这样超凡的经济才能，使得皇帝任命他为中原两省的总督，那里的经济过去被张之洞搞得一团糟。张对于政治经济的观点基本上还是中世纪的，尽管其人格不存在任何问题。

现在要拭目以待的是，朝廷下一步会采取什么措施来革除所有不称职的汉人，取消太监及其恶劣影响，取消满人口粮——除皇室外，这种口粮每年至少要从国库中拿出100万两，支付给享受特权的统治阶级。如果要避免将来的麻烦，满汉融合将是必需的。（继位）〔储君〕问题也有待解决。皇太后退休及提拔一位亲王为太子，这都是不能再拖太久的事。一项将得到普遍认可的选择是，（太子）将会是溥伦，他正处在合适的继任辈份中且性格好，最近作为皇家专使赴圣路易斯博览会，活跃了思维。万一皇帝重复过去做过的蠢事，任命一名婴儿当太子并安排（别人）长期摄政，在现在这样一种局势已经改变的情况下，其效果在全国将是严重的。现在仍然不清楚的是，皇帝将来会怎样，不清楚他是否会被迫退位，是否能够恢复其全部权力。

张之洞昨天离开武昌，将于星期四抵达北京。在离开之前，他以百分之八的利息，从横滨正金银行获得一笔多达200万两白银（折合33.3万镑）的借款，可在十年之内偿清。该借款（之应用），表面上宣称是为了公共工程，实际上真正用途是为了解救总督所牵涉到的一些财政困难，除了省银行的大印之外，别无其他担保。这笔交易蕴含着政治利益而非商业利益。大家希望，各省没有担保的借款将来不会成为中国财政的特点。

《泰晤士报》，1907年9月17日

美国已做好援助（中国）改革的准备①

（联合社，下午稿）华盛顿，9 月 20 日。北京电报中所提到的有关建立资政院的重要上谕已经准备了 6 个多月。

如同日本的个案一样，美国已经做好准备，随时帮助中国采用现代政府方法并上升至完全文明国家的水平。我们有理由相信，皇帝决定在此时发表这道上谕，这是镇东梁诚先生回到中国的直接结果。四年来，梁绝大部分时间在华盛顿，为发动中国行政体制改革设计方案。

上谕的目的是为了建立立宪制或议会制的政体，但由于缺少经验，中国人民还没有为完全议会做好准备。上谕中提出了中间预备的步骤。最重要的是，上谕第四部分有关“资政院”或“国务讨论部”的创立。这一团体的目的是各大总督或其所派代表、议员及各城镇推举的领袖相互之间直接通过大会来制定改革措施。当地方通过人民自己选举的代表进行自治的预备性措施被采纳后，就到了该采取下一步措施之时，即推选代表参加具有国会性质的大会。

步俄国之后尘

因此，事实上，在努力建立立宪政府方面，中国正在步俄国政府的后尘。

根据国务院收到的预报，上谕的其他内容要点如下：

法国与日本条约对中国的影响需要研究并设计方法保证国家完整。

考察政治馆现有名无实，予以取消。

天津所创立的模范地方自治系统向其他各省推广。

采用义务教育。

建立政府与人民间的良好信用。

① 本文中有些内容是上谕中所没有的，其消息可能是据美国国务院所获情报，译者。

重组陆军部即兵部。

准备（采用）金本位制。

惩办那些畛域满汉的官员。

《洛杉矶时报》，1907 年 9 月 21 日

资政院与谘议局

新的中国议院

“以立议院基础”，上谕说

将制定改革法案

地方自治，建立民选的全国性议院之前预备工作的一部分，皇太后称：

（议院）现在尚不能设立，因人民程度未足

北京，9 月 20 日。皇帝今天发布一道上谕，授权中国派赴圣路易斯博览会的特使溥伦及孙家鼐会同军机大臣妥拟资政院院章以帮助政府，“以立议院基础”。皇太后宣称，在为国家建立代议制政府的过程中，必须考虑所有方面的公论，尽管上下议院为行政之本，但是皇帝目前还不能建立议院。

自从被任命为军机大臣调往北京以来，张之洞和袁世凯都重提改革承诺，称中国（百姓）和世界其他国家都期望中国（政府）兑现承诺，两人都催促朝廷建立立宪政体。全国高级官员上呈的奏折络绎不绝地送到北京，催促皇帝同意中国建立立宪政府。

美国准备随时提供帮助

北京来电中所提到的有关建立资政院的重要上谕，已经酝酿了 6 个多月。就像日本的个案一样，在中国采用现代政府方法并获得完全文明国家地位的过程

中，美国将随时提供各种帮助。

有理由相信，中国皇帝在这样一个时刻决定发表这道上谕，是在镇东梁诚从其驻华盛顿（公使）任上一回到北京之后就立即做出的。梁在华盛顿度过了四年中的大部分时光，为中国现行官制的许多改革措施制定了实施方案。

人民尚未做好准备

正如文本中所解释的那样，上谕的目的是为了在中国实现立宪政体或议会政体，但是，此处要指出的是，中国人民由于经验不足，还未做好设立完全议院的准备。上谕中提出了过渡期间所要采取的步骤。最重要的是第四部分关于创设“资政院”或“国务讨论部”之内容。这一机构的目的是为了通过各大总督或其所派代表与各城市、乡镇所选领袖直接会议的方式来制定改革措施。

当《议会法》获得通过以至于确保地方能够通过由人民自己选举的领袖进行自治时，就可以考虑下一步，即选举代表参加议院性质的大会。因此，事实上，中国是在紧步俄国的后尘，努力建设一个杜马形式的立宪议会。

《华盛顿邮报》，1907年9月21日

指导中国命运的人

斯蒂芬·邦塞尔

中国觉醒，对白人文明充满危险，已经造就了一位新的政治家

袁世凯已经激起了一股正在横扫旧偶像和重建帝国的爱国心

今天来自东方的消息很多，但是关于已经现代化的中华帝国的消息却几乎没有，它的国境内居住着大约四亿人！

我们知道，已经78岁的皇太后发现自己难以扮成一个20岁的年轻姑娘；我

们知道暹罗国王——因为电报使我们得到有关这类话题的全面的建议——已经抛弃了其传统的猫和巴儿狗而迷恋上了德国猎獾狗；我们也了解到，在许多人看来，朝鲜的傀儡国王是一个天生的白痴。但是关于拥有世界五分之一居民的“大汗”王国，关于他们非常栩栩如生的活动，我们所听到的不比上海和长崎的水手的狂欢多。

引起普遍关注的来自天朝大地的最新一条消息是大约 18 个月前，那时伍先生正在返回美国，他煽动他的国民通过拒穿美国衬衫以反抗我们的海关和移民局官员的不正当手法。

抵制结束了，或者说，至少看上去是结束了，但是所有观察者都认为，在“四海之内皆兄弟”背后所留下的是厌恶，甚至更严重，是一种怀有深深敌意的情绪，对白人及其方法的敌对情绪比以前可观察到的更大。

古代偶像之终结

今天在中国，他们把八幡寺里的古代偶像扔进水沟，寺庙成为校舍，（武功未成的战神）〔关二爷〕以前的垫座成了现代校长的座椅。

“日本做过的，我们也能做”是今天中国的战斗口号。从（阿穆尔）〔黑龙江〕到湄公河，沉睡已久的土地上，几乎每个省份都能听到这个口号。

首先发出这个口号的人是袁世凯，大清国京畿直隶省的大总督，守卫着通往京城门户的省份。实际上，成千上万的官员和学者已经学会了大总督的口号，这也许会变成一种战争的呐喊。通过它并依靠它，日本那位真正有说服力的政治家大隈（重信）伯爵说：“中国最终会兴盛起来，并依靠她的新式军队和学校为远东永久和平提供最好的保证。”

如果这是真的，或者在下一个 10 年变为真的，中国将比目前更值得受到媒体和我们领事官员的密切关注。喜欢预测未来的整个通商口岸已经相信，中国人一旦下决心做某一事情，就会比日本人做得更有效。通商口岸的人不久会有机会证实他们的预言或者解释是如何意味着完全不同的事情。

中国新世界的主要缔造者袁世凯，在越过太平洋传来的不太重要的消息中几乎没有被提及，而其理由不用深究就可以找到。他在朝廷中不受欢迎，因为他已经证明自己是一位直言不讳的人，而不是皇太后政治和诗文的仰慕者。他没有

——或者他隐藏着——文学同行如此珍视的文化素养，皇太后和庆亲王则被这些同行团团包围。他是一位干事之能臣，但是他最近又更严重地触犯时忌。

中国文学之难处

目前，要欣赏——即使用不连续的方式欣赏——中国文学，你头脑里必须掌握大约六千个表意文字或者图片字母。袁总督通过采用一套五十个字母的字母体系把所有这些都简化了，通过这种方式，所有能走路的人都可以读，并不会因在此过程中纯粹机械性的困难而伤害他们的视力或者使他们的大脑混乱。

但是大总督最引人注目的是其以复兴人民尚武精神为目标的政策。数不清多少个世纪以来，中国人已经把士兵视同妓女及清洁工一样，把他们看作是社会的最底层。在他自己的省份，袁世凯已经进行过军队改革试验，但是在 1905 年，俄日战争及其展示的军事价值，（为总督）带来了更大的机会。他被任命为练兵处大臣，而三个月前，据最保守的观察者说，他把一支按外国方式训练的十万人的军队移交给北京最近成立的陆军部，这还不算预备队。他的首道命令是：“再也不必下跪。”中国士兵的苦役被这道命令废除了，今天中国军队行进在他们家乡的省份，再也不像从前那样卑躬屈膝（如同囚犯害怕刽子手），而是昂首挺胸，以他们已经取得的军事成就而自豪。士兵们被兴奋人群中不同凡响的叫喊声（如“官军万岁”）所包围。

善良且文明的人们，无论是外国的还是土生土长的，已向中国苦口婆心地劝导数个世纪，说妇女缠足是荒谬而残暴的行为，但是这一切都是枉费心机。而自从张（之洞）总督加入袁世凯的军事运动并宣布脚残的妇女“不适合做士兵的母亲”后，正如某些人所希望的，这给予了古老的习俗一个巨大打击，一个致命打击。这是一件微不足道的事情，或者至少看上去如此，但是它表明风吹向了哪个方向。十年前，当与日本的战争爆发时，中国的普通妇女，如果有人向她说她紧抱在怀里的儿子有可能成为士兵，她会跳入水中自杀，或者不管怎样抱着自毁的想法，但是今天，她愿意放弃长期珍视的习俗和重要的习惯，为的是某一天她的儿子可以强壮得扛得动毛瑟枪。

有些人坚持认为，俄、日两国军队的入侵和进入北京的联军部队在他们撤出之后所留下的只是令人愉快的想法和回忆。但是，中国人阻止这类“假日巡游”

重演的决心之大，甚至到了不惜以放弃他们所有的传统和习俗为代价的程度。（记者们）似乎会提供更多证据，证明运动的另一个故事——一个通常被嘲弄为耸人听闻的、令人不愉快的故事——更接近事实。

今天，袁世凯和与他一起工作的人们正在抛弃孔子的信条。他们已经抛弃他们依靠已久的智慧之源，正在把祖先的土地变成军营。

关于军国主义问题，中国人值得注意的情感突变是过去十年里世界发展中最突出的事件（托尔斯泰把它叫作倒退）。我们几乎没有听说由掌权的中国新人正在实施的巨大变革，其中的原因是这些事情琐碎烦人，但从总体上看，他们构成了一场难以把握的革命，除非——除非你亲眼看到现代化的中国军队向黄龙旗敬礼，听到中国士兵从他们密集的行列中喊出："我军万岁！我国万岁！"这来自一个被认为生生死死完全缺乏爱国主义的民族。

袁世凯之个性

做这些事的那个人，在中国他们称呼他为"未来胜利的组织者"，显然是一位普通人，只不过是一位孜孜不倦的人。他既不像其资助人李鸿章那样身材高大，也没有李那样的智慧，但是通过艰苦不懈的工作，他已经成功地做到了那位天才所做不成的事，当然是在更加有利的条件下。他已经唤醒他的国民，让他们面对威胁国家生存的许多危险，从这些事情中，据那些得到他信任的人说，他不排除日本对中国的影响会迅速蔓延成一种威胁。

他不是一个士兵，而且从来也不是。直到义和团运动爆发，他才发现自己当了山东巡抚，他从来没有看到过连发的来复枪，或者知道有比他自己的军队施行的其他更有效的战术，诸如"猛虎扑食"、"伤象撤退"，等等。

那时他有一个幕僚，该人允许指挥地方军队，但是山东巡抚是中国唯一一个因义和团运动和列强侵入北京而受益的人。即使只用过时的毛瑟枪，他也能把义和团挡在他的领地之外。作为国家中能够同时使外国人高兴并抚慰自己人民的人，他安然度过了外国占领期间令人痛苦的几个月。

从那时到现在，他的研究已经放在军事和各类主题上。

他正在积累资金，然而今年他已经派送了1.3万名年轻的中国人到日本学校学习。

他正在开发本地的煤矿和铁矿，并废除各项外国让与权。

中国铁路体系

是他督促并迫使北京政府付给所谓的美国财团投资在汉粤铁路资本的300%，目的是让他们退出，以便让给中国人去办理。今天历史还不到十年的中国铁路系统由中国人专营和管理，扬子江上的汉阳公司已经把生铁卖给美国钢铁公司，明年计划建造钢铁车厢，那里已经生产出可用的机车。

日本首条铁路建成三十年之后，还在接受外国工程师和顾问的指导，而中国人接受指导不到十年就已经在独立发展。

人们希望所有这些和平技术的发展将会既完整又迅速，而大总督正式组织的胜利也将是和平的胜利。

当然，一个有如此影响力的强人不会没有诽谤者，因此北京的朝臣和派系的敌意可能基于这么一个事实而起：大总督据认为持有以下观点，即满洲王朝统治中国时间已经够长，而他的汉人中国政策中没有包含他们满洲的远亲。

《纽约时报》，1907 年 9 月 29 日

对满族的新上谕

本报通讯员

北京，9 月 29 日。星期五晚上发布的一道上谕，令解散全国各地驻防旗兵，取消特权，使之一切与民无异，这是朝着减少或者消除满汉两族之畛域迈出的重要一步。上谕直接归功于袁世凯的影响，他自己致力于消除中国满汉两大群体之间人为制造的隔阂。除东三省和各大都市之外，共有二十二个满族防营，分别驻扎在中国关内十二个省及新疆。他们单独居住，法律面前享有特权，有单独的学校，严禁经商，依靠中央政府发放的口粮为生。

现在，上谕令取消口粮，令这些窘困的驻防者自食其力，“从该驻防原有庄田各产业，分划区域，计口授地，责令耕种，其庄田不敷安插者，饬令以裁停之饷，分购地亩。该旗丁归农以后，所有丁粮词讼，统归有司治理，一切与齐民无异”。上谕要求，“其授田之始，应需庐舍堤堰，暨农具牛种等项，并开办实业各经费，准由裁停存饷内，核实奏请，酌量协济”。

上谕最后表示希望化除满汉畛域。下一步一定是取消北京皇族以外满族上等阶级的特权。上谕得到外国人和本国人的普遍赞成，从中所表现出的政治家气度和及时性受到广泛赞誉。

《泰晤士报》，1907 年 9 月 30 日

中国之变化

近来有人随意地预测皇太后即将到来的退位将会是中国国内动乱的导火索，等同于一场革命，很可能在汉族努力推翻满族统治的过程中，导致帝国分裂。由于此种原因，据推测，最高当局也的确声明，皇帝致力于化解两民族间根本的差别，并决定进行自由变革，使中国现代化。10 月 1 日的上谕宣布（诸臣民）应该做好预备以便在中国实行立宪。国务卿塔夫脱在上海的演讲中警告（中国不要）“激进且突然的”变革，要沿着国内发展、教育（变革）、扩大贸易的路线进行变革，并预测这将会增加商业（利润）并加强与这个国家的友好关系。

皇太后和她的顾问们循序渐进的改革计划是即将发生危机的中国之希望，突然与过去决裂可能会给传统权力的拥护者和更渴望变法的力量之间带来强烈的对抗。毫无疑问，统治者害怕内战。

国内瓦解意味着中国的分裂吗？敲诈勒索义和团（之乱的）赔款，加上利息，1941 年到期时，总额高达 3.339 亿美元，列强最初的强行勒索是希望一个年收入不到 6800 万美元的政府会立即被迫割让领土来清偿（赔款）。但是，为

了将来的谈判不至于“因提出了中国无法答应的条件”而失败，1900 年 11 月在海约翰和麦金莱总统真诚恳求下，（中国）赔款的数额与要求的数额相比要少，但是（必须）用 40 年时间逐渐偿还，这符合（大清）帝国现金资源的实际情况。中国避免了被瓜分，各国同等贸易权力的原则就会建立在坚实的基础之上。

如果负责任的政府被推翻，那么美国通过外交安排中国从容地逐年还款来保证“门户开放”原则是多么无效！难道还有更加诱惑人的机会让列强间大肆争夺以扩大他们数个“势力范围”吗？

我们已经向中国退还了美国所得 2700 万美元赔偿金额（中的多余部分），只保留了实际产生损失的数量，其中，800 万美元余额是到期的。正如塔夫脱先生在上海所声称的那样，这是国家间并不普遍执行的普遍公平。它的直接结果是缓和了中国对美国的敌意（敌意是由我们排外法律苛刻的执行造成的），现在幸好缓和下来了。但是它却确立了另一个制衡手段来反对欧洲国家太急切算计他们不公平得到的东西。

皇太后退位的日期定在中国新年，在此前的几个月时间里，美国舰队将留在太平洋水域。不论我们的军舰仅仅是派去“巡航演习”，还是考虑到与日本的纠纷，还是因为中国即将发生的事件，可以肯定，如果任何事情与美国的“门户开放”政策相抵触，他们将占（军事）优势。如果发生革命，如果伊万斯上将奉命把他的舰队开到中国去，那将是保护我们利益和国民的传统做法。截止到 1906 年 6 月底，我们对中国的出口贸易额达 43 774 376 美元——由于（中国）的抵制，比前一年少了一千万美元，我们的进口额达到了 52 551 520 美元。在目前友好的时期，我们有理由希望这种贸易额将会大大地增加。我们的国防部长拒绝推测美国商人利益万一遇到危险时美国可能采取什么样的行动，但是他的确说过：

“很清楚的是，我们的商人开始意识到中国出口贸易的重要性，因此他们会极度关切任何对保持、扩大此种贸易所带来的政治障碍。这种情感很可能在美国政府的行动中得到表现。”

对中国来说，在她即将到来的危机中——一个自 2200 年前统一以来从未经历过的危机，中国理所当然地会得到美国积极的友谊。

《纽约时报》，1907 年 10 月 13 日

中国的改革家

袁世凯的成就引起广泛关注

华盛顿，10 月 28 日。又一个李鸿章式的人物已经在中国崛起，他的成就正在引起整个文明世界的关注。他就是袁世凯，前直隶总督，现任外务部尚书即北京的外交部部长。他在直隶开始执政时，该省混乱无序。他的首场战斗就是抵抗临时政府执政期间像蘑菇一样突然出现的非法银行，这些银行完全靠吸收存款和答应支付（利息）来做生意。

自从袁（世凯）晋升为北京的外务部尚书一职以来，（美国）国务院已经收到了一份关于他的公共生涯的有趣报告，此报告是由美国驻天津总领事詹姆斯·W. 拉格斯戴尔撰写的。关于袁接手时天津的混乱形势，拉格斯戴尔先生说：

“小偷和盗贼有系统地组织起来，犯罪行为无所不有。为了对抗这些犯罪，（袁）阁下组建了一支警察部队，罪犯被逮捕、入狱，犯有恶性案件者即被斩首。其结果是，尽管一时间（袁）阁下遭人憎恨和惧怕，但是现在他被认为是全中国最能干的、最爱国的官员。”

拉格斯戴尔先生说，袁（世凯）担任总督期间，他与外国人建立了极好的关系，通过顽强、诚实的努力也赢得了国人的（友善）〔尊敬〕。他的建议，即使在当时，也被北京政府所征求，最好的上谕都是其建议的结果。其中值得注意的是皇室许诺建立立宪政府以及关于查禁鸦片贸易的许诺。

《纽约时报》，1907 年 10 月 29 日

中国的议院

太后发布懿旨，令采取第一步措施

国务院收到了由中国皇太后发布的在全国各省设立谘议局的懿旨。该懿旨回顾了下述事实，即前经降旨于京师设立资政院，以树议院基础。

为了提供某种方式，使公共舆论得以表达，各省督抚们已经接到命令，立即在各省省会设立谘议局。这些谘议局受命讨论所有兴革事宜。将来资政院选举议员，可由该局公推递升。懿旨中包括下述警告：

“著（各省）官员‘公举贤能作为该局议员，断不可使品行悖谬、营私武断之人滥厕其间’。”

《华盛顿邮报》，1907 年 12 月 9 日

中国延迟宪法颁布

皇帝的上谕表示希望某日会实现立宪

北京，12 月 24 日。今天皇帝颁布的一份冗长而含混的上谕表示，最终总会给人民颁布宪法，但日期并未确定。

上谕肯定自强无望[1]，民气断不可使嚣，而民情固不可不达，盼望设立议院的第一步，已经满足，现在京师资政院及地方谘议局业已饬设。

资政院或政府委员会[2]自几个月前成立以来一直在开会，但是，到目前为止，上谕中所提及的各省谘议局尚未设立。

《华盛顿邮报》，1907 年 12 月 25 日

中国谨慎前进

警告大众不能过激

皇帝发布上谕，表示真诚希望逐步给人民颁布宪法，但是必须先满足于第一步

（联合社供稿—下午）

北京，12 月 24 日。今天，一份冗长而含混的上谕由皇帝发布。

上谕表示真诚希望，终将给人民颁布宪法，但日期并未确定。

---

① 本文中所提及的上谕当是光绪三十三年十一月二十日（1907 年 12 月 24 日）对内阁颁布的《令宪政编查馆会同民政部妥拟政事结社条规奏请颁行谕》。不过，本文作者报导时，似乎未能准确理解该上谕的全文，特别是“自强无望”一句，显然有违上谕本意。上谕中包含这一词语的段落是：“惟各国君主立宪政体，率皆大权统于朝廷，庶政公诸舆论，而施行庶政，裁决舆论，仍自朝廷主之。民间集会结社，暨一切言论著作，莫不有法律为之范围，各国从无以破坏纲纪干犯名义为立宪者。况中国从来敦崇礼教，名分严谨，采列邦之法规，仍须存本国之礼教。朝廷预备立宪，期望甚殷，乃近岁各省绅商士庶，其循分达理者，固不乏人，其间亦颇有浮躁蒙昧，不晓事体者，遇有内外政事，辄藉口立宪，相率干预，一唱百和，肆意簧鼓，以讹传讹，侵寻日久，深恐谬说蜂起，淆乱黑白，下陵上替，纲纪荡然。宪政初基，因之阻碍，治安大局，转滋扰攘，立宪更将无期，自强之机，更复何望。盖民情固不可不达，而民气断不可使嚣，立宪国之臣民，皆须尊崇秩序，保守和平。……”（故宫博物院明清档案部编：《清末筹备立宪档案史料》上册，第 53 页）换言之，上谕中不是说一般的“自强”没有希望，而是说假如出现不守礼教名分，不守秩序，遇事动则借口立宪而相率干预的情况，那么自强就没有希望，译者。

② The Tsu Cheng Yuan or government council，此处似乎误将会议政务处当成资政院。资政院 1910 年秋才成立。

上谕肯定自强无望，民气断不可使嚣，而民情固不可不达，盼望设立议院的第一步，已经满足，现在京师资政院及地方谘议局业已饬设。

资政院或国务委员会自几个月前成立以来一直在开会，但是，到目前为止，上谕中所提及的各省谘议局尚未设立。中国人民还没有像外国那样充满信心地收到立宪政府的承诺，在这方面，人们似乎对朝廷已经采取措施的性质存在误解。

上谕宣布，主要的问题是不得胥动浮言，著民政部、法部关于政事结社条例妥拟限制。

《洛杉矶时报》，1907 年 12 月 25 日

伍廷芳特使谈中国的觉醒

约翰·凯兰·欧拉夫林

“现在，已经被改变过的中国又正处于变革之中。如果我没有返回我的国家的话，谁告诉我说发生了巨大变化，我都不会相信。变化大极了。当然，我可能看过我们的报纸，对正在发生的事情有所了解，但我不敢相信。”

话锋如此犀利的人就是北京政府驻美国特使、全权公使伍廷芳。若干年前，当他在此逗留时，我有幸结识了伍先生。那时正值 1900 年美国和西班牙战争及中国麻烦的义和团事件爆发。作为美国国情的敏锐观察家，伍公使把东方的分析能力应用到调查美国问题上，清晰预见了未来前景，震惊了所有认识他或听到过他讲话的人。

但是，除此之外，其同胞之中没有人还能像他那样了解中国，因为他是通过西方的眼睛来了解她，而且他体会到，只有通过采用西方的方法和西方的文明（方式），那一大名鼎鼎的国家才能得以保全，才能面对并解决时代进步强加予她的巨大难题。当被困北京的外交官们的命运成为悬疑时，我就常常会听到公使哀叹：（中国）国内正在盛行的排外运动毫无作用。但是，整个运动期间，正如

历史所证明的那样，伍廷芳都坚信，外交官们虽然被围困，但还活着，而且他还得到了一份询问使馆情况的电报。这封电报是通过驻在京师的美国代表康格公使获得的，以此来证明其信心的合理性。伍公使在美国一直住到1902年，完成了与义和团爆发相关的大多数工作，然后返回祖国。他被召回北京，帮助政府实施西方所知道的进步政策，那些都是义和团运动迫使它不得不采取的。

尽管时光流逝，但公使的面貌及其肩上所承担的责任基本没有变化。他的头发和眉毛中多了几绺灰白，但他依旧拥有那双“慧眼”——尽管现在已经被眼镜保护起来，而其智慧还是一如既往那般敏锐。他在使馆接待了我，而在我们谈话中间，朋友们不时闯来，向他表示欢迎并询问关于他自己及关于其国家的情况。例如，《眺望》杂志的主编爱德华·F. 鲍德温来拜会，向他询问东北的局势；密执安代表团在国会下院的代表爱德温·田贝前来与公使重叙旧日的友情。田贝是国会外交委员会的委员，这在伍先生的眼中自然是一个重要的因素。

一场三方谈话

但不仅如此，他（田贝）的父亲曾任美国驻中国公使多年，与（公使）大人交情密切，后者还能记忆起魁梧健壮的议员小时候在中国京城的街头上跑来跑去的情形。看着、听着伍先生进行一场三方谈话的同时，笔者又明智地获取了有关世界如何对待其朋友的信息，即美国的所作所为及这个国家对中国正在发生的问题所持态度的信息，这些实在是有趣。就眼下而言，国会面前就摆着一份退还美国索要的超出美国人实际损失部分赔款的议案。

“赔款的状况如何?”伍先生问田贝先生。

“议案在参议院已经通过，”这位来自密执安的代表说，“议案现在下议院，随时会提起讨论。外交委员会做了有利的报告。有一条必须取消的补充条款，即法庭保留五十万美元，用于补偿那些不满意国务卿做出赔偿的索赔者。”

伍先生认真地听着，他这么做当然是有道理的，因为美国即将返还的这笔钱差不多有一千万美元。鲍德温先生没有给伍先生留下思考国会所做事情的机会，因为他把公使的注意力转向了满洲。

“噢，那里还好，”公使答道，“你知道，我们派了一位总督、几位巡抚去负责该地区的事情。有大量事情需要他们去做，他们会努力工作。是的，他们会努力工作。”

“你知道你可以从北京坐火车去巴黎吗？（你知道）你可以从北京坐火车去汉口吗？这是我国觉醒的有意思的特点之一。再也没有人敌视火车。人民想有铁路。他们急于有铁路。他们喜欢坐火车。我们现在已有约四千里铁路，而且我们希望建设更多。但是，存在资金问题。许多中国人相信这样一条口号：‘中国人之中国。’他们不希望（外国）资金进来，这些资金将会使列强有机会干涉中国的事务。与此同时，他们又想把铁路建起来。这必须成为协定的主题，以便我们的权力和利益能够得到完全保护。”

公使思考了一会。

需要机车工程师

“为什么，你知道吗，过不了多久，就会有一条连接上海和北京的铁路。他们现在正在建设。当我再回中国时，我当然希望从上海坐火车去北京。我们的麻烦之一是缺少专家来开机车。我们本国的工人是优秀的工程师，但他们必须接受训练。不过，他们做得很好。我们现在已经懂得如何控制机车并使之像你们在美国所做的那样来为我们做工作。”

田贝先生向公使询问沿海方面的运输方法有什么改进。

“一方面是建造许多小型轮船”，伍先生答道，“显然，如画般的平底帆船消失的时代即将到来。今天，你看到许多帆船都是由蒸汽艇拖曳。当然，在江河中真是如此。但是，为了让你们大体了解我国人民的创造性，让我告诉你们我在广州港所见到的情况。小型帆船的船主在其船尾建造了你们可能称之为蹼轮的东西。这种轮子是根据踏车的原理来操作的。一人或两人用脚踩踏，桨击水就会推动船只前行。它们比仅用风帆的船只速度快得多。难道这不是创造性的证明吗？难道这不也是进步的证明吗？”

“当然，如果看到我们在各个不同的港口中是如何取得进步的话，你们会感到吃惊。正如你们所知道的那样，在香港，这一英国占用的地方，已经建造了新的更大的码头。在上海，也有同样的进步的证据。在广东，人们也一直在工作中。这样就表明，中国人民已经意识到，必须起而实行。我们现在已经加入到竞赛之中，虽然我们现在所取得的成就可能会被认为是缓慢的进步，但是对中国人来说，这已经是个奇迹了。已经是了不起了。”

我问道：“公使先生，发电方面你们是怎么做的?”

“我们已经在广泛用电。想想看，我们在广州，在天津，甚至在北京，都已经有了电灯。为什么，你们知道夏宫已经在用电照明。当照亮之后，它名副其实地成了仙境。我记得有一次我去宫中，昆明湖中映照着由石舫和岛上射来的灯光，使得水景如此诱人。”

“顺便说一句，那是一件有趣的事情，它比什么都更能说明中国的进步性。十五年前，皇室方面盛行的原则是坚决不许外人入内。谁做梦也没有想到会受到皇帝和皇太后的接待，即使外交团也没有想到过。现在，一切都变了。联军占领北京之前，他们便去西狩，回来之后，皇太后就发起了你们所说的‘野餐’。”

北京的进步

“就是说，她不仅接待外交官，而且还接待了他们的夫人和客人。我看到过外国小孩子们向皇太后行礼，而她则把手放在孩子们头上，这让他们很高兴。当在宫中接待罗斯福小姐时，皇太后身体向前倾着，胸前插着一朵花。她做了一切能做的事情，以便让客人高兴。男士与女士不同时接待，而是分开接待。他们被允准乘坐御用太平船，由一只蒸汽艇拖着，去参观各岛，事实上做他们喜欢做的任何事情。当然，食物方面应有尽有。”

“北京方面还有什么可以证明中国的进步?”

“许多部门的名称已经改变。总理衙门这一标志着殖民管理（色彩的）部门，义和团爆发前一直负责所有与外国相关的事务，已由外务部取代，其意思大致相当于英文中的‘Foreign Office’（‘外交部’）。然后，我们有了农商部，负责邮政铁路和轮船事务的邮传部，以及其他一些新的部门。但是，这些并不能像用电照明和铁路服务那样能够深深打动外国人。”

公使被田贝先生问到天津采用新制度来进行管理的情况。

“进展良好。你知道，”他转向我，“那座城市采用了类似你们的管理方法的东西。议事会通过投票选举产生。投票者可能会有资格限制。人民正在迅速学会如何行使投票权，而且我相信，这一做法将会从天津扩展到全国其他地区。当然，对于这类东西我们还很不了解。我们还没有这方面的西式教育，但是，我们现在正在获得这种教育。新学堂在性质上是现代的，教授现代课目。我们在北京有一大学堂。然后，我们还往国外派遣留学生学习这些专业。当这些年轻人回国时，他们经常受到政府偏爱并给予机会让他们传播自己所学到的知识。以一个学习医药的人为例，当他回国以后，他不仅行医，而且还要教授其他医师学习西方的方法。他们对学习知识表现出极大的热情，即使从第二手获得也是如此。”

有人向公使提出，他在中国司法改革中所做的工作在美国引起了许多关注。

“我很高兴听到此点”，他回答道，“当我回到国内时，我受命与另外一位官员合作，修订国家法律。但是，后一位官员对西方的司法实践一无所知，因此，改革的问题自然就落到我身上。我们不能采取太大的步骤，舆论承受不了。我们只能缓步前行。此外，对法典进行全面审查，这将是一项惊人的工作，至少需要十年或许是二十年才能完成。为此，我们只能挑出法典中那些特别野蛮的内容并将之删除。例如，我们取消了凌迟处死的刑罚。此种刑罚用于那些特别邪恶的罪行，诸如图谋弑君、杀害父母、叛国等。该刑罚我们用砍头或绞刑来替代。我们现在还没有达到用电处死（罪犯）的水平。”

“中国有诸如公共舆论之类的东西吗？”人们问公使。

公共舆论正在成长

回答：“噢，是的，我们现在已经有了。现在全国人民都有兴趣相互关注，尤其关心保持国家的完整。作为我们最近的一些经历而产生的结果，我们认识到，如果我们不希望损失领土，我们就必须统一行动。由此，便产生了公共舆论和爱国主义，坚持主张保护中国人的权利。我们全国有许多报纸。不幸的是，这些报纸还处在个人的谩骂经常发表在其专栏中的阶段，不过，我感到满意的是，适当的报律的制定和实施将改变这一状况，更严肃的声音将占上风。”

“你们有色情的杂志吗？”

公使笑了。

“还没有，而且我希望永远不要有。我们愿意这类杂志永远是美国的东西。不过，看到我们的报纸有发展确实很好，而且我对这一阶段我们所取得的进步感到高兴，因为，根据我的判断，报纸才是人民福利最好最可靠的卫士。”

“你们的陆军和海军怎么样？”

“我们正在采用西方的观点，认为陆军和海军是和平最好的保障。袁世凯直到最近一直担任直隶省的大总督，他指挥着一支现代化的军队。这支军队受过日本和德国两国军官的训练，外国军事观察家说，这支军队表现良好。”

“阁下，你们为什么雇用日本人?”鲍德温先生问公使。

“首先，他们是很好的战士，然后，他们还比欧洲人便宜。你知道，日本人通过战争表明他们精通此道。自然，我们在利用他们的服务并高兴使用他们。你还问及海军。一支大的舰队费钱。我们的意图是建立一支足以保护我国的海上力量，但是，目前我们没有足够的资金来做这方面的事情。我们正在致力于内部改革。我们正在工业、农业、商业方面引进新的现代化的方法。我要告诉你们富裕的美国制造商应该如何做。他们应该到中国设立工厂并利用那里廉价的劳动力市场。他们在处理其产品方面不会有任何困难。买主会找上门来。像现在，他们不得不支付沉重的运输费，而这侵蚀了利润。”

“公使先生，你们的政府为了消除鸦片罪恶都做了什么事情?”我问道。

与鸦片罪恶做斗争

“我们做了大量工作。这些工作受到我国政府的密切关注。从两年以前开始，皇帝就发布上谕，命令臣民停止使用这种药物，特别要求亲贵和高官们停止吸食鸦片，以便为下等阶级树立榜样。只有六十岁以上的老者可以不执行这条法律。实行的结果极令人满意。许多鸦片烟馆被关闭。惯于吸食者必须取得许可证，而对于那些向他们提供鸦片的店铺则进行政府监督。皇帝还下令减少鸦片种植区域，这样，十年以后全国将不会再有鸦片种植。为了减少从印度进口鸦片，中国已经与英国进行了谈判。在此事上，英国政府非常好，尽管这样做的结果是，英国承诺几乎消灭鸦片业,但会使印度政府遭受损失。然后,美国组织了一个国际委员会来彻底调查鸦片问题。或许,我希望这是缔结严禁鸦片条约的准备。”

“这会对人民有何影响?”

“棒极了。我遗憾地说，鸦片是我国的祸源。许多人都对鸦片上瘾。”

“在英国驻北京公使的一份报告中，我看到有一亿人在吸食鸦片，”有人向公使指出。

“我想，不会有那么多。不过，数目仍然会很庞大。我们必须做些事情来挽救这些人。（抽）鸦片是一种可怕的罪恶，它会使吸食者懒惰，毁掉他及其家庭，最后会使他死掉。由于一国之命运与个人之命运联系在一起，政府自然极为关注，并非常真诚地想消除这一习惯。我只是希望，我们不要用另外一种恶习来取代这一恶习——比如饮酒。”

“有这种危险吗?”

酒类几乎不知道

“就酒类饮料而言，中国人一般不知道很多。那些住在租界附近或者与外国人有所接触的人有时会喜欢威士忌。但是，我所希望的是，我们既消灭了鸦片，又不要用另外一种同样坏的东西来取代它。”

“你认为你们什么时候会有一部宪法?”

“有的说是五年，有的说是十年。我相信会在五年之内。我们已派大臣出洋，他们对最先进国家的宪法进行了彻底考察。这些大臣的考察报告被非常认真地研究。为了采用最适合于我们人民的（工具）〔制度〕，我们已经采取了初步措施。对于任何这一类的东西，我们还没有做好准备。但是，我们学习得很快。在北京，我们早已建立了一个类似于英国上议院之类的团体。它由贵族组成。然后，我们召集了会议。将来某一天，这两个团体在议院中合而为一，那时，我们就有了一个立宪政府。”

公使站了起来。

“中国的精神是改革。我们在每一个方向上都在前进。我们已经觉醒。记下我的话。从现在开始，我们将会取得进步。这种进步不仅会使长期不在国内的中国人回国后感到吃惊，而且也会使所有对我国感兴趣的人吃惊。”

“最后问一个问题”，我向公使说，“您对美国的感情怎么样?”

“很友好。只要想想你们在做什么。你们在使中国从义和团之乱而导致的巨大欠债中解脱出来。你们总是捍卫我们的领土完整。当塔夫脱国务卿最近一次到东方时，他做了一次讲演，对我国同胞有重大意义。我们感激这些事情，如果将来有那么一天，我们会表示我们的感激。”

《华盛顿邮报》，1908 年 3 月 22 日

中国的改革

北京，3 月 6 日。御史黄瑞麒就拟议中的立宪一事呈递奏折。他在奏折中说，自从 1906 年 11 月预备立宪的诏书发布以来，除了几个不同的省份进行了一些有名无实的改革之外，政府几乎什么也没有做。他担心，除非认真对待，否则，十五年之期转瞬即逝，届时朝廷不能收立宪之效。这位御史说，对内部管理做一认真研究，就会发现，各省为改革而设立的机构管理极差，其中的官员一点也不了解其职责。奏折指出，中国的百姓已经跟过去很不相同，中国人民现在已经知道如何保护国家利益，知道其国家主权。他呼吁政府鼓励这种精神，并采取步骤执行改革的上谕以防止用心不良的人鼓动民众起来闹事。

奏折已呈送宪政编查馆进行研究。

《泰晤士报》，1908 年 3 月 27 日

中国制定宪法

在太庙探究合适的仪式

北京，9 月 2 日。政府目前正忙于讨论嗣皇帝继位之时根据习俗在紫禁城皇家太庙举行的仪式。那时也将是政府彻底变更之日。在这些仪式中，有叫作“祭告礼”的一项。这个时候讨论这些事情表明，皇帝最近所发有关设立地方谘议局和预备立宪的命令将由新政府开始（执行）。

要求立宪的命令表明政府在这件事情上将紧紧追随日本的模式。该计划包括由出洋考察大臣达寿提出的许多建议，他被派往东京去调查关于海岛帝国的政府和宪法。

《纽约时报》，1908 年 9 月 3 日

中国把荣誉归于袁世凯

本报记者

北京，9 月 18 日。一周期间，北京都在庆祝袁世凯五十大寿，他现在是外务部最著名的大臣和该省数年的总督。连续三天通往其官邸的街道排列着军队。第一天，由皇家乐队打头阵，一长串黄色的轿子送来了皇太后、皇帝和皇后给这位效忠皇帝的宠臣的精美礼物。总督官邸的客厅和走廊挂满了来自全国各省的官员送来的赞美的挂轴。一连数天庭院和房内都挤满了身着朝服的官员和客人，在北京的每一个显赫的中国人以及关内关外的贵客都聚集于此。

集荣誉、皇恩、民众爱戴于一身，这在中国过去是极为罕见的，实在是令人瞩目的现象。所有外国人都能以同情的姿态参加游行活动，因为自从 1900 年以来（除袁世凯之外）没有其他大臣在建立稳定政府、振奋国家精神和敦促国民走向现代发展道路上做出过同等贡献。

派往美国的使团

（东京）派往北京的日本当选公使伊集院先生，原预计 8 月底到任，他已经推迟了从东京启程的时间，直到 10 月底才会到达。这次延期与唐绍仪即将访日有关，这位派往美国的特使在 11 月 4 日在横滨登上太平洋邮轮前，要在那里停留 3 周。唐绍仪现在正忙着为他的启程做准备。陪同他出访的人很多，包括庆亲王的次子，他的一等秘书将是钟文耀——目前是沪宁铁路的总办——他在 19 世

纪 80 年代曾经在耶鲁大学赛艇队当过两年的舵手，近来他被任命为国际鸦片调查委员会的中国代表，该机构于 1 月份在上海成立。

在日本期间，唐绍仪将会与小村俊三郎伯爵和伊集院先生讨论许多影响中国东北的问题，包括法库门[①]铁路问题。

最新消息。星期一，外务部正式通知各相关使馆，唐绍仪已经被指定去访问许多国家以便为政府调查财政管理情况。据称，他的使命与军机处 7 月 20 日所收到的上谕一致，内容如下：

“方今商业疲困，国用艰难，所有应行举办各新政，多未能及时振兴，于保全治安之道，极有关系。现派唐绍仪专使赴美致谢，著兼充考查财政大臣，历赴日本及欧洲诸大国，将诸国经理财政办法，详细调查，随时奏闻，以备采择。”

货币混乱

中国当然有余地进行财政改革：那里没有公布预算，有十九种不同的银元以不同汇率在流通；除此之外，还有新铸银两、中国卢比、大量的铜币和黄铜钱；在那里私人钱庄发行贬值的辅币而发行货币的政府不接受它的面值；在那里地方无限量的纸币发行，虽无金条储备以及其他非法行为，却使中国成了黄牛党的天堂，而她的货币混乱程度比天底下任何一个国家都大。在北京有五种不同的货币在流通。在毗连的山西省只有英镑按面值承兑，而在许多电报局愚昧的服务中，即使毗连北京如此之近的承德，任何钱币都不接受，人们只好用锤子和凿子切下银锭进行交易。

目前的帝国（内地税）〔厘金〕妨碍了工业（发展），加剧了贸易萧条，增加了贸易负担，阻止了国家财富的增加，然而在理性财政管理下，中国贸易和商业（发展的）可能性实在是说不准。

《泰晤士报》，1908 年 9 月 19 日

① 法库门，又作“发库门”，清康熙元年（1662）建，为辽东柳条边边门之一，1913 年改法库县。本文中所提及的“法库门铁路”，指唐绍仪代表袁世凯与日本交涉建设的法库至新民铁路，译者。

中国之前途

我们今天发表的一篇关于北京变化的有趣文章，呼吁关注亚洲复兴的局面，这一问题是迄今为止本报所做的更加值得深入的研究。在其他一些的亚洲国家里，新理想和新渴望的觉醒都伴随着重大事件的发生，这些立即便吸引了西方人的目光。但是中国前进的步伐更缓慢且更迟钝，而她的境况令旁观者如此困惑以致于很难得到有关她境内现在正起作用的各种势力的一个正确的概念。正如那篇文章的作者所做的那样，只有当我们选择一个实例样本时，我们才能得到关于这股进步的新精神的明确概念。十年前，北京还是东方中世纪主义化身。旅行者被迫通过乏味而辛苦的旅程接近它巨大的设有射击口的城垛的城墙。当进入这座城市时，那些巨大的环绕起来的瓮城首先给人留下的印象常常是一种幻想破灭的感觉。它的街道在东方因污浊肮脏而恶名昭著。街道由纸灯笼照明，它的清道夫是猪和狗。大门在日落时关闭，在排他性和孤立方面，它似乎对挑战性的西方不屑一顾。当今的北京已经变得几乎难以辨认。三条铁路交会在北京，在它城墙下出现的火车头已经大大地消除了有成见的保守主义的旧气氛，电灯照亮了主要的大街，它们得到很好铺设和精心维护。有能力的警察维持治安，排水系统正引起一些注意，布鲁厄姆马车随处可见，汽车不再陌生，城市的食品供应不再由如画般的一连串的骆驼运送进大门。我们今天发表的消息，即来自我们驻北京记者发来的描述达赖喇嘛到达的消息，叙述了一个新政权引人注目的实例。昨天，那个最超然离群的统治者乘专列到达帝国的首都，在他经过大街时，一群看热闹的汉人骑自行车跟在后边。政府新办公楼正在建设之中，比起旧的临时办公楼更配得上这样一个大国政府的威严。市民拥有一家相当自由的出版社，除此外他们建立了可吸引大批群众来消遣的动物园和植物园。这些变化代表的潮流并不仅仅局限于京城。我们驻北京记者能够到中国许多地方去旅游。这已经表明，即使在最偏僻的省份，也到处可以看到同样的变化，民众同样热切期盼着改善物质条件。这表面的征兆对欧洲人来说似乎是十分自然的，（甚至可以说本应如此）。但是对他们来说却是重大发展的标志。枯骨正在开始活动。

正如我们的投稿人所指出的那样，从这些可以看到的改革中得出一种夸张的印象，以为这就是实质性的进步的证据，这样做是很容易的。如果它是真实和永恒的，中国的革新应当不仅仅是砖砌排水系统、（拥有）电灯甚至是铺设铁路等，这些都只是表面上的证据，很有价值，很值得称赞，但是本身不够充分。我们倒是十分关心他们所抱持雄心的更深层面。当我们超出报纸、铁路和中国进步的其他可见的事例去看，我们在其他行政方法方面却没发现有太多重要革命的迹象，如果中华帝国想在世界强国中占有一席之地，这种变革是绝对必要的。中国的改革家已经完成了一些值得称赞的事情，但是在某种程度上他们似乎仍然在黑暗中摸索——他们的行为似乎没有连贯性。他们的活力好像不是由主要的指导原则所引导。当外国观察者试图评估在起作用的各种势力时，他们的头脑中充满困惑。这是对真实事实的确切反映。许多著名的、有才能的中国人对他们国家的需求一清二楚，他们想逃避外国控制的奴隶身份。他们想要一支强大的陆军和一支高效的海军。他们想教育人民。他们想看到中国强大的独立，能够成功地保持其领土完整。但是到目前为止还没有迹象显示中国人对主要原则有总体认识，强大中央政府的建立、行政和财政改革的果断处置必须先于这些渴望达到的目的。各省仍是向各种不同的方向拉扯，这常常让北京感到麻烦。吏治正在改善，但是总体来说，它仍然受古代传统的深刻影响，这不可能有助于行政的纯洁性。解决中国国内问题的关键毫无疑问应从良好财政上找答案，但这似乎是个新潮流倡导者甘心留着不提及的问题。他们依赖于欧洲资金市场的殷勤，这不可能总是那么肯通融的。直到中国使财政部门井然有序，把税收建立在稳定的、公平的和广泛的基础上之后，其进步之花才会盛开。他们将会增加使生活舒适的设备，但是他们将无法恢复已消失的伟大之处。

除了遗传下来的、可能持久存在下去的喜欢之外，中国人没有理由不应该面对而且努力克服这个基本问题。中国拥有如此众多未经开发的资源，其天然产品及其永不枯竭的廉价劳动力使得未来充满希望，她的领导者不应该害怕面对这一问题，她能否得救，就有赖于此。总的来说，目前非常顺利。9 月 22 日发表在《泰晤士报》上由我们驻北京记者所写的关于中国外交事务的有价值的评论表明，目前她“没有任何难以处理的外交问题”。也许我们的特派记者在他的评论中所提及的最重要的事情是发生在满洲的有点意想不到的情况。分别由俄国行使的北满铁路控制权和日本行使的南满铁路控制权正在进行大规模的扩展，这似乎妨碍了中国维护其主权。不幸的是，1896年的铁路合同中的条款正在被两个强国随心所欲地解释，即使按照原文是合理的，将来似乎也可能产生一些麻烦的后果。（日俄）经常制造一些对中国不利的新（权力）〔扩张〕，由于无法避免外国对铁路的控制，中国政府对铁路控制权所产生的外部影响是不可能泰然处之的。昨天我们发表了一篇来自消息灵通的记者所写的文章，文中详细罗列出了中日两国关于策划中的法库门铁路问题的主要观点。尽管某些英国人的利益被直接牵涉进来，但作者很明智，不特别强调对这方面问题的看法，而只是站在更重要的国际责任立场上全面地论述这个问题。对这件事情的是非曲直我们没有许诺任何确切的观点，我们不得不感到遗憾的是，日本在这件事情上竟然采取一种，至少可以说，被认为是挑衅的、不友善的批评态度。我们不会忘记，如果在与日本的交往中，中国人现在之所以可以提出关于满洲的任何要求，主要归功于日本人在满洲战场上所倾注的鲜血和财富，但是尽管如此，对日本来说招致以下猜疑将会是严重的错误，即一旦大战结束，她就会极力把誓约的重要性贬至最低，而正是那一誓约帮助她获得了我们大量的支持。

《泰晤士报》，1908年9月29日

中国与众不同的新宪法

详细阐述领导人民逐步走向国会制度的九年计划

皇帝钦赐（宪法）

政党领导人由皇帝任命，政府绝不能受到批评北京，星期二，9 月 15 日。计划带领中国从她目前的独裁政府形式走向国会政府体制的宪法，是一部值得注意且非常有趣的文件。它是今年 8 月 27 日在本市公布的，篇幅相当长，仅序文就有二十大页，是用不太协调的中文古典词语和为了符合西方含义而新发明的日本术语混合而成，翻译极其困难。

自始至终，人们可以看出作者努力向中国人传达对陌生和异己事情的理解。通常情况下这些解释对西方人毫无意义，尽管它们对中国人来说却意义非凡。措辞总是东方式的。有些地方它是富有诗意的，而在其他的地方它却背离了作者的努力，无法使犹豫的人们了解一个新的未经试验的政治的未来轮廓。简言之，它努力使国内成千上万的人从消极被动状态中醒来。

用虔诚的态度写成

这个题目不说是用虔诚的精神写成，也是以相当严肃的态度写成的。这部宪法由皇帝“颁赐”，这一事实被反复地重申。它规定，皇帝神圣不可侵犯，政府领导人将由皇帝钦命，在宪法之下，帝国政府将不会遭到批评。

在宪法下，完全的立宪政府只有在九年之后才能起作用。在此期间，这个国家将被领导逐步地为这巨大的恩惠做好准备。许多证据证明，尽管策划的行政制度叫作“立宪”，但在许多细节方面它与西方所理解的立宪政府相距甚远。

大体来说，这些文件以日本宪法作为典范。它最引人注目的一些条款如下：

“仰见我皇太后、皇帝以天地之量为量，以百姓之心为心，大公无我，时措咸宜，薄海臣民，同深钦感。”

“中国立宪政体，前已降旨宣示，必须切实准预备，慎始图终，方不致讬空言而鲜实效。”

人民必须有耐心

“凡我士庶……于国民应尽之义务，应循之秩序，竭诚践守，勿挟私心，以妨公益，勿逞意气以紊成规，勿见事大易而议论稍涉嚣张，勿权限不明而定法致滋侵越。”

“君主总揽统治权，按照宪法行之。”

“至开设议院以前应行筹备各事，头绪至为纷繁，办理宜有次第，如筑室然，必鸠工聚林，经营无遗，而又朝夕程督，始终不懈，乃能聿观厥成。如行路然，必衣粮舟车，各物具备，而又逐日进行，不稍止息，乃能达其所向。”

宪法的制定者很忧虑，“更有进者，（迩岁以来），国势阽危，人心浮动，内忧外患，岌岌堪虞，既无议院监察于旁，亦当急起直追，一洗敷衍因循之习。上下相安。”①

“所议各项（宪法）纲要……九年应办事宜…. . 不得稍有推宕。”②

“自有日进无疆之效……伏候圣明……特沛纶音，布告天下，以立万年有道之基，而慰亿兆升平之望。”③

大纲的十四个标题

提出了十四条大纲，题目如下：

“大清皇帝统治大清帝国，万世一系，永永尊戴。”君主的威严：钦定颁行法律之权；召集、开闭、停展及解散议院之权；设官制禄及黜陟百司之权；统率陆海军之权；宣战、讲和及订立条约之权；派遣使臣及认受使臣之权；宣告戒严；爵赏及恩赦之权；总揽司法之权；发命令之权；议院闭会时，募措必需之财用之权；决定皇室经费之权；制定皇室大典之权。

然后，皇帝可以宣布议院解散，重新选举新一届议院。

文件继续写道，大纲的颁布出于皇上恩赐，各地官员不得将之据为己有。

演讲和集会自由

“臣民于法律范围以内，所有言论、著作、出版及集会等事均准其自由。臣民非按法律所定，不加以逮捕、监禁、处罚。臣民之财产及居住，无故不加侵扰。臣民有纳税当兵之义务。臣民有遵守国家法律之义务。”

“议员不得对朝廷有不敬之语及污蔑毁辱他人情事，违者分别惩罚。”

九年计划如下：

光绪三十四年（1908 年）：（颁布）地方自治（章程）。（颁布）清理财政章

① “上下相安”与原文意思有出入。原文为“至安上全下，尤莫要于纪纲整饬，忧悃交孚”，译者。

② 省略号为译者所加，译者。

③ 本段引文中省略号为译者所加，译者。

程。融化满汉事宜。修改刑律。

三十五年（1909年）：举行各省谘议局选举。举行资政院选举。设立地方自治研究所。调查人户。各省预算。[①] 厘订京师官制。颁布学校课本。

三十六年（1910年）：各省谘议局开办。[②] 设立地方自治。汇报各省人户总数。厘订地方税。厘订各直省官制。各省省城及商埠等及审判厅。颁制新刑律。推广学塾。组建厅州县警察。

三十七年（1911年）：续办地方自治。国家预算。[③] 厘订国家税。实行国家文官考试章程。推广学塾。核订民律、商律、刑事民事诉讼律等法典。

三十八年（1912年）：地方自治粗具规模。汇报人口总数。颁布国家税章程。各直省及以下各级审判厅粗具规模。推广学塾。

三十九年（1913年）：警察登记。试办全国预算。设立最高法院。[④] 各直省府厅州县城治审判厅一律成立。实行新刑律。城市地区地方自治完成。乡镇地方自治律。[⑤] 城市地区警察章程。[⑥]

四十年（1914年）：试办全国决算。颁布会计法。乡村地方自治完成。[⑦]

四十一年（1915年）：确定皇室经费。设立审计院。实行会计法。初级审判厅一律成立。完成[⑧]民律、商律、民事刑事诉讼法典。警察系统完备。

光绪四十二年（1916年）：宣布宪法及皇室大典。颁布议院法及议员选举法。制定预算案，预备向议院提议。新定内外官制。任命一名总理。

文件以如下话作结束：

“在光绪四十三年（1917年），通过执行这一计划，中国将会成为日本或俄

---

① 查中文原文，此处指的是“调查各省岁出入总数”，即只是为预算作准备，而非预算本身，译者。

② 查中文原文，第三年计划中无此条内容，而有“召集资政院议员举行开院”一条，译者。

③ 查中文原文为“会查全国岁出入确数”，即仍属预算准备工作，而非制定预算本身，译者。

④ 中文原文为“设立行政审判院”，译者。

⑤ 此处有误解。中文原文为“城镇乡地方自治一律成立”，不是制定自治法律的问题，而是已经依法完成。另，在这份文件中，“城镇乡”一般专指农村地区县以下乡镇，县以上则往往称为“厅州县地方自治”，即主要指城市地区，译者。

⑥ 查中文原文无此条内容，译者。

⑦ 初级审判厅章程。

⑧ 中文原文为“实行”，译者。

国那样的议会制国家。”①

《纽约时报》，1908年10月19日

中国的自治

转向议会控制的计划

十年过渡期

然后，上谕称，中国将会有日本或俄国那样的治理模式。法律范围之内，臣民有言论自由、出版自由、集会自由、组织自由

联合社通讯。

北京，9月15日。意在把中国从目前的专制政府形式引导到议会制政府的宪法，是一份引人注目、极有意义的文件。今年8月27日，这份文件在这座城市发布，且（内容）极为详尽。仅序言部分就写满了二十大张纸，措辞则是中国古典词语和新的为表达西方意思而创造的日本译语共同构成的不太协调的混合体。翻译这一个文体极为困难。

从头到尾，你都可以看到，这份历史性文件的作者尽了很大努力，向中国人传达了一种迄今为止尚超出其知识和理解水平的事务。

大体而言，这一文件模仿了日本宪法。其十四条款如下：

宪法大纲。

“大清皇帝统治大清帝国，千世一系②，永永尊戴。”

---

① 这段文字用了引号，似乎是想说明是原文中的话，但是，在中文本中暂未查到这段话。下篇同此，译者。

② 英文原文为“for 1 000 generations in succession”，中文原文，此处为“万世一系”，译者。

“君上主权。”①

“颁行法律之权。”②

“召集、开闭、停展及解散议院之权。”

“设官制禄及黜陟百司之权。”

“统率陆海军之权。”

“宣战、讲和、订立条约及派遣使臣与认受使臣之权。”

“宣告戒严之权。”

“爵赏及恩赦之权。”

“总揽司法权。”

“命令权。”③

“在议院闭会时，得筹措资金。”④

“皇室经费，应由君上制定。”

“尊重皇室权威。”⑤

文件规定，议院解散之时，即令国民重新选举新议员。

文件规定，“恩出自君上，非臣下所得擅专。”

“臣民于法律范围以内，所有言论、出版及集会等事，均准其自由。”⑥

“臣民非按照法律所定，不加以逮捕、监禁、处罚。”

“臣民之财产及居住，无故不加侵扰。”

“臣民按照法律所定，有纳税、当兵之义务。”

“臣民有遵守国家法律之义务。”

“议员言论，不得对朝廷有不敬之语，及诬蔑毁辱他人情事，违者分别惩罚。”

---

① 中文原文为“君上神圣尊严，不可侵犯”，译者。

② 中文原文为“钦定颁行法律及发交议案之权。凡法律虽经议院议决，而未奉诏命批准颁布者，不能见诸施行”，译者。

③ 中文原文为“发命令及使发命令之权”，译者。

④ 中文原文为“在议院闭会时，遇有紧急之事，得发代法律之诏令，并得以诏令筹措必需之财用”，译者。

⑤ 此条与中文原文有较大出入。中文原文为“皇室大典，应由君上督率皇族及特派大臣议定，议院不得干预”，译者。

⑥ 中文原文“言论”二字之后另有“著作”二字，“集会”二字之后另有“结社”二字，译者。

逐步实现自治

九年计划如下：

光绪三十四年（1908 年）：（颁布）地方自治（章程）。（颁布）清理财政章程。融化满汉事宜。修改刑律。

三十五年（1909 年）：举行各省谘议局选举。举行资政院选举。设立地方自治研究所。调查人户。各省预算。厘订京师官制。颁布学校课本。

三十六年（1910 年）：各省谘议局开办。设立地方自治。汇报各省人户总数。厘订地方税。厘订各直省官制。各省省城及商埠等及审判厅。颁制新刑律。推广学塾。组建厅州县警察。

三十七年(1911 年):续办地方自治。(编定)公共会计(法)。国家预算。厘订国家税。实行国家文官考试章程。推广学塾。核订民律、商律、刑事民事诉讼律等法典。

三十八年（1912 年）：地方自治粗具规模。汇报人口总数。颁布国家税章程。各直省及以下各级审判厅粗具规模。推广学塾。

组织细节

三十九年（1913 年）：警察登记。试办全国预算。设立最高法院。各直省府厅州县城治审判厅一律成立。实行新刑律。城市地区地方自治完成。乡镇地方自治律。城市地区警察章程。

四十年（1914 年）：试办全国决算。颁布会计法。乡村地方自治完成。初级审判厅章程。

四十一年（1915 年）：确定皇室经费。设立审计院。实行会计法。初级审判厅一律成立。完成民律、商律、民事刑事诉讼法典。警察系统完备。

光绪四十二年（1916 年）：宣布宪法及皇室大典。颁布议院法及议员选举法。制定预算案，预备向议院提议。新定内外官制。任命一名总理。

文件的末尾写道：

光绪四十三年（1917 年）：通过执行这一计划，中国将会成为日本或俄国那样的议会制国家。

《华盛顿邮报》，1908 年 10 月 19 日

中国宪法

皇太后和皇帝宣布的中国新宪法奇特的摘要给外国人的第一印象是，这是西方思想和东方语言之间对比所展示的某种伤感。当我们了解到这些极难免犯错误的统治者“以天地之量为量，以百姓之心为心”，鉴于此，“薄海臣民，同深钦感”，我们认为这唤起了深厚的感情，但是我们不会且不能完全理解那种感情是什么。

尽管很含糊，我们所能理解的是中国统治者在某种程度上试图使他们的人民像西方民族，或者更明确地说像模仿西方的日本人那样。出于此种目的，统治者们计划逐渐改变中国的许多习俗和制度，所有改革都指向于他们越来越多地参与管理自己的事务。他们开始于地方自治的谨慎措施，然后向省自治发展，进而在九年内选出在税收和消费方面有发言权的民选国会。与这些变化相联系的是刑法的修订，特别是学校的扩展越来越按照西方的路线进行。

这可能是一个巨大的变化。如果它意味着我们通常认为这样的想法和制度所意味的东西，那么这个变化将会是革命性的。用一个常常被滥用的词语的真正含义来说，那就是划时代的。我们根本不可能确定如此的延伸含义附属于这场运动，尤其是当我们注意到明确的条件：皇帝将“统治大清帝国，万世不易”。英国政治家每天挂在嘴皮上的言辞，按字面意思，暗示着对国王近乎极端的热爱，但实际上则没有什么意义。在中国的宪法里，他们至少可能意味着，如果统治者们有如此决心，进程可能随时会被阻止，与赋予改革的权力相等。

但是在统治者所意图、希望及担心的所有问题的背后，一个值得注意的事实是，一个三亿人的民族，在其邻居日本惊人发展的鼓舞下，被其统治者号召走同样的路，并开始遵循西方模式。谁敢说这条路最终通向何处，其后果对东西方意味着什么？没有人能确定。但是数个世纪世界史的发展，至少依据美国哲学的观点来解释，不允许我们相信自由和自治终究会引起灾难。我们所理解的民主政治仍然没有清除严重的弊端和麻烦——在我们自己的国境内它已经不得不忍受历史上最大的内战——但是我们都认为这是已发现的解决国家命运的最好方式，即使那些不能完全接受这种观点的人仍然必须承认民主政治的进展一旦开始就不易阻止。

《纽约时报》，1908 年 10 月 20 日

担心皇帝被杀

——外交官怀疑北京有阴谋并可能出现麻烦

《纽约时报》特刊

华盛顿，11 月 14 日。这里的外交界怀着浓厚的兴趣关注着北京局势的发展，并且所有较大的大使馆和公使馆都在热切地期待着收到关于发生在中国首都的权威消息。连续数周以来有关皇帝情况的相互冲突的报道已经引起对远东事务非常了解的一些外交官的怀疑，他们认为光绪的病不是因为自然原因，因此他们对形势非常担心。

今天上午据密切关注所有亚洲事务的一个大使馆指出，通常情况下光绪如果死于自然原因，这几乎不会有什么影响，但是如果是死于其他原因，而且紧接着皇太后（亦死），那么形势将会充满变数，可能产生严重后果。如果极端保守的势力影响并控制住新摄政王，（那么）事情将会尤其如此。

人们不把醇亲王看作是一位强权人物，他也不是一位受过良好教育和能积极管理帝国的人。然而，他是和光绪血缘最亲近的人。庆亲王既是军机处领班大臣又是外务部尚书，被认为更加适合管理国务，但是无法确定他的影响在新的政权中会达到什么程度。

直隶省强有力的总督袁世凯，对现在正在全中国发生的现代化担负着许多责

任，也不知道他将处在什么位置。今天有人指出，如果包围、影响新政权的势力是极端保守的，那么中国可能会回到她刚刚出现的状态，在那里她将再一次成为世界侵略性外交政策的猎物——大国间具有诱惑力的竞争目标，并再度处在最终瓦解的危险之中。

光绪，一位懦弱的统治者 他下令变法时被皇太后废黜

光绪，中文或者被称为“光荣的接班人”，对其国民来说，他是“天子”和“万岁之君”，但无论精神上还是肉体上他都是历史上有名的最软弱君主之一。当他的前任咸丰[①]皇帝于1875年1月逝世时他只有三岁。他的名字当时是载湉，他是醇亲王之子，据说，差不多是午夜时分，他从睡梦中被人弄醒并被皇太后和满洲亲王带到议政处，并在那里正式宣布为中国的皇帝。

怯懦皇帝出生的确切日期可能将永远不为大众所了解，但是最接近的信息是他可能出生在1872年8月的某个时候，这样光绪去世时就是36岁多一点。他不是他所继任的咸丰皇帝之子，而是侄子。他是清王朝的第九位统治者，这一王朝推翻了汉民族建立的明王朝，从此在北京统治（全国）。光绪的父亲醇亲王由于孩子地位的提高，不得不几乎完全退隐，因为按照中国的习俗，父亲不可能给儿子叩头。

“像上帝一样的孤家寡人”是中国人谈论他们君主的方式，没有什么证明更真实，因为与中国皇帝相比，没有人比已故皇帝更寂寞的人了。他由皇太后扶上皇位并受她控制。世人很少关注他做什么或不做什么，世人关注的是皇太后。

统治者的寂寞生活

皇帝幼年时期便不许有什么娱乐。根据星象，中国官方宣布1876年5月是他开始接受教育的时间。（大臣们）再也不允许他玩耍。（大臣们）给他教授汉语和许多其他东西，教他骑射、格斗，讲授从早上3点开始到晚上结束。如果他没有认真听讲，那么一个替身男孩就会被带上来，用打竹板子（的方式）加以

---

① 应为同治皇帝，译者。

惩罚，因为（臣子）不可能抽打“天子”。

1889 年光绪到了结婚的年龄，为此皇太后发布了这样的公告：

“皇帝寅绍丕基，春秋日富，允宜择贤作配。兹选得叶赫那拉氏，著立为皇后。”

完婚后，光绪登上了由公主包围的皇位。作为皇帝，他的主要职责是为其祖先贡奉牺牲；每五天拜见一次姨母皇太后；到天坛和地坛祈祷，每天接见议政王大臣。作为国家之父，人们期望他身体力行，为民表率，与此同时他拥有绝对权力来维持秩序，进行慈善事业，维护公正并使他的国民幸福。所有的法律都应该出自他手，而他的私人和公共生活方式都可以在二百本庞大的卷宗中找到依据，其内容他都应该掌握。

控制皇帝的规章太极端，皇帝的侍卫从不离开他片刻。他的皇宫在紫禁城，因此对外面的世界而言他就是个奴隶。北京被围后，外国军队侵入紫禁城时，皇家的神秘面纱才首次为世人所了解。

企图支持维新者；被废除王位

有那么一个短暂的时期里，皇帝确实表现出亲政的迹象。1898 年，当得知光绪表示出愿意鼓励变法运动时，世人为之震惊。在维新派康有为的影响下，他颁布了一系列值得注意的上谕。开借国债、征收房屋和鸦片税、军队改革、兴办外国式的教育、设立农业局、颁布版权和专利权法律、设立高等和中小学堂。它们的实施将会意味着在很大程度上使中国西化。

但是皇太后反对维新变法。通过政变，她剥夺了皇帝管理国事的权力，而她从此以后一直掌握着最高权力。

皇帝的维新派朋友因为皇太后的报复、怨恨和狂怒而被追捕，她于（1898年）9 月 28 日在北京处死了他们当中的六人。1899 年 1 月 24 日，皇帝被迫签署谕令宣布自己退位，他被皇太后软禁了两年。人们认为他早已被害。外国列强想了解真相，对他的健康一事提出问询，结果，由法国公使馆的一位法国医生对之进行了检查。这是一个引人注意的行为，皇太后勉强允许。

直到义和团起义和围攻北京的外国公使馆之时，人们才听到有关皇帝的消息。人们相信他试图“以将来无法议和为由”阻止执行“与万国开战”的决定，从而与皇太后发生冲突。1901 年 4 月 15 日，使馆解围后的当天，皇帝和宫廷的其他人员逃往西安府。他于 1902 年 1 月 7 日和宫廷人员回到北京。

皇帝的印象

据说，有一次皇帝的出现使皇太后很恼火，在盛怒之下她指着皇帝对随从喊道："把那东西拖走。"他无意中听到了这番话，当他回到其房间时，他开始狂怒地摔打古董。

义和团骚乱之后，在宫廷宴会上见到皇帝的一位外国人这样描述他：

"陛下看上去比他的实际年龄要大，他脑袋凹陷且面孔发黄，在云集的各国外交官面前显得很胆怯，沉郁的眼睛在鸦片或者吗啡的作用下不时闪烁。悲伤、厌烦而又十分幼稚的微笑挂在嘴边。当他的嘴唇张开时，他那又长又不规则的黄牙就露了出来，而每个面颊都有很大的窝。"

"他的脸上并不十分缺乏同情，但是确实表现出冷淡，从它的特征上看不出有趣的东西；事实上，皇帝给我的印象是拘谨、冷淡、无动于衷、缺乏能力、疲惫不堪，好像是半死不活。我感觉从他眼前经过的任何东西他都没有丝毫兴趣，是否理解仪式的含义，对他来说丝毫不在乎。的确，我的判断可能是错误的，中国的皇帝可能是一位非常睿智的君主，受过良好的教育，博学，是个热心的学者，对其子民的幸福十分挂念。我可能完全错了，但是我不相信我是错的，其神色好像在说生活对他来说是个负担，那这人一定是处在日趋没落的阶段。我必须足够大胆地按照我所看到的和所被打动的那样描绘'天子'，而不是像其他人所希望的那样来描绘他。"

自从 1907 年秋天以来，皇位继承问题已经引起了皇室的激烈争论。当时人们意识到陛下的健康状况已经非常糟糕。1900 年 1 月皇太后指定端亲王之子、义和团首领溥儁，为大阿哥。但是在联军的命令之下，她于 1901 年 11 月剥夺了溥儁的继承权。

《纽约时报》，1908 年 11 月 15 日

中国皇帝

没有哪个重要民族的统治者，其死亡会像中国年轻皇帝一样给他的帝国命运留下如此微不足道的印象，他将被一个比他登基时更年轻的孩子所取代，而皇太后则在她活着的时候，将继续像过去一样用同样不清不楚、令人费解，但却又极有权威的方式控制国家。

但是，如果被认为已经死亡并被再次报道的那位年轻人没有影响力，但却是具有重要的，也可能是决定性的特点，那将会是一个错误。差不多十年以前他所采纳的维新计划被当权者非常迅速地废止，但是，一方面，他在那时能想到此事就表现出令人吃惊的独立意志，另一方面，那一计划的宣布尽管形式上被立即废弃，但是却给革新情绪以强烈、持久的推动。从那以后，有实力且支持变法的几个人得到了皇太后的信任。不那么全面但在某些方面更加激进的变革政策已经被当局宣布。皇太后已经废弃了统治家族一些最珍爱的传统，而中国对西方文明的态度已经从本质上改变。

所有变化中最重要的是，许多地方引进西方的工业和生产方法而没有遭到北京的反对。铁路，几年前只是勉强容忍并完全由外国特许权获得者铺设，现在实际上已经被政府接管并正稳步、精明地加以延长，用中国商店的物资铺设和装备，主要用中国所生产的钢铁。这个过程必然带来一系列变化——怎么夸大都不为过。对于制造业，中国也正在制定一项类似的政策。可以肯定这样的演变在中国人与外国人的不断接触中最终是不可避免的。但是，不可否认，皇帝的主动权，它给由来已久的传统和迷信带来了独特的、激烈的冲击，即使是短暂的冲击，一定会产生巨大的影响。即使是一瞬间，它也推动了似乎具有原始情绪和思想坚定不移的大众，他们再也不会陷入到完全相同的惯性之中。

《纽约时报》，1908 年 11 月 15 日

北京 11 月 16 日电

北京，11 月 16 日。中国人开始意识到皇帝和皇太后死了。中国人已经习惯于把皇太后看成是控制一切的人，因此有关她逝世的公告，在为她举行祭祀仪式的最初的几个小时里，在他们的冷漠品质和随和作风上引起了不小变化，但是今天却发生了明显的变化。醇亲王，因害怕日趋激烈的骚动和革命运动，已经牢固地控制住了局势，并采取了严格措施以确保哪怕是短时期的和平。

3000 巡警护街

中午三千名巡警护街，而其他军队则被召集起来随时应对不测之事。朝廷采取一切预防措施来防止去年 4 至 5 月间革命暴动的再次发生——其重要特征是四处放火、爆炸。外国公使馆处在保护之下，中国军队的特遣队在入口处警戒。在某些情况下，公使馆平常的护卫由其他地方的援军来加强，来自天津的五十名苏格兰高地人被补充到了英国军队。

公使馆发表声明说，他们不用担心中国政府没有能力提供足够的保护，但是公使馆内的人们比平时更加警惕。

今天发生的许多事情给事件增加了不祥的征兆。一度谣言四起，说新皇太后叶赫那拉和军机大臣袁世凯已经自杀身亡。尽管报道不是事情的真相，但是它们却足以使人们心神不宁，在中国人和外国人之间制造恐慌，他们认识到此刻政治均衡是多么微妙。

许多银行发生挤兑现象

昨天和今天发生了严重的银行挤兑现象，十四家本国银行倒闭。民众激动地要发疯似的，到当天结束时，警察现场干预并把他们赶走。一家外国银行，横滨正金银行，在天津发行的纸币遭到了严重的挤兑，但是英国、俄国以及德国银行没有受到影响，可能明天其他一些本国银行会倒闭，但人们相信政府会介入，努力阻止更贫困阶层中发生金融恐慌。

几个外国列强的代表就皇帝和皇太后之死向外务部发去了私人吊唁，今天一大早外务部在公使馆发布了关于皇太后逝世的官方公告。各国公使对此做了答复。中国政府认为这就等于承认了新政权。

昨天（朝廷）发布了已故皇帝光绪的遗诏，先帝建议把重要事情的处理托付给皇太后，现在她也死了，所以今天凌晨1点钟（朝廷）又发布了一道上谕，宣布已故皇太后的临终遗言，向小皇帝的父亲摄政王推荐新太后叶赫那拉。

新皇帝的登基典礼和年号的命名，据预计将在中国新年1909年1月21日举行。

到目前为止，皇帝和皇太后的死因还没有公布。关于这方面已有数篇长篇的报道，但是对这里的外国人来说它们是难以理解的。

无犯罪证据

人们普遍怀疑谋杀的因素，但是没有可信的证据能够证明他们两位中任何一位的死亡是自然原因以外的其他原因造成的。皇帝生病已有很长一段时间，他的后半生一直身体很虚弱。皇太后承担国家重任多年，在最后的几个月里，她的健康状况越来越差。在11月3日为她举行的生日庆祝活动上，她强烈反对她的顾问们的祝愿，结果她得了肺充血并伴有高烧。

先前看护皇帝和皇太后的内科大夫认为，皇帝和皇太后的身体状况非常糟糕，所以他们成了首次极端天气的必然受害者，尽管照他们看来，现代医药和治疗方法本来也许会是有功效的。

政府害怕革命党改革家，据报道他们正在集会，以便利用国家目前令人不安的状况。尽管事态表面平静，但是在六个皇位候选人的支持者当中有不满的报道。而外国人认为政府本身就是众叛亲离的，有些人认为年龄最大的溥字辈成员，即溥伦，才是合法的皇帝，所以他们认为选择溥仪是皇太后的又一违法行为。

北京11月16日电

上谕驱逐宫廷参观者

今天朝廷以皇太后叶赫那拉的名义发布了一道谕旨，驱逐所有来宫廷的参观者，这意味着官方要清除在皇帝和皇太后（逝世）〔葬礼〕期间可能会聚在一起的群众以及一直留在皇宫范围以内及附近的群众。

昨天出现的有关袁世凯领导权所引起的疑虑已经被皇帝的上谕澄清了，该上谕是由军机处以光绪的名义写成的。这表明了汉族政治家对满族成员的强大影响。因为（上谕）是以已故皇帝的名义发布的，它必须作为新政府政策的明确宣言而被接受，十年立宪计划中包含的改革计划才能实行。

皇帝的上谕

在上谕中皇帝被迫说在位期间宵旰焦劳，跟外国人打交道、处理基督教徒和非基督教徒之间的麻烦、忙于建设学堂、扩张军队、促进工商业、修订法律以及准备立宪。所以京外各官员被命令放弃惰习，这样与宪法有关的命令才能得到执行。

据认为，许多改革将由醇亲王在宫廷开始推行，包括废除太监以及引进现代办事制度。他还准备让溥仪接受现代教育，从而避免造成已故皇帝身体虚弱的那种训练方法。

皇太后逝世后，官方发布文件授予其“太皇太后”的称号，授予叶赫那拉氏皇太后称号，授予溥仪作为光绪继承人的地位。

今天外交代表举行了会议，决定要求摄政王为外国政府的吊唁仪式选定一个方便时间。会后声明说会上只讨论了此事，但是人们认为帝国的形势是会议的主题。

中国政府看样子不害怕目前的条件会被用来进行更大的改革，如果现在在北京采取预防措施反击突然暴动则能起到震慑的作用。今天晚上大量的巡警被撤离，街上空无一人。日落之前警察要撕下商店和车辆上的彩条。人们已经穿上了丧服，所有官员都身穿白色服装，建筑物都垂挂着蓝色和黑色的布条。

《纽约时报》，1908年11月17日

中国的新皇帝

本报通讯员

北京，11 月 16 日。清室已经严格按照祭拜祖先的礼仪宣布新任皇帝。人们注意到，新皇帝被宣布为（同治）〔光绪〕皇帝的嗣君。通过这一步骤，朝廷捍卫了皇帝继位的传统，这一传统在已故皇帝继任时曾经被皇太后打破过，（光绪）皇帝与同治帝属同一辈人。那时，那一行动的不敬曾经让士大夫们的忠心大受困扰。为了表示抗议，一位御史吴可读上吊自杀，而正统的中国人则不时地把最近一朝所遇到的灾难归咎于这一原因。

在北京，虽然一切都很平静，但是银铺发生了挤兑风波，上有光绪皇帝名号的本国银行支票持有者担心皇帝逝世后支票将无法流通。市面上没有发生混乱，但是，许多店铺已经关闭。

新任皇帝的年号还没有宣布。为了避免搞混，必须记住，新的皇太后是已故皇帝的遗孀。

外交团今天举行会议讨论局势，由外交团首领，即西班牙公使贾思理先生主持。当同治皇帝去世时，年轻的贾先生由于偶然的巧合，正在西班牙驻北京使馆担任代办。各国公使对其程序达成一致。

改革的希望

11 月 17 日。不管我访问什么地方，我都发现对新朝如此和平、如此隆重地开始感到满意。“这是最好不过的事”之类的话直截了当、清楚地表达出了那些最有资格表达意见者们的观点。原来大家普遍担心的是，任命一个小皇帝而由皇太后继续摄政，会对王朝带来严重危险，令人担忧。只要皇太后还在那里，宫廷改革，去除她控制下的朝廷中的野蛮方法就没有希望。现在有希望了。中国最优秀的人们意识到，必须从头头们开始改革，只要太监们的存在还在污染着朝廷，还在让君主从小到大变得腐败，中国就没有办法在文明国家之间获得一席之地。他们表示相信，摄政王曾经见识过外国朝廷的一些东西，对外国文明有所了解，又得到袁世凯的支持，他一定会真心致力于改革。目前，宫廷改革之事已经在考虑之中。外国影响和进步势力的影响都要求利用这一有利时机从头开始。我们很快就会知道结局将会是什么样子，就会知道宫廷中反动势力的影响还会持续多长时间而不受打击。

来自国王的短信

今天，来自爱德华国王的一封措辞友善、表示同情的短信已经转交给摄政王，而朱尔典爵士则向外务部转达了爱德华·格雷的个人慰问。

今天，所有外国使馆都接到官方邀请，届时出席在灵柩前举行的悼念皇帝和皇太后的仪式，虽然具体时间还尚未确定。这是一个令人惊讶的创新之举，受到极大欢迎。在昨天外交团的会议上，各国做出了这样的安排，即使馆降半旗，悼念将持续二十七天，这也是中国规定的最长的悼念时间。会上还一致同意，要求摄政王尽早接见使节，以便表达各国使馆的共同哀悼。

上　谕

今天晚上，朝廷以新皇帝的名义发布的上谕颂扬大行皇帝，以东方特有的夸张形式赞扬其美德，叙述其一生所取得的成就——在教育领域所推行的变法维新，在币制和刑法等方面所实行的新政，以及对孔圣人的尊崇、融和满汉等。上谕还强调大行皇帝所做出的九年之后实行立宪的承诺。

其他一些上谕则训斥并象征性地惩罚那些应召为大行皇帝和皇太后治病的医生们。名单很长，但并未包括两位在外国接受训练的中国医师的名字在内。他们一段时间以来一直都在陪侍。

皇太后将葬于东陵，其坟墓早已在那里修建好，但是，皇帝的坟墓则没有修建，溥伦亲王和邮传部尚书陈璧已受命前往东西两陵，以便选择一个合适的墓址。

日本的同情

东京，11 月 17 日。日本报纸平静地讨论着北京发生的事件，并对中国的损失表示深切的同情，真诚地希望中国的一切麻烦都会得到满意的解决，而不会伤害改革计划，日本真诚地希望中国的改革计划能够取得成功。

东京，11 月 17 日。中国皇帝和皇太后逝世的消息被官方宣布，使此间的股市大跌。官场之中，人们对局势持乐观态度，但是毫无疑问，主要的官员们都在密切关注着事件的发展。一切迹象都表明，日本已经做好应急准备。

《泰晤士报》，1908 年 11 月 18 日

有关中国的协议

列强将支持中国的新政权

北京一切平静

按照赫德爵士的看法，摄政的醇亲王将应表现良好——改革派领导人称

推翻清王朝的运动又已开始——康有为有所怀疑

《华盛顿邮报》特别电稿。

东京，11 月 18 日。今天，据此间可靠的权威消息，列强之间已经达成协议，维持中国的现状。

北京，11 月 18 日。警察已经终止了本市银行昨天开始的挤兑风潮。局势现在已经控制在当局手中。官银存兑业务已经暂时停止。市内平平静静，人们已经发现，当局有可能减少了警察和街上巡逻士兵的人数。四千名士兵留在宫中值勤。叶赫那拉皇太后掌握着皇宫。继任皇帝溥仪及摄政王醇亲王今天进诣皇宫。摄政王一直不断与军机处的成员们会议。此间政府接到各省的报告，称各地都平

静地拥护摄政王。今天官方发布的一道上谕令溥伦亲王及陈璧前往西陵，为光绪皇帝选定陵址。

赫德爵士的观点

伦敦，11 月 18 日。对中国事务极为熟悉的中国海关总税务司罗伯特·赫德爵士今天谈到醇亲王时说："熟悉醇亲王的人都一致同意，他是一个非常聪明而又和蔼可亲的人。他是否是一个令人满意的摄政王，这还有待于观察。"他已经表现出很有希望，但是，假定他将来会做好，这才公平。一年之前，他被任命到军机处，从此以后，他就开始处理政府的重大事务和政策。从新加坡发给《旗帜报》的报告引用中国（改革者）〔革命者〕孙中山的话说，中国（改革者们）〔革命党〕正在酝酿在华中地区发动一场新的运动，推翻清王朝。

田纳西孟菲斯，11 月 17 日。香港《华字日报》编辑李心龄（Li Sumling，音译）认为，中国皇帝和皇太后的逝世不会在国内引起大的骚乱，年幼的溥仪皇帝的统治在促进中国的进步方面将是历史性的。李先生一直在我国旅行，现在他已经取消了原有的安排，闭门悼念该国统治者的逝世。

"醇亲王似乎支持贵国与敝国建立国防同盟的提议，"李先生说，"而且毫无疑问，这样一个联盟是对中国有利的。"

改革者康有为持有疑义

海峡殖民地槟榔屿，11 月 17 日。全球中国改革运动的领袖康有为目前在槟榔屿。不过，他正在患病，被迫躺在床上。而且今天他拒绝接见一位悼念该国统治者逝世的采访者。这位采访者认为，康之所以卧床，是因为皇帝的逝世而悲伤，因此来询问他有关中国局势的消息。

其秘书今天说，康有为怀疑宫中有谋杀。他认为摄政王醇亲王是一个有理智的人，不反对改革，但是，只要袁世凯还活着，政策就不会有任何改变。

国务卿鲁特指示驻在北京的公使柔克义就皇帝和皇太后逝世向中国当局表达美国政府和人民的慰问。指示说："你应向皇帝陛下和摄政王陛下转达美国总统、国务卿及人民对已故皇帝陛下和已故皇太后陛下逝世的深切哀悼和真诚的同情。"

《华盛顿邮报》，1908 年 11 月 19 日

中国的新政权

本报通讯员

北京，11 月 18 日。为新政权选定的年号是“宣统”，意思是“向天下宣布”①，有人将之解释为立宪的前景。

北京极为平静。一切都跟平常一样，所不同的只是多了一些外在的哀悼象征——布告上的大红印章变成了蓝色，人们穿着白色的毛皮丧服，警察和士兵的制服上戴上了表示哀悼的白色袖箍，这在西方人是会用黑色的。官方采取了特别措施，以防驻扎在使馆区的外国使馆卫兵及使团受到任何干扰。讲话文雅的中国警察在进入使馆区的每一个入口处负责警戒，使馆区内有外国军队卫兵守护。一个突出的特色是，人们估计几天之后官方就会发布上谕，禁止满族在此后的 27 个月之内结婚，因此最近几天有大量的人结婚。向钱庄挤兑存款的风潮延及国内银行及铸币厂，但是政府采取紧急措施，向市场投放 100 万两（约合 11.5 万镑），从而恢复了市场信心。来自内地的消息是有利的。

有谣传说河南和广东两省发生了骚乱，对此不必相信。在此次皇位有序继承中赢得最大荣誉的是袁世凯，他是河南人，河南只会因为他的成功而高兴。正是这位高级官员在中国历史上首次把升迁的机会给了广东人——中国国内最聪明、最进步的人，那些在国外接受过教育的广东人尤其如此。很难相信，广东省会对第一个认识到其优越资质的官员所获得的重要地位而感到不满。

官方举办的追悼会将于星期六上午在皇宫举行，在北京的外国使馆各有三名成员受邀出席。外交团的团长将会在分置于不同房间内的每个棺材前各讲几句话。

---

① 原文为“promulgating universally”，与“宣统”二字意思并不相符，但反映了当时西方人的一种理解，故直译于此。

太监中间有恐慌，但是，迄今为止，还没有迹象显示其地位会发生何种变化。

宫中的宝藏

目前时局受人关注的特点之一，是宫中多达数百万镑的财富，它们藏在宫中，并不生财。在1900至1901年外国军事占领北京期间，联军先后委托美国谢飞将军及英国将军A. 盖斯利爵士保管的银锭，据估计约有九百万镑。这些宝藏当时的数量不管有多少，但此后有了相当大的增加。在一个更开明的摄政王统治下，这些财富有望生财。

人们讲了一些有利于新摄政王的故事——说他爱好摄影，喜欢洋货，说他有很强的理解力，说他经常表示自己认识到国家需要与西方站在同一水平线上。

西贡，11月18日。在缅甸的中国居民约有三万人，他们致电北京外交部，以溥仪是满人而非汉人为由，抗议宣布溥仪为皇位继承人。

日本人的观点

东京，11月18日。对于中国皇帝和皇太后的逝世，政府圈子中盛行的观点大致可以概括如下：

尽管对于中国来说，皇太后紧随皇帝之后去世，情形严重，但值得庆贺的是，中国迅速成功解决了皇位继承问题而没有发生骚乱。毫无疑问，如此迅速地找到解决办法，这部分因素要归之于皇太后的遗愿所起的重要作用，不过，也可以认为这是中国官员对这些遗愿的真诚尊重以及他们团结起来挽救时局的诚意标志。通过认真思考所有紧急情况，通过采取适当措施来维持秩序，他们证明自己在国家危机面前没有个人自私的考虑，证明他们真心希望实现和谐合作。北京政界一切平静，没有明显的理由认为会有严重事件发生，因此，可以推断，除非有意想不到的事情发生，否则这场危机会平安渡过。

《泰晤士报》，1908年11月19日

在改革的道路上

新朝的上谕承诺让中国进步

皇太后统治到最后一刻

在其最后上谕之一中，提到完成目标

在一阵悲痛之后出现数日的瘫痪——描述年迈的统治者和傀儡皇帝驾崩的情景。有关皇帝被下毒害死的传说在使馆被否认。婴儿溥仪移至宫中，哭喊着找他的保姆

北京，11 月 19 日。今天官方发布一道上谕，追谥已故的皇太后，并在她逝世之后第四次重申新朝要继续其改革计划。这些政治性的上谕首次出现于四天之前，当时，官方用皇帝和军机处的名义发布了两道上谕，要求幼年的皇帝溥仪按照先朝早已公布的计划继续进行改革。其中一份文件在指出了某些特定的改革之后，说：

“兹钦奉慈禧皇太后懿旨，溥仪入承大统，为嗣皇帝。在嗣皇帝仁孝聪明，必能仰慰慈怀，钦承付托，忧勤惕厉，永固邦基。尔文武臣工，其精白乃心，破除积习，恪遵前次谕旨，各按逐年筹备事宜，切实办理，庶几九年以后，颁布立宪，克终朕未竟之志，在天之灵，籍稍慰焉。”

引起外人仰慕

官方在用溥仪的名义发布的另外一道上谕中提到：

溥仪将“变法图强，维新政治，中外望风。惟思付托之重，责任藐躬，尚赖内外文武大小臣工，共矢公忠，弼予郅治。各直省督抚，务当抚辑斯民，整顿吏治”。

慈禧太后临终遗诏

另外还有一道上谕，是用已故皇太后的名义发布的：

“万机待理，心力俱殚。……不期本年夏秋以来，时有不适，政务殷繁，无从静摄，眠食失宜，……本月二十一日（10 月 14 日），复遭大行皇帝之丧，悲从中来，不能自克，以致病势剧增，遂至弥留。回念五十年来，忧患迭经，兢业之必，无时或释。今举行新政，渐有端倪。嗣皇帝方在冲龄，正资启迪，摄政王及内外诸臣，尚其协力翊翊赞，固我邦基。嗣皇帝以国事为重，尤宜……孜孜典学。”①

人们认为，这些不同的上谕加在一起，促使新朝必须致力于改革与进步计划。

谋杀之说不成立

今天，从宫中的官员那里，我们得到了有关已故皇帝和皇太后最后数日的情报。各国使馆在探查确定皇帝和皇太后死因的过程中，已经放弃了投毒说，并得出结论：皇帝的症状表明神经痛和心脏衰弱以及其他一些并发症。

自从这一不幸事件发生以来，记者已经听说，当外国使馆成员最后到宫中觐见时，他们带去了两三名外国医师，想借机查明皇帝所患到底是什么病。他们没有成功。

皇帝去世之时，正值出现极大骚动和混乱之际。由于看上去陛下的病情没有什么变化，可能会再维持一些时日，因此，他的本国医师临时被打发出去。

然而，皇帝的病情突然恶化，他们又被迅速召回。他们按照皇室几百年来一直遵守的习俗，立即给皇帝穿上寿衣，并在从冬宫通往紫禁城的道路上铺撒黄沙。与此同时，一辆皇辇也做好准备，随时可以接皇太后前来灵堂。

皇太后最后一次生病是从 11 月 1 日开始的。那一天，皇太后陛下突然大发雷霆，把整个朝廷都吓坏了。11 月 12 日，当被告知皇帝的危险状况后，她曾一度瘫痪。11 月 13 日，庆亲王从东陵回来。她派遣他去那里，是希望他去做法

① 本段引文中的三处省略号均为译者所加，译者。

事，以便安抚她在睡梦中曾经梦见的一个示意她随其前往的鬼魂。

一位高级官员今天说，皇太后是死于狂怒，她能说话，但不说，这种情况一直持续到去世前数小时。按照宫中的规矩，两位陛下都是身穿长长的朝服，在数百名宫中官员的包围下，等待着令人讨厌的催命者的到来。

11 月 13 日夜间，皇太后把军机处的大臣们召集到一起，与之进行了大约一小时的谈话。她是躺在床上，不过身着朝服。她令军机大臣们回去，不过又告诉他们凌晨两点再回来，带上准备好的皇位继承诏书。据报导，陛下她还能够对这些特别的上谕做出同意的表示，但是，这些刚一做完，她就说了一句“不行了”，便昏迷过去。

当摄政的上谕发布时，皇帝及皇太后已经去世或即将去世。

逝世后出现的混乱

整个宫廷中刚一确知两位陛下已经去世，立即就出现了恐慌的局面。同治的遗孀要自杀，因为她意识到，大臣们不会让她当皇太后。突然之间，人群中爆发出嚎啕大哭，同时是一片混乱。宫中的太监逃跑，带走了能够拿到的值钱之物。皇太后叶赫那拉氏是为数不多的头脑还保持冷静的人之一。她下令加强宫门看守，并下达了维持和恢复秩序的命令。

今天，太监们已经回来并重新恢复工作，除了葬礼和守制还在继续之外，宫中情况一切正常。

幼儿皇帝溥仪已经被从家中带走，在宫中得到精心照看。人们普遍都在传言，说他白天黑夜都在哭喊着找他的保姆。

外务部尚书庆亲王已经直接以幼儿皇帝溥仪的个人名义致信罗斯福总统，谈了过去一周中皇帝所渡过的危机。类似的信件也寄给了中国的其他友邦。

柔克义没有坏消息

对国务院的官员们来说，中国的政治局势继续保持平静并令人满意，尽管来自东方的报纸警告说，他们担心会出现麻烦，美国驻北京公使已经要求派军舰到中国海岸。国务院今天只收到来自美国驻中国公使柔克义的一份报告，询问把国际鸦片会议开幕的时间从 1 月份推迟到 2 月份对美国是否适宜。柔克义的报告未提及政治局势，这一事实被认为是没有出现骚乱，新皇帝已经为中国人民所接受。据说，中国总的局势是平静的，不会出现外国干涉的情况。

中国公使伍廷芳博士今天收到一份报告，确认北京局势平静。发给伍廷芳的报告由外务部尚书庆亲王、军机大臣袁世凯、外务部成员那桐签字。这一报告被认为是一个令人满意的证据，证明庆亲王并没有像来自马尼拉的报告中所说的那样已经被刺。

《华盛顿邮报》，1908 年 11 月 20 日

中国呼吁外国同情

北京，11 月 19 日。庆亲王代表皇帝，致所有友好大国一封私人信函，呼吁其统治者给以同情。这对中国来说还是一种新的形式，被认为是对政府管理效率的强调。

《泰晤士报》，1908 年 11 月 20 日

美国与新政权

本报通讯员

华盛顿，11 月 18 日。进步分子显然在控制中国局势，这对本政府来说是一种保证。有的人担心，万一反动派掌握政权并迫使皇帝退回到原来的状态，从而使之成为侵略性外交的牺牲品，成为对这一首先发起有关中国“门户开放”政

策及“行政主权”一语的国家潜在受辱的根源。中方表示，希望各国在任何情况下，都不会以任何方式进行外部干涉。

《泰晤士报》，1908 年 11 月 20 日

中国的新政权

本报通讯员

北京，11 月 20 日。令人震惊的电报从香港、新加坡甚至澳大利亚发来，急切地询问北京是否真的已经被叛乱者包围或受到蒙古游牧部落的威胁，是否许多高级人员真的已经自杀或被暗杀，是否袁世凯真的已经到英国大使馆避难。我们在现场的人都奇怪，这样一些奇异的发明都是从何处来的。这里秩序一切正常，来自内部的消息一直都是令人满意的。外务部尚书之一那桐是北京步军统领，也是外国人最熟悉、最尊敬的官员之一。他为了防止地方出现过激行动并保持平静，所采取的出色措施受到了所有人的称赞。发布了涉及到在悼念活动中所有细节中应该遵守的命令。这些命令无论是皇室也好，满族也好，汉族也好，都必须遵守，而且有先例可寻，因此这些命令得到所有各方的一致赞成。

新皇帝即宣统皇帝之年龄比官方宣布的还要年少。他出生于 1906 年 2 月 8 日，光绪三十二年正月十五日。

《泰晤士报》，1908 年 11 月 21 日

帝国宪政会在华盛顿设有秘密分会

数百名中国人已经在华盛顿呆了几年，他们现正积极地投身于一项影响深远的、改革其祖国政府的计划。这些黄种人认为自己像（美国）革命时期随时应召的民兵一样，都是爱国者。他们都是帝国宪政会当地分会的会员，该会总部设在宾夕法尼亚大道 318 号。

这一地方分会与该会设在世界各地的分会之间保持着经常的通信联系，据说是该会的四大办事处之一。

帝国宪政会的目标之一是推翻中国的清王朝，建立一个共和政府或者另立纯粹汉族血统的新王朝。该会在全球每个重要的城市都设有分会。

中国最近对日本的抵制行动可以直接追溯到该会的活动，因为有人怀疑不久前中国政府在一艘日本船只中扣留的军火是该会购买的。

在当地分会所进行的密谋和筹划反映在该组织在全世界的各个分会之中。据估计，其会员在中国境外的有一百万人之多，而在中国国内的则多达数百万人。据说该会在英国银行和法国银行中有九千万美元的存款。这笔巨大的财富还在不断增加，而当时机成熟之时，它就会用于购买武器弹药来武装军队。这支军队随时都有可能一夜之间在中国兴起，并发起“驱逐鞑虏”的战役。

改革者的希望破灭

最近皇太后和光绪皇帝在北京宫中神秘去世，这在散布于全球的帝国宪政会会员之中引起巨大震动。据说该会一直都在密谋策划，一旦皇太后和孱弱的光绪皇帝逝世之后，就驱逐满族王朝。但是，他们的去世来得如此仓促，如此出乎意料，而醇亲王夺取权力又是如此果断，以至于宪政会会员们要扶立一个汉人当皇帝的计划受挫。新的摄政王醇亲王虽然是一个思想开明的人，但他却是统治家族的一员。

帝国宪政会的会员们相信，皇太后和皇帝的神秘死亡对中国而言，只会意味着更加反动，也许意味着他们所企盼的今后半个世纪的进步将会受到阻碍。

帝国宪政会的国际领袖康有为目前在海峡殖民地的槟榔屿。据说他最近曾经致电该会设在纽约市莫特街 7 号的纽约分会，说皇帝是被人毒死的。

地方分会

据报导，新成立的北京政府对中国的改革者极为担心，据说这些人正在利用政府变动而造成的混乱之机，在全国各地大规模集结，以便不久向北京进军，推倒摄政王醇亲王及其子即新任小皇帝溥仪，然后另立一位汉人担任皇帝。

中华帝国宪政会的华盛顿分会坐落于宾夕法尼亚大道 318 号的一家中国商店之上。二楼是客房，装修得非常漂亮，挂着其他各地分会会员的相片。他们定期举行会议，但是到底发生了什么，却总是神秘地隐藏起来。最近因被控非法销售鸦片、破坏地区药品法而逮捕了七名华商，这使得当地唐人街的居民们比平时更加保密。房间随时上锁，闯入这一地区的侦探人员常常遇到的是没有表情的笑容和耸肩。地方分会的会员中包括这一地区的许多中国人中的头面人物。

只有中国佬才知道其内部工作机制和反对现行中国政府的阴谋。中华帝国宪政会开会之时，都是闭门进行的。此间改革家们的分会也像其他分会一样，在中国会馆中有一个竞争组织，他们反对改革者们的原则和目标。中华帝国宪政会的成员几乎总是可以从其穿戴打扮和外表识别出来。该会的目标之一是采用许多西方文明的观念。大部分会员不留辫子，穿戴打扮像美国人一样，并拒绝其种族的某些信仰和习惯。

会员是秘密的

中国人自然是任何种族中最秘密的。有关他们在本国生活方面的信息一点也搜集不到，只有警察才能搜集到一点，这其中的原因之一，据说是因为以下事实，即他们成百地来到这一国家，都违反了《移民法》。

伍廷芳无视帝国宪政会的存在。当被问到加入该会的目标与会员时，这位公使回答说，有这样一个组织存在吗？

这样著名的外交家接着说道：“我从来没有听说过该会。”然后，他用惯常的自己提问题的手法，反问提问者即采访人了解该会什么情况。

公使说："也许没有什么重要情况。"根据接下来的谈话情况，你可能会以为，伍先生对中国移民及其在华盛顿所组织的社团的情况一点也不知道。

1899 年，中华帝国面临着被欧洲国家吞并的危险，至少是部分吞并的危险。俄国占领满洲，德国控制山东，英国掌握了扬子江流域及珠江流域部分地区，法国成了（越南）东京湾的主人，日本成了台湾的保护国，整个国家似乎即将四分五裂。

中国人自己很清楚，尽管美国极力阻止欧洲人瓜分中国，但是，他们必须自己行动起来阻止（国家被分裂）。

结果，一个改革派在中国人中间诞生了。开始时，它规模不大，但是，不久就有很多有影响的中国人与之发生联系。传教士们被想学英文的中国人包围起来，因为改革派中更为聪明的成员们意识到，只有从"洋鬼子"那里获取知识，他们才能驱逐这些"洋鬼子"。现代的书籍流传越来越广泛，与日本之间发生的战争大大帮助了改革者。

新观念的有力倡导者是大总督张之洞。他写了一本题为《中国之唯一希望》[①] 的书，揭示国家衰弱的原因并倡导实行激进的改革。一时之间，此书在中国销售达百万册。改革派要求皇帝运用国家权力来促使人民进步。此后，皇帝发布了二十七道上谕，几乎使政府发生革命性变化。

改革派已经遍布全世界，在两半球的几乎各个重要城市，帝国宪政会都建立起了牢固的分支机构。

秘密结社众多

中国一直以来就是秘密结社组织的故乡。著名的义和团就是两个秘密会社的组织，他们此前在中国一直都很盛行，一个叫义和拳，一个叫大刀会。在中国，有数量庞大、名目繁多的互助团体，也有大量秘密组织，相当于西方的共济会和兄弟会之类的组织。他们有秘密的符号、手势、暗语，但是，有关这些，我们一点也不知道。

① 即《劝学篇》的英译本，译者。

中国的地方政治很少能让当地人兴奋或感兴趣。在一个没有民选官员、没有立法机关、没有政治会议且没有提名人的国家中，地方政治之途中就无从可言。在过去三百年中搅动中国人头脑的政治鼓动似乎只有两个大的议题，这就是用一个更加开明的政府来替换现有的政府，推翻清王朝，支持汉族血统的统治者，而另一个议题就是抵抗欧洲侵略的希望和目标。中华帝国宪政会就是建立在改革派的这两大愿望之上。

政治方面的变化，政治试验，工业自由的扩展，商业组合，为推进人民的政治和个人自由而进行的永无休止的斗争，这些在中国都已经进行了数千年之久。一般西方人都以为，中国全国政治死气沉沉的状况已经存在了几千年，这一看法是错误的。从5世纪到17世纪，中国15次改朝换代，每次改朝换代都只有通过战争才能完成。这样的战争也许会使欧洲国家中断自身的发展。每一次革命都伴随有政治的和工业的变革。

在国内的其他变化之中，中华帝国宪政会强烈希望推翻清王朝。在北京的那些当权者们没有采取保护性的措施来阻止将来某一天必然会到来的反叛。一支庞大的八旗军队驻扎在北京，但是，他们每月只训练两次，已经丧失了他们的祖先在关外山野和平原间的那种好战的习性。就士兵而言，统治家族无法抵抗改革派为推翻统治者而发起的联合军事行动。

不断反对帮会的战争

不过，北京政府还是使用了各种各样的预防措施。当地任何人不得拥有武器，武器的进口被严格禁止。京城由军队控制，其首长总是由满族人担任。

真正尝试着推翻清王朝的一个秘密政治会社大约于公元1650年建立于山东，名称叫白莲教。我们不知道信奉白莲教的人有多少，有关其成员、总部所在地点及其政治阴谋等方面的信息都是猜测性的。外界对其仪式一无所知，但其口号则是“反清”。

政府对其成员进行打击，与之发生任何联系都有可能被处以死刑。其名称以后变为三合会。迟至1845年时，在香港的英国殖民当局通过一项法律，规定在该地的任何中国居民，一旦被证明是该会的成员，将被判以重罪。帝国政府现在还在积极地打击三合会。

人们认为，三合会的许多原则和部分仪式仍然被中华帝国宪政会所使用。另外一场反对清王朝、造成严重后果的起义是太平天国起义，它开始于（1850 年）〔1851 年〕，持续达 15 年之久，摧毁了帝国的心脏地区。在全世界任何一个重要的城市之中，开明的中国人都在采用西方的方法，而且他们正在通过爱国组织中华帝国宪政会来筹集巨款。该会一直都在不声不响地、秘密地、坚持不懈地密谋在祖国建立一个更好的政府和更有利的实业环境，并为实现这一目标而努力，他们的华盛顿分会正在负责部分宣传工作。

该会地方分会的成员不会谈论中国目前令人担心的局势。

《华盛顿邮报》，1908 年 11 月 22 日

中国的新皇帝

本报通讯员

北京，11 月 29 日。官方以婴儿皇帝的名义发布了一道上谕，宣布其登基就位礼，即相当于西方国家的加冕典礼，将于下周三举行。

记者从最近所发布的上谕中注意到，皇太后在皇宫中控制着内部事务，并给予了太监头子李莲英一个显贵的职位。多年来，李一直都是已故皇太后身边的亲信仆人。所有有关宫中的事务以及皇帝册封嫔、妃的命令，都以他的名义发布。在过去的一周中，皇太后一直都在忙着从合适的满族妇女中为皇帝挑选一名奶妈。

大赦令

北京，11 月 30 日。一道包括大赦旨意的上谕将于下周三发布，批准早已宣布的改革计划。不过，上谕却没有确定新政府的政策。大赦令包括二十条，包括了一般传统的对长期服刑者的奖励等，但对于“十恶之罪”（之犯）则不予大

赦，“十恶”之外还增加了一种“蓄谋造反”罪。此前被流放驱逐的变法者不在大特之列。

《泰晤士报》，1908 年 12 月 1 日

中国的新皇帝

本报通讯员

北京，12 月 2 日。今天，皇宫中举行了皇帝的登基仪式。没有外国代表出席。仪式严格按照古老的规矩进行。

官报今天晚上发表了宣布皇帝即位的诏书，是以小皇帝的名义发布的，其中充满了古典的和文学的典故。就像光绪皇帝去世以来的大部分诏书那样，这道诏书也是由中国最伟大的散文大家之一张之洞撰写的。诏书中包含一处提到宪法的地方——“使宪政成立”，“以安大行皇帝之灵”，“朕有厚望焉”。上谕对诸亲王及臣下颁授了大量奖赏，又对正在流放中或在监狱中、犯有十恶罪以外各罪的犯人进行大赦。

《泰晤士报》，1908 年 12 月 3 日

中国的新政权

——答应成立议院

本报通讯员

昨天夜间，官方发布了一道新政权成立的上谕，宣布皇帝决心完成其祖先所制定的政策，重申本年8月27日所宣布的自即日起九年之内召集议院、颁布宪法的那道上谕，命令："自朕以及大小臣工，均应恪遵前次懿旨，仍以宣统八年为限，理无反汗，期在必行，内外诸臣断不准观望迁延，贻误事机，而其激发忠义，淬砺精神，使宪政成立，朝野乂安，以仰慰大行太皇太后、大行皇帝在天之灵，而巩亿万年郅治之基。"

这道被视为至关重要的上谕，被比作1881年10月日本宣布建立立宪政府时天皇所颁上谕，将会令各方皆大欢喜。宣统元年将于明年1月22日开始。在那之前，仍按光绪三十四年计算。

《泰晤士报》，1908年12月5日

中国摄政王受欢迎的改革

在由中国新的、开明的摄政王所发动的所有改革之中，对朝廷和政府中的显贵而言，没有一项改革会比免除他们在接受皇帝或摄政王觐见时的跪拜礼受到更大欢迎。因为所涉及的显贵都是年事已高者，数小时保持跪拜的姿态有时是一种可怕的考验，尽管他们习惯于在长袍下藏厚厚的软垫或坐垫，以便放在膝盖，保护自己不受硬硬的石头或大理石或寒气的伤害。

据记载，有一次李鸿章在接受老皇太后特别长时间的觐见时，由于长时间保持跪姿，他昏死过去，但这并没有使这位女暴君产生任何同情心，她仅仅鄙视地给太监们下命令“把那东西拖走”。

计划融合人民

关于摄政王将要采取的取消满汉界限的步骤，必须解释的是，除了满洲和大城市之外，共有22个八旗驻防地，分布在中国关内的12个省。到现在，这些满族亦即现在的王朝所属的征服者在法律面前一直享受着各种各样的特权，不受普通司法的审判，有独立的学校，从中央政府得到特殊的津贴。

摄政王想做的是，从今以后，全国各地的满人一律与汉人处于平等地位，将接受普通法律的管辖，将交纳迄今为止一直免交的赋税。他们还可能失去津贴，作为替代，他们会得到一笔补偿，以便使之能够购置农具、耕牛及经商用具等。

假如摄政王真的实施其意图，让其儿子即三岁的小皇帝与一个纯粹汉人血统的姑娘订婚——可能是一位中国“衍圣公”的女儿或孙女，而不是至今为止皇帝一直从其中选择配偶的旗人女子，那么他将在融合占主体的汉族和占统治地位的（王朝）〔满族〕之间迈出一大步，在消除满汉之间存在的敌对方面迈出一大步。

中国改革中的这种精神最显著的事例，可能是所谓的“衍圣公”即孔子的直系后代、中国小皇帝可能的岳父，允许现在正在建设中的天津—浦口铁路经过其封地。

从孔子以来一直未中断

由于其祖先的美德，衍圣公是世袭的教育总监督，他不仅完全不反动，反而对改革的益处非常积极，与李鸿章一样，对此事非常敏锐。他大约五十岁，是孔子直系第76世孙，可以说是世界上最高贵的血统，考虑到他还保有三千多年前（即耶稣降生前12个世纪）家族杰出的奠基者所拥有的地产，这就更是如此。地产位于山东，包括曲阜孔子墓及其住宅。

衍圣公很富裕，因为每一代的皇帝，无论是汉族的还是满族的，都会向当世的衍圣公赐予礼物。现在的衍圣公名叫孔令贻，即令贻公，即官号为圣公，意为“Holy Duke”。他身材高大，面部表情严肃，体格健壮，有着一张相当威严而又和蔼的脸，嘴似乎要笑，与此相应的是，他有一双精明的、欢快的眼睛。

尽管他被视作圣人，但他却是一个热情友善的圣人。如果其家乡山东的传言可信的话，那么他特别喜欢生活中所有善的事情。他不时地访问北京，在那里受到规定的礼遇。在这些时候，他并不鄙视乘火车前往。

我还要补充的是，在中国的每一所学堂和大学都有孔子像，每个学生都必须到孔子像前行跪拜礼，而国家公务人员只限于从这些学校毕业的学生中挑选，这样做的结果就是实际上官方把中国本土的基督教徒排斥在了政府机关之外。确实，有一些高级官员信仰基督教，但他们都是在做官之后才信的。

《华盛顿邮报》，1908 年 12 月 27 日

中国罢免军队首领

反对袁世凯的谕令被认为是满族的一个阴谋

担心革命暴乱

可能继反动措施而起——所给的借口是“腿风湿病”——那桐被任命为接班人

北京，1 月 2 日。官方今天发布的一道上谕革去袁世凯军机大臣和军队统帅之职，采取这个行动的理由是他患有足疾。上谕命袁世凯辞去所有职务并返回原籍，并补充说：

“以示体恤。”

另一道上谕则任命原海关总税务司、顺天府尹那桐接替袁世凯的职位。

北京外交使节团成员对袁世凯突然免职几乎像听到晴天霹雳一样。这一措施被认为是满族阴谋的结果。有迹象显示只有日本代表略知事态的发展。

外国公使们今天下午 3 点差 10 分才知道了革除袁的上谕，而两个小时以后，美国、德国和英国公使在英国公使馆开会。外交官们今天晚上又举行了秘密会议。

大会决定召开外交官的第二次会议，包括其他强国的代表，希望规划出这次行动的协调计划。公使们在第一次会议上已经认识到日本可疑，但一般认为在事态进一步发展之前列强不可能采取任何明确的措施。

形势严峻，这已经变得越来越明显，新继任的政府总要大加兴革，这已成为大家公认的事实，但是即使汉人也不希望在哀悼百日期满之前发生此事。

革除中国大政治家是这里的外国代表非常关心的一件事。他们认为袁是中国讲信誉的（靠山）〔盟友〕之一，也是中国对列强唯一政策的创设者。他使外务部免于闹笑话，而使它成为一个可运转的机构。外交使节团在很大程度上把皇位的成功继任归功于他。

袁世凯的强硬支持者包括东三省、直隶和两广的总督以及满洲里和山东的巡抚，而驻在武昌的总督的态度则令人怀疑，但是革新家和列强中的多数坚定地支持他。人们担心袁世凯是否能够活着逃离北京，人们相信他宁愿选择别的也不会到国外避难。

上谕上出现了委托代表庆亲王的名字，这透露了一个事实即他已经生病两天了。据报道，他摔伤了，但是大家认为他已经中风瘫痪。

改革组织的总瘫痪是意料之中的事。人们认为现在在美国的唐绍仪亲王①将会被召回。

只有交换意见后各国政府部门才能采取行动，但是今天晚上有理由相信，明天一早在此等候外务部尚书庆亲王的将是英国、德国、美国代表团构成的强大外交联盟。

没有任何事情显示袁世凯的免职意味着对外国人的危险，但是（政府）赢得的好名声（此次好名声因政府成功处置两宫逝世、新君继位的危机而得），已

① 原文为 Prince Tang Shao Yi，译者。

经被这次报复行动一扫而光，这将会令外面的世界吃惊和恼恨不已，损害中国的信用，并可能使外国军队的撤离推迟长达五年之久。

袁世凯的感受还不得而知，但是公使馆人员焦急地等待皇帝未来行动方针的线索。

此间，外界非常担忧像广东这样的中心城市发生革命暴动，而一些最保守的外交官已经在建议外国军队回到北京和天津之间的交通线上。

毫不夸张地说，北京的外国人被中国所显示出的采取反动措施的能力惊呆了。

《纽约时报》，1909 年 1 月 3 日

批评袁世凯

中国改革者说他出卖了皇帝，（说他）反对进步
康有为的外甥宣布，被革职的大臣把开明君主的计划交给皇太后，从而导致其被剥夺权力。中国人已经更开明

纽约，1 月 9 日。中国改革者康有为的外甥 Y. S. Wann 先生目前在本市。他在今天的一场采访中，否认前军机大臣袁世凯像白种人所相信的那样曾是一名改革者。他说：“美国人民错误地以为，刚刚从北京高官位置上被革职的袁世凯是一位改革者。他不仅不是改革者，相反，他是改革的葬送者。”

“正是袁世凯导致了进步的戊戌维新运动的失败。在那场运动中，已故的光绪皇帝是领袖，他得到了一批开明的、杰出的官员、学者以及少数商人阶层的支持。皇太后是极端保守派，是反对维新者的首脑。皇帝为了加强其地位，保护自己，行使皇帝应该行使的全部权力，就相信袁世凯，命令他去组建一只新的军队。”

他说，（袁）出卖了皇帝

“袁世凯组建了新军，把皇帝的计划出卖给了皇太后，从而成为她实施戊戌政变的主要（借口）。正是那场政变消灭了朝廷中维新派的势力，皇帝成为皇太后监禁的对象，皇太后本人此后行使国家大权。”

“因此，自然地，不可避免地，进步、聪明、能干的醇亲王会革去袁世凯的职务，使其摄政之位免受袁的破坏性影响。”

“我倒是愿意向美国人民保证，袁世凯被革职一事，不会在中国引发严重的革命，也不会对外人在华利益造成任何伤害。”

中国人已经更开明

“袁世凯由于实行了一条个人自私自利的政策，已经名声扫地。中国人民从义和团之乱以来，已经变得更加开明。他们对外国思想与方法做出了反应。他们已经开始更多地了解外部世界，流行的观点已经改变。”

“中国对外国处理政治、财政、社会问题考察成果的应用，诸如此类，已经产生了很好的结果。那些有机会了解西方文明世界的高级行政官员仍在继续引进新的改革。”

“如果万一有人为了袁世凯的利益而起事的话，那一定是因为他的某些幕僚们愚蠢地以为可以迫使摄政王恢复袁之势力或者可以成功地获得外国对他的支持。”

Wann 先生又补充说，袁世凯之所以比中国其他政治家在国外更出名，可能是因为他在外务部期间与外国使节建立了联系，这些人认为他在保护外国机构方面有诚意。

《华盛顿邮报》，1909 年 1 月 10 日

袁的垮台也许不会随之出现倒退

像康有为一样1898年被流放的改革者很可能再次出现在前台

改革将继续

已经达到这样一种程度的成功不取决于某一个人的命运

致《纽约时报》编辑：

袁世凯从中国大都市行政机构的官员位置上被免职，这是该国内政中一件有趣的事情。也许在某些方面和可能的结果上值得痛惜，但是，我认为，把这一事件视作新朝政府有意放弃改革而奉行一种危及外国利益之政策的证据，则为时过早。

在这方面，中国官员的地位和任期的某些特性应该加以考虑；派系之争的趋势可以阻止任何一方变得太强大，这常常引起大都市行政机构的重组。任何一位中国官员，若因非凡的能力和得宠在政府部门中晋升，就不可避免地引起敌对，这些对手将让他垮台。袁世凯也不例外，在北京有一个对他本人怀有敌意的人群构成的有权势的派别，而这个派别从各种各样、互相矛盾的动机中获得支持。摄政王醇亲王本人被认为对袁怀有敌意，因为袁在1898年的戊戌变法中所扮演的角色，醇亲王的得势为反对袁世凯的派系提供了机会，这些共同作用导致他被革职。摄政王这样做的目的不是冲着改革，这一点通过选用梁敦彦就可以反映出来，梁在耶鲁受过教育，他是袁世凯的主要部下，由他接替外务部的大臣。一些地方相信袁世凯在朝廷失去影响将会导致像康有为一样的在1898年被通缉的改革者被朝廷召回。现在，康有为和他的支持者们与袁世凯相比，是更加狂热的改革家，如果他的免职能够使他们在北京恢复影响，那么这几乎不能被认为是反对改革的措施。

然而，很容易理解为什么袁世凯的免职引起了不安。他是一位温和且务实的改革家，有别于像康有为那样的狂热者，他在相当程度上得到政府派系中支持者的信任，从而在中国占据了平衡轮的位置，这使得他成为影响安定和谨慎发展的因素。这一品质已经使他在外交团体赢得了信任，这些团体似乎担心他的免职可能在反动派和革命派极端分子之间引起冲突。然而这只是一个猜测而已。当考虑中国的形势时，这似乎是不可能的。我认为两个过程之一可能会发生——要么袁世凯永远处在退休状态，同时另一个变法领袖产生；要么他被免职，尤其是，如果对属于他那一派的下级官员进行报复性的处罚，将会在汉人（区别于满族）中引发如此的对立，以致于引发国内混乱，如果局面严重，摄政王将会让步，召袁世凯官复原职，以此恢复内政平衡。这些个人沉浮盛衰在中国的高级官员中是很普遍的（我们可以回忆一下李鸿章的那些成败荣枯），袁世凯之前已经有过此种经历。的确，他被已故皇帝剥夺官职还不到两年。袁世凯完全有可能在数月内再次任职。

我所希望传达的是，中国变法的进程已经达到了这样一种程度，其最终成功已无需依赖任何个人或派系的命运，它会自动向前发展，势不可挡，而驱使它发展的那些力量，甚至连摄政王也无法片刻加以阻止。不管怎么样，仅因这次事件就对中国的未来产生悲观看法还为时过早。可以合情合理地认为，如果他的免职使他从此不再是影响国家发展的一个因素，那么这将显示他可以被革职；或者如果他确实像有些人所认为得那样不可或缺，那么摄政王会认为召回他是很明智的。有太多的倾向性，令我们不能随意得出关于中国的结论，不能漠视有助于稳定的各种势力。伴随着皇帝和皇太后的逝世，不稳定和重组的时期这是不可避免的，但是至今也没有证据证明，中国比平常更不安或者是比其他政府类似条件下更不安。然而，我们可以理所当然地认为，由于中国面临危险的国际形势，列强应该在维持稳定性方面灵活地施加影响，这样美国友好协助中国的政策也许能寻求到一次机会。

纽约 1909 年 1 月 5 日

《纽约时报》，1909 年 1 月 17 日

中国政策不变

柔克义公使得到庆亲王如此担保

北京，1 月 16 日。柔克义和朱尔典先生分别是美国和大不列颠派往中国的公使，今天他们表示，他们很高兴昨天外务部尚书庆亲王对他们的接待，他们就军机处成员袁世凯被免职一事拜访了他。他们说，他们作为对中国友好的两个强国的代表而来，亲王兴致勃勃地接待了他们并洗耳恭听两位使臣代表各自政府询问袁世凯的免职是否意味着中国政策的变化。庆亲王郑重地向来访问者保证，不是那么回事。人们可以理解，这个保证结束了北京因袁世凯免职而产生的国际影响。

然而，由于日本拒绝与大不列颠一起向庆亲王表示抗议，英国和日本外交代表之间产生了一些不愉快。英国公使馆的态度是日本做事不守信用，而日本公使馆则坚持它同意赞成大多数的观点，而大多数公使赞成在这方面不采取行动。

与先前召回（唐绍仪）的报道相反，现在正在美国的中国政府特使唐绍仪率领的外交使团被允许继续其世界之旅，但要按照严格的时间表进行。这种变化要归功于庆亲王的斡旋，他说服摄政王改变召回使节团的决心。摄政王起初要求唐绍仪的国书移交给欧洲的中国使臣们，由他们呈递，但是，现在据了解唐绍仪将在每一个他到访的国家里逗留两个星期。他可能在四月份回到北京。

《纽约时报》，1909 年 1 月 17 日

在新摄政王统治下改革变得更加确定

长期居住在中国，对中国事务有直接了解，因而其结论颇有说服力的人士，看好中国全国改革和进步的前景。这样一种满怀希望的感情很大程度上是基于对摄政王人格的认识。摄政王是中国第一位曾经到过外国的统治者。他是一位学过西学的人，能够很流利地讲、读英文，多年以来就享有诚实、进步的名声。毫无疑问，他有真本事，据相信，与以往中国盛行的情况比，他在公共事务方面的诚信水准要远高得多。

中国早已经进入到一个改革时代。直隶省有九千所学校，而且这些学校至少都以西方教育为目标。全国作为一个整体来说，这类学校一定有三万至四万所。反鸦片的斗争还在进行之中，而在此问题上，公共舆论已经出现在中国的每个村庄。贿赂行政（人员之罪犯）已经再也找不到辩护者。（百姓）对于鸦片贸易的羞辱和官员腐败（之不满）已逐渐变成谴责。铁路已经显示出其优势，中国人已经在渴望铁路。邮局在稳步增加。每一家中国报纸都在提倡改革，全国没有一家反动杂志。庞大的帝国已经动了起来，而且可能会继续按着今天的方向动下去。如果一旦出现反动复辟的情况，那么问题就不是中国将会变成什么样，而是反革命将会变成什么样。在中国人民觉醒了的责任意识面前，任何反动集团都无法长期维持。

《基督教科学箴言报》，1909 年 3 月 8 日

醇亲王改革中国

从外国吸收那些在中国进步过程中有用的思想观念

思想解放

北京。尽管全国都在改革——对汉人的政治目的而言，改革就是反王朝——但清王朝似乎从未像现在这样稳固地坐在皇位上，或者说从未像今天这样以有趣的方式完成这样多的事情。在其计划中，包括一大部分军队的呼吁是由改革者提出的，也是为了改革者而提出的。士兵们从其教官和外国专家那里吸收西方的观念。当然，这是真实的。但是，外国观念刚吸收过来时不会立即与中国观念融为一体，中国古代流传下来的知识及其色彩中的大部分至少一时还不会被西方潮流所冲走。

另一方面，不管从解放思想到吸收外国有益的发明创造中能够得到什么荣耀，皇室都会分享到相当的份额。摄政的醇亲王是帝国真正的统治者，他是一位思想开放的满族人，接受过一些外国教育，具有亲外倾向。由此，汉族人民和满族亲王在渴望学习外国学问和外国进步知识方面，比几个世纪以来中国的统治者和被统治者更接近了一步。

在革除自己哥哥即已故皇帝的敌人及提拔他自己的族人方面，就想象所及，摄政王并没有引起汉人的反感，因为按照汉人的观点，他只不过是在尽孝而已。另一方面，他借此赢得了全国满族人的忠诚，这是不容小觑的，也是不太可能被新的理论所吸引开的。

《基督教科学箴言报》，1909 年 4 月 8 日

中国采取激进步骤

上谕令在所有城镇建立自治政府

国务院收到一份来自北京的上谕，规定了在中国全国城镇乡建立自治政府的章程。这是根据前一任政府制定的总体改革计划而采取的措施。

根据这一新的上谕，地方政府将负责教育事务、地方公共福利、农工商业、公共工程以及为达此目的而收集和支出经费等。地方政府的工作由董事会和监督者等完成。

选民必须是年满二十五岁以上的中国公民，而且必须是纳税人。被证明品行不端的人、营业不良的人、失财产上之信用者、鸦片吸食者、不识文义者没有选举权。现任官员、军人、巡警、僧人、宗教教师、学生等不允许投票。

当选者必须尽职，除非有重大原因。

《华盛顿邮报》，1909 年 4 月 10 日

中国的立宪政府试验

尹士嘉[①]

中国政府通常被认为是现存最为专权的国家。此外，由于其极其古老而又享

① 尹士嘉（O. F. Wisner），美国传教士，1891 年来广州。1899—1903 年任格致书院监督，1903—1907 年任岭南学堂监督。1907 年辞职返美国。1924—1928 年重返中国，任岭南大学文理学院院长。

有保守之名，因此，大家都以为，中华帝国制度将永恒不变。因此，也许没有任何一项决定的宣布会像1907年初中国宣布即将建立立宪政府那样使得那么多人的脸上挂上了怀疑的笑容。然而，随之而来的事件却消除了每一项对于中央政府要与全国人民分享其权力与责任的诚意的、合理的怀疑。

从远古时期开始，皇帝即天子理论上一直都是中国所有政治权力的化身。他是人民的君父，是老天的权威在他们中间的唯一代表。人民及其土地都属于他。对其绝对无上权力的唯一限制，就是其统治必须显示出是为了国家的最大利益。只要他还保持着对传统及其种族命运的忠诚，他对生命和财产就有绝对控制权。经他朱笔批注过的，就是最后决定。但是，作为天之爱子，他本人如此神圣，以致于必须过着与世隔绝的生活。神把自己遮掩起来，免得凡人看见，同样，人们很容易相信，看不见的（上帝）在地上的唯一代表的尊贵与光荣，也只有避免受到大众看视的污染和常见，（天子）才能得到保护。但是，这种高贵的与世隔绝必须为其神圣性付出沉重的代价。太神圣以致于看不见听不着的皇族，也因距离太遥远而看不清正在发生的事情。理论上，无限权力的实际行使必须完全交予那些不可见的凡人组成的机构。国家的实际权力几乎完全在督抚们手中，他们（分别）在统治着几个省。他们是办事之人，处在公开状态之下，只要能力允许，就可统治其所管辖省份甚至更多大地区，有时甚至是全国的事务。在稍小的范围内，地方行政长官也是如此，他们在督抚的领导下，统治着一省所属之下的个各地区。

这就是一幅中国政府绝对统一的图像。但是，与此怪像并存的，还有一种强烈的民主传统。这也许是源自于官僚阶层制度上的放任个性，或许是举国对独处之时人性完美不可侵犯信仰的一种表达。无论如何，行政长官不会费力地去过问地方事务，除非是哪里出现了犯罪，哪里需要收税，或者需要到哪里去“榨油水”。乡村的长老要为其村民的行为向政府负责，他们对纯粹属于地方性的事务有着绝对控制权。

一旦皇帝弄清了国家的绝望状况，就像1900年义和团事件及随后与列强的处置那样，皇帝很自然就会诚心诚意地努力找出国家衰弱的原因并寻求、实施补救之方。1906年，皇帝任命了第一批出洋考察大臣，亲自到国外欧美等先进国家考察，寻找这些国家强大的真正秘密。考察团周游世界，回国之时报告：“国势不振，实由于上下相睽，内外隔阂。”

1907 年 2 月 18 日①，皇帝发布了一道上谕，其中出现了这样著名的语言：“各国之所以富强者，实由于实行宪法，实行公论，君民一体，呼吸相通……②时处今日，惟有及时详晰甄核，仿行宪政，大权统于朝廷，庶政公诸人民自己选举的代表来管理③。”

上谕接着指出，现在规制未备，民智未开，还不具备实行立宪政府的条件，若操切从事，将会造成巨大的人力浪费。政府宣布预备计划，包括改革官制，厘订法律，广兴教育，清理财务，整饷武备，在全国普设巡警。俟上述诸事完成之后，就可建立事实上的立宪政府。

中国至少有一个人对这道上谕的语言当回事。时任直隶总督的袁世凯，其总督府设于天津。他是一个能量极大、行动果断的人，也是中国改革最为活跃、最有影响力的代表之一。他就是那位庚子之乱中被派往山东担任巡抚的人。他到任后接见了义和团的代表，认真听他们讲述把所有洋人及其追随者全部驱逐出中国的计划，讲述他们由于有法术，所有团员都不会被伤，因此能够很容易完成上述目标。他对团员给以礼遇，邀请他们吃饭，并由当地士绅中的头面人物作陪。他说：“先生们，现在，我们要做一个实际的试验。”义和团员们突然发现自己面前站着一队士兵。他们抗议，但没有用处。命令下达了，滑膛枪只各放了一枪，就打破了江湖骗子们的谎言。从那一刻起，巡抚就扼住了省内义和团运动的喉咙。

在镇压了义和团以后，中国政府在北京重建，袁世凯被任命为直隶总督，由于北京及中国最繁忙的港口天津位于该省，因此，直隶总督是全国最重要的总督。他一贯的能量很快就使全省发生重大变化，天津变化尤大。这里铺设了碎石子路，铺设了下水管道，建起了电灯和电话厂，建立了自来水厂，组建了医院、学校、博物馆、劝业馆。他设立了卫生和公共工程部门，组织了一支现代警察力量。为了让府县官员及小官吏能够及时得到行政学方面的知识，同时也为了与他

① 日期似误。包含下述引文的当是《宣布预备立宪先行厘定官制谕》，发布于光绪三十二年七月十三日（1906 年 9 月 9 日），译者。

② 原文无此省略号，但上谕原文此处有些文字未译，故加出此省略号，译者。

③ “庶政”以下至“管理”一句系直译英文原文，与上谕原意不符，上谕原文为“庶政公诸舆论”，译者。

们之中每一个人的工作保持直接联系，他在天津定期召集小规模会议。

当命令人民和官员预备实行立宪的上谕发布时，袁总督认为上谕确实是要立宪，并根据务实的原则，着手保证在其受命管辖的地区内，让上谕得到落实。他认为，让全国人民做好自治准备的唯一方法，就是建立精心组织的地方自治制度。他坚持认为，人民若处理不好自己乡里的事务，就永远无法为更大范围、更远距离内全国的事务承担起责任。他相信，使人们能够成功管理好各自地方公益事务的那些同样的品质、知识、经验，也可使他们适合于参加管理全国性的事务。于是，他开始教育人民和官员有关自治的好处、责任与方法。在做了大量教育准备工作之后，他起草了一个计划，最后于1907年秋，发起了全新的天津市民选政府的试验。市作为一个机构，此前在中国并不为人所知。城市的各区各街道的各部分确实会为共同救火防盗等事而联合起来。但是，整个城市却从未这样做过。个人利益得到关心，而公共利益则被忽略。例如，没有街道这一级，因为没有人去组织。由于同样的理由，也没有下水道系统，没有公园，没有自来水，没有道路改良或公共消防部门。中国人民还没有学会联合起来对这类公共设施进行管理。大城市中除了行政长官的管理之外，不知道其他地方管理。而建立并管理面向全市整体福利的机构，也不是地方行政长官的事。地方行政长官在那里的责任是要看着国家法律得到遵守，该交的税都交了。灾难性的大火可能肆虐并将数百万的财产彻底毁灭，但是只要火是因意外而发生的，而通常也都是因意外而发生的，那么火灾就不违反法律，就不属于其管辖范围。另外，按照一部非常严格的法典，中国的每一位行政长官都必须回避其本籍，即任何人都不许在其所出生之省份范围内担任国家公职。当然，这种规定是为了防止偏私和腐败。但是，这也可能会使少数无耻而有势力的士绅，通过控制新任行政长官的视听并阻止其了解地方真实情况，进而操控政府，以谋求私利。中国官员又习惯于让一大群笔杆子和跑腿的人转在身边并通过他们来为自己搜集所需情报并执行命令，这就使得情况更加糟糕。这些人都向贿赂敞开着大门，并有可能使行政长官对于辖区内所发生的事情得到完全错误的信息，除非行政长官具有超凡的洞察力和能量。

为了补救这种状况并使人民为立宪政府做好准备，天津进行了市政自治试验。该计划是经过精心制定的。很显然，在其论述中，使用的是最受称道的西方用法。然而，这又不纯粹是一种模仿。作者自由地借鉴西方资源，但显然是明智地适应中国的情况。天津规定了一个由30人组成的市议事会，其成员任期为两年。他们通过一个由135名代表参加的大会选举产生，而这135名代表又是通过普通选举产生出来的。选民必须是年满25岁以上的男性，能够书写其姓名、职业、居住地址。同时，他还必须是天津当地人，或者在当地居住已满五年，有价值2 000两以上的财产。鸦片吸食者、曾被判刑者、破产者以及有精神疾病和从事不正当职业者不得投票。衙门的差役、书办以及包括佛教和道教在内的宗教领袖，亦无投票权或当候选人的资格。候选人必须是合格的选民，此外还必须获得高等文凭，或者是著有官方认可的著作，或者拥有财产，或者曾经担任过学校校长或公益事业的负责人，或者是曾经担任过官员者，或者是有官衔者，或者是有举人功名者。选举的方式、投票与计票方法等，都有严格的规定。议事会选举自己的职员，并制定自己的议事规程。

当地（政府）非常注意维护投票的纯洁性。凡想参加投票的人都发给空白表格，填写以后送还地方负责选举的官员。这些文件提供了诸如有关申请人是否合格之类的信息，包括姓名、年龄、祖籍、居住地址、职业、财政状况及成就等。通过这样得到的信息，选举委员会制定出合格选民和合法候选人名单。后者要发表出来，供选民参考，而前者则是为了供选举仲裁人员使用。每一个合格的选民都会得到一张证书，到选举之时在投票地点用该证书换领一张官方所发的空白票。废票，即那些写有不合格候选人的选票，或写有不相关内容的选票，或多写了候选人的选票，或者未按规定填写的选票，或者选举自己的选票，都将不予计算。投票箱当众开启并当众点票。地方选举中的争议暂时由地方自治机构解决，将来省谘议局成立之后，即提交谘议局解决，并有权向总督提出申诉。

议事会每年召开两次常会，会期30天，如有必要，可以延长。根据议长的决定，或地方行政长官的要求，或议事会三分之二以上议员的要求，可以召开临时会议，会期15天。这些会议原则上允许公众旁听，但是，副议长、地方行政长官或10名以上议员联名（反对），即可要求不让公众旁听。地方行政长官可以列席所有会议并就所讨论的问题发表其看法，但是，他在议事会中没有投票权，他的随员也不能进入议事会大厅。正副议长及议员在议事会辩论中所发表的观点不受会外追究，会议期间，除非经过议事会的同意，议员不受逮捕。议员对于涉及本人或亲属的事件，不得投票。议事会的所有决议都必须经过议长和在场多数议员的共同同意。除了个别需要保密之外，议事会的决议应该公开发表。议员工作不领薪俸。

议事会的职责是议事与立法，其范围是整个辖区，所关注的事务包括组织下级城乡地方自治机构，建立并管理学校、自来水、卫生与消防、巡警以及公共工程和集市等。它也评估赋税，制定预算，筹集公共财产和经费。巡警力量由议事会和地方行政长官共同控制。议事会可以向地方行政长官质询，可以对其个人行为质问，甚至可以当面对个人有争议的事件提出辩护。另一方面，地方行政长官或任何公民个人均可对议事会的决议提出质询和建议。

当地为了给议事会提供服务并执行其决定而创建了董事会，地方行政长官为该董事会当然的董事长。议事会通过投票，从其议员之中选举出一名副董事长和八名董事。他们领取薪俸，并辞去在议事会的职务以便专心于董事会的工作。他们分两个阶段选举，相隔两年，任期四年。一服以内的亲属或姻亲不能同时在董事会任职。地方绅士或教育及公共事务中的著名人物可以作为名誉成员列席董事会。他们可以在讨论中发言，但没有表决权。董事会的主要职责是执行董事会的所有决议，并筹集议事会所指定的各项资金和费用。董事会根据情况需要任命会计和文书。董事会有权对议事会的所有决议做出评论，并可要求议事会对其决议进行重新考虑，可向省谘议局直至向总督提出申诉。地方行政长官对董事会的决定也有类似的权利。每年的预算案由董事会负责准备并由地区议事会通过。董事会提交年度财政报告，以及所有财会单据、账簿等，由议事会审查审计。指定特定用途的款项不得挪用或转移。每月由董事长或副董事长对财会账目、余款等进行检查，所发现的任何资金短缺或违规用款都要由相关方负责人改正，如果数目超过百元，还要加罚 12% 的罚金。盗挪公款者的继任者也要承担责任。

对于民选政府官员方面的各种玩忽职守情况，确定了三种惩罚措施。（1）十年之内停止其选举权。（2）可能进行罚款。对于判断失误者，可能轻罚 1—20 元；对于更为严重的过失，则可能罚款 21—100 元。（3）对于所有明知故犯者，除了重罚之外，还要开除职务。对于选举中收受贿赂者，可处以罚款，开除职务，十年之内剥夺其选举和被选举权。这些处罚由地方行政长官负责执行。人们希望，不必诉诸监禁。到目前为止，还没有这一条惩罚措施。

为了在天津实施这一地方自治试验，官方采取了一系列简易措施，以便让人民熟悉筹议中的改革性质。从全县挑选来的人被召集在一起，进行为期四个月的立宪政府培训，然后派回家乡，向乡亲传授这方面的知识。在各个地方设立了演讲员，讲授代表制的目的、方法及其好处。这些演讲每月都用简易口语体官话出版，免费发放。巨大的标语牌张挂在显眼之处，也用口语体官话写成，说明此事的要旨，以便于阅读。人民被告知：地方自治意味着管理公共事务方面的权力、知识和效率。笔者面前的一幅标语牌上，是这样数道自治好处的：（1）人民为公益而联合；（2）官民随意交流；（3）因地制宜，立法管理；（4）在人民亦即未来的官员之中传播政府实际事务方面的知识；（5）培育公共精神，全国融为一体，国家转弱为强。[①]

向天津及其周边人民所宣传的这些观点似乎已经达到了预期目的。初级或普选产生135名区代表会议的活动于6月15日非常平静、非常成功地进行。区代表会议于6月24日开会，通过投票选举产生了天津市第一届议事会的30名议员。8月18日，中国官方前所未有的第一届民选议会开幕并由主选官及其他官员组织。他们的会议开得很体面，一切按照严格的议会规则进行。

这一事件更为广泛的意义应该加以注意。这只是由当局引进的一个试验，其公开的意图是尽早把这一系统推广到全国。天津模式只是一个范本，其他地方都会模仿。皇帝已经命令广州以及好几个中心城市的地方当局模仿天津的模式，引进同样的系统，而且各地已经采取了初步措施来落实皇帝的命令。有人已经提出尽快把各省全部纳入，允许各省制定省宪，通过代表会议来管理事务。用不了几年，最终目标就会达到，即全国都将按照立宪的原则来组织，公共政策的决定、公共设施的控制、公共利益的保护等都要通过全国民选议会的辩论和通过，这完全是一个在合理范围之内的希望。

《北美评论》第189卷第642期，1909年5月，第731—739页

① 此处系意译，本能找到中文原文，译者。

中国的改革——一个典型的措施

本报驻上海记者

中国的改革有两种类型。一种是来自下层的缓慢冲动，是教育与新思想的发展作用于民众内在的善意及天然的道德心而产生的结果。此种冲动如此强烈，以至于统治阶级无法忽略。这样的冲动在某些更广泛的全国性问题上，例如废除科举考试以及取缔鸦片等，早已取得明显成果。在这种对改革需要的普遍承认之中，在国家精神和进步精神的逐渐演进过程之中，蕴藏着中国未来的希望。在组织和表达人民的理想、预备实行立宪的过程中，乡村议事会和地方咨议机构在开始时无论多么缺少效率，但是，正是通过这样一些渠道，才能淌出改革之流，只要它在流，就一定会越流越大。尽管在这些向民意表达转变的权宜之计之中，一开始时能够公开讨论的问题很有限，选举权也仅限于中、上阶级，但是，把这些新的精神从中国浓重的保守主义之中呼唤出来的那些冲动，随着时间的推移，最终会带来国家真正的和永恒的觉醒，不过，现在还未到时候。

旧的一套

另外一种改革方式是从上层开始，是 lucus a non lucendo① 式的，就像上谕中每天都在展示的那些动听的语句那样，是东方学术与政术的美丽之花，是完美的忠告，这在与外国列强所签订的每一项条约中都有例证，事实上是一种纸上的改革——vox et practerea nihil②。这是传统的也是古典类型的改革，对此种类型的改革熟悉之后，人民之中便产生出一种毫不掩饰的蔑视，但是，此种类型的改革还能打动外国政府及一些不了解情况的观察家，他们会认为中国还有希望。官方的

① 拉丁文，意为“自相矛盾”、“荒诞”，译者。

② 拉丁文，意为“说说而已，但实际上什么也没有做”，译者。

改革家，无论是士大夫还是满族官员，公开对民众每一项有益于改革的愿望抱同情态度并坦率地承认现存秩序中的缺陷和弊端。他们抱有忧患意识，深感压力即将到来，因此在奏折中大声呼吁必须采取措施。而在进步事业中一点也不落后的皇帝，会立即发布必要的上谕，天子就这样因实际的执行而在王朝的实录之中积累起间接的美德。事情也不会像有些人所想象的那样会到此结束，因为上谕发布之后（比如说一年之内），紧接着就是中央各部院或各相关直省的督抚提出总体上落实这些上谕所必须的章程并形成国家的法律。

一位敏锐的观察家曾经说过，在起草章程方面，中国官员堪与日本相比，但是，在破坏章程方面，则无人能比。总的说来，这一结论是真实的，但是，它没有为以下照顾面子的事实留下余地，即中国古典的章程无一例外的都是这样起草，以至于它们本身就为官员不断的推诿留有余地和合理的借口，或者说得直白一些，就是制定条规者和被条规管束者都清楚（章程的漏洞）。所有这一切都是一场沿袭已久的、庄严的闹剧的一个组成部分，其意图并不在于欺骗人民，只不过是为官员们自己提供一个借口，同时也为其存在提供一个目标。

度量权衡

要描述 modus operandi① 以及“纸上”的改革结果，我最好还是引用最近的一个例子，即度量衡。1907 年 10 月 9 日，一道上谕在批复一些奏折时，命令农工商部与度支部立即于六个月之内“考定度量权衡划一制度”。在这一个案中，对于那些不了解情况的人而言，这实在是一个很好的动议和动力，其中，中国政府在没有外国人建议的情况下，在其主权范围之内行使全权，这将显示出她愿意且有能力把自家事务整理好。与那些遥远的措施不一样，那些措施必须在外国条约的压力下对币制、内地税、矿务章程等进行改革，而这一个案则是一个简单却影响深远的工作，中国可以按照自己的方式，悄悄地进行调整。

根据这一上谕，去年 5 月，农工商部可能是在征求了各省当局的意见之后，制定了长度、容积、重量单位，通过这些来保证度量标准的划一。这些改革包括营造尺、漕斛、库平称等。由此，上谕中所规定的任务似乎已经迅速而彻底地完

① 拉丁文，意为“惯用的伎俩”，译者。

成了。但正是到这一阶段，人们才开始感到章程的必要，官员们的头脑中这才清楚，没有这些章程，没有保证性的解释，光是希望取消那些数不清的、复杂的度量单位，是毫无用处的。商人们正是借着这些来向不熟悉内情者尤其是外人“揩油”的。于是，农工商部颁布了其章程，一共只有 40 条，但是，农工商部还是谨慎地解释说，这只是一个初步的草稿，今后各省当局提议补充时，还会增补，因为每一个省都被要求在正式做出决定之前就此做出报告。不过，这 40 条中就有许多值得思考的材料。

混乱的章程

从一开始，我们就注意到，贯穿在使所有改革成为可能的那些章程中的一个共同特点，就是不管怎么变，都不能减少官员们捞好处的机会。相反，此类变革的第一个必不可少的理由，似乎就是为了提供新的闲职，就是为了建立新的垄断，就是为了组建新的衙门（也许是为了考虑制定更多章程），藉以为那些望眼欲穿的“候补官员”们找到差使。因此，毫不奇怪，中国改革的第一条座右铭就是 Jestina lente①，最小心翼翼地保护的主权就是官员们“捞油水”的权利。在目前的这一个案中，建议划一体系的实行要在章程获得批准之日起十年之内完成，即颁布宪法之后两年完成，而在此期间，新的度量衡将逐渐推行，首先在北京、各直省省会及条约口岸，然后（三年之后）在各府，最后在全国推广。但是，为了使变化不太剧烈，为了安抚地方的疑虑——地方在中国事务中起着极为重要的作用，改革进程的第一年将致力于初步性的工作，以引起大批官员的兴趣并安排他们参与进来。因此，章程对其性质和目标是这样表述的：

“第十六条：商民所用度量权衡之器，有各地方习用已久难于骤改者，拟自部制新器颁到各省之日始，予限十年。十年之后，一律不准行用。……无论度量权衡，每处每样以留最通行之一种为断。”②

与此同时，它也可以这样理解，即在任何一省，如果旧的度量权衡与新的标准差别不太大，可以较容易地改变，则地方当局可以尽快改变，不必等到十年

① 拉本丁文，意思是“不必慌张”、“时间还多”等，译者。

② 本段引文中的省略号为译者所加。省略号以后至“为断”以前文字，原为该章程第十七条中内容，原文作“第十六条”，误，译者。

之后。

在此点上，这一章程造成了一个新的永无终结的混乱的远景，足以让任何担心统一乏味的人放心。

公共舆论

如果认为真的要让这种章程实现其表面所宣称的目标，或者认为它们确实应该服务于其他目标而不是让“愚民们”知道当政者在为官员阶级创造新的、无利可图的机会，那么我们就低估了任何中国官员的智慧。当章程提出在过渡期内让国内每一个地方都自选一套度量衡而停止其他标准时，这样的程序在官员们的头脑中自然认为是统一的一个步骤，他们甚至会认为立即实行新的标准有很大困难，官员们的舌头在官员们的腮帮子里，可以明目张胆地表达而且是 coram publico[①]。没有人会被这些把戏欺骗。尽管其统治者所作所为（未必有多好），但人民内在的善良和耐心正在逐步地引导他们改善状况。如果不是每天都在增加的证据表明，那么一场郑重其事开始的度量衡改革（从宣布十年期限开始，京城和省会的标准必然与各府的标准不同，各府的标准必然又与乡村不同），就只是一种滑稽闹剧，足可以让人对任何已经完成过的、真正的改革都产生失望。

在中国，人民的政府将来自人民并由人民管理，但是官员们将会像俄国的独裁者反对杜马一样极力反对这种政府，尽管所用的方法和权术有所不同。而对于其他人来说，普通民众不太会因政府“纸上”改革的无数章程而受到打扰。

《泰晤士报》，1909 年 6 月 4 日

① 拉丁文，意为“公开地表示出来”，译者。

太平洋邻国寻求我们的支持

中国希望（与美方建立）更密切之联系

摄政王向新任公使强调其使命的重要性

希望美国支持其工业和教育发展

级别可能提高；二秘也已经任命

北京，8 月 13 日（专稿）。中国新任派赴华盛顿的特使张荫棠今天觐见了摄政王。摄政王向他强调与美国的友谊的重大意义，并特别强调指出，最最重要的事情之一，就是他要全力维持和发展两国的密切联系。

今天，（本报记者）在位于三水（Sunwue）会馆的寓所采访时，他说：“我自然非常感激。我不愿意因任何外交使命而离开我的国家，但到华盛顿则是个例外。我曾在那里呆过一年，对美国有最美好的情感。我的儿子刚刚在费城完成法律学业。我相信，中国和美国之间的关系将永远是最密切的。所有中国人都认识到，美国的友谊不仅通过言辞，而且是用实际行动表现出来的，他们极为欣赏塔夫脱总统的积极贡献。我们相信，中国的工业和教育的进步在很大程度上要依靠美国，我们欢迎美国参与中国的工业发展。”

张荫棠 9 月起程赴美。伍廷芳博士可能将被任命为宪政编查馆成员，除非他坚持要求退休，他将负责设计国会系统。

《洛杉矶时报》，1909 年 8 月 14 日

在现代中国（之五）

——中国年轻的统治者

弗雷德里克·J. 哈斯肯

北京。醇亲王，即中国的摄政王载沣，27 岁。他的儿子，一个只有 3 岁的男婴，是中国的皇帝，是天子。但是，在这名婴儿成年之前，其父即醇亲王，实际上将是帝国绝对的统治者。中国是各国之中最古老、最保守的国家，它曾见证了埃及、巴比伦、希腊、罗马、波斯、帕提亚的兴起、繁荣和灭亡。经过毁灭性的年代，只有它硕果仅存。而现在已经到了这样一个时刻，该国若要继续存在，就不得不用其良好的工作来让世人见识其存在的合理性，否则，中国本身将被各国分租为碎片。在各国悲惨的历史中这一危机时刻——确实是悲惨，无论用来界定它的政治术语是多么普通——全部责任重担就落在了这位 27 岁年轻人的肩上。

中国即将有宪法

中国即将实行立宪政体。（中国统治者）不太情愿地被迫承认，外部世界有些与中国和中国人一样的国家和民族，（中国统治者）一次又一次地向西方的舆论做出让步。在这些让步之中，最大的就是宪法，在政府基本制度方面的变革。在这一方面，中国几个世纪以来都没有进行过这样的变革。通过这一变革，中国希望把分散的各省凝聚起来，形成一个抵抗外国蚕食的统一战线。醇亲王大概将会决定这一新宪法将要改革什么、保留什么。全世界国际政治的走向将取决于他的决策。

自然，世界很希望了解这位必须面对并尝试解决这些难题的年轻亲王到底是个什么样的人。他登上摄政王之位还不到一年，而且大部分时间都用在了官方悼念活动以及重新组织宫廷幕僚班子上。他还没有形成确定的政策以便我们可以据此判断他到底是什么类型的人，但是，有许多小的事件表明，摄政王是进步和改革的真诚朋友。

醇亲王看到了西方的进步

醇亲王是若干世纪以来第一位曾经到过外国又坐上了（中国皇帝）〔监国摄政〕宝座的人，他也是第一个用自己的眼睛亲睹了现代西方奇迹的人。义和团叛乱之后，他被派往德国，为德国公使克林德在北京街头被杀之事道歉。此行期间，他参观了欧洲，据说他还脑眼并用，把看到的东西储存起来，以备将来之用。这就是皇太后为了让他做好准备接替自己承担领导国家的重任而安排的教育课程中的一部分。在六年的时间里，她让他呆在身边，随时向他咨询。她让他成为自己的私人代表或政府代表，每逢有机会时就让他会见有能力的或显赫的外国人。

在她的教导下，他使自己从总体上彻底熟悉了全国的铁路系统及其扩展计划，熟悉了全国的矿藏，熟悉了工业现状。他密切观察着新的全国学校系统的建立和开办，参观和研究那些近便的优秀的教会学校。

致力于改革政策

这种特殊的教育，加上老到的皇太后在行使阴谋和反阴谋方面能够提供的建议，就成了醇亲王坐上这一宝座的有利条件。除此之外，还有他个人很高的思想天赋以及他性格上诚实、真诚的名声。

醇亲王完全忠于作为政策的改革政策，尽管谁也不敢说他到底想达到什么样的目标。无论如何，他看上去似乎是把宪法看成是其统治的主要目标。他对人民态度如何，可从他自己的表白，从他在很随意间发布的上谕中看出一些端倪。在其中一道上谕中，他说："自大行皇帝、皇太后付托国家以来，朕夙夜兢惕，唯恐（上）无以尉祖宗之灵，下无以安百姓之心。幸朕知百姓疾苦，同情他们，并以爱民为首务。孟子曰：为政保民。朕将永远铭记。朕御宇方新，惟望有司悉心筹划，实力奉行，劝善惩恶，以期国臻治安。"①

① 未查到相应的中文原文，此系参考《宣统政纪》中相关上谕意译，译者。

将清除腐败

在另一道论述即将于1917年实施宪法的上谕中，摄政王说：政府颁布宪法，原非图虚名。他认为仅仅让官员无所事事、领取俸禄并不能了事。清理财政是将来国家财政收入和支出预算的基础，此项工作完全掌握在国会两院手中。人民纳了税，就有权让官员们适当履行其职责。但是，近年来，各省处理公款时多有贪污，对此，不仅百姓不敢抗议，而且甚至连朝廷也完全无法查出贪污者。这在完善的立宪政府之下当然是不可能出现的。①

在这道上谕中，摄政王对宪法做了更多、更明确的承诺。这是与1906年皇太后原来宣布的或一年之后公布的颁布宪法的日期1917年相比较而言的。原因在于，原来的大纲并未准备把财政控制权完全交予国会。另一方面，该上谕明确提出，最后决定预算的权力在皇帝。

已经承担重任

在同一道上谕中，摄政王还谴责职官的腐败，这是自他上任以来几乎每天都在反复做的一件事情。如果他真的想清除官场中的腐败，如果他真的想消灭“敲诈”贿赂的制度，那么摄政王承担的就是人们从未曾承担过的任务中最伟大的一件。但是，毫无疑问，在他而言，坚定的态度和随时准备使用其权力来砍掉官员的脑袋，将会大大纠正祸害国家的较为严重的罪恶。摄政王天真地相信立宪政府当然会解决官员腐败问题，对此也许会有人加以讥笑，但是，不可否认的是，他所提出的目标值得所有善良的人们称赞。

年轻的王爷在道路上所面临的主要危险在于种族的冲突和对王朝的嫉视。当然，他是满族，而且他也不是没有意识到，汉族中正在宣传推翻外来王朝、扶持汉人坐上天子宝座的时机已经成熟。此种宣传偶有发生，而且值得怀疑的是，它是否是基于一种广泛的、深层的仇恨。义和团的暴徒组织一开始时是作为反满运动出现的，最终却可耻地成为最聪明的满族人老皇太后的工具。

① 未查到相应的中文原文，此系意译，译者。

使满族王朝永恒延续

然而，醇亲王，这位自称为改革和进步之友的人，却羞辱了袁世凯这位汉族的领袖人物，而没有提拔一位汉族接班人来担任高官。此种情况很难分析，但是，在北京的不少人都相信，王爷对宪法的热情支持，部分原因是他相信这是永远维持满族王朝的唯一办法。满族统治的问题也许不是汉族广大民众所关心的问题。他们并不知道或不关心他们所留的辫子是屈从于北方统治者的象征。事实上，他们对满族的统治感到高兴，就像爱德华国王的臣民对下述事实一样满意，即英国君主系出自汉诺威日耳曼王室，拥有某些王室祖先，他们从来也没有学会被其统治者的语言。

醇亲王年轻，他旅行过，确实已经踏上了创新之途，在他统治期间，紫禁城中可望涌现出许多新奇的东西。

习俗之链已被打破

他早已打破僵化的、顽固的满洲朝廷礼俗的锁链，在紫禁城的冬宫中宴请前来参加大行皇帝即其兄葬礼的各国特使们。他像普通的东道主一样坐在桌子边，其右手是日本的载仁亲王，左手边是美国的洛克希尔先生。当然，他不是神圣的天子，他不是皇帝，但他是皇帝的父亲，而且是一位了不起的人物，因此对往日严格的朝廷礼俗的突破意味着北京新秩序的开始。在欧洲，他看到过国王们的王宫向民众敞开，结果，观光者及世界旅行家现在已获邀请前来参观宏大的夏宫，那所宫殿本来是神圣的，在摄正王当政以前，平民百姓和夷狄之人是不容光顾的。

这位27岁的年轻人是进步的，他真诚地想通过改正内部的错误来保护其国家免受外部敌人（的侵略）。不过，现在要对其作为统治者的能力和智慧做出判断，似乎还为时尚早。为了世界的和平，我们希望，他的天赋甚至像所罗门王一样（伟大）。

《华盛顿邮报》，1909年8月26日

在现代中国（之六）

——立宪运动

弗雷德里克·J. 哈斯肯

北京。中国皇帝向人民承诺，将于1917年颁布宪法，摄政王则几乎每天都在下令，督促官员们推进预备工作，指责那些不热心支持立宪的官员。官员们常常因为对代议制政府缺少热情而被废黜。官员们若对计划中的立宪采取公开的对抗，则会立即受到惩罚——一种自相矛盾的方式，它所要建立的政府体制本来是要给所有人提供机会，使之能就政府的行为发表任何观点。

土耳其、波斯，在完整意义上说还有印度，现在都挣扎在立宪改革的痛苦之中。日本已经拥有一部宪法20多年了。现在，东方保守主义的堡垒中国也在非常急切地热衷于同一问题。亚洲，所有现代宗教和道德的源头，正处在采用（a-dopting）欧洲政府体制的关头。或许用“适应”一词（adapting）更好一些，因为，在亚洲，立宪主义的意思并不是欧洲人赋予这一词语的意思。

即使在西方国家，“立宪政府”一语也有很宽泛而不同的意义，不过，在所有意思之中，其本质特点是制定一部基本法，该基本法将保护个人生命、自由、财产，使之不受其他个人或政府的非法行为的侵犯，同时，赋予人民通过其代表来控制公共税收和开支的权力而使人民可以控制政府。在西方看来，人民控制钱包拉锁的权力是立宪政府的一个最根本的特征。

“立宪主义”的含义

在亚洲，“立宪主义”可能意味着完全不同的意思。有理由相信，在中国，立宪的根本目标并不是要创建一个使政府能够“经被统治者同意而获得其合法权力”的制度，而是相反，中国立宪之目标是要创建一个使政府能够获得某些与人民的愿望和意志相抵触的制度。

中国的实质性民主的力量是如此之大，政府不敢做任何违背民意的事情。几个世纪以来，情形确实如此，而且每当政府走向公共舆论对立面的时候，都仅仅是因为其无知造成的。人民的想法和愿望赖以传达到北京的奏折制度和御史报告制度，在今天行动节奏加快的情况下，已经绝对不够，而中国政府业已认识到这一事实。但是，从另一种意义上说则显得更不够，即几乎没有任何一种机制，政府可以通过它来让人民了解其想法，为其主张提出论证和理由，说服人民相信其态度的正确性。这就是中国政府体制的本质弱点，民主的向心力缺少离心权威必要的平衡作用。

思想取自日本

根据已公布的计划，中国的宪法即将形成，更多走的是日本而不是其他任何国家体制的路线。至少从理论上说，（宪法）形成的方法是相互矛盾的东方和西方的混合体。西方的宪法是通过血腥起义的力量从不情愿的君主们那里夺取的。在日本和中国，则是由拥有理论上绝对权威的、急不可待的君主把宪法强加在了漠不关心国家的人民身上。

在中国，教育人民运用代议制政府，其方式是设立地方议会组织，这些组织再慢慢形成省议会，省议会再进一步成熟，发展为大的全国议会。但是，在立宪主义方面所进行的教育只不过是形式上的，作为计划的最高峰，国会对宪法本身的制定并无发言权。宪法将来自天子的恩典。就像在日本一样，不会有任何一个人出来质疑这一理论是否可靠。皇帝放弃自己愿意放弃的东西，宪法则是皇帝的恩赐。把宪法当作一种权利之事，中国政治家的发展程度可能离此还有好几个世纪的距离。当然，有些鼓动家鹦鹉学舌地搬弄在外国所学到的一些观点，但是，他们并不等于中国公共舆论的发展，在讨论宏观形势时，不应把他们考虑在内。

皇帝保留至高无上的大权

事实上，中国的宪法只不过是对了解全国公共舆论情况的方法的一种改进，额外的好处是使政府有机会向全国反馈其意见。真正的大权的抓手则小心翼翼地控制在皇帝手中。国会的议案不仅需要皇帝裁可，而且国会甚至没有提出宪法草案的权力。国会所得到的授权只不过是向皇帝奏请并通过皇帝的上谕来使其意志生效。国会只能通过其总裁来接近皇帝，而不能强迫该总裁官把国会的议案呈交给皇帝，除非他认为适宜于呈送给皇帝。按照其立宪计划，中国的国会将没有任何法定的或绝对的权力。像各省和城市的立法机构一样，它只是一个顾问性的组织。据规定，国会只能在征税和开支等重要问题上向皇帝提供建议，不过，现任摄政王在一道谕令中承诺，在其他方面，预算将完全交由立法者组成的代议机构办理。很难说这一矛盾意味着什么。也许，摄政王希望把其前辈们认为可行的宪政改革推进的更远一些。

国会的权力

除了那些特别交议者之外，国会不得对任何事项进行辩论。宪法的这一规定将会自动击败任何代议政府的设立，这在西方是众所周知的。不过，它将会使政府有机会在代表中间引起辩论，而这种辩论将会使皇帝有机会陈述支持国家改良运动的主张，否则的话，这类主张永远都无法获得分布极广、极为分散的各省人民的同意。

把日本看作是真正的立宪政体，这是再大不过的错误。尽管有了复杂的立宪机制，但日本天皇的权力仍然是绝对的。在日本，改革政府的目的与其说是让人民自治，倒不如说是为了设计一种从上而下的、能够防止人民骚乱和不满的政府。资深国务活动家的领袖、现仍在世的最伟大的政治家之一伊藤亲王在欧洲、美国认真研究之后起草了宪法。其主要老师是俾斯麦，而伊藤则是俾氏能干的学生。俾斯麦的影响将会通过日本人传播到中国宪法之中，没有人会把这种影响称作激进民主的。

日本宪法已经实施了 19 年①，但是，在那个国家，无论是政府还是人民，连做梦也不曾梦到过真正的代议政府。但是，只要给了形式，即使是亚洲人民最终也会要求自由的实质内容，而日本时代的征兆表明，那一国家现在才刚刚开始跳入争取真正有效的代议制政府的门槛。在此点上，日本比中国整整领先了一代

---

① 由伊藤博文主持起草的《日本宪法》于1889 年2 月获日本天皇批准，于次年八月第一届国会开始实行，故上文有“日本已经拥有一部分宪法 20 多年”，此处又有“日本宪法已经实施了 19 年”之说。

人的时间。

不要要求宪法

中国人并未要求他们即将收到的宪法，当宪法实实在在地来到他们面前时，他们将会以这个民族特有的多疑特性来看待这一宪法。真真切切，从西方的意义上说，中国人不适合于立宪政府。他们绝对没有责任意识，而对于自治的人民来说，这是必不可少的素质。不过，这一事实并不是用来反对中国即将拥有的宪法的论据。日本宪法的结果是在没有放弃任何国家主权的前提下，使其人民彻底统一起来，并使之在他们所需要和所希望的范围之内采取了西方的文明，中国宪法之设计，是把各省松散的人民联为一体，使之团结成为一个真正的民族，并使人民真正与中央政府联为一体。宪法将是皇帝权力的支撑。如果它能够成功的话，它将会成为保国的手段，而且从中国人的角度看，这是最梦寐以求的。

《华盛顿邮报》，1909 年 8 月 27 日

中国的改革：一个自杀者的证词

本报记者

北京，9 月 6 日。官方昨天晚上发布的一道上谕，对最近“捐生陈言”的京城官员永麟追授荣誉。这道上谕是对京畿道监察御史等人要求皇帝表彰最近在北京引起极大关注事件的答复。永麟是一满族官员，级别很低，但文学造诣很高。他哀叹国家的命运，上书摄政王，历陈时艰，然后自杀。由于无法亲自呈递，他只能把遗书送到报社。该文是完美文学体裁的典范，皇帝的同意必然会使之在全国发表。

这份动人的遗书已经由一位最著名的英国汉学家翻译成英文。我被授权寄你们一份：

“颐和园八品苑副永麟顿首，谨陈监国摄政王贤王殿下：窃自庚子以后，时事孔艰，又不幸两宫升遐，万机愈形棘手。”

“当此之际，正臣子卧薪尝胆之秋，自应激发天良，力固邦本，徐图挽回大局。今以国债新政，巨款难筹，政府无点金之方，司农有仰屋之叹。会议加捐加税，取给民间，本不得已之苦衷，舍此别无良策。”

“然以臣愚见，大创之后，元气已伤，继以水旱偏灾，米珠薪桂，小民之生计，已属万难，若再加以（烦）〔繁〕重之国课，吏胥籍端生事，骚扰苛求，浮冒征收，或相千百，设使一朝激变，外人必藉口保护教堂使馆，阳以重兵驻守，阴行其反客为主之谋。我兵剿抚乱民，自是摧枯振落。臣恐乱民肃清之日，即外人实行领土之时。此臣之所以痛哭流涕不能已于言者一也。”

“且财①源亦须节流，每见各省创建学堂，以及营盘衙署，动辄数万，或数百万、数千万，购买外国无关紧要之物品。各处滥竽充数之委员，岁支又若干万。其余巧立名目，支用浩繁。更有封疆大吏，部院重臣，居然舞弊营私，侵吞浮冒，贿赂公行，司空见惯。即或偶然发觉，其夤缘请托，弥缝最工，察无实据者有之，情尚可原者有之，案情重大，仅拟革职处分，聊以塞责者，该员竟坐拥厚资，逍遥法外，寡廉鲜耻，相与效尤。因而官场之僭越骄奢、贪婪横暴、肆无忌惮者，惟日不足，民间之困苦流离、泣涕哀号、委身沟壑者，亦日见其多。国计之艰难，库款之奇绌，岌岌乎有不可终日之势。若再因循数年，则大局何堪设想。此臣之所以痛哭流涕不能已于言者二也。”

“中国地大物博，出产最富，森林矿产渔业，以及路政商务，认真讲求，实为富强之本。吾皆不甚注意，外人反视为奇货可居，百计营谋，或运动权要，或勾串劣绅，要求合办。迨合同既立，我绌彼盈，始觉被欺太甚，设法议废成约，交涉实非容易，即幸而挽回，在彼办则为金穴，在我办如获石田，推原其故，实被一‘弊’字害之也。果能力除积弊，重用人才，逋臣废员，侨民留学生中，尽有眷念祖国，才堪大用者。是宜料心采访其人，虚心嘉纳其言，然后推诚相待，用尽其长，开无尽不竭之利源，则中国之强，可计日而待也，何必定在捐民一途设想耶？此臣之所以痛苦流涕不能已于言者三也。”

---

① “财”字原折中为“开”字，但英文译稿中只译了“节流”而未提“开源”，译者。

“至于文学以造就贤才为本，不尚浮华，武备以固结军心为本，非徒形式，籍可出入，为轻于背本者开方便之门，后来之流弊滋多，金作赎刑，为富而不仁者，立为非之券。此日之寒酸可悯，融合满汉，毋事空谈。澄叙官方，先诛贪媚。官员之廉俸，必使足仰事俯畜之责，生民之日需，必使有贵贱等差之制，条理就绪，威德兼施。古云德而不威，其国外削；威而不德，其民内溃。外削尚可图存，内溃则成瓦解，此臣之所以痛苦流涕不能已于言者四也。”

“凡此数端，系愚臣一得之见，实非无病之呻吟，伏乞我贤王察之。臣籍隶内府，世受国恩，目睹时坚，竟成心痗，时切杞人之忧，故作冒死之谏。又因识字无多，措辞失当，越职言事，国有常刑，臣禀赋孱弱，不堪狱吏虐待，拜折之后，惧罪捐生，望我贤王怜而恕之。再臣缮此折，原欲求本管堂官代行呈递，诚恐贤王震怒，累及率行代递之人，故尔未敢。继思拦舆呈递，又以护从如云，瞻拜匪易，大声疾呼，必遭斥辱。因思报馆天职，公益必登，遂拜封邮寄，宛转以达钧听。如臣言可取，采择施行，臣死且不朽。臣痛苦流涕顿首谨陈。”

《泰晤士报》，1909 年 9 月 21 日

中国之形势

——袁世凯的地位

本报记者

北京，9 月 2 日。自从年初被革职以来，袁世凯一直平静地生活在祖籍河南卫辉府的乡下，他身体健康，看上去比他被革职时年轻十岁。他过得很愉快，因受到许多朋友的支持而精神振奋，他们相信他不久就会重新掌权。现在大家普遍地承认帝国一流的政治家突然被革职，这是不成熟的摄政王所犯的有损于国家的大错。总督垮台时，对他怀有敌意和攻击他的那些报纸现在对他的复出以慎重的

方式运作着，大众情感的高涨对他有利，大众非常需要他，他很健康，但是他肯定会适当地表示不愿重新掌权。尽管军机处已经向他放出口风，但是这些都被委婉地拒绝了。“治疗所患足疾”是他被革职的理由，但是中国的每一个人都知道那不是真正的理由。一直患病，到现在没有彻底康复，这是理由，但不是他拒绝走出闲散生活的真正理由。要防止意外事件发生，他肯定要复职，他的复职必将受到所有对中国进步事业感兴趣之人的欢迎。

同样可以期待的是唐绍仪的复职，自从完成了他的重要使命之后，他一直就过着退隐的生活。从来没有哪个特使在国外这么有尊严、有能力地代表中国。他带回大量的有价值的情报，这是经过极广泛的调查之后所得到的结果，超过从前其他任何公使所曾做过的。摄政王将他免职，搁置他的报告，如此对他，这是仅次于免职袁世凯的一个有损于国家的大错。

满人和汉人

中央政府从来没有这么需要加强。中央政府在处理各省反抗中从来没有这么怯懦。北京高官职位中满人和汉人所占数量的巨大差异是另一个令人担心的特点。摄政王最近的政策不够明智，这表现在他试图强化满族的权威，但实际上却削弱了其权威。摄政王任命他的两个兄弟，两个缺乏经验、不学无术而又缺乏技术训练的年轻亲王，担任陆军和海军的最高指挥官，已经引起了广泛的不满，遭到了拥有特别自由的新闻界的批评，谣言把任命归因于女性的影响。皇帝背后的权力被认为来自摄政王的继母。他的生母死了。他的兄长即前任皇帝一死，他父亲的第二任妻子就被晋升为继承他母亲的福晋的地位。她不顾国民的幸福，利用其权势来使家人致富，宫廷女性成员对国务不断地进行干涉，她们完全无知，完全不适合明智地治理国家，是中国通往改革之路所面临的主要困难之一。直言不讳的御史们已经批评过这些任命。观察这种政策的愚蠢行为是否会继续，那将是件有趣的事。

《泰晤士报》，1909 年 10 月 11 日

中国为改革时代做准备

今天各省人民会议的开幕标志着中国迈向民众当家作主的第一步

北京。今天，谘议局在中国的21个省份中开幕，在一定程度上标志着民众代表已经初步楔入这一六千年之久的政府之中。

其成员全部来自绅士和士人阶级。有官职者不得参加。星期三，摄政王根据已故皇太后颁布的宪法大纲，下发了有关谘议局议事范围和职权等的特谕，电达各省督抚。

尽管谘议局最初的唯一权力只是咨议，但是，筹设该机构时的意图则是要训练学习，使之做好准备，逐年行使更大的权力，直到八年之后国会开幕之时为止。此外，他们将会成为各省真正的立法机构。

《基督教科学箴言报》，1909年10月14日

中国谘议局开幕之日无人理会

北京。全国21省谘议局法定的开幕之日已经过去，但无人理会此事。《官报》以及报纸都保持沉默，没有人表示出任何兴趣，也没有有关这一新成立机构的信息。

谘议局是根据1908年8月27日在北京颁布的宪法而成立的，按照该宪法，谘议局将把中国引向议院制政府。

《基督教科学箴言报》，1909年10月15日

中国：新的各省谘议局

本报通讯员

北京，10 月 14 日。今天是中国建立立宪政府过程中的一个标志性新时代。遵照 1907 年 10 月 19 日及 1908 年 7 月 22 日发布的上谕，从 1908 年起一年之内在中国关内及满洲和新疆等 22 个省设立谘议局的上谕，在过去一段时间里，选举一直在进行之中，按照章程，其第一届会议于今天即阴历九月初一开幕。

大家会记得，去年 6 月，当（甘肃省）〔陕甘〕（总督）上奏折认为，谘议局不成熟反对其成立时，他立即就被革职。选举是按照章程进行的。凡总督或巡抚所在地均为谘议局建立了大会堂。议员数目各省不一，直隶 140 名，浙江 114 名，吉林、新疆、黑龙江各 30 名。已发表的尚不完全的报告显示，差不多一千名选民选举出一名代表。

在过去几周中，已有来自各省当局的报告，要求对此新起点做出更多指示及更多信息。昨晚发布的一道上谕再次警告议员们注意其辩论，要求督抚们加强监督，呼吁所有人都要表现出忠君爱国之心，以便使国家繁荣富强。这一事件可能具有历史性意义。

立宪运动

立宪运动在中国兴起，其起点和原因都是日本在最近战争中的胜利。其实际开始的日期是从 1905 年 9 月开始的，当时，由载泽公爵率领、由五名中国高级官员组成的皇家使团离开北京，前往欧美考察各国政治状况与政府政策。由于他们即将出发时在火车站被投掷炸弹而延误，使团重新组建，直到 12 月方才成行。使团访问了欧洲各国，并在完成使命之后，于 1906 年夏安全返回。归国之际，载泽公爵描述了立宪对国家的利好，要求早日颁赐宪法及选举国会代表。自此以后，运动便一直在进行之中，没有中断。

1906 年 8 月 27 日，皇帝任命了一个由国内最高级别的官员组成的皇家委员会，用（载泽）公爵的名义[①]来审查奏报给皇帝的材料。1906 年 9 月 1 日，一道上谕公开宣布，虽然大权仍旧统于朝廷，但是将改革官制，修订法律，整饬财政，整编军队，并将在数年之后实行立宪政府。

1907 年 2 月 18 日，官方用皇太后的名义发布的另外一道上谕宣布，“时处今日”，“惟有仿行宪政”。同年晚些时候，即 9 月 20 日，皇太后再次宣布，宪法对于国家来说是必不可少的，她下令组建由大臣组成的资政院，以立宪政基础，由溥沦亲王及大学士孙家鼐担任总裁。

稍后，10 月 19 日，除了设在北京、由大臣组成的资政院之外，各省也要在省会设立谘议局，由相关的督抚挑选议员。重要的事情要首先奏请皇帝裁决。将来，资政院要从各省谘议局中选拔。如果需要的话，皇帝会通过督抚向各省谘议局咨询情况或建议。

在各省设立谘议局的同时，各府各地也设立地方议事会。各省谘议局章程已于 1908 年 7 月 22 日发表在官报上。章程是由两名在日本受过教育的浙江留学生章宗祥和曹汝霖根据日本的先例起草的。各省谘议局是选举性的咨议机构，而非立法机构。它们密切对应于日本各县的议事会。谘议局议员及选民均有具体资格规定，无资格者主要包括吸食鸦片者等。谘议局将在一年之内召集，在谘议局中获得经验者将可进入资政院服务。

拟议中的政府

这些章程发布之后，随之而来的是 8 月 27 日有关立宪政府的奏折和上谕，阐明了立宪政府的基本原则，选举资政院议员的方法，在正式召集国会之前的九年中所要采取的预备措施等。在这份公文中，君主的绝对权力受到保护。君主掌控外交，可以不必征求国会意见。国会不得干涉军事。国会只有议事权，而没有执行权。选举将通过投票进行。公文论述了九年之中所必须完成之事。第一年创

---

① 原文为“The Duke”，从上下文看，当指载泽。载泽系嘉庆皇帝第五子惠亲王之孙，与光绪皇帝平辈，1877 年为辅国公，1894 年镇国公，1906 年率团出国考察政治，归国后升御前大臣。据《醇亲王载沣日记》，光绪丙午年（1906）七月初六日奉谕旨“考察政治大臣回京条陈各折件，著派醇亲王载沣等阅看，请旨办理”，译者。

建各省谘议局及地方议事会；第二年调查人口，制定省预算，公布（由日本司法专家制定的）新刑律；第三年设立审判厅，等等。到第九年时，将设立由上下院组成的议院并任命一名总理。

这样，1908 年 8 月 27 日的上谕就把中国放到了 1881 年 10 月 21 日日本所处的同一位置之上。1906 年 9 月 1 日的上谕相当于 1869 年 4 月 17 日日本天皇的大誓，其中第一条宣布："广开国会，万机决于公论。"

1907 年 10 月 19 日、1908 年 7 月 22 日的上谕授权各省在一年之内开设谘议局，这相当于日本 1878 年的上谕，授权在日本各府县组织议事会，其目标相同，都是"在此类团体中所取得之经验，可作为进入国会服务之训练"。这类团体于一年之后即 1880 年在日本建立。1908 年 8 月 27 日的上谕虽然宣布将于 1917 年在中国设立议院，相当于日本 1881 年 10 月 21 日天皇宣布将在 1890 年开设国会，但是专制权保留在皇帝手中。1889 年 2 月 11 日，日本公布宪法，自各府县议事会开幕算起，远超过八年。在中国，各省谘议局开幕到公布宪法之间也同样要经过八年的时间。

现在，皇帝正在重申去年所给予的承诺。

《泰晤士报》，1909 年 10 月 15 日

立宪运动在中国引起兴趣

《箴言报》特稿。

北京。各省谘议局的开幕为重新讨论中国立宪运动可能具有的重要或不重要意义提供了机会。不乏有熟悉中华帝国事务的外国人，他们曾与日本的伊藤亲王预测，一部宪法将不会使中国走上其所希望的强大和繁荣的高速路。立宪政府是否从一开始就会证明是成功的，这还有待证明，但是，不能否认这样一个事实，即中国人的生活正在经历一场变革。这种变革就连在该帝国居住时间最长的外国

人也无法解释，除非把它解释为民族精神的觉醒——西方人对这种东西过去闻所未闻，哪怕是以任何可以识别的爱国主义的形式都没有。

这一新的精神表现在对立宪政府的要求之中，这一运动要求取消帝国的许多宝贵特权，用本国资本来开发国家的资源。它使得若干按照中国传统本来不可思议的事情成为可能，例如土生土长的各省人士在负责立法的谘议局会议上成功进行辩论之类。这些事情当中，包括了国防力量的振兴，陆军的振兴已基本实现，海军的复兴则已准备就绪。1900 年之前，当兵会在中国上等社会的头脑之中引起某种憎恶之感，商人和手工艺人比战士享有不可言喻的更崇高的地位，这与邻国日本的情况极为不同，在那里，最优秀、有希望的青年都贡献给国防和发展军事的事业。

自从爆发义和团之年以来，中国从日本教科书中学到了一页。根据许多在这一帝国内居住者和旅行者的可靠报告，总体上，作为实现中国对外关系上的某种巨大变革的手段，中国的青年人已经非常心甘情愿地去服兵役。远东最近的三大战役，即（中日）〔甲午〕战争、联军在中国土地上进行的战争及日俄为争夺霸权而在中国领土上进行的战争，假如其中任何一役今天重新上演的话，那么平静的中国毫无疑问会证明是跟过去完全不同的角色。

自治学会（Self - government Society）在憎恨外国人对扬子江流域和满洲里方面所开展的侵略活动，中国人在有关澳门划界问题上所表现出的决心，当地资本家在开发（实业）方面所表现出的热情——不管这些企业的管理是如何原始，这些都证明了一种对国家事务的一致关心，在过去的几代中，由于缺少这种关心，使得中国打上了落后的烙印。

由于国家的面积和特性，召集国家立法机关大会必然遇到自然障碍，不应忘记的是，如果在今后的八年之内要召集立宪国会，那么铁路建设将会成为中国部分地区的“家常便饭”，而这些地方在今天几乎被认为是根本无法通行的。在水上（交通）方面，帝国重要的水上交通系统的发展将会受到大大推动，同时，电动车早已被用来穿过那些至今仍然无法铺设铁轨的地区。

此外，中国代表们为长途跋涉参加省谘议局或全国议会，个人舒适问题将不会成为阻碍因素。在世界上文明的民族之中，没有一个像中国这样不在意舒适和便利。如果交通运输方面对议会的召开构成困难的话，这一困难是可以克服的。

显然，地方自治——按伊藤亲王的意见，还有对中国立法计划的极端批评——必定是立宪政府的基础。可以这样说，正在组建过程中的地方谘议局，会让中国人民开始采取自己的措施来实行自治并开始立法传统。

《基督教科学箴言报》，1909 年 10 月 16 日

立宪的中国

词语，即使书面词语，不会总与事实相符，在中国尤其如此，在过去的数个世纪里，由于受到崇敬，书面词语的拘泥形式已经使国家的大众生活陷入了呆滞的形式主义，掺入的只有活跃的腐败和阴谋诡计。50 多年与西方的强制接触给中国人几乎没有留下什么印象。对政府官员尤其没留下什么印象，他们既没有能力学习，又没有能力忘记。1900 年的义和团运动由于统治阶级的愚蠢给中国带来了痛苦的屈辱。日本战胜威慑中华帝国统治者如此之久的强国（俄国），最终把国民从冷淡中唤醒。一股新的潮流席卷了中土，黯然失色的官场之外正在崛起的新生代中，尤其是在作为国家中坚力量的工人和商人中的大部分中产阶级，改革的呼声响亮又深刻。从官方解除了至今所加在西方教育的限制的那一刻起，反抗这新潮流已变得不可能。甚至老皇后在位的最后数年里被迫对之表示礼敬，在承诺进行各种改革的一长串上谕之中，1907 年和 1908 年发布的两道上谕开始讨论立宪的问题。星期四各省选举出来的谘议局召开会议，这是标志着代议制真正建立的第一阶段。正如我们驻北京记者在昨天出版的有意义的信息中所解释的那样，这些团体是咨议性的而不是立法性的，他们的直接目的主要是为八年之后将要成立的中国国会充当培训学校。从这一点来说，应该对新立宪措施的创始者的深谋远虑提出表扬。官方明年将进行人口普查，到时候各省谘议局将得到拟定各省预算的权力。在接下来的一年中，审判厅等将会逐步建立，这样一步步实施，到 1917 年将会成立整个帝国的上院和下院，官方将采取某些措施保证在外交关

系和国家防御中君主的绝对权威。

在这些事情上中国人已经非常明智地遵循由现代日本历史提供的先例，甚至为不同的发展阶段指定的精确时期都是如此。但是我们担心，要把曾经加速了日本进化的那种精神引进到中国在实施这些措施的过程之中，要困难得多。现代日本的缔造者直到行政改革的艰巨任务接近完成时，才尝试引进代议制。尽管天皇发布了大誓章程（日本天皇在 1869 年发誓要到适当时候创设议会），但是直到 12 年后的 1881 年，他才发布了一个类似于去年由中国皇太后发布的上谕。在这期间的 12 年里，日本致力于对国家各个部门进行大量的内部改革，其用力之勤、效率之高，都令人钦佩，而这方面的改革，中国几乎尚未开始。改革的确是当今中国大家都在谈论的事情，但是官僚机构的哪一部分已经认真地改革了？有能力实现重要改革的人物在哪里？袁世凯和唐绍仪比政府高官里的凡夫俗子可能更聪明，更能适应新的条件。但是就性格和教育而言，他们能与大久保利通、伊藤博文、山县有朋、大隈重信诸人相比吗？最重要的是，当今中国在哪里才能找到强烈而又严肃的爱国心和激励日本武士个人自我牺牲的那种精神？中国目前形势下最重大的特征之一是中央和地方政府之间不断扩大的冲突，在不断增长的外债压力之下，北京的财政困难预计只会进一步加剧。新成立的谘议局会减缓这种冲突吗？或者，相反地，难道它们不会更可能给各省的不易控制增添新的刺激吗？这可是少年中国最显著的特点之一。

这样的顾虑对那些相信国会制度本身是一剂万能万灵药（无论哪一个国家一剂下去肯定立即见效）的人来说，可能是不愿意接受的。但是至少可以说，我们不能对中国几乎未经任何准备就开始进行这类重大试验所带来的各种危险视而不见。我们目前主要的希望一定是在中国突然趋于西方发展的外部形式之时，教育能够胜过政治。在过去数年里，全中国产生的学习西学和西方科学的特别要求毫无疑问是一个重要而又鼓舞人心的特点。幸运的是这是一个领域，在这一领域里这个国家的人们能够向中国人提供真正的而有价值的援助。当统治阶层充其量只是勉强接受时，当这种工作十分辛苦且常受到迫害时，我们许多传教士在中国已经做了值得称赞的工作。人们可以希望他们现在为他们的活动找一个更大、更自由的范围；上次他们在上海举行的会议表明他们准备以博大的基督教博爱精神，对正在中国人之间普及的开明、宽容的新潮流作出回应。我们同样衷心并满意地庆祝弗雷德里克·卢嘉爵士的计划得以成功，正是由于这一成功，确保了香港大学的建立，建立香港大学计划的成功，那将会很好地证明西方教育对全中国，至少对华南是最有效的手段。国王已经授给这所新大学一块与他本人爱好相称的标记，我们很高兴地看到，昨天我们出版的捐款名册中，来自一些与远东有联系的最重要的公司和商人非常慷慨地捐款。但是一个更值得注意的特点是有些捐款来自富有的中国人，不但是香港的，而且还有来自海外华人的，但是最值得注意的是也许是来自相邻的广州的中国当局，甚至来自中国政府本身。中国人认识到被这个国家的许多狂热者所忽略的东西——那就是，香港将帮助中国学生把理论与实践教育的优势，与比中国本土大多数城市发展水平更高的华人社会接触的优势结合起来。我们认为，不能奢望英国政府能做到对这种工作给予实质性的支持，尽管他们一直毫不迟疑地为一些非常一般的目的而利用殖民地贫乏的资源。但是我们相信，中国人仍然会非常感谢个别英国友善者的合作，其中，在中国协会的援助下并通过它的一些会员毫不吝啬的帮助，在伦敦建立实用汉语学校的捐款已经成功到位。英国人要对中国的进步事业表示同情和支持，最有效的方法就是提升两个民族间的思想交流机构并帮助训练中国青年一代，使之为不久将来新的政治机构提供发展。这一发展将会给他们带来的机会。

《泰晤士报》，1909 年 10 月 16 日

中国的自治

来自北京的消息称，各省谘议局的开幕在公众之中并未引起什么兴趣。作为 1908 年 8 月制定的宪法所规定的议院制政府的第一步，报导中所提到的这种缺少热情令人失望，但是，必须承认，不能对之抱以太大希望。当基层选举举行过之后，人们发现，那些登记过的人几乎都是以往在公共场合有过经验的人，如退休的政府雇员、士大夫、教师与名人等。从先例来看，这类人自然都

是与政府保持一致的。此种情况使得省谘议局中能否形成反对党至少是令人十分怀疑的。

很显然，地方自治必将战胜官僚派的抵抗。这些官僚们决心不惜一切代价来保住其地位与财政资源。自治最后没有理由不实现，但是，开始阶段的斗争表明，谘议局在很大程度上必须依赖大贵族阶层。天津的个案很有启发意义。正是在那里，地方自治第一次肯定了自己。谘议局的成员们具有足够的先见之明，说服时任总督、已故的杨士骧对之保证在其辖区内有必要的财政保障。杨知道，如果拒绝他们的要求，他们就会拒绝开会，他就会因为办事不力或抗拒上谕而到皇帝面前接受训斥，于是，他只好保证每年从其口袋中掏出一万两千两。随后，政府和（谘议局下设的）委员会间进行了激烈的斗争，后者最终获得胜利：总督撤销了土地局，将之移交给委员会，委员会立即展示出最新思想，把土地税用在支持学校教育上。但是，官僚们能够让步的也就到此为止，他们希望，谘议局应该关注教育，教育花钱而不生财。一旦地方自治需要地方官僚承担财政损失时，他们就会锱铢必较，如果离开了大贵族们的干涉的话，很难看清楚谘议局将来的结局会是什么样子。

但是，自治运动已经真的开始了，仅仅这一事实，就标志着中国受过教育的人们思想中发生了如此巨大变化，进步似乎是可信的。

《基督教科学箴言报》，1909 年 10 月 18 日

中国人反对借款

——各省谘议局也反对政府的征税计划

北京，10 月 30 日。今天政府发表了国家《资政院选举章程》。资政院以后将改造为（国会）上院和下院。有好几个省的谘议局的会期将持续一个月。他们的讨论显示普遍反对政府的征税计划和向外国借款的安排。山西在反对鸦片贸

易中占领先地位，其谘议局一致反对政府恢复鸦片财政。

《华盛顿邮报》，1909 年 10 月 31 日

立宪的中国

——日本人的观点

本报记者

东京，10 月 22 日。在日本，对有关中国立宪的一般性预测，一部分人似乎表示乐观。许多西方旁观者持怀疑态度，但是，总的来说，日本人并非没有信心。也许这种信心源自日本意识到她所欠中国文明的巨额债务——这笔债务在文学、哲学、艺术和伦理学领域都极其显赫。日本曾经坐在她伟大邻居智慧的脚蹬上这么多个世纪，她不可能承认她本身踏上的路对中国人民会行不通。不能据此推论说她对自己通往立宪理想的进步完全满意。她确实远不能令人满意，但是当她将她取得的有限成功和外国观察家对她失败性的预测做对比时，她自然而然地倾向于低估后者对中国实情的悲观态度。而且，挡在日本通向代议制路上的障碍物几乎和挡在她邻居的路上的一样巨大。因为无论庞大的中华帝国各个部分有多么不同，日本的诸藩也绝不是好统一的对象。尽管日本不得不到遥远的欧洲去寻找制造立宪体制的原料，她建设性努力的过程和结果对中国是有指导作用的。最后，日本人高度评价中国人的聪明、中国人的智慧、中国人的洞察力以及中国人对法律和秩序的重视。

王朝的难处

如果伟大尝试失败，那将不会是因为中国人民无力自治，而是因为王朝的难处。日本诸藩的自我本位利益和野心的背后总是有一股为统一而工作的潜在势

力，一股忠诚于天皇的势力。那种爱国本能的力量最终克服了所有阻碍中央集权和国家体制的障碍。在中国，没有这样的势力在起作用。满族独裁者坐在北京，不是通过人民的选举，而是因为人民的遭罪和由于庞大帝国缺乏联合的手段。以代议制的形式创造这样一种手段，那么对王朝来说结果会怎样？清朝能够提供有能力处理危机的人吗？这些是认真思考的日本人渴望问的问题。他们相信汉人是（好）金属，但他们不相信汉人和鞑靼人能冶炼成合金，至少在建立立宪政府这一问题上是如此。

这个伟大事件中，一个有趣的特点是，中国人多么不情愿承认在构建他们的新体制和新法典中直接欠日本人多少人情，那种恩义会自动地印在工作的表面上。中国人将不得不使用日本术语。汉语是世界上最灵活的。它的表意文字构成了很多单音节词，每个单音节词有一个明确的意义，所有单音节词都能够同时结合或变换成两个、三个，甚至四个来构成可表达几乎任何可想到的意义的词。于是，诸如“法典”、“电报”、“电力”、“宪法”等词都在简单的双音节中找到了直接的对应词，尽管完全是新奇的表意文字结合，但由于它们有单音节词成分的意义，它们立刻就可以被理解。当然，造词能力的根本原因在于日本使用中国的表意文字体系。但是问题是，她已运用那一体系为整个西方科学的术语创造了极好的同义词，所以中国现在将不得不接受那些同义词，这样她的宪法和规则便留下了来自日本的痕迹。

《泰晤士报》，1909 年 11 月 12 日

各省谘议局

本报记者

北京，11 月 6 日。10 月 13 日的上谕郑重宣布各省谘议局次日开幕。这从形式到内容都是对已故（光绪）皇帝于 1908 年 7 月 22 日所发上谕的一个浓缩解

释，那道上谕根据慈禧太后的命令，规定了这一咨议机构的产生及目的。两道上谕都认真强调，谘议局的职责纯粹是咨议性的，行政权力完全掌握在官员手中。正如《泰晤士报》（10月15日）先前指出的那样，九年预备立宪大纲是紧紧追随日本过去实行的做法，计划首先是要让某些阶层的人民熟悉选举职责，并训练代表，使之此后能够完成在帝国议会中的职责。但是，即使是最乐观的观察家，看到第一年预备的结果，再想想民众的实际状况，都不能不为最近的将来等待这一民族问题的严重性留下深刻印象。该民族无论是从本能上还是在教育上都尚未为如此重大的变革做好准备。这场变革是由这样一个政府领导的，它虽然宣称自由原则，但却对实施财政和官制改革毫无真诚或真正能力的表示，而这却是顺利完成和平改革所必不可少的。已故伊藤亲王有关这一问题的颇有分量的发言受到中国报界的猛烈攻击，有人认为他的发言典型地反映了日本阻止中国进步的政策。不过，几乎没有利益无关方的观察家愿意为这位伟大的政治家的下述论点进行争辩，即中国的立宪计划是不成熟的，在现有条件下是危险的。没有一个人比伊藤更清楚地知道，日本人民是如何通过共同努力、坚忍、爱国，期间不无流血，才创造奇迹，摔掉了封建的枷锁，加入到现代文明的大家庭中来。没有一个人比他更了解使其国家完成这一奇迹的坚强、能动的品质，而这些在今天的中国，如果不是说完全不存的话，起码也是几乎不存在的。

统治阶级的态度

根据所有经验来判断，可以有把握地说，截止到目前，中国统治阶级中的大多数，尤其是满族，并未真正把预备立宪当回事。确实，一道道上谕中包含了具体的要求和详细的计划大纲，但是，数不清的其他上谕也一直都是些死文字，这些上谕本来设计的意图就是如此。在现在的案例中，它不光已经成为在国外“露脸”所必不可少的，就是对安抚国内庞大的而且数量越来越多的政治鼓动者而言，也是必不可少的。但是，至少90%以上的满族统治者和75%以上的汉族士大夫，在抽象地对所有改革原则表示真切同情的同时，却从来也没有想过支持政府那些有可能颠覆“现存秩序”的改革计划。他们本能地支持中国典型的“自由派”政治家、已故张之洞的观点，都能说出他不给人民民权或政治权利的5点（或50点）理由。他们不反对皇帝在此点上或在其他任何问题上要求完美的宣言。他们满意地注意到溥伦亲王与欧洲谈判对手围绕北京国会的建设所进行的谈判。在他们看来，这就是已经确立的秩序中不可改变的一个组成部分。这就像高薪雇用的美国专家在北京参与印制钞票并不意味着币制改革一样，这些也绝不意味着中国会对官制进行重大改革。他们相信，拟议中由上下院组成的帝国议院在大权独揽的皇帝统治下，将会如此构成，以至于不仅不会损害到统治阶级的特权，而且还会向该阶级提供有关“少年中国党”等的有价值的情报，而且根据所有经验，他们对上谕作这样的理解——把谘议局看成是一个有权威的安全阀，而不是一种政府官制中需要认真对待的新因素，这都是正当的。

正在到来的风暴

精通政治权术，已故的慈禧太后本能地意识到并欣赏这些力量，这最终诱使她首先采取步骤，向着立宪方向发展。这些搅动起中国深水的力量，本质上与那些只要时机成熟就会把每一个国家都要卷入到危险的变革之中的基本冲动是相同的。眼下，如果它们不是革命的，那就是一种进化的力量，它们最终将要么修补现存政体，要么结束现存政体。与那些催生了俄罗斯杜马的力量相比，这些势力更不连贯，也许更不自觉，但是，其可怕的程度则丝毫也不逊色。而且正是因为这一事实，也因为满族制度中显而易见的不可救药的腐败和混乱，我们不得不因意识到，变革中正在等待中国的迫在眉睫的危险，并为此留下深刻印象。假以时日，政府又能努力加强财政与力量以应对新的环境，坚忍、平和的中国人民的大多数有望支持法律和秩序。但是，对于一个既无力做此又无力做彼的政府来说，还有什么可希望的?

在各省谘议局开场的辩论中，你早就可以嗅得出即将到来的混乱，你早就可以听得见暴风雨即将到来的最初的声息。北京的权贵满脑子无知，固守着中世纪的权术，在其家门口作秀，显然是希望各省谘议局把自己放出的烟雾自己收回去，希望可以通过久经考验的在相互竞争的阶级之间维持平衡来保住官僚阶层。但是，朱笔从天朝的深层唤出的精神，尽管用“御用选举”做了一切可能的防范，并将之置于总督、巡抚的直接控制之下，还是对中央政府及其困难没有表示出多少尊重和理解。在其诞生两周之后，许多省的谘议局就已经通过决议，谴责中央政府好几个得意的建议，如鸦片专卖、印花税、汉粤及川粤铁路对外借款等。在印花税的个案中，十五个省已经发表了意见，在许多情况下，他们还诱使地方官员支持其意见，认为拟议中的征税方案不可行，这样，用中国报纸的话说，就是“加税行动被推迟，度支部束手无策”。关于令人恼火的铁路借款问题，湖北省谘议局据说已经全体一致同意议长的声明，决定“誓死”反对政府的计划。

激励着这些谘议局的精神与世俗的报界所表达的精神是相同的，反传统，爱国——在谴责一切洋货的意义上说——但是，到目前为止，缺少明智的领导和建设性的政策。他们对中央政府的态度一般而言是几乎不加掩饰的鄙视。一位中国记者最近在批评军机处时，祝贺他们万寿无疆，但他注意到，“让这样一群无能之辈来统治国家，国家没有希望万寿无疆”。我没有办法找到比这位记者的话更好的言词来描述其总体倾向。

《泰晤士报》，1909 年 11 月 23 日

中国的自治

新成立的各省谘议局正在召开的会议，是一场重大政治试验中的第一阶段，它在许多能干的观察家脑海中引发不安。本报驻北京记者发来的有关激活各省谘议局精神的报道，也未能减轻这种不安。中国官方慈父般地做了大量苦口婆心的工作，劝说他们返回，放心接受中央政府的观点和想法。这种选举权被我们的特派记者描述为“穿丝绸者的（选举权）”，总督和巡抚个人都密切关注着权力的行使。毫无疑问，这些预防措施已经有了些许效果，但是它们没有达到理想的效果。当选的议员可能不像在选举权更加普遍的情况下选举出来的，没有“上边”指导的议员那么“先进”。然而，他们被召集在一起以后，进步极快，仅两星期之内，就表现出令人不安的独立姿态。几个省的谘议局已经采取联合行动，向北京政府最欣赏的工程提出毫不留情的反对意见。这种对立不约而同地发生在多个

省会，这一事实加重了它的严重性。它表明对中央政府的漠视和鄙视是多么普遍。它同样清楚地表明谘议局所属阶级的暴力倾向和不成熟。这些团体中的几个已经通过决议谴责由政府提出的财政应急手段。他们中至少有十五个已经驳斥（征收）印花税不切实际。一些谘议局已经对鸦片专卖和某些外国铁路贷款表现出同样的敌意，这是一个简单而且也许受人欢迎的事情。但是它被采纳不需要什么大的智慧或爱国心。我们被告知，度支部已经无计可施，印花税的征收已经延期，违抗谘议局可能是行不通的。但是资金还得以某种方式提供，而值得怀疑的是，以（朝廷）目前的气势，是否会有受到资政院欢迎的那种方法。至少到目前为止，他们还没有显露出任何有智慧的领导者，或表现出任何建设性能力的迹象。毫无疑问，他们仍然很年轻，而几乎所有新成立的议会都得花些时日来学会自治和获得实际学识，更不要说经验了，这对开展工作而言是不可缺少的，它与演讲演技不同。议会开的时间稍长一点，他们可能就会着手开始工作，干点比阻止政府计划和不分青红皂白地诋毁所有外国东西更有助益的事情。

当然，也存在着这样的可能性，虽然这也许仅仅是一种可能性，即进一步实验也许会被无限期地推迟。正如我们的读者所知，上谕确实已经划出总的路线图，有适当的时间限制，根据这一路线图，中国将在八年以后完全立宪，到那个时候，她会有幸拥有国会上院和下院，对其处理外交和国防方面能力的限制也已经加以考虑。谘议局有权拟定下一年度的预算，新的审判厅后年就可以开张。但是同样如我们的读者所知，正如今天上午我们的特派记者提醒他们的那样，那些上谕在无数个案中一直就是一堆死文字而已，而且本意就是期望它们是死文字。政府高官，尤其是有特权的满族人十分镇静地看待改革上谕这一事实，这相当清楚地证明了他们想从改革中得到什么。我们的记者毫不犹豫地说，90%的满族人和75%的中国士大夫从未想过支持对他们认为既有利可图又令人高兴的体制进行任何真正的变革。他们对国会建立合适的两院丝毫不会反对。溥伦亲王与欧洲承包商为此目标所进行的谈判没有妨碍他们，说不定可唤起他们的幽默感。他们不但愿意建立资政院，而且愿意占据资政院，因为他们平静地确信，事情会如此安排以便使其特权和薪俸在新的体制下和在旧的体制下一样毫发未损。他们甚至以一种宽容和纵容的方式承认新制度会给他们带来的益处。他们承认，“改革”一词能够愉悦外人耳目，对外国人形成好的评价有益。同时，他们认为，那些让与事实上什么也没有让与，可以用这些让与权来安抚国内制造麻烦的煽动者。欧洲人对他们几乎一无所知的国家（如中国）之事进预测，几乎总是轻率的。很可能满族人和反动的政府高官是正确的，上谕中制定的计划可能永远无法执行，或者被假模假样执行。也可能，而且看上去似乎不是不太可能，他们也许是错误的，正如我们的记者可能认为的那样，在各省谘议局所听到的对中央政府的大声反对可能是即将到来的风暴的第一个信号。他说，他们是不太连贯的多种力量的结果，这些力量比在俄罗斯第一届杜马召集之前所听到的那些也许更不连贯，但仍然不容忽视。一旦那些势力在像中国这样的大地上获得自由，那么其结果将是很难预料的。太平军叛乱的历史证明了他们是多么可怕。

由于多种原因，日本人比欧洲人更有资格对中国即将到来的事情做出猜测。遗憾的是，他们对此话题的观点并不一致。一方面，已故的伊藤博文宣称立宪政府的帝国计划是草率的和危险的，他在这方面的权威一定被认为是无与伦比的。另一方面，正如我们驻东京的记者近来向我们保证的那样，日本人（对中国立宪）的观点总体来看并非没有信心。与日本人住近邻的人们都知道他们对中国人许多良好品质的尊敬有多深。伊藤亲王本人，正如我们偶尔在我们对他一生的评价中指出的那样，对已故张之洞的经学有一种发自内心的敬意。他对西方学识了若指掌，他对现代科学发现的鉴赏力丝毫没有削弱他对中国学问某些方面的赞赏。他的多数同胞都与他有同感，他们记住而且感激地记住几乎每次思潮中从中国学到的东西，它们已经在东方文化中结出了独立的果实。他们不愿意相信，一个在他们引以为自豪的学问领域，一个使他们受益如此之多的民族，竟然会无法踏上他们自己洋洋得意追求的西方进步道路。也许他们没有意识到中国的道德素质和改革任务所具有的道德素质之间的区别是多么重要。也许另一方面，他们比欧洲人看得更远，在中国正发生的动乱中看到了生长茁壮，整体进步的萌芽，而这些西方人还未看出来。

《泰晤士报》，1909 年 11 月 23 日

表扬中国国会

——省级立法机构向宪政进步

北京，11 月 25 日。新近成立的省谘议局第一届会议，在今天闭会之际，收到了皇帝的嘉许。这是根据政府对立宪运动开始两年以来所取得的成绩而做出的。

上谕敦促政府所有官员在目前这样一个关键时刻与皇帝合作，以便成功实现立宪计划。

《纽约时报》，1909 年 11 月 26 日

为中国建一国会

芮恩施

尽管历史会重演，但这只是在事件的大体轮廓上才会如此，具体的事实不会重复，而随着历史剧的上演，我们就有了无穷无尽多样化的事件。因此，虽然过去三年里中国政治世界中所发生的事件可以用我们极其熟悉的一般概念来表达，诸如政治鼓动和宪法改革之类，但是，在细节上，中国局势的实际现实则是史无前例的。他们在世界历史上构成了一个全新的出乎意料的事件。

目前中国正在经历的变革可以这样表达，即中国社会正在走向政治化。截止到目前，中国一代代都是靠风俗生存，没有政治目标或政治目的之类的意识，政府本身的行动也不受具体政策的影响。政府权力稳固，它在考试的基础上选拔公

仆，此外有时还可以通过诸如各种奖励之类的措施来获得有希望的候选人。现在，突然之间，中国人民心中的政治冲动强烈地觉醒了。他们看到世界的其他国家在从国民生活和国家利益出发来自觉地指导政策。中国政府随波逐流，任凭习俗，每天都在妥协中与外国打交道，没有政策底线，只是掩饰目前的困难，这种情况再也不能继续下去了。中国人民中间的知识分子及有责任感的人士深感在处理国家事务方面有必要自觉地表达一种国家政策，有必要认真使用理性及长远眼光，有必要镇静坚定。

冲动来自外部。中国的夜郎自大在1894年的中日战争中受到强烈冲击。由于缺少集中，由于普遍缺乏爱国主义，如果此后没有其他更为严重的灾难接踵而至，这一冲击也许对中国人的生活不会产生什么影响。但是，对中国产生影响的大部分政治和经济的信号来自外部。中国即将被瓜分。最初茫然不安的人民大众，很快被类似于惊恐的担忧与激情所深深打动，而那些政治目标本身就不清楚的高级官员又对之不加约束，不，甚至应该说是加以纵容。于是，他们攻击外国人，攻打外国使馆，直接惹起了新的麻烦。中国又一次痛切感受到自身的软弱。当俄国在满洲以主人自居，拒不听从中国人的要求时，这种警告就越发严重。日本人的军事和政治天才则显现出来。通过与日本的军事和外交胜利相比较，中国人终于开始感到，其国民生活已经深深沉沦到多么无用。这种感情最生动地表现在"国耻会"的成立中。成千上万的人加入了该会，女子从此不再戴戒指，除非上边刻有"国耻"二字。这样，中国被惊醒，感到了自身的衰弱，认识到缺少强烈的国民政治精神困扰着她的危险。

问题在于如何摆脱这种耻辱的状况。即使最保守的人也意识到，必须进行某种变革，但是，救治的药方一直开到了建立共和的革命性主张。政府完全意识到了局势的严峻性，并试图找到一条通向全国改革的道路。它取消了人为的教育制度，到目前为止，中国的官员都是经过此种制度训练出来的。它设立了公共学堂，教授科学、法律、历史及政治。它派遣考察大臣出洋，从全世界各国收集适合于中国条件的准确信息。这些特使们的报告以大开本出版，全国受过教育的人都贪婪地阅读着，成为政治知识的基础。

摆在政府面前的改革任务是惊人的。要把国家在几个世纪的和平、没有外国竞争状态下实行的随意的行政制度改革为中央集权的、现代国家行动的机器，这本身就是极大的创新和政治家气魄的事情。但是，中国受过教育的人并不满意政府仅仅让他们来关心行政。他们本能地把所有要求都集中到了呼吁建立国会上。在表达全国性公共舆论的机关创立之前，国家如何能够统一？他们坚持认为，鉴于所有高效的国家都设有国会，鉴于通过创立这样的机构而实现了自强，那么建立国会就一定是实际改革的第一步。各种程度的激进主义的改革家们就是这样推论的。

政府承认了这种要求的正当性。它认为，在它所发起的提高公共效率的伟大运动之中，它应该能够得到汉族人民及汉族社会天然领袖们的合作。还能想出什么更好的组织可以比议会更好地把所有这些强大的社会支持凝聚起来？但是，政府现在还无法确定它应该给予这一组织什么样的特点及形式。通过1900年9月1日的上谕，它终于明白宣示赞成制定宪法。赞成让人民参与政府事务。

最近三年充满了令人不安的行动和反动。试图达成一些事关重大政策问题的尝试，由于个人之间的争吵、宫廷阴谋及对于革命运动的极度惊恐等因素而一再被打断。政府所要应对的势力极端复杂。皇族本身因不是汉人，必须避免出现仅仅执行一条家族或宗族路线的情况。满族官员所占有的特权地位对于有影响的汉人而言长期以来就极为令人恼怒。要减轻这种相互疾视，把官场中的这两股势力统一起来，或者至少是调整两者之间的共同诉求，就成为官方所面对的最为基本的问题之一。皇太后总有理由担心，中国伟大的民族复兴有可能发展到反王朝的方向。满族高级官员避免这一结果的努力促使他们在1900年与义和团走到一起。从皇室的角度看，民族主义的热情及其趋势能够在多大程度上与清朝统治的延续相配合，这是一个极为重大的问题。真正的解决办法就是让汉族人民大众来同化满族，取消人为的特权。这一点政府是意识到了，其最近所采取的许多措施都是基于这一政策。

政府通过满汉高级官员采取行动，它必须进一步处理好全国十八省及其藩属地四亿人民之中的所有利益、想法及偏好。因此，对于统一的国家生活及其有效表达方式的渴望已经变得如此强烈，若对之加以抵抗，就会引发革命，关于这一点，政府已经完全意识到了。但是，像其他地方一样，人民是由许多不同成份的民众构成的，他们的目标和思想观念都互不相同，混乱不堪。人民大众、贫苦农民、买卖人以及苦力劳工还没有达到政治自觉。他们思想简单，容易被其领导者引导到这一方向或那一方向，但是，也有可能突然因愤怒或惊恐而暴发混乱，这种狂怒一旦释放出来，就会具有地震或台风一样的力量。另一方面，由受过教育及在商业和工业方面占重要地位的人所构成的知识阶级，又像它过去一贯所做的那样，希望把国家机构放在一个比纯粹民主政治更小一些的基础之上。只有最激进的改革者才呼吁实行普选制。中产阶级仅仅要求成立一个国会性质的机构，可以通过这一机构来在政治事务中表达全国的智慧。由于中国社会的构成，这些人在街坊中的影响甚至比其他国家的中产阶级还要更大。正是他们在进行着政治思考，也正是他们的观点才被那些受教育较少的人们所心甘情愿地接受、支持。如果政府直接诉诸人民大众，那么它可能会忽视中产阶级，但是，如果不把各种各样社会中的天然领袖们的愿望考虑在内，则似乎不可能把中国社会有效组织起来，不可能把它所包含的巨大人力资源集中起来。

政府确实已经开始着手国会组织的政策。尽管对东方政府的内在特点而言这一概念是外来的，但是政治生活一直处在紧急状况之中，而国家的军机大臣们已经把组织国会放在了改革的急务之中，这些改革将会给中国带来活力。1907 年 9 月，官方以皇帝上谕的形式，下令将来国家的立宪政府将建立在公共舆论的原则之上。国会两院被认为是政府必不可少的基础，尽管创立两院中的任何一院条件都尚不成熟，但是作为将来这一机构的基础，上谕命令组建名为资政院的政府咨议机构，或[①]宪政编查馆。满族亲王溥伦及一名汉族高官分别被任命为总裁和副总裁。皇帝还不时任命了其他一些成员。开始之时，这一部门主要负责考察外国机构，中国各省及全国政治生活的条件和需要准备的工作。在其研究报告的基础上，该部门将对有关它认为适宜于发布的基本法等方面的问题向皇帝提出建议。因此，该部门目前的特点是结合了研究机构和立法机构的职能。（政府的）意图是这一机构将慢慢发展为中国国会的上院。

资政院现有议员中的多数由汉族高级官员组成，他们都是政府长期了解并信任的。但是，1908 年春，官方做出了一项任命，影响到政府起用改革者中更激进观点的想法。这就是对杨度的任命。杨曾是留学海外的学生，也是中国最初的改革派领袖康有为的一名追随者。他虽然效忠清王朝，但却拥有着最激进的官制

① 作者可能将资政院与宪政编查馆误为同一机构，故使用了“或”字，译者。

改革观点。他在政治方面坚定的态度通过他在其官位上得以保留。在他获得任命之后不久，他在馆中发表了长达五个小时的演讲，讨论了所提出的二十项宪法立法措施。在其演讲结束时，他说，他之所以进京，既不是为官，也不是为名，而是为了解决这一中国生死存亡的大问题。如果他不能帮助政府成立资政院，他宁愿离京去帮助各省成立这样的组织，不管他个人将因此而蒙受何种危险。他坚定相信，资政院是所有其他改革的先决条件。1908 年 5 月，馆内就应该多长时间颁布宪法进行投票，杨度及其他三人投票赞成在最短时间即两年之内颁布，六位赞成五年之内颁布，八位赞成七年之内，十二位赞成十年之内，一位认为最好是把宪法的颁布日期推迟到二十年之后。可以非常有意思地注意到，那些投票赞成在最短时间内颁布宪法的成员都是接受的旧学派的教育，即在日本学校中接受的教育，而那些在美国或欧洲受过教育者，一般赞成时间较长，多数赞成十年。

正如可以预见的那样，政府站在更为保守的观点一边。在其 1908 年 8 月 27 日的上谕中，政府下令在此后的九年之内逐步采取改革措施，为 1917 年颁布宪法作为准备。上谕说："届时即行颁布钦定宪法，并颁布召集议员之诏。"上谕中所提到的详细计划已由宪政编查馆制定，与上谕同时颁布。上谕相当确定地标明了逐年应行改革的内容。这样，改革本年就要开始，首先公布城镇乡地方自治章程以及人口调查章程，度支部将负责整理赋税和会计，出版公民识字课本，编纂民商法典及刑法典等。

官制改革工作将逐步进行，到九年结束之时，官方就会颁布宪法、皇室大典以及国会议员选举章程。很有可能创立一个皇帝顾问院，可能是由日本枢密院（由元老组成）的启发而成立。还要预备全国预算。因此，可以预测的是，当国会成立之时，新的行政机器早就已经在运转之中了，政府也已将政治局势完全控制在手中。在预备各项改革措施的过程之中，行政部门要与宪政编查馆合作。因此，后一机构成为了一个担负宪法性质的立法活动的中央机构。当国会最终召集之时，官制中大部分最为重要的问题早已得到解决。在预备期内，教育将会得到特别关注，以便到 1917 年全国男性人口中的一半将会读写。政府始终坚持，在人民还没有获得足够的知识能够理解其性质并能恰当运用之前，不应建立代议机构。教育显然被看作是一种保守的力量，同时也是一种启蒙的力量。

1907 年，有关宪政编查馆的上谕发布之后不到一个月，皇帝又发布了另外一道上谕，宣布在各省设立类似的咨议机构，负责处理各省的所有立法提案。这些团体由各省督抚从省内名人及纳税多者中任命。同时规定，资政院议员也可以从各省咨议机构中推选。这一上谕的政策通过1908年7月的一道上谕而得到进步保证和肯定，该上谕还提出了选举章程。上谕说：各省谘议局为“采取舆论之所，俾其指陈通省利弊，筹计地方治安，并为资政院储材之阶。……凡地方应兴应革事宜，议员公同集议”，但应上对朝廷，下对人民，断不应使品行悖谬武断之人滥厕其间，致使紊乱秩序。

宪政编查馆所制定的计划相当详细，规定了各省谘议局议员所必须具备的资格，诸如官方资格与学术地位、财产等。谘议局仅仅是咨议性质的，而且很大程度上将会处在各省官员的影响之下。选民只限于那些具有担任过公职经历、具有高中文凭或价值五千块银元以上资格的人。各省谘议局的第一届选举于今年春天举行。当然，这些选举没有像全国资政院选举那样引起太多关注，但是选举代表的原则就这样被悄悄地、有序地引进到了中国的政治生活之中，仅这一事实就具有头等重要的意义。

为了推进国会制度在中国的发展，中国已经成立了多个政治团体，诸如预备立宪公会、宪法研究会、宪法讨论会等。这些团体促进了公共舆论的表达。他们发起了一场运动，结果，1908年夏，十六个省的代表被派到北京，向皇帝呈递请愿书，要求建立国会。这些团体致力于讨论内政与外交方面的公共政策。讨论政治问题，提出了有关立法行动的建议。这一活动只是中国人民参与公共讨论能力的标志之一。确实，他们过去不是没有这方面的训练，而创设资政院和各省谘议局也不是在空中建设楼阁。

尽管在理论上说中国政府是一集权政府，但是其代表及机构却从来也无法忽视他们工作于其中的地方公共舆论。如果不协调好地方领袖人物的意见，就几乎没有办法增加任何赋税。万一哪位官员忽略了与这些力量的联系，他的命令就无人理睬。中国人总是习惯于采取集体行动。他们不仅不会交一分钱，纳他们未曾同意过的税，而且他们还会关闭店铺并参加抵制或罢市，直到有人出来听取其苦衷，争议中的事情按照他们所理解的公平进行调整。中国人分成若干行会和团体。这些团体的事务都是通过行会的领导和会员开会讨论来进行管理。因此，要求成立国会就是深刻扎根于中国人民生活之中的习俗的一种自然发展。如果国会一旦成立，所提到的这些政治团体将会很容易发展为政治组织与政党。当然，在多大程度上可使中国的政党行动变成一种宝贵的、有效的政治力量，这还是一个问题。在政党真正的功能定型、永久性的组织建立之前，出现残酷斗争是不可避免的。日本的经验教导我们，要使政党的行动适应于高度集权的政府是多么困难。

当中国某一地方的人民抗税直到其困难得到解决时，他们就是在行使议会制政府的基本功能。“国会之母”的权力就是以这样的方式发展起来的，而国会的财政功能永远是其行动的核心。中国国会主义的全部问题就是取决于此。为了彻底完成计划中的官制改革、学制改革、铁路及公路建设、整饬陆海军等方面的计划，中国政府需要大量资金，以几何级数增长的资金。1894 年和 1900 年列强强加给中国的两次外国赔款的负担也必须考虑在内。总而言之，很清楚，即使实行了有效的财政改革，目前中国公共收入的来源是不够的。与日本、印度、菲律宾等国的赋税相比，中国所征收的税额确实很有限。赫德爵士曾经表示相信，不必引起什么特别的困难，就可以把中国政府的收入提高十倍。但是，不管中国人民强烈而忠诚的爱国主义发展多么迅速，他们都会一如既往地抗缴那些强加于他们头上的赋税。为了给自己筹集必要的资金，中国政府必须使全国舆论协调到其政策上来。如果让散布在全国各地的大量地方官员来完成此事，效果将不会理想，而官方的行动也会不断因巨大的阻力和暴力事件的爆发而面临尴尬。总而言之，与全国打交道处理此事的最简单而又最安全的方法就是通过一个代表组织。正像英国国王下令让各郡的骑士们集会以便调整赋税一样，同样，中国政府也完全可以下令让各省各府派遣代表，以便共同为满足国家日益增长的财政需要做出一个合理的安排。

中国政府显然决心根据中国的实际需要并考虑其与国家现存机构关系的基础，以解决官制问题。现代文明国家的机构之中，日本的机构对中国的立法者们最有启示。皇家机构的尊严及其重要性得以保留。日本国会虽然被赋予很大的讨论与协调权，但政府真正的权力则在元老院手中。确实，国会拥有开征新税的唯一权力，但是，政府虽然有时资金会严重缺乏，但从长远看，它所能获得的税收额却会大大增加。在日本国会中虽然也有争吵，但是从总体上看它是帮助维系全国对政府的忠诚，而且它也确实促成了一股强烈的国民情感。但是，中国不同于日本之处在于，它是一个联邦国家。① 中国的省本身就是庞大的国家，永远也不可能像日本的府县或法国的省那样降为仅仅一个行政单位的组织。在这一方面，诸如美国、德国、印度之类国家的宪法都有很多中国人可学的东西。确实，今天中国立法中的主要问题之一，就是如何调整各省与正在创立之中的强有力的中央集权之间的关系。到目前为止，在制定一个确切的、清晰的各省和中央政府关系体系的文献，还没有取得任何进展。德国宪法在中国颇受青睐。使之吸引人的，是其皇家机构，以及以下事实，即对联邦关系进行了充分论述，各邦的大众成份与强有力的中央政府的要求能够相互协调。

在中国广泛讨论的特别问题之一是国会代表所赖以建立的最好的基础是什么。我们早已看到，中国官方目前暂时还不考虑引进普选制。政府最初赞成从代表性人物中任命，类似于印度政府中相关委员会的组成方法。代表利益的观点也被中国宣传家们所强烈主张。政府下令对奥地利的制度进行专门研究，在他们的制度中，帝国国会中的特别代表是根据城市、乡村、工业和商业团体以及大学等来分配的。中国很可能最终会采纳这样的计划来制定宪法的详细规定。这就会考虑到在府县等地区中存在的乡土感情，以及行会和工业公司中的联谊关系。如果这一体系不是直接以此为基础，那么通过调整选民资格也可以达到类似的效果。

就目前中国政府所能确定的总体政策而言，消除了中国文件中常见的暂时的闪烁其辞和仅仅夸夸其谈的成份之外，可以大体概述如下。政府的权威必须保持，尽管在细节上不会依赖于公共舆论，但官员必须根据公共舆论来进行治理。官方方法的特点和德行必须改进。对官员任命的试验必须基于现代科学及实际效率，而在选择过程中，候选人的特点和人格也必须纳入考虑。薪俸将会提高，以便政府官员不必依靠非法收费和榨取钱财提高收入。官方通过强制推行更加严格的责任和科学计算，改进整个制度的总体效率。在所有这些工作中，人民应该帮助政府，信任政府。那些给予他们的代表权应该通过凝聚民意与合作来加强国家的力量。但是，宪法不能从外国进口，它必须建立在国内活生生的力量之上并利用这些力量来为国家的总目标服务。因此，必须允许政府有时间来摸索出一条道

---

① 原文为“But China differs from Japan in being a federal state”，显然，这是作者的误解，与中国实际情况并不符，译者。

路，以便这些制度一旦引进，就能在现实中适合中国的政治与社会生活。

当然，中国政府可能会不愿意把实权交给代表会议。这一事实成为极端革命势力所提出的观点的基础。他们认为，只有通过革命，中国才能获得真正的国民机构。在这场革命中，王朝将被彻底推翻，一个纯粹民选的政府将会成立。但是，在目前中国的状况下，似乎伯克比卢梭是一位更安全的导师。确实，如果政府试图堵住正在寻找自我释放途径的公共舆论的巨大力量，那么政府将会挫败自己的目标，甚至可能会造成比中国目前已经遭遇到的还要更悲惨的悲剧。国会必须创立，而且它必须是真正代表全国智慧和力量的机构。当然，我们不应当对此机构期望太高，因为在世界任何地方，国会都不是理想的。但是，当公共舆论通过这样的机构集中起来之后，就会出现全国性的讨论，通过这样的讨论，政府很容易就可以确切了解全国人民的情感。通过代表们接受之后，新加的赋税就是权威性的，而通过国会控制之后，全国的财政管理将会受益。

但是，所有这一切还只是开始。一个国会这样的机构本身就带有新的困难，政党纷争，个人野心进入政治生活等，尽管这些比过去的宫廷阴谋处在更高的层面上。因此，中国的困难不会因为创立了这一机构而消失。实际上，中国将得到一种可以用来改善自己的总体状况的工具。但是，改革的实际工作必须在官制中完成。在此点上，朝廷必须赢得人民的支持。过去所取得的一些反腐败的方法必须让位于严格的责任以及公正、合法的指控。政府所承担的大型公共工程要求在公共服务中必须有超常的能力和奉献精神。如果出现过于集中的情况，各省就会受到损失，但是这些大的单位必须比过去更加服从于一个更直接的、更集中的管理，以便全国可以一致行动并服从其集中的力量。因此，很清楚，国会的建立只不过是实际工作刚刚开始而已。但是，如果这些机构能够如此调整，他们将会成为政府与人民真正团结一致的最好的表达，其他问题和困难的解决远比在一个意图互相冲突、公共舆论自行其是的政府手中容易得多。

《大西洋月刊》第104卷第6期，1909年12月，第790—797页

莫理循致瓦・姬乐尔（节选）

北京，1909年12月6日

我返回北京[①]安排一下家务之后就忙于撰写这次旅行的报告。人人都对我非常友善。人民极为友好。像多数记者那样，我高度评价在太原府和西安府看到的省谘议局。那里的会开得斯文有礼，大有可为。这是前进中的重要步骤，我曾经希望《泰晤士报》对此给予鼓励，因为这是各省的创举，从此有机会在公开的议会上发表他们的看法，谈论本省各种需要。而我从11月24日路透社电讯中看到《泰晤士报》对此表示怀疑，它听到"在高声反对朝廷的浪潮中风暴即将来临的第一个信息"。我认为，把平静的议会里进行的评议描绘成"高声反对"是十分不妥的。然而，我在濮兰德在寄给你的那份通信中（他同时也给了我一份没有注明日期的抄件），看到他对谘议局持有非常悲观的看法，他说，那种激励他们的精神就其斥责一切外来事物这种意义上来说，是爱国主义的，他并且引用了一位本地记者的话，说"由如此无能的老朽们来掌管帝国，极少有希望长治久安"。这句话说得好，但却是他自己的话——这是他自己告诉我的——任何一位当地记者从未说过这句话。[②]

---

① 正当各省谘议局开会之际，莫理循于1909年年末走访了山西、河南两省，随后，莫理循给报社寄去了一篇长达一又四分之三栏的文章，标题是：《中国：各省谘议局》。发表在1910年1月20日《泰晤士报》。与濮兰德同一题目的报道（见1909年11月23日《泰晤士报》）相反，莫理循的文章对各省谘议局的作为持同情态度，文章包括亲眼所见的事实以及从另外一些省谘议局寄来的报告摘要。濮兰德在文章中攻击了朝廷和谘议局，他说："甚至最乐观的观察家，看到第一年的活动结果，并且想到广大民众的实际状况，必定认识到这个国家不久就要面临的问题的严重性，这个国家的天性或教育训练都不能适应如此巨大的变革，而领导这个国家的政府一方面自称采取开明政策，却又丝毫不认真对待财政和行政改革，或者并没有真正的能力这样做，这样的改革乃是用平和手段完成这场变革的先决条件。"在"风暴正在临近"的小标题下，他继续说道："正在搅得全中国不得安宁的这股力量，在本质上，乃是同样的基本动力，这种动力年深日久就要把每个国家拖进变革的危机之中。这种动力是演变的力量，尽管一时还不是革命的力量，它必然要使国家得到改造或者灭亡。"原书编者注。

② 见1909年11月23日《泰晤士报》题为《中国：各省谘议局》，（本报驻）北京记者11月6日来稿，原书编者注。

有关湖北谘议局“誓死”反对的说法，是一位当地作家用东方人特有的夸张手法写成的，它把一个英国读者引入歧途。

我认为，由于濮兰德和我在中国问题上存在着如此深刻的根本分歧，反而给《泰晤士报》带来了好处，使它有足够的时间以便由一位毫无偏见的像洛瓦特·弗雷泽那样的第三者对此提出新的见解。因为我认为：现代中国最引人注目的特点之一，就是国民财富越来越有保障，经济日趋繁荣，人民对于外国方式和事物日渐抱有好感。然而，濮兰德却认为中国濒临崩溃的边缘，并且说美国在此地行将见到的只能是已被列强瓜分了的中国残骸。我认为，立宪政府对这个国家非常合适；同时，试办省谘议局显然是个成功。因为中国成立了省谘议局而谴责她，认为至少有百分之九十的旗人和百分之七十五的士大夫无意改变“现行制度”，在我看来是极不公正的。

大多数省谘议局都选举了士大夫为议长。格外引人注目的是，代表们那样从容不迫地履行自己的职责，那样有秩序地讨论议题。每个谘议局都为记者准备了席位，为他们提供的议程表详细得令人吃惊。(下略，编者)

录自〔澳〕洛惠敏编，刘桂梁等译：《清末民初政情内幕——〈泰晤士报〉驻北京记者、袁世凯政治顾问乔·厄·莫理循书信集》上册，上海：知识出版社，1986 年，第 641—643 页

莫理循致瓦·姬乐尔（节选）

1909 年 12 月 16 日

……昨天，我同梁敦彦长谈了一次，他现在是个炙手可热的人物，近来深受恩宠，为任何一个归国留学生所不及。他似乎对濮兰德那篇关于省谘议局的文章和《泰晤士报》的社论中涉及到朝廷和古代治国安邦之策的段落以及“即将到

来的风暴”[①] 这个标题有些不满。他说：“中国任何事情都不能使你们英国人满意。我们谨慎地在很小的限度内把代议制度引进到各省，就攻击我们排外，还攻击我们这样做要引起一场革命”。他说，来自各省的奏章表明，谘议局的会开得好，很平静也很有秩序，等等。我们的领事在报告中也是这样称赞的。他说，中国人对海军使团所受到的礼遇非常满意。

录自〔澳〕洛惠敏编，刘桂梁等译：《清末民初政情内幕——〈泰晤士报〉驻北京记者、袁世凯政治顾问乔·厄·莫理循书信集》上册，上海：知识出版社，1986 年，第 644—645 页

瓦·姬乐尔致莫理循（节选）

1909 年 12 月 22 日

我希望，你能在动身前收到这封信。同时我也很想收到你上次旅行的报告和采访省谘议局的报道。我不仅从濮兰德的文章而且也从朱尔典来信中得出了这样的看法，一般来说，这些新的谘议局有意给朝廷添麻烦，却无意减少麻烦，尤其是对洋人的态度。我承认，让我像你那样对中国的前途抱乐观态度是困难的，我不能忘记，你在去年以同样乐观的态度写给我们的那封长信，信中描述了袁世凯当政下已经取得和将要以得的进步；而就在收到该信之前竟传来了袁世凯突然被罢黜的消息！关于财政情况，在我看来，虽然在无能的政府之下中国依然很繁荣，但国库却是空虚的，而你对此中的差异没有足够的认识。关于国库空虚的情况，事实和数字已经充分证明。没有人怀疑中国拥有丰富的自然资源，但

① 这篇社论也载于 1909 年 11 月 23 日《泰晤士报》，标题是《中国的自治》。社论说，“我们的记者（濮兰德）坚信，百分之九十的旗人和百分之七十五的士大夫从来无意支持对现行制度进行任何真正的变革，因为他们在这个制度下既能得到好处又感到惬意。”莫理循提到的“‘即将到来的风暴’，这个标题”，其实指的是濮兰德文章中的小标题“风暴正在临近”，而非社论中的小标题，原编者注。

是，在政府机构进行彻底改革之前——依我看，这既无迹象，也很少希望——这些资源无助于使她摆脱日益加重的外债负担。我认为，你指责我敌视中国是不公平的，我当然对中国人没有敌意。中国人民具有值得称赞的品质，但这些是个人的品质，而非国家的品质。我也没有在任何地方看到成立立宪政府。要使立宪体制与现存于中国的那种权力极大而又腐朽透顶的官僚机构协调一致，是极其困难的。

的确，就英国政策而论，我不能支持中国人的要求，而无视满洲的既成事实，忽视日本和俄国在那里既得的重要利益。我们在满洲的真正利益仅在于设法解决理论与现实的矛盾并使其协调起来。我们寄希望于中国的潜在力量约达三十年之久，你我都知道，这种幻想是如何破灭的。在我看来，在可以预见的将来，中国很难跻身于世界强国之列，却可以列入弱国的行列之中。无疑，象中华民族这样具有持久力的民族一定会有光明的未来，但在现实政治中将其考虑在内尚非其时。……

录自〔澳〕洛惠敏编，刘桂梁等译：《清末民初政情内幕——〈泰晤士报〉驻北京记者、袁世凯政治顾问乔·厄·莫理循书信集》上册，上海：知识出版社，1986 年，第 647—648 页

沃·凯·禧在明致莫理循

1909 年 12 月 29 日

我得以拜读你那篇极有趣味的文章，真是太感谢了。我过去没有留意这有关各省谘议局开会的报导，你的文章使我深受教益。

我不得不这样认为，各省谘议局都同样对朝廷构成某种威胁。如果各省谘议局顺利发展下去，这看来是可能的，它们的步子会迈得更大，各省将获得比过去更多的独立性。目前对谘议局的议论很多，濮兰德就认为谘议局将与朝廷处于敌

对状态，老实说，我觉得这种判断未必全错。

录自〔澳〕洛惠敏编，刘桂梁等译：《清末民初政情内幕——〈泰晤士报〉驻北京记者、袁世凯政治顾问乔·厄·莫理循书信集》上册，上海：知识出版社，1986年，第649页

中国的政府与公共舆论

张柳池（德熙）

用短短一篇文章的篇幅来评论一个国家的全部现状，这简直是不太可能的；但是，全世界范围内对中国变化的兴趣已经导致产生了大量文献，其中一些值得关注。以下仅仅是从中国人的立场，对中国政府及其人民所做的一种鸟瞰式图景的表述。

中国民族主义的特点是受到强大而富有影响力的公共舆论的影响。为了理解这一伟大运动的原因，我们需要简要回顾一下最近几年来牵动人民感情的一些主要因素。

报纸现在可望像西方一样对公众施加重大影响。报纸由持自由主义观点的人士编辑，其中一些是归国留学生，它们有能力精确而自信地处理一些重大问题。那些在条约口岸出版的报纸更是放胆直言，因为它们不断地揭露官员的腐败，批评政府事务。全国许多地区铁路的建成使得报纸在更大范围内发行成为可能，在上海发表的新闻，在出版几小时之后就可以在南京、杭州以及其他地方读到，而在过去，这常常需要一到两天才能送达这些城市。毫无疑问，快捷的交通运输为内地读者创造了快速获得知识的欲望。新闻检查虽然呆板严格，但并没有能够阻止对于公共问题的讨论；此外，对于一家出版物的镇压会催生另外一家，可能态度更加激烈。在中国，接受津贴的报纸相对很少，尽管官方不断尝试通过购买等方式来控制上海一些读者最多的报纸。《中外日报》一度曾特别畅销，但是一旦

人们知道该报已经成为官方的喉舌并已经改变了态度之后，其发行量立即下降。可以说大多数激进报纸都是在南方印刷的，特别是在香港、东南亚以及日本。这也许是因为这样一个事实，即外国政府不太关心中国人到底对其本国的事务说些什么。事实上，这种激进文献在内地很少有人阅读，因此，它们对人民的影响仍十分有限。

广东所进行的反鸦片宣传，其成功很大程度上要归功于报纸对毒品罪恶的攻击。另外一个对公共舆论有效果的是卡通和漫画的出版，它们在读者头脑中留下官员及政治事件好与坏的醒目形象。目前，几乎所有重要一些的城市都已经在开办自己的报纸，它们有时也会从条约口岸翻译的路透电讯及外国文章中翻印。于是，在世界其他地方发生的事情，就成了乡村中聊天的话题。许多在欧美及日本留学的学生利用闲暇时间为中国报纸写稿，通过他们，西方国家的政治经济状况得到了批评性的论述。最近，在上海的《时报》中出现了在美国的一位中国女学生撰写的一系列论述美国妇女工业职业的文章。更为专门的一些问题则由期刊来处理，现在期刊已经非常多。以帮助读者了解世界政治为目标的《外交评论》，多年以前创办于上海，其高效的翻译队伍从许多外文中进行翻译。对于下层社会读者，则有用简易口语体写成的文章。

旧的“女子无才便是德”的观念已经得到改变。有关家庭文化的新观念已经催生了一些妇女杂志，其中包括一些出自女性笔下的非常敏锐的文章，表明她们在中国的新时代同样也可以发挥重要作用。通过报纸，公共舆论形成；通过它，民族主义的影响已经统治全中国。

在讨论过报纸之后，我们接着看一看士绅、学生和商人阶级。士绅要么是富裕人士，要么是退休官员，或者著名学者，作为个人还是作为整体，它们在人民中间都是鹤立鸡群。省当局把他们当作人民的喉舌，在地方事务上经常听取其意见。在遇到因赋税过度增加而引发罢工时，广东七十二行的首领和九大慈善组织能够比官方本身更有效地镇压骚动。那里由显赫的公民组成的自治研究会在过去几年中完成了了不起的工作，正因为如此，其影响已经大大提高。学生们受到西方教育的启蒙，他们放弃了不问政治的旧哲学，现在已与士绅联手，反映公众的情绪。他们被认为是中国“未来的主人”。这一称号的重要意义预示着他们在政治舞台上必须扮演的重要角色。1906 年 8 月，广州的学生举行了一场声势浩大的反鸦片示威，连续两天里，他们身穿校服，手举旗帜，行进在大街上，谴责鸦片的罪恶后果，并散发印有“鸦片鬼”漫画形象的传单。乐队随着队伍前进，导引乐队的是一名骑马的学生，他的脸被涂成黑色，身上背着鸦片烟枪，象征着鸦片对其身体的影响。当他们行过时，男男女女向他们欢呼，而主要的商家则挂出旗帜，表示他们对游行的支持。过去，学生方面的这一行动一定会震惊那些老学究，然而，时过境迁，人们的情绪变了。

1907 年抗议英国干涉西河警察权的行动，参加者有男也有女，后者还多次单独召开大会，数百人参加。听到她们热情洋溢的演讲，你一定会有这样的印象，即将来中国女子选举权并不是不可能的问题。1908 年 2 月 6 日，日本轮船“二辰丸”因运送武器支持华南诸省的革命运动而在澳门附近被扣留，事后在日本政府要求下释放该船，日本政府不仅强迫要求中国道歉而且还要中国支付10 000两的赔偿金并用21 000 元的代价收下武器，结果在广东引起了极大愤慨，人们召集大会，讨论抵制日货的方法。2000 多名妇女参加了会议，他们全都穿上了白色的服装——在中国，这是丧服的颜色——来表达她们深沉的悲伤，这一天也被命名为“国耻日”，商业歇业，学校罢课。1908 年上半年浙江人民反对铁路借款中（的苛刻条件）并持的坚决的态度，这是公共舆论中一个非常典型的阶段。抗议如此强烈，以致于中央政府好几个月时间里都尴尬不堪，直到最后达成妥协，派出本省代表到北京去与中央政府讨论这一问题。地方士绅的抗议活动被允许走到这种程度，这或许是中国历史上的第一次。这种情绪不仅仅是对着中央政府来的，同时也是对着一位担任大城市高级官员的浙江本省人来的。他被指控在与英国谈判借款合同时无视本省的利益，因此，人民公开开除了其浙江省省籍，并威胁在全省剥夺其祖先坟地的权利。其他可以记录的著名的抗议活动则与安徽和山西把矿山让给外国公司开采有关。

以上所写描述了靠近沿海地区的公共情绪。但是，有趣的是，可以注意到，甚至在云南和四川这样一些偏远的省份，民族主义都已经非常明显。不久以前，那里的士绅和学生提出一个方案，要把云南的法国铁路重新购买回来，并提议自愿捐款以便实现这一计划。当然，他们要筹集到七八百万英镑这样一笔巨款以便从法国人手里赎回铁路，这是完全不可能的，但是，在这样一个边远的地区所表现出的这种公共精神值得表彰。

考虑到上述事实，很显然，公共舆论已经成为一股统治力量，民主已经开始出现在人民心中。但是，随之而出现一个问题：中国难道不是有一个极端专制的政府吗？如果是这样，是什么使得其政府容忍这种对其行政权力的干预？要理解这一心理现象，有必要回到其过去的历史。毋庸置疑，中国从古到今都是一个君主制政府，由皇帝统治着，他由于有天命权利，被尊为天子，但是，过去的皇帝观念是，他像家长那样统治国家，对父母要孝，而对统治者则要忠。由于这一原因，他被赋予以他认为对其臣民利益有利而不是不利的任何适当方式来管理政府的权力。中国人本质上是民主的，就像经典中所揭示的那样。儒家的历史经典《尚书》就有这种情感。“天视自我民视，天听自我民听。”而圣人孟子有一次说道：“桀纣之失天下也，失其民也；失其民者，失其心也。得天下有道：得其民，斯得天下矣。得其民有道：得其心，其得民也。得其心有道：所欲与之聚之，所恶勿施，尔也。”

封建时代齐国的齐宣王有一次问孟子：“‘汤放桀，武王伐纣，有诸？’孟子对曰：‘于传有之。’曰：‘臣弑其君，可乎？’曰：‘贼仁者谓之贼，贼义者谓之残，残贼之人，谓之一夫。闻诛一夫纣，未闻弑君也。’”

民主观念在2000多年前孔子和孟子的时代就已经存在，公共舆论（的作用）在早期历史上非常强大。并不缺乏这样的先例：统治者不顾民情，对人民不公正，可在一定限度上得到人民容忍，因为不满最终会导致革命。历史中记载了许多人民通过革命手段推翻政府惩治暴君的例子。

始皇帝是一个极端的暴君，他试图让家天下永恒化。他把国内所有武器都收集起来熔化掉，只允许十家合用一把刀，以便把革命扼杀在萌芽状态。他把所有图书都烧毁，以便使民众处于愚昧状态。他又把所有学者都关到监狱之中，以便镇压舆论。尽管采取了这样的预防措施来回避革命的危险，但是，他刚死就发生了游民陈涉领导的起义，得到全国支持，成功推翻秦朝。考虑到她所经历过的许多革命性变化，中国为什么仍能维持其昔日的政府形式？明显的原因部分要归之于这样一个保守的信条，即：已经存在了几百年的准则必须保持，另一部分则归之于对于政治组织的无知。因此，只向统治者个人追究失政责任，而随着新的统治家族用新的朝号上台，民众便心满意足，而行政系统则仍承袭前朝。

自从中国对外人开放以来，其对外关系出现了若干不幸的事件。一场接着一场战争的窘迫情形，使其人民相信，国家的衰弱并非统治者个人的问题，而是整个政府出了问题，改造腐败的政府体系需要统治者和被统治者之间同心协力。要调和双方，必须消除中间的巨大鸿沟。因此，目前全国的运动是中国及其他国家的经验共同作用的结果。1906 年 9 月 1 日的上谕向全国人民承诺，一旦人民做好预备，即成立立宪政府。上谕暗示了中国国势不振是由于“上下相睽，内外隔阂。”上谕并解释说，“各国之所以富强者，实由于实行宪法，实行公论。”

作为宪法承诺的结果之一，在各省省会设立的谘议局于 1909 年 10 月 14 日正式开幕。这是第二年度预备计划的一部分，而这一部分又是一个十年计划的组成部分，因为 1917 年被确定为实施宪政的年份。在各省谘议局开幕的前一天，皇帝发布了另外一道上谕，令议员们详细研究地方情况，设计方法来去除弊端，而督抚们则受命不仅考虑接受谘议局的建议，而且还要监督所有会议，以便阻止通过过于激进的措施。这是中国历史上第一次出现这样的事情，人民被正式授权向地方政府就此前完全控制在政府手中的事情提出建议。宪政编查馆起草的章程使得省谘议局具有了立法甚至审议的权力，而行政的职能则由官员行使。督抚除了召集和解散会议——这些会议他们可以参加但没有表决权——的权力之外，还可以下令让谘议局重新复议其决议。在一份由 12 部分 62 条组成的章程中，有一项条款规定谘议局可以向设在北京的资政院弹劾督抚对谘议局议员权力的侵犯或弹劾督抚对于章程的蔑视。尽管谘议局是在地方官员的监督之下，但是，谘议局据说掌握了比章程所规定的更大的权力。作为最近与谘议局吵架的结果，吉林的陈巡抚已经下令谘议局闭会。不过，此举受到议员们的痛恨，他们致电军机处和宪政编查馆，谴责该巡抚并报告他们对此事的看法。因此，随之而来的是，除非两个机构和谐共处，大的磨擦就很难避免。在此点上，可以看出，一方面，只要公共舆论支持，人民就会坚持其立场，但是，另一方面，由于有行政权力，官方就会极力限制谘议局。对于中央政府而言，这是一个难以解决的问题，因为它想要支持争议中的官员一方，就会引起公众情绪的抵抗，而此种情绪目前已经非常强大，难以驾驭。

一言以蔽之，任何枝节性的问题都不足以阻止中国进步。人民面前有一个目标，尽管有时他们可能偶尔会被引进岔路，但是，最终他们会在终点汇合，这就是中国的复兴。眼下所需要的，就是要有更负责任的领袖来指导他们走过最危险的阶段，一旦他们做好了实行宪政的准备，政府和公共舆论就会合二为一。

《美国政治学会会议录》第 6 卷（第 6 次年会，1909 年），第 148—154 页

中国的新政权

朝河贯一[①]（耶鲁大学）

中国真正有意识地预备建立立宪政府——这也是本文的主题——可以说仅仅是从 1908 年才开始的，但是，早在数年之前，中国就已经开始感觉到需要一部宪法。更早之前，则有一些小规模的政治改革，它们最初并不是有意识地设计来为宪政铺路的，但是，实际上却在很大程度上达到了这一效果。对中国逐渐采取这些改革措施的历史以及宪法观念兴起的历史进行简要研究，可以使我们对其政权的性质以及对其未来产生影响的某些情况有所了解。

这样一项研究可以从 1894—1895 年中国与日本战争的结束开始。因为，这场战争的结局终于使几个中国人彻底意识到迫切需要进行政治改革。难道中国所遭受的挫败不是由一个小小的邻国引起的吗？1500 年来，这一小小的邻国一直都被认为是学习其文明的学生，但是，令中国人厌恶的是，它似乎竟然抛弃了东亚文化传统的血缘，转而奴隶般急不可待地采用了中国人所鄙视的那些西洋的方法和制度。从某种意义上说，那场战争是新旧政治行为方法间的一场较量。中国的战败难道不是证明了日本所进行事业的明智，表明中国如欲维持一个主权国家的地位，也需要改弦更张？那一时期几个爱国的中国人所想的就是这样。从此以后，日本所树立的活生生的榜样便与中国的改革运动产生了密切联系，这是研究后者的学者所不应忽略的。

---

① 朝河贯一（1873—1948），日本学者，1895 年毕业于东京专门学校（今早稻田大学），后赴美国留学，1903—1906 年，他在美国任教，1907 年成为耶鲁大学教师，直到 1942 年获得名誉教授称号并退休，译者。

1895 年，皇帝发布了一道上谕，要求政府在此艰难时刻因时制宜，并要求所有高级官员各就恢复国家荣誉所必须进行的改革提出计划。不过，这一上谕所引发的大量奏折却表明，这些上奏折的人的政治观念仍然是多么幼稚，他们在改革的道路上会走得多么缓慢。几乎所有人都在用急切而空洞的词语讨论着财政和军事改革的必要性，但几乎没有人大胆建议进行更基本性的改革或提出实际性改革的详细计划，只有康有为所提出的改革措施中提到了颁布宪法之事。但是，其观念却隐藏在非常一般化的语句之中，否则，无论如何，都太超前于时代而无法实行。已故的张之洞猛烈批评这一建议，称人民在未受到足够的教育之前，就把议政权交给他们，将“无一利而有百害”，并诬称这一想法有谋反之嫌。众所周知，即使由康有为提出、由已故的（光绪）皇帝所批准的一些不太那么激进的措施，最后也以 1898 年的彻底失败而告终，并在宫廷中引发出一个强大的反动派。

1900 年的排外起义是 1898 年开始的这场反动运动的直接结果，但是，义和团战争期间列强给予的耻辱和教训却唤醒了保守的朝廷，至少使之明智地采纳了一些基本的改革措施。另一道上谕于 1901 年发布，命令高级官员们向皇帝提出必须改革的计划。应诏上奏的文件中，就包括了已故的刘坤一和张之洞两位总督联名所上的三本奏折和巡抚袁世凯所上的一本奏折。

这些奏折所用的语言甚至比 1895—1898 年间的奏折还要充满激情，其中好几本奏折还提出了实施办法。但是，没有一本奏折胆敢超限界限，倡议采用那些更先进国家的军事、官制、教育、经济方面的方法。即使在这些初步的倡议之中，除了两项改革办法被朝廷实际采纳以外，其他一项也没有实行。首先，官制系统需要进行某些改革：在列强的要求下，清廷于 1901 年组建了一个新的外交部门（外务部），取代原有的总理衙门；1903 年，设立了新的商务部门（商务部）；在此两部（成立）之前，1901 年还新成立了一个称作会议政务处的机构，由军机大臣、大学士及总督张之洞和刘坤一等六人组成，负责讨论政治事务，对官员们所提出的改革建议进行评估并向皇帝提出自己的意见。这最后一个机构在随后的几个月里成为宪政运动的楔子，在思想更解放的上奏者那里找到了倡议。其次，按照现代学术发展的要求建立一个全国性的教育系统，孔子的伦理学说将继续作为全国教育的基础，但是，中国文化中物质的一面此后将由西洋的知识来提供。1902 年创立学务处；1903 年发布包括所有年级在内的总学制；但是，直到 1906 年才组建完整的学部，以儒学为基础的古老的科举考试制度被取消。应该指出的是，无论是在这些改革之中，还是在高级官员所提出的意见中，都还没有任何尝试正式提出建立立宪政体的。也不应该忘记的是，直到 1908 年时，领导实际的政治改革工作的是地方政府，特别是袁世凯主持下的直隶总督府和张之洞领导下的湖南湖北，而不是设在北京的中央政府。从下列重要事实来看，这是不可避免的：在一个高效的督抚领导之下，省级政府要比半醒不醒、分散而缺少资金的北京中央政府拥有相对更大的统一控制权和更多的财政资源。

接下来就是日俄战争令人信服的教训。由于自身极度无能，使得互相竞争的列强在中国领土上大动干戈，这一事实使得中国人民深切感受到，必须有足够的力量来捍卫其主权。此外，如何自强的问题似乎又一次在战胜国邻国日本那里找到了现成的答案。如果小小的日本能够成为一个完全的自主国，地大物博的中国没有理由不能成为一个更强大的国家。但是，动脑筋的中国人想知道，日本及其他充满活力的国家成功的秘诀何在？他们一致得出的结论是：秘诀就在于立宪政体，此种政体把所有阶级的人民都吸引到国家事务中来。自日俄战争以来，这些观念在所有有关建立立宪政府的奏折和上谕中被以极其简明的信条的方式反复重复着。不管一个人如何看待这些观念应用到中国后的真理性和智慧性，他都完全可以把它们视作是义和团战争以后，中国在提出的空洞而又犹豫不决的改革观念上迈出的一大步。

不过，朝廷最初充满了大量保守人物，今天似乎仍是如此。这些人有的出于信仰，有的出于个人和阶级的利益，要求政府缓步前进。直到 1905 年下半年，当更多的进步官员提出了急奏，当民间成立新政府的呼声高涨时，大清朝廷才终于表示愿意调查建立新式政权的可行性。朝廷任命大臣前往西方及日本等主要立宪政府考察制度，并进一步在一道谕令中通知各省督抚，俄国的宪法是人民从皇帝那里强行索要来的，中国则要由皇帝给人民颁布宪法。1906 年 8 月，一道上谕中说："仿行宪政，大权统于朝廷，庶政公诸舆论，以立国家万年有道之基。"新的大臣被派往日本、英国、德国这三个君主立宪国家去考察制度。

在做出这些没有明确时限的立宪承诺的同时，也是作为预备颁布宪法的第一步，政府于 1906 及 1907 年间对中央和地方行政组织做了尽管不足但却十分重要的改革。由于这些改革在未来一段时间将继续有效，并会对新政权的成功有重大影响，因此，最好回顾一下其中某些改革的性质。

我们也许还记得，旧政权之下的官制有许多特点，这些特点从其历史发展来说无论多么有趣，也无论它们在过去是如何有用，但是，它们严重妨害了现代国家理性地处理事务。试举其中一些较为突出的特点。在中央以及地方政府中，同一些官员常常参与中国高级官员由来已久的三项职责中的两项或全部三项，即：议事、行政、监察，因此，他们的职责相互冲突，不仅引起混乱，而且总体上缺乏创造，推卸责任。事实上，设在北京及各省的各种衙门都是历史发展的产物，开始时各自独立，在其长期存在的过程中，形成了各自的利益和传统，它们相互之间既没有很好的协调，也无法进行重组，否则就会引起严重的磨擦。司法与行政部门混在一起，再加上缺少一个检察机制，这就是各省下级官制中的特点，而在各地，法律的执行和司法的管理之间，警察和军事职能之间，存在着模糊的区别。在北京，每一个重要的部门里安排相同数量的满汉官员以达成平衡的制度，导致了多长官制，也常常导致两族官员之间的相互嫉妒和猜疑。也许其中最为严重的是，官方没有一个类似于首相控制下的现代内阁——那样的中央机构，而是相反，所有各部的长官及各省督抚都直接与皇帝联系，这样，每当君主懦弱之时，就总是糟糕地缺少控制权的统一和行动的灵活性，如碰上一个刚愎自用的皇帝，则一直会有陷入专制主义的危险。

1906 年制定的中央政府新官制进行了许多改进，包括取消满汉对等制度，每部只设一名尚书、两名侍郎，而不是像从前那样设两名尚书、四名侍郎；重组了兵部、刑部、礼部；商业和工部合而为一，并创设邮传部。不过，应该指出的是，大部分部门界限不清、职权混乱的情况仍未改变，而引进内阁制度的计划则遭到失败。因此，现在仍设有军机处、内阁、会议政务处、宪政编查馆、修订法律馆、各部（现共十一个，包括外务部、吏部、民政部、度支部、礼部、学部、陆军部、法部、农工商部、邮传部、理藩部），此外还有其他一些与新政权关系相对较小的部门，它们都直接与皇帝发生关系。

至于省级政府，能够说的就是，与其官方组织有关的、1907 年提出的新制度，虽然建议设立地方审判厅以期司法与行政分离等，但是对督抚的地位并未打算进行任何改革，督抚一方面仍是直接向皇帝负责，另一方面，仍在民政、军事、外交诸方面继续行使巨大权力。以后将会看到，新政权有意在这些方面进行重大改革。

现在可以观察到，截止到1907年底，政府只是用很一般的措辞承诺进行立宪改革，看上去似乎没有什么明确的实际计划作指导，而是迫于越来越多公众的要求，新政权才蹒跚前行。此种状况很大程度上是由于北京政府特有的缺少统一，缺少力量和财政资源，缺少处理此类事务的经验。也许是为了补救这种状况，张之洞和袁世凯两位总督——两位地方大员，他们曾以比中央部委更大的智慧和才能，在各自管辖的省内实施过改革措施——于1907年9月4日被解除总督职务，并被任命为皇帝的军机大臣。醇亲王，即现在的摄政王，也是刚刚才担任了这一职务。1908年比以往任何一年都为改革绽放出更加光明的前景，而且在新任军机大臣的支持下，摄政王采取了步骤，立即确保了新政权的稳定并决定了更大的方面。是年11月14—15日，光绪皇帝（死后谥号“德宗景皇帝”）及皇太后相继去世，随后，1909年1月2日，袁世凯被开缺。10月4日，张之洞逝世。12月，进步的总督端方突然倒台。不过，这些不幸的事件并没有对新政权的进步产生太严重的干扰，它早已取得足够的力量，而且在年轻的摄政王的英明领导下，正在克服不力的形势而前进。让我们叙述一下自吉利的1908年以来，中国所采取的具体的改革措施。

1908年8月27日，九年后即将实施的新宪法大纲和资政院章程及议员选举法公布，另附有详细的在此期间分年预备的工作清单。自此以后，这份清单又被加以扩展，因此，现在的清单已经涵盖了国家政治生活的各个方面。

已公布的宪法大纲之中，包括以下特点。宪法由皇帝颁授。皇帝神圣不可侵犯，其接班人应万世一系。皇帝独揽国家大权，但他会设立机构来帮助他行使其中一些权力，不过，宪法以及皇室大典则不用议院协助。皇帝有召集、开闭、停展及解散议院之权，有向议院提交议案之权，有钦定颁行法律之权，有设官制禄及黜陟百司之权，有率海陆军及编定军制之权，有宣战、讲和、订约及派遣使臣与认受使臣之权，有宣告戒严之权；遇紧急情况时，得以诏令限制臣民自由；有爵赏及恩赦之权，有总揽司法权，委任司法衙门，遵钦定法律行之，不以诏令随时更改；有发命令及使发命令之权，惟已定之法律，不以命令更改废止；遇有紧急情况时，或议院闭会时，得发代法律之诏令，并得以诏令筹措必需之财用，惟至次年会期，须交议院协赞；汉族臣民依法律及诏令规定之资格，得担任民政及军事官员，得当选为议员；于法律范围以内，所有言论、著作、出版、集会、结社有自由权；臣民可以请法官审判其案件；臣民应接受法律所定审判衙门之审判；臣民之财产及居住不得侵犯；臣民非按照法所定，不得加以逮捕、监禁、处罚；臣民有遵守国家法律之义务，有纳税、当兵之义务。

一眼就可以看出，这部宪法大纲中所有关于皇帝和臣民的条款几乎是逐字逐句地抄自二十多年以前日本颁布的宪法。

根据资政院章程，议院将由两院组成；用其文件中委婉的话来说，就是“议院只有建议之权，并无行政之责”，其决议可以请旨钦定后，由政府奉行（文件中并未明说，但笔者猜想应该是这样）；国家岁出入预算及新定法典需要资政院协赞（文件中亦未明言，这只是笔者从其他来源推判出来的）。资政院还可以讨论由其成员所提出的关乎全国共同利害的议题，不得以一省寻常地方之事提议。行政大臣如有违法情事，议院可指实弹劾——此条内容在日本宪法中未找到相似条款，但是，其用舍之权，仍操之君上，议院不得干预朝廷黜陟之权。

已公布的选举法要领非常贫乏，并且没有规定选举者和候选人的资格、选区划分及选举办法。建立完全立宪政府的九年预备计划是综合性的，但在许多具体细节上，仍然是试验性的。几个重要的步骤可简要归纳如下。逐年筹备计划从光绪三十四年开始，到宣统八年结束，换言之，大体是从 1908 年—1916 年。

（1）根据第一年颁布的新的法律，调查全国人口总数，并于第五年汇报；与此同时，于第三年编订户籍法，并于第六年实施。（2）关于教育方面，将广泛设立初级学塾，编纂课本，以便到第九年时全部人口中文盲的比例下降到 95%。（3）第一、二两年颁布城镇乡地方自治章程（后边将会看到，第一套这类地方自治章程自此以来已经颁布），并在第七年结束之前付诸实施。（4）到目前为止仍部分由乡村承担的警察职责，将收归新组建的巡警手中，到第八年时应该一律完备。（5）关于司法部门，一部新的刑事诉讼律将在第六年付诸实施，新的民律、商律、诉讼律将在第八年付诸实施，第二至第八年间，将设立各级审判厅。不用说，这些措施的制定不仅是为中国公民保证高效的司法行政，而且也是为了摆脱外国在华治外法权的枷锁。（6）第二至第四年间将编订并实施文官章程，将制定并试行一套新的中央和地方官制，并在第九年时一律正式实行。可以肯定，无论新官制是个什么样子，新政权的命运在很大程度上都将取决于这一新修订的官制。(7) 关于财政，第一年将颁布清理中央和地方财政章程（此章程已经公布），于第二、三两年核覆各省财政岁出入总数，从第三年开始，各省对上一年度的预算、决算进行报告；第四年颁布地方税章程。同样，国家会计法和国家税章程到第九年时也将一律完备，并在第八年时设立审计院。国家将逐步引进金本位制，并在十年后完成。(8) 可能将采用征兵制度，一支庞大的军队及其相应的机构将逐步建立；重建海军已在计划之中；皇帝将担任海陆军最高统帅。(9) 变通旗制，满汉两族之间一直存在并因此导致两族相互交恶的法律区分将一律废止，为大约两百多万满族旗人及其家庭提供生计，到第八年，在户籍中与汉人一样统计。(上文) 早已提及，中央各部尚书满汉对等的旧制度已不再实行。显然，皇族已经下决心依靠全国人民的忠诚，而不是像直到目前为止至少在理论上所认为的那样，即征服部族依靠军事控制被征服的种族并要求被征服种族效忠。(10) 众所周知，鸦片的进口和种植将在 1917 年之前完全禁绝。(11) 各省谘议局将于第二年召集，此后每年召开（第一届常年会已于 1909 年 11 月 24 日至 12 月 2 日之间召开)。[①] (12) 谘议局选举将于第二年开办，从第三年开始每年开会。(13) 最后，皇室大典、宪法、议院法、议员选举章程将于第九年即 1916 年颁布，举行议员选举。1917 年将见证新议院第一届会议开幕。

看完总的预备计划之后，我们不禁要问，中国政府到底想如何来支付这巨大的工作量所必然要支出的巨额经费。中央和地方政府早已背负着差不多多达 7 亿金元的外债，而全国有记录的财政总收入几乎不超过 1 亿两，按 1908 年的平均汇率，即 6500 万金元。赔款及偿还外债整整占掉了这一数额的 40%。停止进口鸦片将使政府每年收入减少 2 000 万两，这一数额是目前财政收入中来自该项物品关税的数量，而厘金可能取消，这将进一步削弱地方政府，而最近所提高的盐价远远不能弥补停止征收鸦片税所引起的财政赤字。1909 年开征的印花税极不得人心，受到刚刚闭幕的第一届会议 21 省谘议局中 15 省谘议局的反对。许多省政府，包括最富裕的一些省份，早已陷入严重的财政困窘之中，而很大程度上依

---

① 此日期有误。第一届各省谘议局会议于宣统元年九月初一（10 月 14 日）开幕，会期 40 天，临时会 20 天，译者。

赖各省支持又有义务支持各省政府的中央政府，现已告急。确实，目前处于混乱状态的全国和省级财政按已经公布的计划整理之后，将会发现更好的政府财政的方法。但是，众所周知，这一计划的实施困难重重，而到目前为止，其结果从性质上说还极令人失望。最近度支部的一份奏折有如下论断："如果量入为出的正常秩序被抛弃，如果根据支出确定收入的新观念盛行，新政权的所有工程同时启动，各部不顾国家财源状况，各自率意为政，我们担心在九年预备期结束之时度支部已不复存在，立宪政府的未来就会受到损害。"此外，很可能一旦财政问题出现在新的代议性的谘议局中，巡抚和人民之间以及各省和北京政府之间将会出现激烈的斗争。当然，最重要的考虑是，用于改革性措施的新的支出事件会持续大规模增加。没有外国资金的支持，必要的改革措施几乎难以进行，而由于其财政处于极其危险的状况，因此每向外国多借一笔贷款，都会使它向破产及外国干涉更近了一步。这样说并不为过，即中华帝国正面临两场大火，即一方面在腐败和惰性之中苟延残喘于虎视眈眈的列强之间，求得一种半独立状态，另一方面则是改革事业，可以使国家强大，但财政主权上却可能有所损失，至少暂时是这样。后者可能害处更小，但大多数有影响力的人物都会强烈反对这一结果，并早已对这种可能性极其警惕。中国当局是否已经下定决心，要么采取有效措施来避免危机，要么为了实现最终的好结果而勇敢地面对国外的耻辱和国内激烈的反抗，也还不太清楚。

现在回到实际的改革工作。在九年预备期开始之时所采取的具体步骤中，应该注意到1909年1月18日颁布的城镇乡地方自治法，1908年7月22日颁布的成立各省谘议局的法律，以及1909年9月21日和10月26日关于设立临时国会的法律。

地方自治在1909年1月18日所颁法律的第一条中有所界定，即地方自治以专办地方公益事宜、辅佐官治为主，由地方公选绅民，受地方官监督办理。它强调的是，地方自治不是独立于官治，而是辅佐官治，是在官方的监督下进行。所有具有本国国籍、年满25岁以上、年交税2元以上者有权选举和被选举为自治职员，不识字者、吸食鸦片者、现任官员及其他几类不合格的人无此权利。自治机构称作议事会，根据当地人口总数，分别由20至60名成员组成，成员之中，半数是富裕的公民，他们一共交纳了当地税收收入的50%。议员不支薪水。议事会每年正常召集四次，每次 15 天。议事会讨论与教育、卫生、公共工程、农工商业、慈善等相关的问题，一般公开进行，讨论本城镇乡自治规约，监督本城镇乡自治经费处理办法等。关涉城镇乡全体赴官诉讼及其和解之事。在人口多于五万人时，议事会通过简单选举法，从合格的本城镇选民之中选举产生一个小的董事会，而在小的乡村，则选举一名地方领导乡佐及其助手乡董。[①] 议事会和董事会的成员任职期限均为两年。当议事会和董事会对地方事务意见发生分歧时，得请求上级议事会或上级地方政府直至省谘议局核断。

人们常说若干世纪以来中国人民习惯于乡村自治，批准新法律的上谕就是强调了此点。虽然这对于地方地区的政治生活而言是一个幸运的事实，但是，必须记住，新的自治体系在若干重要方面与原来的并不相同。新的体系对官方和民众参与之间工作范围的划分极为清楚。它还创设了一个地方议事机关，这在旧的体系中如果说有的话，其形式也只是极为原始而不确定的，而即使在执行事务中，现在也已经在更大的范围内引进了经常性的讨论。自治事务的范围本身也已经发生重大变化，过去地方头领的警察权和半道德职能现在已经要么移交给其他部门，要么收回，而新增加了与教育、公共卫生、公共工程、工业等相关的职能。与旧系统相比，新体系的成功运作很可能需要完全不同类型的人，需要完全不同的训练。

省级议会或中文所说的谘议局，由 30 至 140 名议员组成，这些议员经复选制从年满 30 岁以上的男子中选出，任期三年。第一轮选举时投票者需是年满 25 岁以上的男性公民，应担任过三年以上公职或官职，或接受过中等以上教育或有毕业文凭，或者在本省地方有价值五千元以上财产者。就像在地方自治议事会中一样，下列人员没有选举或被选举为谘议局议员的权利：品行悖谬者、失财产上之信用者、有心疾者、不识文义者、吸食鸦片者、演员及奴仆、曾被处刑者。下列人员则暂停其权利：本省官吏及其幕友、军人、巡警官吏、宗教师、学生、现充小学堂教师者。被选议员除旅行费外，不领薪俸。谘议局会议每年召集一次，会期从阴历九月一日始，至十月十一日止。一般情况下，议员们公开讨论财政问

① 误。《城镇乡地方自治章程》第四章《乡董》第 79 条规定："各乡设乡董一名，乡佐一名，以本乡选民，由该乡议事会选举，呈请该管地方官核准任用。"第 89 条规定："乡佐及办事员辅佐乡董，办理各事。"可以看出，乡佐是乡董的助手，译者

题、法规修改以及本省应行兴革事件，接受本省人民陈请建议事件，听取本省自治会之争议事件，答复督抚咨询事件，在其成员之中选举代表本省谘议局且可以返回谘议局的资政院议员。谘议局可就行政问题呈请督抚批答，如果事涉机密，后者可以不必答复。本省督抚或官绅若有纳贿及违法等事，谘议局可以弹劾。由于法律所规定的特定原因，督抚可以暂停谘议局会议，停会之期以七日为限，亦可奏请资政院，解散谘议局会议。谘议局决议，由督抚实施。双方意见不统一时，谘议局得将全案送资政院核议。[①] 谘议局亦可对督抚侵夺谘议局权限、违法以及他省与本省争议等事件，呈请资政院解决。在这些个案中，资政院应提出建议，奏请皇帝。由于资政院半数议员来自各省谘议局，后者可在反对督抚方面获得较大同情。

除新疆外，各省谘议局第一届常年会已经闭幕。他们的表现受到观察者不同的批评。伦敦《泰晤士报》驻北京记者莫理循指出，各省谘议局对中央政府的困难普遍缺少同情，又抱大沙文主义。他把各省谘议局的精神描述为“反崇拜，爱国——在反对一切外国事物的意义上说——但到目前为止，仍缺乏明智的领袖和建设性的政策”。他早已预见到激进的各省谘议局和他认为不诚实而又无能的中央政府之间“即将出现的混乱”，预见到“即将到来的暴风雨的第一丝声响”。不过，一些日本观察家却没有那样悲观。在许多省份，这届会议是经过了精心和热情准备的，复选制也在基本没有贿选的情况下完成，秩序极好。所选举出来的议员大部分都是各省名声很高的绅士，其中一些是从事教育和商业的，另有一小部分成员受过现代教育。当会议即将召开之时，摄政王和各省督抚发布了上谕和命令，告诫所有相关人员以公益为重，遵守成规。10 月 14 日，21 省谘议局会议在融洽的氛围中开幕。除了督抚们提出的议案之外，所讨论的议题包括了一大批与本省事务相关的问题。在一些省谘议局，大多数议员的特点似乎是普遍缺少兴趣，而在另一些省的谘议局，谘议局和督抚相见之礼之类的琐碎问题引起了热烈争论。一些省的谘议局通过了重要决议，包括直隶提出的建立大型纺织厂的决议，江苏提出的发动各省谘议局联合运动以便在 1917 年之前召开国会的决议，以及山东提出的在重大问题上与各省谘议局采取联合行动的决议等。参加辩论的

---

① 《各省谘议局章程》第 44 条规定，出现上述情况时，“督抚得将全案咨送资政院核议”，译者。

这些议员们总的演说能力都得到日本观察家的高度评价。日本观察家似乎看不出本届会议在谘议局与省政府和中央政府的关系方面有太多不和。确实，有 15 省的谘议局通过了批评新的印花税的决议，而湖北省谘议局差不多表示坚决反对借外债修建粤汉铁路。不过，也许将来的各届会议会与现在这届会议很不相同，因为各省预算只有到了 1910—1911 年之后才会在谘议局会议上讨论，那时预算案将成为官民之间论争的大难题，将会在谘议局内引起刻薄的辩论。谘议局的申诉权和弹劾权将会得到经常使用的机会。但是，即使将来的情形如此，也不能因此而推断谘议局的前途就值得怀疑。我们可以看一看日本国会在其成立最初几年的经历，其中那些新选举上来的议员们缺少训练，又血气方刚，这使得他们采取了一种极端激进、极端沙文主义的态度。但是，这种情况并没有等此后国家所遇到的重大事件结束就消失了。那些事件使得国会的脑筋变得深沉。很可能中国的谘议局也会经历类似的政治历练阶段。由此引发的危险是否具有威胁，这一定取决于中国未来事件的进展，取决于其政府和人民在处理这一问题时理性爱国的程度。

有关将于 1910 年召开第一届会议的临时国会即资政院的章程，于 1909 年 9 月 21 日颁布。这个一院制的机构是作为两院制的国会组织的预备措施而设计的。临时国会将由二百名议员组成，一半由皇帝钦选，成员来自宗室世爵、世袭贵族、外藩王公以及由其同等地位者推选出来的四类人，即宗室觉罗、中央各衙门四至七品间的官员、硕学通儒以及国内富绅；另外一半则由督抚从各省谘议局议员中互选产生的两倍的候选人之中复选并咨送资政院。临时国会将讨论全国财政问题，所有新订及修订各法律（宪法和皇室大典除外），以及提请其讨论的其他问题。根据章程中所规定的特定原因，皇帝可以下令暂停或解散临时国会。国会可以直接受理人民请愿并使之成为讨论议题。国会可以将与某省相关的问题移送该省谘议局讨论。对于一省谘议局与另一省谘议局之间的纠纷，或谘议局与所在省督抚之间的纠纷，或谘议局对督抚的弹劾等，国会应奏请皇帝决定。至于国会与北京中央政府的关系，它规定，如临时国会与各衙门尚书及会议政务处大臣有不同意见时，应呈请皇帝裁夺；同样，国会经三分之二以上议员同意，就可以把高级官员违犯法律及侵夺国会权限等事奏陈皇帝。

最后这些规定使得中国各级代表会议具有了一种日本体制中所绝对没有的特

点。或许可以把它们视之为中国官员监察原则的一种新的应用，而这一原则又是源自其古老的学说，即失德即应失权。这些规定显然是自由的、民主的，而考虑到前已提及的中国政府缺少首相制及内阁制时，这些规定就更加重要。在中国独特的、非常有意思的历史性发展过程中，国家所有高级官员，以及各省督抚，都是个人单独与皇帝保持着直接的联系。国会和各行政首长之间的所有分歧都要奏陈皇帝，这将会是一个行动必不可少的规程。与此同时，这一规定将使皇帝理论上原本已经巨大的权力进一步扩大，因为它创建了由皇帝直接控制的另一套强大的权力体系。临时国会要向他奏陈的，不仅有其与高级官员们的分歧，而且还有临时国会成员内部的争论及其与督抚们的分歧等。除此之外，还有皇帝对半数临时国会议员的钦选大权——不管在实践中这意味着什么。考虑到这些情况，我们不得不问，尽管用了新政权的名义，尽管用了新政权的方式，但是，在这些措施的背后，难道看不出皇帝急欲扩张权力并使之永久化，以便在革命尚未发生之前就将之扼杀吗？自周朝以来，这样的改朝换代的革命使得任何一个王朝都不可能毫无疑义地维持统治权三百年以上。从皇室的角度来说，这样的动机是很自然的，它是宪法的首倡者和授予者。日本天皇和日本宪法也是此种情形，正是从日本宪法的条文及其具体执行中，中国皇帝在构思宪法时得到了最大程度的灵感。中国利用了日本宪法中有关皇帝大权独揽的明确表述，但是，她比日本走得更远，因为她在皇帝和各省谘议局及国会之间建立了一种实实在在的、直接的联系。可以合理地推测，此种关系将是现实而重要的，一旦谘议局和资政院开始讨论财政预算，并在与行政当局发生冲突时，将会经常使用慷慨赋予他们的申诉权和弹劾权。人们将带着浓厚的兴趣观察将来的法律是否会保留前面提到过的这些规定，如果保留的话，中国皇帝是否会发现自己在与全国政治的关系方面保持了太多的接触点从而很难保持其平衡。如对预备措施做更深入的考察，似乎可以显示另外一个其中没有明说但却十分重要的目的，即政治权力比目前已更加集中到北京。由于极为有趣但又没有时间去细说的历史原因，各省督抚被允许行使巨大的财政、军事、外交权力。虽然这种状况在过去大大促进了一些省份的和平与繁荣，但是，在新政权之下，如果继续允许这种情况存在下去的话，那么它就会成为全国统一与强大的巨大障碍。本文中所总结过的一些新措施迫使各省政府必须将其年度财政报告和所有重要事务的月度报告提交中央政府。各省银行将处在中央度支部的监管之下，度支部还将委派两名审计官到各省监督其财政整理工作。此后，没有度支部和外务部的批准，任何一省都不许同任何外国鉴定借款合同或任何形式的协定。军队和巡警也将以此种或彼种形式逐渐由中央政府控制。各省将继续为新政背负日益沉重的大部分财政负担，各省是否会逆来顺受地同意逐渐丧失权力，或者缺少资金的中央政府是否能够坚持长期斗争，直到胜利解决为止，这是一个重要问题。更为重要的问题是，如果确实存在的话，那么各省政治权力的减少将会对其未来的福利产生何种影响？

最后，我们可以注意到，从历史的观点看，新政权有一点已经离开了旧政权，比以往所讨论的任何措施都更激进，这就是，在办理各省及全国性事务方面（中央）给予一般人民有限的有别于地方的参与权。事实上，中国的政治哲学教导人们，上天任命最贤德的人来管理和教育人民，当天子失德时，也失去了人民的尊敬，他就丧失了其政治权力。但是，即使是在这种理想化的理论中，人民也是君主父母般慈爱关心的对象，而不是政府的参与者和批评者。现在，在中国历史上如此的政治环境，第一次迫使不甚情愿的统治者下令，从此以后，大权虽仍统于君主，但"庶政公诸舆论"。不管新政权直接的、实际的效果如何，但是，具有溶剂作用的大众参与的观念已经在中国人民头脑之中扎根。在这一观念及中央集权化趋势和维护皇室权力运动的相互作用下，很可能会激活20世纪最为有趣的政治现象。

《美国政治科学学会会议录》第六卷（第6次年会，1909年），第123—147页

约・奥・珀・濮兰德致莫理循

1910年1月1日

关于我对省谘议局的看法，你并未完全理解，至少你在通讯中似乎是如此，

但是我们上次谈到这个题目时，你是同意这种看法的，即各省谘议局所起的作用以及各省极想抱成一团的愿望，迟早意味着满洲王朝的终结，而我当时的理解是，你正准备把这种看法写成文章和通讯寄给《泰晤士报》。对谘议局的尊严，我并无贬抑之词，我毫不怀疑谘议局具有诚意、善意、严肃而礼让的美德。如果你重读我的文章，你会发现我所有的批评都是直指朝廷的，如果你或任何人有意为这个政府申辩，并且认为一种民治民享的立宪政府符合满族的传统，我就在这里与之争论。我对满洲人的任何可能的改革都持悲观态度，而且一直如此，况且目前尚无丝毫改革的迹象。

录自〔澳〕洛惠敏编，刘桂梁等译：《清末民初政情内幕——〈泰晤士报〉驻北京记者、袁世凯政治顾问乔·厄·莫理循书信集》上册，上海：知识出版社，1986年，第649—650页

路·里·奥·毕善功致莫理循

1910年1月4日

……很抱歉，在你临行前又写信打扰你，但这封信也许会引起你一点兴趣。我刚刚访问了这里的谘议局长，并和他进行了一次很有意思的谈话。他谈到刚刚在上海召开了有全国各省谘议局代表参加的会议，说会议产生的代表团将于本月二十五日（夏历）到达北京。[①] 他们将向朝廷力陈在九年之内召开国会的必要性，实际上他们打算在二、三年之内就召开国会。他说，倘若那些人不同意，那便是俗话所说的“走投无路”。他说，事关财政大事，极为紧迫，而外债问题尤其严重。目前正在开展一个几年内偿外债的运动，他谈到法国在普法战争之后很

① 各省谘议局代表（这些谘议局是1909年10月14日才正式成立的）于同年10月18日在上海集会，商讨向皇帝请愿早日召开国会事宜，决议派代表赴北京，但1910年1月30日奉旨不得来京请愿，原编者注。

快就偿清战争赔款一事，他认为，如果人民相信能把钱花在得当处，中国也能这样做。但是，人民担心做不到这一点，除非由国会在某些方面进行控制和监督。此外，尽管他们认为贷款是必要的，但是如果不召开国会，他们不相信借款能借得有利，花得得当。因此，各省谘议局都有一个共同的想法，这就是必须在两三年内召开国会，不能再等九年了。他接着说：议会制的发源地英国给我们上了一课，即先申冤，后给钱。几年前我们并不明白这个道理，现在才懂得。我们习惯于认为无论朝廷向人民索取什么，他们都应当予取予求，而今除非朝廷听从人民的要求，否则我们将拒绝向朝廷提供任何钱财。他说：这种威胁尚未付诸实施，但是我们已准备这样做。我不太清楚诸如此类的问题是否能把所有这些不同的谘议局团结在一起，不仅使每一个省的谘议局用一个声音说话，而且使各省的谘议局都用同一个声音说话。我一直在考虑，分歧的意见和复杂的要求会浪费掉这场立宪运动的精力，我还考虑到，各省力量分散这个弱点将会给北京造成一种机会，使它能够无视各省的影响，但是，如果各省能像此次这样在某些国家大事上真正做到意见一致，朝廷就会发现它给自己找到了一个主人。这位议长答应送给我一份谘议局活动情况汇编，他还说，巡抚实际上已经同意了他们的全部计划。他对他们对财政的控制权还仅限于地方事务而深表遗憾，他们还不能决定有关全省的事。在中国，财政无疑像一块礁石，而国家这只航船很可能触礁沉没。他们想掌握财政大权，但朝廷不甘心交出这个权力。议长谈起你来很亲切，你在这里肯定是个受欢迎的人。

好了，我把这些写信告诉你，这里或许有些有用的东西，也许都是过了时的消息。这消息是省谘议局议长告诉我的。他为人诚实，博学多识，在本省深受敬重……

录自〔澳〕洛惠敏编，刘桂梁等译：《清末民初政情内幕——〈泰晤士报〉驻北京记者、袁世凯政治顾问乔·厄·莫理循书信集》上册，上海：知识出版社，1986 年，第 650—651 页

中国，新的各省谘议局

本报记者

上海，12 月 14 日。在南京召开的省谘议局第一次会议记录的详细报告已经收到，它们具有十分有趣的特点。首先，会议进行得十分有序、得体，当选代表和省当局之间没有发生任何严重的冲突。关于总督和谘议局议长相应地位的棘手问题已经得到谘议局满意的解决；另一方面，当总督不得不提醒谘议局全国性的问题不在它的权限之内时，他的见解没有异议地被接纳了。提出供讨论的问题总共有一百多个——一些问题由省当局提出，但是大多数由谘议局议员提出——大多数都通过了决议。虽然代表们对官场有一些直言不讳的批评，但是并没有超出规定范围。事实上，代表们自始至终都表现出不少的专业精神，表现方式之一，就是言辞简洁。

讨论颇多的一个问题是代表们对目前少年中国出版的状况做出了有趣的解释。好像过去官员已经给一些当地报纸付了相当多的津贴。正如报告中显示的那样，《申报》近来已经收到了不少于 18 000 两银子（大致相当于 3 000 英镑）。省谘议局通过了一项决议，彻底禁止官员今后再向报纸提供资金，并停止支付任何津贴。要求公职人员中鸦片吸食者自行申报和禁止博彩等的决议证明谘议局希望看到官员们建立高水平的道德和完美品格。另一方面，谈到处理财政和货币困难的实际措施时，谘议局没有表现出太大的热情来承担必要的负担。它请求延期实施新的印花税，其理由是课税已经够重。关于提高行政长官经济地位的问题（显得更为重要），这也是对更好司法管理所必不可少的问题，议员们做出决议：此事关系到中央政府，他们只建议减少现有（官员）的数量，废止沿袭已久的送礼习俗。很显然，只有把官员从不适当的和不正常的薪水对他们所造成的诱惑中解脱出来，才能废止这些沿袭已久的习俗。

当谘议局决定应该由中央政府来处理由于铜币贬值而引起的棘手的货币问题

时，它是正确的。它承认铜钱和银两之间的汇率不能由政府法令人为地确定。这是一个经济问题的特点之一，如果要救中国于毁灭性遍及全国的混乱之中，那么只有通过彻底的货币改革才能得以解决。外国人特别感兴趣的是“建议取消宝山区准予外国人的所有地契”的决议案。代表们要求当年所有持有政府契约的外国人缴纳土地税。要求南京－芜湖铁路问题提交安徽省谘议局讨论的决议案提供了在铁路建设问题上各省想让人们了解他们的心声的决心的又一例证。这已经给北京政府带来了如此多的困窘。

如果有人想根据南京的会议记录做出判断，那么各省谘议局议员到目前为止对指派给他们的温和的谘议职责行使地如此认真，这已经越来越迫使中央政府不得不着手进行必要的改革。各省处理行政问题的能力越大，最终各省对北京政府的持续无能就表现得越不耐烦。

《泰晤士报》，1910 年 1 月 8 日

中国各省谘议局

本报通讯员

北京，12 月 22 日。

10 月 14 日各省谘议局的召集是过去一年中最为重要的事件。就像消灭鸦片的个案一样，开始时彻底程度各不相同，但总的结果却是超过了预期。

大家可能还记得，按照 1907 年 10 月 19 日发布的上谕，设立了 22 个谘议局，中国关内 18 省一省一个，东北三省一省一个，新疆一个。其中，21 省谘议局于 10 月 14 日正式开幕，总督或巡抚出席并致开幕词。在新疆的个案中，谘议局未能建立，这以后可以看到。在其他 21 省中，各省为选举做了不同程度的准备。在一些省份中，特别是在山东、山西、云南，都派演讲员到全省各地对选民进行了预备和教育培训，而且这种做法在下次选举之前将推广到所有省份。各省

行使投票权的选民人数不同，存在相当程度的漠不关心状况。在一个教育不完善的国家中，出现不信任是不可避免的。选举中没有出现任何排斥基督教的偏见的痕迹，土生土长的基督徒可以自由行使其选举权。

选举之后，选民又选出一名议长、两名副议长并根据谘议局的规模选举出人数不等的常驻议员。除差旅费之外，议员每月有报酬，大多数谘议局的议长是150两（约合19英镑），副议长120两（约合15英镑），常住议员70两（约合9英镑），议员50两（约合6英镑）。在各省谘议局中，议长都是绅士中的佼佼者，是富裕的商人或士大夫阶层中的一员。

会议共历时40天，从阴历九月初一开始，到十月初十结束，即公历10月14日至11月22日。但是，在直隶及另外一两个省份，谘议局会议延长至50天。会议规则按照西方的办法，每一个议题必须经过三读。公众可持议员发放的旁听票旁听。当地报纸记者的座席分开摆放，每天的会议都有记录。开幕式上所做的一些报告非常值得注意。值得关注的是，署山东巡抚孙宝琦的演讲。孙宝琦从前曾在巴黎担任公使，以后又到柏林担任公使，讲话很有权威，又因为他是军机处领班大臣庆亲王喜欢的部下，庆亲王的第五个儿子娶了孙宝琦的一个女儿，因此他讲话很自信。孙宝琦在演讲中追溯了立宪政府的历史。他敦促大家不要害怕反面的批评意见，他以赞赏的口吻提到了袁世凯的作为。袁在担任山东巡抚期间，镇压了义和团运动。他要求谘议局进行平静的、冷静的调查。他提及袁世凯一事据相信是得到了皇帝的同意，因此引起了广泛的关注。

讨论的议题

巡抚本人交议的议题有好几个。例如，地方自治应如何开始、教育应遵循何种路线，诸如此类的涉及巡警、工商业、土地税以及统一度量衡等问题。在山东省，119 549名选民登记了其选票。他们向谘议局选派了103名议员，省会济南府所选举的资深议员是商会的会长。会议自始至终都是在一种特别好的气氛中进行的，每一个看到这些严肃的绅士们讨论的人都会想，谘议局已经存在了好几年了。

在满洲，在黑龙江省，52 879人行使了选举权。在选举出的50名议员中，26人有某种官衔，42人有文凭，4人曾留学日本。讨论的议题类似于山东，重点放在禁止鸦片、改良农业——特别是小麦和大豆、整理土地等税以及发展商业、改革货币等。

在直隶省，由于新的大楼还没有盖好，谘议局开幕式只能在李鸿章祠举行。出席开幕式的有140名议员。在所讨论的议题之中，有一很有趣的问题是研究如何教授学生书写简体字。12名议员提出了一项要求取消最近中日两国就解决满洲问题而达成的协议的提案，总督的代表回应说，此类问题超出了谘议局讨论的范围。议员们被提醒召集谘议局的先决条件。议员们默认并撤回了提案。

在山西省，谘议局开得极为成功。最近，在谘议局开会期间，我到太原府和西安府旅行，对这两个城市的谘议局议员们履行职责时那种一丝不苟的精神留下深刻印象。在山西，90人被选举为议员。议长梁善济是省内最著名的学者之一。在其开幕词中，议长非常得体地向他儿子正在那里接受教育的英国表示了敬意，称她为“中国友邦，议会之母”。谘议局的很多工作都涉及到禁止鸦片问题。在进步的现任巡抚丁宝铨领导下，山西省在禁烟运动中走在全国前列。没有其他任何一省如此彻底禁止了鸦片的种植。谘议局全体一致批准这一事业并全体一致决心反对继续从邻省进口鸦片。

在中国历史上的古都、庚子时朝廷逃难所到的西安府，谘议局会议在总督的赞美声中开幕。总督是一位年长而和蔼可亲的满人，他发表了一篇严肃的论述立宪政府的论文，由于他完全不懂这一主题，他讲起来完全跑题。甘肃省谘议局在省城开会时，升允总督正在前往北京的途中，他因为给皇帝上奏折，说目前允许各省成立代表会议的时机还不成熟，忤逆圣意，已经被革去职务。

在南京，外国领事出席了开幕式，并被会议进行过程中之秩序井然、方式动人而打动。所讨论的议题包括币制改革、人口调查、铁路拓展、认垦荒地、疏浚河道、农林业（发展）、查禁鸦片、印花税、厘金问题、统一度量衡问题、成立学会在民间宣传立宪原理等。

湖北、湖南及四川省谘议局

在谘议局有80名议员的湖北省，113 233名选民参加投票。所讨论的议题从教育、查禁鸦片、提倡农林业到防火等都有。

在湖南省，士绅的势力一直都比中国其他各省强大。人们常说他们比官员势力更大。士绅在省城的集会总是要讨论所有涉及本省的事情。省谘议局进一步扩大了士绅大会的权力。士绅大会的两位最著名的成员被选为新成立的谘议局的议长和副议长。

在四川省选出的105名议员之中，大部分人要么有官衔，要么曾在旧的科举考试制度下取得过功名，只有6人是以财产资格当选的。相当大比例的议员，包括议长蒲殿俊，都是从日本归国的留学生。没有其他任何一个省的谘议局比湖南在批评当局方面更自由。开会初期，谘议局围绕着权限问题与总督展开了章程之争。谘议局占了上风，从而大大提高了威望。中国观察家们对于议员们在讨论涉及中国最好最富裕的省份利益问题的讨论中所表现出的独立姿态表示钦佩。所讨论的议题中有破除迷信、停止缠足、防止基督徒和非基督徒之间的纷争、设立商业银行、普及教育等。四川总督是著名的满人赵尔巽，他是政府重建后任命的第一位满人总督。

其他省份

由于篇幅所限，无法详述各省谘议局，但是，福州（谘议局）会议中所表现出的尊严和高雅以及广东省谘议局议长所表现的良好声誉却必须提及。在广东省，围绕着谘议局与省当局高级官员间的称呼问题发生了磨擦，但是令人惊奇的是，分歧是多么少，而且这些分歧又是多么轻而易举、多么和睦地就得到了调解。广东讨论的其他问题有查禁赌博、改良监狱、取消旧的警察制度及取消衙门差役等。为了解决该谘议局中的语言障碍，大家规定官话和广东话都可使用，每次发言之后都要进行翻译。

在云南、贵州以及广西，会议遵循与其他各省一样的规则。在广西省省会桂林，谘议局有议员58名，而且议长很早就不得不就巡抚对其权力的侵犯而提出抗议。

在贵州，重点在限制鸦片，而且在谘议局的压力下，省里已经许诺与其邻省云南采取一致的路线，那里，严禁鸦片种植早已经成为一大特点。

在新疆，没有召开谘议局会议。作为替代，根据巡抚的建议，在省会迪化府设立了一个组织办公室，因为，从一开始就已经看到，从本省所辖遥远的地区，诸如喀什、伊犁、塔尔巴哈台等，如果代表前来集会，存在重重困难，而宗教和人种方面的困难也难以解决。此外，选民人数寥寥无几，而有资格当议员的就更少。组织办公室召开了会议，会上，众人讨论了各种体系的治疆政府，并决定不设谘议局。会议建议设立一个有限的议事会，由具有选举权的人士选举出来并得到省当局同意的官员和士绅组成。与此同时，会议还决定，大力推广教育，建立学校，以便增加懂汉语的人口比例。

令人满意的结果

结论。对目前所能看到的第一届各省谘议局会议的报告进行研究，证明皇帝赐予全国臣民通过选举出来的代表行使有限言论权，其观点是正确的。辩论的项目严格按照上谕要求进行，议事过程庄严得体。最后的结果证实了一位被特别授权做出评判的高级官员所发表的宣明，即“议员们为了各省的复兴，与各自所在省的督抚合作，完成了规定的工作任务”。

选举权是有限的。年满 25 岁以上的男子，如果属于下列情况之一，就有资格选举本省的议员：1. 在教育或其他公益机关服务过三年以上者；2. 在中国或外国达到一定水平的学校之毕业者；3. 在旧的科举考试中获得某种功名的；4. 七品及以上官员或五品及以上军官；5. 拥有不少于 5 000 元以上资产者。25 岁以上的男子，如果在当地居住满十年、拥有 10 000 元以上资产者，就有资格在其祖籍以外的其他省份选举议员。鸦片吸食者、暴戾及违法者、不识文义者以及其他几类人无资格投票。

本省人士年满 30 岁，或年满 30 岁而非本省人士但已至少在该省居住十年以上者，可有资格当选谘议局议员。

《泰晤士报》，1910 年 1 月 20 日

中国的立法者

已经严肃、真诚地开始立宪改造

来自《纽约论坛报》的消息。这些栏目中最近提到中国各省谘议局或立法机关成立之事。这一机构是该国立宪改造的一个组成部分，是建立国会的一个准备步骤。有人表示怀疑这些谘议局的可行性、价值及其持久性，当然，一般人更非常好奇地想看看他们的工作，看看中国人作为选举代表性的立法者会如何表现。好奇心现在已经得到了满足，其结果应该可以确证那些对中国的立宪试验持乐观态度者所抱的期望，证明造物主并不一定只把开明政治的能力赋予高加索人种，开明政治并非只是高加索人种所独具的能力。

在这些谘议局中，最重要、最有特色的要算设在古都南京的。有人告诉我们，该谘议局第一届会议自始至终开得体体面面，议事真诚、高效，其做法完全可以供那些自认为比一般“蒙古人种”更高级的国度里的国会学习仿效而获益。发言多简短而切中要害。显然，在中国的版图上没有夸夸其谈的省份。当然，议员们极为注意讨论和界定谘议局的权力及责任，在此方面提出并解答的问题共有100多个。其中第一个提出的问题就是谘议局的议长和所在省督抚地位孰高孰低，这一问题得到恰当答复，他们被提醒说，谘议局并非国家机构，其职只限于省内。谘议局针锋相对，尽管非常清楚地意识到币制系统非常需要改革，但它还是机智地拒绝就币制问题采取任何措施，其逻辑基础是，币制问题完全是国家政府之事，除非中央政府负责并执行从而在全国范围内实现统一，否则不会有令人满意的结果。通过议案，禁止官方津贴报纸，打击博彩，呼吁调查吸食鸦片情况，普查公务人员中所有吸食鸦片者的情况。总体来看，这是一届非常有益的会议，使得这些省级立法机构有望成为永远高效的机构。中央政府认真观察这些会议，而观察的目的不是干预或阻止其活动，相反，是为了鼓励它，是为了向它学习那些将来国会在北京开会时值得记住的东西。如果说这些省级立法者们在其开篇时的表现、所展现出的姿态可以算是某种标准的话，那么宪法在中国的胜利就有了保证。

《华盛顿邮报》，1910 年 1 月 25 日

中国官制改革

来自上海的消息称颂江苏省谘议局议员们在刚刚结束的第一届会议上所表现出的高效率。（该消息）表示，此种多少有些出乎意外的成功，将会为官制改革问题提供一个解决之道。如果改革是自地方谘议局而上，而不是自北京的中央政府而下，将会为中国的复兴提供一个再好不过、再广泛不过的基础。由于远东地区一系列条约的签订，使外国对中国事务的控制十分严重，致使有人提议通过国际保证来强行收复中国在东北地区的主权。在目前这样一个时刻，这样一种可能就尤其引人注意。

由于内部的团结——无论多么迟缓——前景相当可观，目前任何对中国领土或商业利益的侵犯都是极为严重的，一个觉醒的中国都应该对之加以抵制。危险反倒在于，一旦这样一个巨人被唤醒并尝试运用其力量来抵制侵略者，那么她就有可能向着蒙古式的帝国主义发展，日本的扩张与之无法比拟，只能是小巫见大巫。值得庆幸的是，中国早已拥有一个庞大的帝国，其西部和北部，西藏、新疆、蒙古及满洲等藩属地人口稀少，为其未来几代的帝国主义提供了足够的空间。现代亚洲的奇迹之一，就是要观看中国殖民运动的发展，通过这一运动，中国关内人口过密省份可向俄罗斯帝国周边派遣开垦者。正是在这样一些藩属地，中国南北相聚相合，显然也正是在那里，自治才会找到最为适宜的土壤，在那里生根发芽。

如果说西方文明曾经一度在蒙古土地上担负过使命的话，那么它现在就应该把它全部的建设成份都传送到这一新的中国来，阻止它从那里发出破坏性的因

素，这些破坏性因素正在对沿海地区的事务产生极其恶劣的影响。如果中国出现与西方相同的民主，其核心一定应该在亚洲的中心地区找，在中国殖民地区的移民和边民中找。

《基督教科学箴言报》，1910 年 1 月 30 日

中国国会要求被拒

北京。一道上谕否决了最近由各省谘议局代表所提交的请愿。这些代表目前正在北京，要求速开国会。

皇帝维持原定召集国会的计划。按照该立宪计划，中国将在九年预备立宪结束之时召开国会。

《基督教科学箴言报》，1910 年 1 月 31 日

中国拒绝国会

告诉各省请愿者必须等九年

北京，1 月 30 日。今天北京官方发布的上谕拒绝了近来由各省谘议局代表呈递的请愿书。他们现在北京，请求设立国会。

皇帝坚持资政院的原定计划，根据立宪计划将于 9 年之后建立国会。

《纽约时报》，1910 年 1 月 31 日

伍（廷芳）为新中国寻求典范

他声称不知道中国是否应该效仿美国、英国还是德国

中国人将不会使用汽车

他说西方文明将会在中国找到一席之地，但是变化必须慢慢来

他发给《纽约时报》的特别越洋电报

柏林，2 月 19 日。伍廷芳星期四离开柏林前往德累斯顿和维也纳，登上他穿越欧洲返回北京的最后旅途。

与中国最伟大的问道者有过交往的美国人得知，他是带着追问的心态离开西方的——对此，美国人是不会感到惊讶的。然而，狡猾、机智的伍在西方的最后日子里一直在质问的对象正是他本人。因为令这位驻华盛顿前公使非常困惑的是，美国、英国或德国到底是否代表着中国应该效仿的文明。

他承认在这个重要的问题上茫然不知所措。他在德京的最后时间都致力于尽最大可能地获得这样的启发。在离开京城的前一天，他有机会与一些著名的美国人友好往来时，可以认为他们给他的最后忠告不是不利于美国的，伍承认，他在那里度过了他一生中最幸福的八年。《纽约时报》记者问伍，当他春末回到北京时是否打算乘车直奔外务部——其中文意思是国务院。

“可能不会，”他回答说，“你知道，接触过进步文明的中国外交官在我们自己的国家必须非常小心地介绍新观念，我们的人民不喜欢把最新观念强加给他们。汽车和西方文明的其他成就将会逐渐地在中国找到一席之地，但是它们必须慢慢来。”

在柏林伍告诉他的美国朋友——包括希尔大使和前副总统费尔班克斯，他把最近在华盛顿的任职期限的大部分时间都用来掌握保健技巧。他成了一位素食主义者，一位彻底的戒酒者，他坚信自己至少还可以活 75 年。

“我已预约好，在1959年之前将数次重访美国朋友，”伍说，“我真想遵守每个约定。”

《纽约时报》，1910年2月20日

袁世凯之倒台

兰赛乐·F. 劳顿 H. 赫布登

随着袁世凯的倒台，北京的反动势力再次占了上风，而那些真正对中国的进步感兴趣的人们则非常着急。他们担心一个目标基本是进步的、政策方向是要维护国家完整的人长期脱离权力会严重打破远东的平静。至于他所拥有的势力和他所展示的才华方面，袁世凯是大政治家李鸿章的直接继承者，其生涯在许多方面都像伊藤亲王。在最终把日本从东方孤立状态下摆脱出来并加入到世界各国行列中获得其今天的地位的改革运动中，伊藤是主要人物。由于袁世凯现在正处壮年，如果其革职是最后决定的话，那么，这对中国进步事业的损失将是不可估量的。他出生于河南省一个相对贫寒的家庭，是中国布衣升迁的典型。他第一个重要官职是驻朝鲜通商交涉事务总理，当中国与日本在那一半岛的权力发生冲突时，他正在那里负责。那次冲突最终导致1894至1895年灾难性的战争。在担任了一年的按察使之后，他于1898年9月受命在京城所在省份直隶（指挥）〔新建〕一支军队。正是从这时开始，他成为影响中国命运的一个因素。到目前为止，皇帝虽然处在姨妈慈禧太后的控制之下——起码也是影响之下，但仍试图行使其皇帝的权威。他把康有为任命为主要顾问。康是一位学者，具有先进思想，其著作和讲义使之以“现代圣人”而闻名全国。在他的倡导下，易受影响但用心良善的年轻皇帝发布了一系列值得重视的上谕，这些上谕如果都得到正确执行的话，将会在全国各地引起剧烈变革。与此同时，引起了受到强大的反动派支持的皇太后对事件发展的警惕，由于她在宫中玩弄阴谋，仍完全处在康有为影响之下的皇帝下令袁世凯将军带兵进京，以防备随时有可能发生的政变。袁世凯没有遵从其君主的命令，而是把有关他所接到的命令的内容报告给了慈禧太后。他的这一背叛之举导致了戊戌政变的发生。结果，她实际上把皇帝变成了囚徒并接管了政权。人们提出了许多理由来为袁世凯在此时刻的行为进行解释。据说他早年之所以在官宦生涯中得到提拔，是得益于反动圈子中一些显赫人物的帮助，因此，结果是对朋友的报答比对君主的忠诚更为重要。也许，对促使他这样做的动机最合理的解释是，他认识到这样一个事实，即皇帝不过是维新派手中的傀儡。他也坚信，由皇太后所领导的反动势力最终将会大获全胜。他认为，国家还没有为皇帝希望发起的变法作好准备，这是对其态度最善意的一种看法。而关于此点，不管怎么说，很清楚的是，他对其国家的状况有着特别敏锐的观察。两年之后，当义和团爆发时，袁世凯又一次找到了自我表现的机会。当时，（造反）〔义和团〕起源地山东省是毓贤的管理区域。毓是京城中满族反动分子集团中的一个典型代表。他的不作为，默许了对当地基督教信徒的集体屠杀。但是，当一名叫布鲁克斯的外国传教士被杀后，就出现了外国干涉，列强要求北京方面将他调走并贬职。在这种情况下，北京的朝廷就找到了奖赏袁世凯在戊戌政变中行为的机会。他受命到山东接替毓贤。在那里，他采取了一种狡猾的政策，给予（外国人）〔传教士〕以足够的保护，而对于本地（土生土长的）基督教徒的迫害，则在很大程度上加以放任。不过，仍有理由相信，他心里并不赞成义和团运动。美国驻上海总领事田贝先生曾经讲过一个很有趣的故事，可以帮助理解袁世凯是采用什么方法来努力镇压起义者的。他说：“当袁到山东省去接替前任巡抚时，他带着自己受过外国洋式训练的军队。在驻朝鲜期间，他已经有过一些经验，从中日战争中，他也获得了一些有关外国军事方法的重要性以及外国善意的价值等方面的一些知识。在他到达省会之时，一帮重要的义和团首领前来拜会他。他们向他介绍自己的教义，要新来的巡抚相信，他们都是刀枪不入的。袁带着明显敬仰的表情倾听着，祝贺其超常的神力，最后邀请他们与自己一起进餐，并与省里的头面人物见面。不用说，义和团民都很为自己给巡抚留下的印象而感到高兴，于是就痛快地接受了邀请。宴会结束之前，袁把话题拉到了义和团的法力问题上来，说展示一下法力不仅对义和团有益，而且也会让本省显然缺乏信心的头面人物放心。然后，他邀请一行人站到外边的演习场上，演示就在那里进行。这些倒霉的人尽管抗议，但仍被靠着墙边站成一排，面对着一队在小站用外国方法训练出来的士兵。袁下达了‘开火’的命令，义和团团员一个个倒下，死了。据称，在此后整个义和团运动期间，此次对于义和团法力的演示都是使山东全省保持秩序的一个物质因素。”袁世凯一边警告朝廷纵容义和团的严重性，一边与皇太后保持密切关系。当她最终处在逃亡途中时，据报导说，他不仅向她提供卫队，而且还提供了大量资金。到1901年年末，他又得到一次提升，有人推测这在相当大程度上一定是其向皇室效劳的结果。他被任命为直隶总督，住进了设在天津的总督衙门。

正是在这里，作者之一曾经会见过这位伟大的管理家。这是他第一次招待欧洲人。尽管我们人数不多，但却没有足够的车辆把我们送到衙门。于是，一些人就坐着手推车，一些人骑着自行车或步行前往。从租界出来的路是绕着白河的一条照明很好、很宽广的堤坝。每隔几步就有警察看守，而当我们经过时，他们就会用真正的中国礼仪，举枪向我们行礼。在驱车行走了差不多两英里之后，我们过了一座桥，不一会就到了衙门。总督的住宅没有什么铺张或富丽堂皇之处。在进入结构笨拙的大门口之后，我们受到一帮下人的接待，他们领我们经过一名礼兵，穿过几道门和外庭院，一直到了主接待厅。在这里，一名官员接待了我们。他把我们领到会客室。在会客室的中央，在一把朴素的黑木椅子上坐着的便是总督。他中等身材，体格强壮，脑袋长得像子弹一样，上边长着一双富有穿透力的黑眼睛。他给人的印象是，他不是京城官场中那种彬彬有礼的政治家，更像是旧时的武士。总督尽管据有点书面英语的知识，但几乎不会讲这种语言。因此，接见很短暂，而就那些不能讲中文的人而言，则只限于握握手而已。在会客室的一头，有一座修建得非常坚固的戏台，装饰着非常多金色的、漂亮的帷幔。整个接见期间，都在上演着一台戏剧，伴奏的是一种奇怪的中国音乐，拍击（金属）钹，敲击猪皮鼓。中国的古典（故事）和过去时代满族武士的令人兴奋的事迹都为表演提供了题材，长胡子的武士和窈窕淑女一样，都由年龄在12至16岁间的青少年来扮演。在离开会客室之后，我们由身穿华丽绸衣、帽子上戴着孔雀花翎的官员带到另外一个房间，里边的景象与我们刚刚离开的房间形成奇怪的对比。在这里，在两张长条桌子上，（主人）用欧洲方式提供了极其好客的招待。然后，（我们发现）在层次分明的花园里，宝塔高耸入云，古色古香的石桥倒映入月色如银的湖面中。在这里，我们观赏烟火表演，欣赏由中国乐师组成的乐队演奏的西洋乐曲。这支乐队原本是为李鸿章服务的。

正是袁世凯担任直隶总督、驻节天津期间，发起了许多重大改革，这些改革都与他的名字联系在一起。毫无疑问，是在天津临时政府——义和团运动爆发后外国联军临时占领该市期间所建立的权力机构——所完成工作的基础上，他建立了一个以收集有关地方政府情况为目标的机构，这样，在他个人的直接监管下，中国的头面人物，包括商人和士绅，都得到了可以称之为市政教育方面的便利。在他的动议和指导下，该市的管理发生了一场革命，几年之内，过去曾经是中国管理最不善的一个地方——天津，被中国人视为样板都市。袁世凯所办诸事中，包括了引进电灯、电车、自来水、卫生设备等。天津拓宽了街道，组建了警察系统。中国民众被突然在他们中间冒出来的西方文明所震惊。迄今为止，他们一直都居住在肮脏的条件之下，住在黑暗、狭窄的街道上。像是突然发生的一样，几代之内积累起来的垃圾被清走了，进步之光照亮了他们的生活。袁世凯并没有忽略对人民的教育。他在天津及名义上的省会保定府建立了多所大学，聘用外国教习，使之担任所有重要的职位。他任命丁家立博士担任其主要的教育事务顾问。他所建立的体系并不限于高等学府。全省都建立、完备了学校，成千上万的中国人，不分老幼男女，急切地从远近地方赶往这些教育中心。1907 年时，这种开创性工作的效果极为明显。在这一年中，天津在校学生不少于 8000 人。老百姓中，那部分保守者的宗教情感因庙宇被改造为学校而受到震惊。天津到处都设立了矿学和农学专门学堂。教育之光甚至钻进了监狱之中，迄今为止，那里一直都是折磨人的地方。不仅作为一个伟大的文官，而且就是作为一个高效的军事指挥者和组织者，袁世凯都完全对得起其国家。碰巧的是，笔者提醒大家注意下边这样一个有趣的事实：早在 1898 年，在真正的变法开始之前，查尔斯・贝思福勋爵检阅过将军在北方的军队。他写道：

“行进时，全军显示出是一支由身体特别健壮的人所组成的特别矫健的队伍。显然，他们伙食很好，其军装很实用，保养得很好。……在我的请求下，将军令他们进行各种队列运动。他们在周边的乡村展开演习，在我看来，军官和士兵都完全熟悉其职责。他们纪律严明。除了大炮和马克沁机枪之外，所有装备都很实用有效。……按照欧洲的观点，这支军队是我在中国发现的唯一一支在细节上都完全符合欧洲标准的军队。”

关于袁世凯本人，贝思福勋爵说道：“他也是一个彻底爱国的中国人，对王朝极为忠心。”在1901年他被任命为直隶总督时，他彻底重组了从山东和直隶招募来的北方军队，又聘请德国教官，最终又代之以日本教官。他禁止士兵吸食鸦片。一般人都承认，他的军队的忠诚和高效在很大程度上都是因为他不像别的中国将军那样克扣士兵军饷，而是亲自监督发放军饷。1905年10月，在袁世凯及其死对头铁良将军的共同指挥下，双方在河间府进行了一场复杂的演练。总督向其军队发出了以下典型命令：

“各团战术的熟练和娴熟程度都将由兵部记录在案，并向世界公开发表，根据你们将来的表现，这都会成为将来别国羡慕或鄙视的目标。不要因为军事技术不过硬而让外国人有机会嘲笑我们、鄙视我们。政府为此次演习花费大量钱财，难道会因你们士兵而白白浪费？哪一个团或军事单位出了洋相或引致外人嘲笑的，将加以严惩，军官要降职。注意我的命令，并认真遵守之。”

外国评论家们同意，中国北方军队自重组以来已经取得了相当大的进步，但他们一致认为，按照西方军事观点衡量，这支军队在得到真正重视之前，还要学习许多东西。此后，这支军队的结构做了调整，被划分为六镇，外加一个独立旅。

1901年，袁世凯受到嘉奖，被封为太子少保，次年，赏穿黄马褂。除了其总督之职之外，他又不时受命负责其他好几项事务，所有这些都带有额外的荣衔，有些则要担负额外的责任。皇太后不时提拔他，不仅是对他在难忘的戊戌政变和义和团危机中所做出贡献的感激，同时也表明，她作为一个政治家，能够认识到其能力。在其事业的早期，他的升迁要依赖于朝廷的恩赐，但是，当他获得了巨大权力和影响力之后，并有军队作后盾时，就轮到他处在一个强有力的地位来向皇帝提出建议了。他大量使用其遇到的机会。据说他有野心，这些野心如果实现的话，他早就把王朝推翻了，但这些都超出了他过去所担任的角色——这可以用大规模的机会主义来形容——没有什么证据能够支持这一说法。在“少年中国党”坚持宣传自己观点的同时，袁世凯的改革政策也开始实行。因此，袁世凯的政策在很大程度上是受到民众欢迎的，而皇帝也非常明智地听取其建议。此外，这一伟大总督还有在实际努力方面取得成功的证据。他利用自己突出的、特有的敏锐，把广东人笼络到身边，使这些人的地位在国内事务中得到提升，但此举却受到北京目空一切而又反动的满族贵族的极端痛恨。但是，总督知道，他可以依靠这些广东人对其政策做出聪明的解释，而今天在中国显赫的人物中，不止一个是受到袁世凯资助而得到升迁的。很快就出现了这样奇特的情况，仅仅几年前在袁世凯支持下，带着本质反动的动机夺取了皇帝权力的皇太后，认真倾听实际上是由袁世凯制定的改革政策并加以批准。这些政策如果说不是字面上与戊戌政变时年轻皇帝所执行的政策极为相似的话，至少在其精神上是如此。战线上的这种变化，袁世凯是起了很大作用的。皇太后接受了袁世凯的影响，而袁世凯见风使舵的能力又得到了相当机会的施展。毫无疑问，中国正在团结起来的千百万人民正在逐渐发生向进步转变的情况，袁受到了深刻影响。他努力采取中庸的道路，而且获得相当程度的成功。换句话说，他相信引进适当的改革，特别是他更相信教育的改革，认为这可以为更大更复杂的改革做好准备。

他的政策被大致描述为“中国人的中国”，但是，不像这种说法所表示的那样狭窄。他的目标倒是在于中国人改革中国。换言之，作为一个真正的爱国者，他意识到外部影响对国家的弊端，他希望看到其人民主动进步，而不是通过外部影响把改革措施强加给他们。他深知，对于这些外部措施的影响，将来是要付出昂贵的代价的。当他于1898年会见贝斯福勋爵时，他对于其国家的未来表达了真诚的担忧，认为“除非采取某些措施自保，没有什么能够阻止它四分五裂”。他说，由于中国衰弱，欧洲各国虽然一方面向她表示最真诚的善意，而另一方面则又在海军和军事示威的外衣下，夺取中国的某部分。袁世凯毫无疑问受到了反王朝倾向的逼迫。由于受日本归国的留学生所介绍的学说和撰著作品的影响（由于这些学生在民众中间散布这样的印象），即满族统治者是中国受到外国侵略的罪魁祸首，结果，此种反王朝倾向开始在各省形成气候。他们的目标是要建立一个纯粹的汉族人王朝。皇帝的顾问们——其中最突出的是袁世凯——他们意识到局势的严重性，努力通过取消对外国的让与而安抚百姓。他们夹在两堆烈火之间，一堆是外交压力，一堆是民众的痛恨，他们的处境可不怎么妙。此外，他们意识到，人民正在被弄成革命宣传鼓动的工具，这些革命宣传家为了掀起反王朝的情感，同时也煽起了对外国人的极端仇视。在某些个案中，外交压力获得胜利，但是却招致人民的愤怒。而在另一些情况下，公共舆论强烈，甚至连北京的独裁政府也招架不住。他们毫无疑问暗中是同情排外运动的，但是对于反王朝组织，却又无能为力。很难想象，袁世凯这位有着如此多开明证据的人物，这一次则没有仅仅调整其政策以适应他自己无法控制的局势。有理由相信，如果不是因为这些革命倾向，他本来是喜欢利用外国资本的。在某种程度上，袁喜欢外国帮助中国开发国家的资源，当然其前提是这些开发活动要在中国政府的直接控制之下进行。他的政策本质上是一种爱国政策。他希望改革，而不是革命。他对外国人一直持友好态度，但在其处理过程中，并未偏袒任何国家。正像其著名的前任李鸿章一样，他并不是俄罗斯的应声虫，而日本人时不时就慷慨地给他送礼，但是，这都是东方人对东方人的情况，而袁世凯很好地继承了他强有力的智慧。在天津的外国人对于袁保护他们的能力深信不疑，以至于当有谣传说义和团又将卷土重来时，他们就会说："只要总督在位，就没有危险。"袁世凯一再向皇帝呈递支持改革的奏折。派遣大臣出洋考察以便决定中国最适宜的宪法，这在很大程度上是由他促成的。在反缠足运动中，他是主要领导者之一。而他的奏折在很大程度上促使皇太后发布现在值得记忆的那道禁止鸦片的上谕。例如，1907 年 8 月，他上奏皇帝，其中建议：定立宪为国是；使用强迫教育；彻底调查财政状况，以便为实行金本位做好准备；京城和各省高级官员在录用下级官吏时如有挑拨满汉关系者加以严惩。袁世凯在试图建立一个新的进步政权的过程中，会遇到相当阻力，这是可以预见的。

到目前为止，（"外快"）〔陋规〕即长久存在的"榨油水"一直都被视为做官的合法收入，对于即将丢失这份外快，老派的满汉官员都不怎么支持。最终，他们感到极为恐惧的是，他们不仅将失去"油水"，而且还将失去官职。到现在，已经有大量雄心勃勃的年轻人——他们在西方接受过教育，急于在国家前途命运中扮演一个角色，许多人都是袁世凯的亲信或其支持者。（政敌们）因计较小利和无知偏见而对他的政策表示一般性反对。总督还有几个势力强大的对手，他们想向他作为政治家的地位发起攻击。他们之中，最突出的是铁良，他在陆军部担负领导职责，其军衔也与袁世凯相当。当两位指挥官在 1905 年的军事演习中相遇时，敌对如此尖锐，以至于到处都有许多恶毒的谣言，说有可能（铁良的部队）要发起进攻，取总督的性命。因此，他出发前往演习场地的时间保密，而且他还带了一支特别庞大的卫队。实际上，情形极为紧张，中国的报界都在煞有介事地讨论一方向另一方开火的可能性问题。另外一个大对手是已故的两江总督张之洞，他是中国士大夫中最杰出者之一，而他（对袁）的反对很大程度上是出于真诚的保守主义。不过，在行政管理问题上，他却不是袁世凯的对手，他们所管辖省份的政府表现出鲜明的差异。张之洞对于经济和工业问题的看法与时代极不合拍。当他卸去总督之任时，其司库被发现少了两百万两，这完全是因为管理不善造成的，而不是因为（不诚实）〔贪污〕，因为张之洞是少数几个格从来没有受到批评的中国政治家之一。日本人前来救他，提供的借款只盖了省银行的大印，但显然是有政治好处在其中的。另外一个袁的劲敌是宫中著名的太监头子李莲英，他比其他反对袁世凯的人都更阴险。总督希望看到宫中清和之气。他提议取消太监，由此引起几个世纪以来与宫廷联系在一起的一个阶层的仇恨。袁世凯的朋友之中最有势力的是军机处领班大臣庆亲王。此人有着开明的观点，义和团骚乱期间，他的政策是主张和解。在总督任期内，袁世凯的地位不时受到来自北京和各省反动派的攻击。1907 年初，出现了一波反动潮，一时之间，其对手们博得了皇帝的同情。孔圣人的地位一下子如日中天，而且一道上谕命令西学要从属于中学。袁世凯的主要亲信之一，一个接受过美国教育、能力卓著的广东人唐绍仪，因任命开明人士担任官职而受到弹劾。与此同时，总督本人也被指控账目不清，但是，这种迫害的真实动机似乎在于——袁把自己支配的资金支付给了士兵，从而减少了对朝廷的报效。这一次，袁世凯证明了自己的清白，彻底战胜了对手。1908 年 9 月，他奉召进京，被任命为军机大臣之一，同时任外务部尚书。

与此同时，袁的对手张之洞也被提拔为军机大臣。袁世凯的一个亲信被任命为接替他在直隶的位置。流行的观点认为，皇太后把袁世凯调进北京，是认为他在统辖的省里权势太大，希望限制他的活动范围并割断他与其军队的联系。当双方在京城成了同事之后，袁世凯与张之洞的内耗不仅没有缓和，反而加剧了。这方面，有一个有趣的故事。在一次御前会议上，皇太后向这对对手发布命令，说她希望看到其中一人的儿子与另一人的女儿订婚，一旦她接到钦天监有关这两个孩子命相的奏报后，就会正式宣布他们订婚的消息。她相信，通过家族联姻，政治领导人就会忘掉其分歧。也有故事说，在差不多同样的情况下，在皇太后保媒的命令下，袁世凯的儿子与铁良的女儿的姻缘相对比较成功。袁世凯失去了其主要的支持者。如果这一事件不是与皇帝的去世相伴发生，光绪可能会突然让他下台，因为君主不可能忘记 1898 年时他是如何被袁出卖的。两位君主逝世之后，我们有理由相信，袁世凯有可能在新的政权之下保持其地位和尊严。我们承认，在宫廷因（皇帝、皇太后）逝世而发生危机期间，他表现出政治家的气概，京城中能够保持秩序，很大程度上是由于他所采取的行动。他支持任命年幼的溥仪为皇帝，而且据认为，他支持了摄政王醇亲王。醇亲王被认为是一个观点开明的人，他曾经出过洋，尽管年轻，未经历练，但是，很有可能他会听从袁世凯聪明的建议，并保持改革政策的连续性。官方宣布，年幼的皇帝将按现代方式进行教育，各种改进措施也将引入宫中。袁世凯和张之洞都被授予皇帝顾问所能得到的最高荣誉——太子太傅。不过，很快就会清楚，前者的影响很快就跟不上时代的前进了。

直隶军队的指挥权被再次分割，其中一两个镇的指挥权移交给袁世岂的满族大敌铁良。与此同时，年长的张之洞成功加强了他对摄政王的影响。据说，他们进行了长时间密谈，在这一时期发布的所有上谕都由张起草。新的皇太后，即已故皇帝的妻子，给予太监头子李莲英一个显贵的职位。这一任命看上去似乎不仅不会导致宫中朝着好的方向变化，而且更有甚者认为这一任命直接与过去袁世凯在奏折中所提出的强烈建议相抵触。似乎毫无疑问，这正是满汉保守势力结合后共同产生的影响，导致了中国最能干的改革倡导者之倒台。重要的是，袁的政治同盟者庆亲王没有签署这一上谕，而东方（外交）〔权术〕的典型方式是，他不仅没有积极抵抗这道上谕，而是以身体不适为由，躲到了京城之外。尽管有人努力解释说张之洞没有参与倒袁，说他在革去袁世凯职务的上谕上签名是迫于摄政王的压力，但是，必须承认，一个建设性政策显然与自己的保守政策相对立的政治家退出舞台，这对他来说不可能不是一件令人高兴的事。尽管早些时候涉及到这一危机的报导似乎显示出日本对袁世凯革职完全不感兴趣，但是，稍后一些时候有关列强为此问题集会的电报则清楚显示，这一岛国正忙于努力扩大她对中国的影响。首先，我们被告知，日本是要求中国当局必须事先对事件进行通报的唯一国家。当大不列颠和美国的代表赞成为此问题向中国政府提出抗议时，日本却与其他列强一起，主张不干涉政策。从东京得到的，实际上是半官方的消息宣布：就日本而言，她并不在乎谁在北京主政；只要中国还能够维持秩序，列强对她进行干涉就是不适当的；她不认为仅仅一位官员的退休就会妨碍皇帝的立宪及其他改革。但与此同时，我们又被告知：东京一家主要的报纸指出，“日俄战争结束之后，袁世凯态度的变化使得中日在东北的谈判发生困难，此外，据传，唐绍仪主要在袁世凯的提议下被派往美国，他的出使对日本非常不利”；驻扎在北京附近的六镇军队已经不准出营房；袁世凯被革职已经在本国百姓中引起骚动。

莫理循博士提供了进一步的、有趣而确定的消息。他在从北京发给《泰晤士报》的一份报告中说，列强之间有意见分歧。又补充说：“我在这里获悉，日本和俄国反对提出抗议，特别是日本，在有关满洲问题的谈判即将于 12 月 28 日开始之时，其最可怕的敌手被革职，日本对此不能不以满意的心情来看待此事。日本军事代表与铁良关系密切，这是众所周知的，日本使馆对现在控制着外务部的那桐的影响也是如此。”正如前边所解释过的那样，铁良是袁世凯的主要敌人。需要补充的是，最近被称赞为已经变得越来越开明的那桐，在义和团骚乱时卷入颇深，仅仅是因为日本的影响，才没有被列入受惩罚官员的名单。袁世凯一直都是俄国和日本侵略满洲的强大对手，考虑到有关满洲的谈判正在进行之中，从利益相关的列强一方面来看，尤其是从日本方面来看，他革职的时机似乎完全不坏。虽然东京表现出不太重视袁世凯在这样一个中国历史上的关键时刻从政治舞台上消失的样子，但是，却无法提出任何一个能够接替袁的政治家，来完成袁所发起的伟大改革工作。这位倒台的总督现已在退休状态下生活了差不多一年时间。在两名忠心耿耿的仆人的照顾下，他在一个地方小城的安静环境中打发着日子。自然，人们就提出了这样的问题：这一伟大人物从行政岗位上消失是否使中国的真正利益受到损失？到现在为止，中国还没有产生出一位合格的接班人。这位倒台总督的杰出亲信唐绍仪在长期出使并从西方国家归国后，发现他的建议没人理睬，政府已经再也不需要他所提供的服务。袁世凯掌权时在自己身边聚集的许多杰出人才也遭遇到类似的命运。事情很快就清楚起来：过去，已故的皇太后亲自控制着国家局势的那种女性影响力，现在由（摄政王的继母）〔宣统的继母〕以同样邪恶但却不那么坦率的方式在继续着。很大程度上，是在她的提议下，那些臭名昭著的不称职的满族亲王、摄政王的兄弟们，都被任命到陆海军的高级指挥岗位上。

在其他许多方面，官方所采取的政策也使之更加清楚地表明：满族的权力将得到加强，而这一政策必然会退回到反动方法上去。在中国最近的历史上，不时出现改革已经真诚开始的迹象。派使团出洋考察世界各国海军管理情况，这从表面上看似乎是情况发生变化的一个重要标志。但是，在中国，进步的车轮转得如此缓慢，以至于这种转动根本无法让人感觉出来。真的可以说，如果过去几年中官场中讨论或真正认真考虑过的改革措施的一小部分得到执行，那么都会有真正的进步被记录下来。与此同时，中央政府的软弱无力已经严重影响到国家利益，与这些利益相连的则是所有希望门户开放政策得到严格遵守的国家密切联系在一起的目标与野心。臭名昭著的是，尽管条约上规定了义务，但俄国和日本却无视中国在满洲的主权，而且无法否认的是，作为战争的后果，这一广袤地区的局势事实上经历了一个重大变化，这一变化涉及到俄日两国之间分配此前由前者独霸的赃物。有惊人的证据——如果需要，笔者可以出示——证明，日本在贸易发展所需的一切基本设施方面正在给予日籍商人优先权。在全中国的其他地区，日本正在通过有意识地运动来极力获得在民众中的影响，而许多中国人则或对或错地把中国内部所出现的大量麻烦归咎于成千上万的日本人在中国所进行的秘密鼓动。这些日本人在中国的各个地方都可以遇到，要么伪装成小贩或商人，要么穿着他们自己的服装——打扮成探险者或教习。

但是，只要北京中央政府还盛行贿赂和腐败，任何真正的改革尝试就都不可能成功，这是很清楚的。同时，更年轻的一代正迅速获得开明的思想，随这种思想一同到来的，还有（民众）普遍、真诚地对于国家利益的关注。毫无疑问，民众中显示出来的所谓进步精神是会沿着智慧的路线发展，还是会在谴责中央政府无能与不诚实的同时，不加区分地把国家溃败的责任一下子全推到外国人头上，这都是颇值得关注的事情。多位熟悉这种局势的权威人士，曾经大胆预测说最近的将来会出现骚乱，并担心这些骚乱分子会明目张胆地发起一场反王朝的造反，更有甚者，会发起一场具有明显排外性质的造反。今天，列强之间的嫉妒心像过去一样，它们绝无希望达成任何有可能挽救这一局势的国际协定。大不列颠即使不是坦率地赞成日本的政策，至少也会通过外交沉默来给予那一政策以策略性的支持。俄国尽管在最近的战争中失败，但它在北方仍然有强大的实力，而通过修建阿穆尔铁路（中东铁路），它即使不是扩大其在远东的占有物，至少也是正在为扩大其影响铺平道路。只有美国大声支持维持满洲门户开放的政策，而其一切准备工作都在证明，她决心不让自己的声音白白发出。写了这么多，已经足以证明，随着袁世凯在中国历史上最为关键的时刻从舞台上消失，严重的后果会接踵而至，其最终的结局如何，没有人能够预测。有谣传说，摄政王急欲召回这位大政治家，不过，到目前为止，他还未从退休状态中现身。在过去十年中，中国正处在缓慢转变之中。战争、骚乱及灾荒遮蔽了理性，人们则起起落落。在一个外交方式迂回曲折的国度里，袁世凯这位昨天的倒台者今天可能又会站起来。

《双周评论》，1910 年 3 月，第 420—434 页

载涛赞扬中国的觉醒

他告诉亚洲学会，对外国知识的渴求在这里很普遍

计划建立新军

将按照已故皇帝制定的路线组建 36 个镇

中国的亲王载涛殿下，昨天晚上在德尔莫尼克美国亚洲学协会第十二次年度晚餐会致辞中说，对外国知识的渴求在整个中华帝国是很普遍的，目前“旧秩序正在迅速让位给新秩序”。年轻的亲王用满语（in the language of the Manchus）演讲，对他谈到的每件事情都十分认真。他外表看起来很年轻，但当他开始用清晰、坚定的声音，用一种对房间里除他自己的私人幕僚外所有人都难以理解的语言开始演讲时，大家都忘了他还那么年轻。随后，李（经方）大人对亲王所说的话进行了翻译，然后，当用餐的人明白了他所讲内容时，都跳起来并为之喝彩。李大人是李鸿章的儿子，能流利地讲英语。

哈汉章将军也作了演讲，他在演讲中说，中国为了防御，现在正在组织和装备一支由步兵、炮兵、装甲兵和工程师组成的 18 个镇的军队，并补充说这支现代化军队的组建将在 1912 年完成。哈将军是载涛的随从中身材最矮小的人，但

是他却拥有洪亮的男中音，正如他的一个同事所说，他说话的从容自在证明他是中国军队中最好的餐后演讲者。

晚餐在德尔莫尼克的大厅举行，学会会员以及他们的朋友约200人参加。装饰品是交叉在一起的中美两国的国旗，而菜单以书册的形式出现，菜单的封面是年轻亲王的钢印版画。托马斯 · H. 胡巴德将军是宴会主持人。亲王坐在胡巴德将军和李大人之间，而胡巴德将军左侧是中国驻华盛顿公使张荫棠。坐在宾客桌的其他人是西点军校的总监休 · L. 斯各特上校、美国瓦尔特 · 贺伍将军、美国瓦尔特 · S. 舒乐尔上校、日本水野总领事、中国杨总领事、耶鲁大学的 F. W. 威廉姆斯教授、西拉斯 · D. 威伯、纽约国民警卫队尼尔森 · 亨利准将、纽约港新任命的、娄威尔 · 林肯、中国公使之子张亨利、哈将军、中国公使馆的容揆以及牧师约翰 · 汉德雷博士。

中国军队一大优势

宴会主持人胡巴德将军谈到了中国的伟大和中美两国间现在的密切关系。他说所有受过教育的和有思想的美国人对中国人民所抱持的希望，没有一个不是为了中国人民个人和国家的福祉。他补充说，两国受过教育者的职责是增进各阶层公民间的友好感情。然后，他转向载涛亲王，说："我们不怀疑你们正在发展的军队建设将会巩固中华帝国，而且肯定不会对美国构成威胁。"

然后，胡巴德介绍载亲王给宾客。当年轻的中国总参谋长[①]站起来时，全体参加宴会的人员都起立并三次为他祝酒，这使得他眉笑眼开。当喝彩声停止以后，亲王开始进行演讲。当中国官员和来自华盛顿的外交官们拍手喝彩时，美国人也跟着加入进来。以下是亲王所说，李大人翻译如下：

"我感谢你们今天晚上给我的面子。我非常高兴有机会结识贵会会员，因为我非常了解你们是中国的朋友，你们精通中国事务，对中国的福祉和进步具有浓厚的兴趣，同情我们的希望和雄心。"

"此次美亚学会的工作已经使美国人更了解中国，让中国人更了解美国。我此次出使的主要目的之一就是促进这种友好理解。通过美亚学会，来自东方的许

① 载涛当时的实际职务为"管理军咨处事务大臣"，译注。

多公众人物已经与西方的杰出人物取得了联系。没有比这更有效的方法能够把东西方拉进友好而密切的关系。”

“这是时代中令人鼓舞的征兆，和不久前相比美国对中国发生的事情正在产生更加浓厚的兴趣。有关公共利益问题上，观点的自由交换对两国只会有利。另一方面，我们也希望对其他国家有更多了解。我们的官员和商人正开始越来越频繁地到外国土地上去旅行，以寻找信息和机会。这种对外国思想的渴求正在对全国人民产生影响。中国现在正在经历历史上一场重大危机。旧秩序正在迅速让位给新秩序。我们现在最需要的是人——能够必须完成工作的人。”

“尽管我们已经以最快的速度在帝国各地建立起学堂和高等学府，但是，还需要数十载我们才希望拥有和你们国家同样的学校和大学。尽管如此，我们毕竟已经开始。与此同时，我们打算持续地派学生到贵国学习。感谢美国政府的慷慨大方，免除部分庚子赔款。中国在未来的四年内每年将派 100 名学生到贵国，以后每年派 50 名。不久，贵国中将有 400 名官费生。这些学生回到他们自己的国家时必然会表现出色。”

“我衷心地希望他们将担当起进步和变革道路上指导国家事务的任务，并用强有力的友谊和美意的纽带把中美两国联结在一起。”

中国公使接下来发言，他讲了不到 100 字。他说来美国的任务和美亚学会的任务相似，即让美国和中国关系更加友好、更加密切。

中国的军事历史

随后讲话的威廉姆斯教授赞扬了既现代又古老的中国。接下来发言的是哈将军，他的敬酒词用的是“中国皇家禁卫军”，他是那支军队的统领。

哈将军简要地陈述了中国的军事历史，一部追溯到 3000 年前蚩尤朝的历史。然后他继续谈论正在进行中的军队重组问题。

哈将军说：“中国再次感到有必要把她的军队放在有效基础之上，为此，已故光绪皇帝下令重组兵部，特别把太仆寺和练兵处并入。同时决定组建一支由 36 个镇组成的军队，而这项工作计划在 1912 年完成。”

“现在中国军队包括 18 个镇，每个镇包括两个步兵旅、一个骑兵团和一个炮兵队，每队有 50 多门炮，一个工兵部和一个给养部。为了提高工作效率，摄政王去年认为最好把军咨处和陆军部分离，并任命载涛亲王为正使，和我一起作为主要官员（出使贵国）。我无须多说，陛下坚定的决心是尽最大的努力把中国军队带到最高的（效率）〔作战〕状态。”

贺伍将军对“为美国军队干杯”作了简单回应，并告诉亲王说，他的国家拥有大量的好材料，可以创建一支能保护中国抵抗各国（侵略）所需的军队。贺伍将军的演讲结束了那个晚宴。

出席者还有查尔斯·M. 史瓦布、查尔斯·R. 弗林特、约翰·福尔德、E. G. 格雷斯、西斯·M. 米立肯、托马斯·M. 奥尔、美国海军少将韦拉德·H. 布朗逊、美国上尉亨利· M. 莱姆立、美国海军上尉温森特·艾尔毛、阿尔弗雷德·H. 弗斯特、詹姆斯·斯拜耶、埃德温·赫雷、V. 埃弗里特·马西、J. H. 普尔、小斯图弗森特·菲什、濑古孝之亮以及 F. H. 斯隆。

载（涛）亲王的忙碌之日
骑马阅兵时警察受伤——史瓦布家的午餐

中国帝国军队的参谋长、小皇帝的叔叔、摄政王的弟弟载涛亲王，昨天度过了忙碌的一天。他的这一天是从一早视察交通队的三个连队开始的——美中不足的是，一个事故弄伤了一位警察，到昨天晚上本市美亚学会为向他表示敬意所举行的晚宴结束。中间，亲王参观了大都会博物馆，在史瓦布家吃午餐，向格兰特将军墓献花圈，在表演场看演出。

骑警人员的演习在中心公园的“草地”上进行。当亲王以及他的随从、军队的护卫、国民警卫队的军官到达草地时，交警队所挑选的 115 名人员正等在那里。除了那些要演习的人外，46 人组成的警察乐队和 24 人的军号队也出场来娱乐访者。警长贝克、副警长柯比、督察沃尔什和泰特斯负责这次阅兵。

警察向亲王致敬

骑兵大队向亲王敬礼致意，然后乐队开始演奏中国国歌。随后，骑兵大队在乐队的引导下，接受检阅。然后骑马的人员组成方阵，以楔形队形及其他马术绝技飞奔。正在进行楔形队形飞奔时，其中的一名警察受伤了。受伤之人就是交警 C 队的警员赫尔姆斯。赫尔姆斯所骑的那匹马用后腿直立，结果（马倒地后）

压在了他身上。

载涛亲王马上转向身边的医生吴大夫，命令他到赫尔姆斯那里，给予赫氏力所能及的帮助。亲王跟吴大夫说，告诉那位警员自己很难过他受伤了，并希望他很快痊愈。赫尔姆斯告诉大夫说他伤得不重，转而要求他谢谢亲王对自己的同情。随后，赫尔姆斯被带上了警长贝克的汽车驶往中心公园的军械库，在那里人们发现他的伤势不重。

一到达大都会博物馆，亲王及其一行人就受到了代理馆长爱德华·罗宾逊和信托委员会副主席约瑟弗·H. 乔特的迎接。罗宾逊先生和乔特先生陪同亲王首先到正在展出世界上最好的收藏品之一的“J. 皮尔庞特·摩根中国瓷器收藏品区”。接着，他观看了“希伯·R. 比肖甫翡翠收藏品”和“霍恩采尔装饰艺术收藏品”。伴随亲王的李大人说，所有这些都对载亲王有极大的吸引力。亲王同样也对日本艺术收藏品和美国画表现出极大的兴趣。

参观完博物馆之后，（亲王一行）在河边大道史瓦布家吃午餐。房子的里里外外都装饰着中美两国紧密相连的国旗。两面巨大的黄色的中国国旗陈列在房屋前面的河边大道上，一面从房顶垂下来，而另一面则刚好在房子的正门。旗帜的两边是美国国旗。在美国国旗的侧面，另一面大的中国国旗从房屋朝向的第74街一边上垂下。

包括亲王及其随从，午餐有48人参加。他们当中有中国驻美公使张荫棠，美国的安德鲁·卡内基、乔治·威斯汀哈伍斯、威廉·埃利斯·考雷、法官E. H. 加里、小科尼利厄斯·J. 皮尔庞特·摩根、乔治·W. 珀金斯、雅各布·H. 诗弗、亨利·费浦斯、梅维尔·E. 斯通、保罗·莫顿、威廉·G. 麦克阿杜、查尔斯·A. 斯克瑞布纳、弗兰克·A. 孟赛、查尔斯·R. 弗林特、小约翰·D. 罗开米勒、S. A. 布朗博士、美国海军上尉亨利·R. 莱姆雷、纽约国民警卫队少校R. S. 福斯特和阿奇博尔德·约翰逊。市长盖诺和托马斯·A. 爱迪生表示歉意。

卡内基讲述中国的未来

午餐会上只进行了一次演讲，是由卡内基先生做的。演讲很短，紧接着就是祝亲王、中国皇帝和美国总统身体健康。卡内基先生谈到了中国伟大的未来，并告诉来访者，世界非常感激中国的发明，尤其是火药、印刷术和指南针。他说他不信任火药，但他的确对印刷术和指南针非常敬重。

午餐之后，亲王一行立即参观了格兰特墓。亲王在墓前献上了红白玫瑰花圈，李鸿章之子李（经方）大人又献上了紫丁香和百合花圈，而中国公使则代表中国政府献上了兰花花圈。当花圈被放在石棺上时，亲王和他的随从脱帽致敬。

在墓的北边，由铁栅栏包围着的，是李鸿章1897年5月种下的两棵树。这些树现在有10多英尺高了。李（经方）大人在刻有李鸿章和格兰特名字的碑前默哀一分多钟，与此同时，亲王仔细阅读铜牌上的中文铭文。离开时，李（经方）大人转向其中的一个仆役，感谢他对自己父亲所种树木的精心看护。

《纽约时报》，1910年5月4日

中国宪法——任命参议院

本报通讯员

上海，5月11日。5月9日发布的一道上谕宣布，遵照先朝皇帝发布的预备立宪诏书，参议院或资政院将于九月初一（10月3日）开院。上谕中包括一份全体议员的名单。这些议员是由皇帝钦选的，共91名，系从六个不同的阶层中选拔而来的。其中，宗室王公世爵14人，满汉世爵12人，18省之外的外藩王公17人，除上述所列之外，（还有）宗室觉罗6人，各部院衙门官员32人，硕学通儒10人。除了17名外藩王公之外，我们在名单上还发现了39名满族人和35名汉族人。不过，这些数字并不能准确地反映权力平衡有利于满族，原因在于，汉族代表的主体是从官员和学者之中选出来的，他们在资政院中很难与皇室亲贵发挥同等影响。

政府的计划

上谕中包括以下训诫：

“该议员等须知，此次召集资政院，为中国前此未有之创举，即为将来成立国会之先声，务期竭尽忠诚，恪守秩序，克担义务，代表舆情，朝廷实行立宪循序程功之至意。”

就1908年8月所制定的九年立宪计划的“秩序”而言，我们必须承认，政府是非常守时的。各省谘议局及资政院都是完全按照时间成立的。2月6日、7日，皇帝分别发布了两道上谕，批准了宪政编查馆呈交的计划，成立地方自治机构及进行司法改革。这两份计划都是按照（九年预备立宪）计划的规定而准时出台的，尽管中国要看到其实施还需要等些时间。5月1日，官方在长沙处死了两名可怜的“羔羊”，从他们所受到的酷刑看中国司法方式的变革没有太大变化。

改革的前景

在确切的立宪政体确定之前，看到这些名义上的宪政机构的任命，实在是奇怪。事实上，就像《爱丽斯漫游奇境记》中的信使一样，按照1908年的计划，那一决定要到“最后一刻”才会到来。不过，这还是一个小问题，因为没有人会相信宪政会突然之间就开始运作，无论是现在还是六年以后都不会。太多个世纪的传统阻碍了道路。但是，按照宪法的观点看，计划中有两个明显的弱点。在财政问题上，它似乎既没有给各省谘议局也没有给资政院任何发言权。我们等着看第七年起草预算案之前的情况，没有任何清楚的证据显示，预算将会由谘议局制定。而且，它也没有提到谘议局对官员的控制和任命问题。鉴于这些缺点，尽管我们对中国的宪政愿望抱持满腔同情，但是，不可能不担心这一改革计划能否达到其表面所宣称的目的。

再看一看光明的一面，我们就知道，各省谘议局比政府希望的或期盼的更把自己当回事。设在南京的（江苏）省谘议局几个月之前让人们关注上海道台滥用黄浦维护基金来收买上海当地报纸一事，从而制止了那一类的滥用行为。（当然，我们）还可以引证各省谘议局其他一些有活力的例子。假如新成立的资政院不被满族代表所吓倒，那么它也可能会同样地富有活力。不过，很清楚的是，各省谘议局要做的事情不是鼓动（朝廷）开国会，而是要努力争取控制各自所在省的官员。只要官员自成一系，控制着财政，那么（各省）就不可能有任何真正的改革。

《泰晤士报》，1910年5月30日

中国的麻烦（之四）

——改革的进程

弗雷德里克·J. 哈斯肯

一场全国性的为中国起草宪法的会议将于10月3日在北京开会。四年之前，天子通过（慈禧）皇太后向中国人民允诺制定宪法，尽管当时并没有人要求如此重大的改革。大臣被派往国外去考察各国政体。此后，朝廷下令各省成立谘议局。去年，除一省之外，各省谘议局均召开了会议。现在，中国历史上第一次国会即将召开。来自中国各阶层的96名议员已经得到摄政王的召集令。他们将起草一部宪法。这部宪法将对中国的制度进行重大改革。1910年10月3日将是伟大的新中国的元年。

文明的历史证明，除非付出重大牺牲——一般是流血牺牲，重大的改革是不可能完成的。对中国正在到来的排外运动和反王朝运动的令人不安的报导，我们不能理解为中国正在走向野蛮，甚至不能解释为中国拒绝接受西方文明。此类麻烦与宪政改革如影随形，即使在西方也是如此。

就目前的骚动和中国作为世界政治中一个日益重要的因素而言，中国的变法改革史具有特别的意义。中国与亚洲邻国相比的巨大优势，中华帝国的成功扩张，以及中国领土的广大，都促使中国人形成了这样的观念，即：天子，即北京的皇帝，是天下的统治者，普天之下，莫非王臣，任何统治者都必须承认其统治地位。在相当长的一个时期里，中国政府基本不理会在广东经商的欧洲商人。三个世纪以来，白种人是“野蛮人”，而西方国家的使臣成了“贡使”。

变法改革的真正起点

“改革”意味着引进西方文明，根据帝国的需要采纳现代的进步（成果）。中国真正意义上的改革开始于著名的鸦片战争。鸦片吸食的泛滥引起中国政府的震惊，中国政府决心取缔这种恶习。鸦片被禁止进口。绝大多数鸦片来自印度，鸦片走私对于控制这一买卖的英国绅士们（他们高度文明且令人尊敬）来说，是有大利可图的。信仰基督教的英国为了强迫异教徒的中国继续此种中国人急欲取缔的、可恶的、堕落的恶习而发动了战争。其结果不仅使鸦片贸易继续进行，而且使中国香港割让给了英国，好几个口岸被开放。此后就是（中国）与欧洲国家的长期灾难性的纷争，最终使美国以外的所有列强都在中国领土上取得了落脚点。

但是，中国人仍然相信其优越性，他们仍然不愿意承认（西方）除了野蛮的武力之外，所有方面都比中国强。这样一个时刻终于到来了：一些中国政治家意识到，他们必须在军事和工业两方面与其他国家展开竞争。在伟大的李鸿章领导下，中国开始修建自己的铁路，并且确实建立起一支现代化的海军。那时候，日本正在忙于制定计划，采用西方的政府管理及工业模式，中国人认为自己的进步与日本人一样迅速。不久之后是中日战争，中国耻辱地战败，（中国海军）〔北洋水师〕全军覆没。

那场战争的结果和少数几个头脑清醒、进步的中国思想家证明，拥有一支现代化的海军和一支纸上的现代陆军掩盖不了这样一个事实，即中国是在用古代的方式处理内政，这就使现代军事装备绝对不可能成功。他们看到，日本在尝试着用西方的方式打仗或做买卖之前，早就已经采用了西方政府的方法和模式。他们组织了一场明确的、雄心勃勃的、进步的运动。

维新党势力很强大，并很快得到了皇帝的支持。变法的上谕以历史上空前的速度从紫禁城中接连发出。当然，从北京发出的这些意义深远、激进的改革完全没有可能立即实施。事实上，中国还没有做好从皇帝开始一夜之间彻底变样的准备。强大的保守派意识到了局势的危险，并在皇太后的领导下，于1898年推翻了维新党，清洗变法者，并实际上把皇帝变成了囚徒。两年以后，已经变得极其反动的皇太后，把一场小规模的反王朝的运动转变成了一场全面的排外起义，即义和团起义。

军队入侵北京

她野蛮地背信弃义，下令灭掉所有在华的外国人，并围攻世界各友邦在京城使馆中的正式代表。列强的联军入侵中国，进军北京，解使馆之围，迫使皇太后及其朝廷流亡，一劳永逸地结束了中国皇帝至高无上的学说。直到白人士兵侵犯了紫禁城的尊严之后，中国才认识到这样一条真理，即它不能孤立于世界之外，即使它想孤立（也不可能孤立）。

接下来便是另一个改革时代。与第一次改革不同，那时中国想通过拥有几艘海军战舰来挡住世界各国，同样与第二次改革也不相同，那时年轻的皇帝想通过拟定上谕来颠覆三千年的基础，这第三次的改革运动似乎是以日本的经验为基础的。皇帝许诺成立立宪形式的政府，并采取步骤，逐渐地、务实地教育人民履行立宪国家公民的职责；宣布了大规模铁路建设计划，建立了现代化的军队并使进步的军人担任指挥；在全国各地设立报社，使邮政通信得到扩展，电报系统大大增加。通信设施的增加第一次起到了在全国性问题上形成公共舆论的理想效果。皇太后还保持着权力，但是就目前所见而言，她实际上已经改信保守的改革方案。

差不多两年以前，皇太后和傀儡皇帝几乎同时去世。一名婴儿被扶上了皇位，已故皇帝的兄弟担任摄政王。摄政王几乎一掌权就把袁世凯解职。袁是军队的统帅，而且在外国人看来，他是中国最能干、最进步的人。12个月之后，他又解除并降低了端方的职务。端方在能力和进步性方面仅次于袁世凯。端方在升调到直隶总督之前，在扬子江流域是一名成功的总督。他曾经到全世界旅行过，从第一手资料中熟悉了西方的制度。他在政府中拥有决定性的影响力，并被认为是进步势力的领袖。他允许安放一台摄影机来拍摄皇太后的葬礼。由于此举破坏了规矩，他被降职并（强令）退休。袁世凯之所以被解职，表面上看是因为他腿患风湿病。这些事情互相矛盾，使人难以相信中国真正的改革会取得进步。

领导人死亡

在这两位被解职的同一年，中国事务中另外两位能人则因去世而解职。一位是军机大臣张之洞，他是中国一位了不起的老人，是全国铁路和财政方面的领导人。另外一位是大学士孙家鼐，他是政府中最能干的学者之一。这四人无可奈何的去职使政府权力在很大程度上落入了那些令外国人无法提出任何明确意见的人手中。

显然，年轻的摄政王本人是帝国的实际统治者。要判断其能力，现在还为时尚早，不过，似乎可以肯定，他是致力于真正的改革的。他最大的弱点在于，他是满族，而不是汉族。如果现在的反王朝鼓动导致公开的反叛，那么我们完全有理由相信，这位王爷的自我保护意识会促使他成为一位反动派。

与此同时，中国也在引进行政改革措施，贪污的官员被从高级职位上罢免，官方正在为快速发展工业做出安排，并采取步骤预备立宪，这一切显然很成功。恰恰是下述事实，即中国接二连三加到人民头上的进步性的改革，在很大程度上是造成中国今天的骚动和不安的原因。中国总是这样一个颠三倒四的国家，现在，它正在把西方国家的经验颠倒过来。在那里，改革都是由人民强加给皇帝。但是，中国却正在致力于强迫人民接受他们自己并未提出要求、对其性质也不了解的改革。

《华盛顿邮报》，1910 年 6 月 1 日

中国人将要求皇帝批准即开国会

北京。在此间集会的各省代表正起草一份请愿书，以便在星期三时呈递给皇室，要求速建责任政府，速开国会。

所要求的改革计划早已得到新政府的批准，不过，要等到第一届省谘议局会

议召开九年之后才被实施。代表们——多数得到商人团体的支持——坚持认为此种拖延毫无用处。醇亲王，即摄政王，在给出正式答复之前，将会尽可能拖延时间。

《基督教科学箴言报》，1910 年 6 月 7 日

中国人要求尽最大努力开好新国会

《基督教科学箴言报》特稿。

伦敦。根据 5 月上旬颁布的一道上谕，参议院或国家议会，即资政院将于 10 月 3 日或用中国人的说法是九月初一开院。在宣布这一消息时，《泰晤士报》驻上海记者称，组成资政院的 91 名成员由皇帝钦定，分别代表六个不同的阶级。皇室亲贵有 14 人，12 人是满洲和汉族的贵族，17 人是来自 18 省以外的藩属地的亲贵，6 人是来自除前已提及的皇室成员以外的成员，32 人是来自中央部委的官员，10 人是硕学通儒。上谕中有下面段落：

"该议员等须知，此次召集资政院，为中国前所未有之创举，即为将来成立国会之先声。务期竭尽忠诚，恪守秩序，克担义务，代表舆情，用副廷实行立宪循序程功之至意。"

皇帝希望实施立宪的愿望得到满足，谘议局和资政院可谓设立及时，而早在 2 月间，皇帝批准了所提交的宪法改革的方案、地方和部委改革的方案以及审判厅改革的方案。但是，批准虽然是批准了，而在真正改良之前，落实很可能还要有一段时间。本通讯员进一步指出，按照宪法精神，这一计划存在两个明显的弱点，因为，无论是谘议局还是资政院，看上去似乎都无权过问财政事务。另外，财政预算要到第七年时才能制定，而且从根本上说不是由谘议局制定。此外，对官员的管理没有任何地方提及，谘议局对官员的任命也没有列出。

在此期间，谘议局在一定程度上表现出色，因为正是设在南京的（江苏）

省谘议局让人们注意到道台动用黄浦维护基金来订购中国人在上海发行的报纸，但是，谘议局要是取得对所在地区官员的控制权而不是要求朝廷速开国会，看起来似乎更好些。目前，中国最大的困难在于，官员仍是一个独立的阶级，而且拥有对财政的绝对控制权。

《基督教科学箴言报》，1910 年 6 月 14 日

新国会推迟

中国拒绝民众速开国会的要求。

上谕坚持醇亲王有关各省谘议局召开首届会议九年之后，再开国会的计划

北京，6 月 27 日。皇帝今天发布的一道上谕，拒绝了民众最近一再提出的立即召开国会的要求。由代表呈递给各省谘议局并得到全国商人组织支持的紧急请愿书，在醇亲王摄政期间召开的帝国第一届议会第一次会议上进行了讨论。

经过讨论之后，政府的决定现在已经公布。摄政王建议仍维持原定计划。该计划规定各省谘议局召开首届会议九年之后，再召集全国立法团体会议。此种办法是 5 月 9 日的一道上谕所规定的。[①] 与各省谘议局召开的同时，10 月 3 日，摄政王任命 96 人[②]为资政院议员，代表所有阶级，并命人民预备立宪，筹备国会。

不过，代表们希望尽快建立全国性的、民众支持的立法机构，而且在这一方面，他们得到了许多商人的支持。这些商人们拒绝缴付印花税，希望用这样的方

① 此处的“5 月 9 日”似为“5 月 19 日”之误。参见《资政院总裁溥伦等奏资政院成立暨开会日期折》(宣统二年八月二十五日)，其中提到“窃臣于宣统二年四月初一日，钦奉上谕，著以本年八月二十日，为召集之期”(故宫博物院明清档案部编：《清末预备立宪档案史料》，北京：中华书局，1979 年，下册，第 645 页)。其中所提到的“八月二十日”即是公历 1910 年 10 月 3 日，也即文中所提到的资政院召集之期，而其中的“四月初一日”则应是公历 1910 年 5 月 19 日，而不是 5 月 9 日，译者。

② 一说 98 人。原定总名额 100 人，新疆谘议局暂未成立，其 2 名代表名额暂缺，译者。

法来对醇亲王施加影响。

6 月初，代表们在京城集会并向皇帝请愿，宣布他们将留在北京，直到他们的要求获得批准为止，那时此种宣传鼓动变为了具体行动。8 名代表宣誓，一旦请愿遭到拒绝，他们将自杀。但是，这一运动的领导者已经宣布，他们并不希望采取过激行动，以防反对王朝的革命导致外国军队侵入中国。

《华盛顿邮报》，1910 年 6 月 28 日

中国仍不召开国会

政府决定拒绝各省谘议局代表的要求

8 人发誓自杀

其他代表已经声明他们会留在北京直到他们的要求得到批准

北京，6 月 27 日。皇帝昨天发布的上谕拒绝了近来颇为普遍且一再坚持的速开国会的要求。

由代表交给各省谘议局并得到全国商人组织支持的紧急请愿书，在醇亲王摄政期间举行的会议政务处第一次会议上得到讨论。经过辩论以后，政府的决定现在公布于众。

看起来摄政王建议坚持原来的计划。该计划规定，在各省谘议局召开 9 年之后召集全国立法机构，这是根据 5 月 9 日皇帝的命令而设定的。与 10 月 3 日咨政院召集令同时发生的是，摄政王宣布了 96 名议员的名单，他们代表各个阶层，人民被告知为宪法和国会做准备。

然而，代表希望立即成立一个民选的立法机构，在追求目标方面他们得到了许多商人的鼓励。商人们已经拒绝缴纳印花税，希望用这种方式来影响醇亲王。

这场躁动在 6 月初变得明确起来，当时代表们在京城开会，向皇帝请愿，并宣

布他们将留在北京直到他们的要求得到批准为止。倘若遭到拒绝，8 人发誓自杀。

代表之中包括好几位来自菲律宾、澳大利亚和其他各地的华人。因为他们被认为是代表海外华人的革命分子，所以这些人受到宫廷密探的密切监视。然而，这场运动的领导者让众人知道，他们并不建议采用激烈措施，以免反王朝的革命导致外国列强的军队侵入中国。

《纽约时报》，1910 年 6 月 28 日

亲王溜进北京

皇帝的叔叔载涛担心出现反王朝的示威

在此间及欧洲的长途旅行引起批评——摄政王的兄弟现在要去旅行

北京，8 月 2 日。今天上午，小皇帝的叔叔载涛亲王出人意料地返抵北京，令人大吃一惊。载涛在美国和欧洲长时间的旅行引起了相当多的批评。载涛希望继续延长在欧洲的行程，但却接到要求他悄悄回京的命令。这一措施显然意在防止发生任何反王朝的事件，对于此类事件，政府最近已经采取了非同一般的预防措施。

60 位利用庚子赔款接受教育的学生以及参加监狱改良大会和军医大会的代表本月也将启程前往美国。

香港，8 月 2 日。广东自治研究所今天收到来自旧金山中国居民的一封信，内附供该所作宣传费之用的 1 000 美元。来信督促（中国）发起抵制美货运动，以作为对旧金山天使岛拘留所内中国人所受悲惨待遇的报复措施。广东自治研究所持同情态度，并已召集会议研究此事。

《华盛顿邮报》，1910 年 8 月 3 日

宁为变法死

八位著名的中国人发誓要自杀

北京，7月7日。为了国会的筹备工作而由上谕任命的各省谘议局的代表们大量地聚集在这里，不断请求政府速开国会。

代表已经决定，直到他们的要求得到同意，他们才离开首都。他们中的八人发誓，万一摄政的醇亲王决定坚持原定的九年之后召集国会的计划，那么他们就会自杀。记者从运动的领导者那里获悉，他们不打算采取极端的措施，因为他们担心反对朝廷的革命只会有助于把外国列强的军队引到中国。

朝廷密探正在密切注视着从澳大利亚、菲律宾以及其他汉人聚居地来的代表，他们被认为是代表着居住在国外汉人中的革命分子。

皇帝周一发布了一道上谕。上谕称，当第一批请愿书收到时，政府告诉代表们，国会将在九年内召开，期间必须有合适的准备期。现在，收到另一份请愿书后，政府召集大臣们讨论，考虑是否应该接受请愿书。他们都一致认为立即召开国会的时机尚不成熟。

上谕继续说，人们应该记住，国会只不过是一个立法机关而已，国会的召开并不一定就会立即增加人们的幸福。国家现在正遭受财政困难，各地也在遭受不同形式的灾难。这些使得召开国会更加困难。资政院今年将正式成立。这个机构是国会的基础，将作为国会进程中培训人民的学校。这个组织适合于现在的国情。

最后，上谕警告代表们不要徒劳地再次请愿，因为九年预备期是必要的。

《纽约时报》，1910年8月7日

蒙特利尔华人选举

黄种人推选商人来代表他们

此类政治性事件尚属首次，发生于华夏之国之外，标志着一个新时代的到来——选举将在英属哥伦比亚进行——人民盼望宪法

渥太华（安大略），8 月 16 日（专稿）。中国境外所进行过的第一次政治性选举刚刚在蒙特利尔完成，2100 名华人代表加拿大东部地区的天朝上国人民投下了自己的一票。结果，蒙特利尔的一名商人 Lee Mon How 及渥太华的商人 Hun Quan 被选举出来作为中国广东省谘议局的东方（Oriental）代表。英属哥伦比亚也将为西北地区的华人举行类似的选举。

中国驻加拿大总领事龚博士[①]主持了蒙特利尔的选举。这是中华帝国历史上一个划时代的标志，意味着立宪政府的核心，全世界的华人都将有自己的代表。类似选举也将在美国以及所有其他有华人移民的国家举行。

龚博士说："中国在立宪政府方面已经取得进步。已故的皇太后曾经说过，大清国未来的唯一希望就在于允诺颁布一部宪法。"

他描述了新议院的详细情况，章程及其任务等。

《基督教科学箴言报》，1910 年 8 月 17 日

① 指龚心剑，原翰林院编修，光绪三十四年十二月至宣统二年六月（1909 年 1 月—1910 年 7 月）任中国驻加拿大总领事，不过文中所提到的选举进行之时，龚似已不是驻加总领事，译者。

期盼中国改革

本国政府对唐绍仪升职感到满意

美国政府官员期盼中国中央政府计划中的改革能够对北京政府的人事安排方面进行整体性改革，在过去的几周中，此种改革一直在进行之中。美国公使嘉乐恒昨天报告国务院（中国）政府方面的几项改革，使国务院相信，可以期望中华帝国对其事务采取更加有力的、商业式的管理。

据理解，美国政府对唐绍仪接替徐世昌升任邮传部尚书感到非常满意。徐世昌与毓朗一起刚刚升入军机处。唐系耶鲁毕业生，是袁世凯总督的门生，义和团之后，他在袁手下迅速升职。

《华盛顿邮报》，1910 年 8 月 19 日

中国改革胜利

新任高官全为进步派

北京，8 月 18 日。昨天的上谕说明了军机处内的变化，（摄政王）出人意料地革除了世续和吴郁生，其所遗空缺被毓朗亲王和徐世昌接替。这一变化在此间被认为是进步的象征，具有重要意义。

唐绍仪被任命为邮传部尚书，尤其受到反日派中国人的欢迎。因为唐绍仪在

满洲担任巡抚时，设计了建造满洲铁路的方案，后来英－美辛迪加接过了这一方案，诺克斯国务卿在1909年有关满洲铁路的备忘录中也要求接受这一方案。

朝廷新任命的三人均被认为是进步派人士，开明的中国人都对这些任命十分高兴。

《纽约时报》，1910年8月19日

在美华人将投票选举议员

相信将选出代表参加即将在广东省会广州举行的谘议局会议

加拿大提名二人

在美国的华人可能即将参加选举新成立的广东省谘议局代表。该省省会设在广州，在美国的大部分华人均来自该省。由于中国人无法按美国法律加入美国国籍，由于中国政府最近禁止其臣民放弃国籍，因此许多华人居民拥有选举权。最近，在加拿大的华人已经选举过广东省谘议局代表，当地一名著名的华人战胜25名对手，成功当选。

如果在本国的华人也要进行选举的话，将会按照在加拿大（选举时）所定下的方针，在那里，整个辖区将被划分为两个选区，即东部选区和西部选区。具体到美国而言，分区线可能会划在芝加哥，也许会划在奥马哈。还有，也许会划在更靠近西海岸一些，因为大多数华人都住在太平洋及其相邻的几个州中。

是否举行一场有波士顿华人参加的投票还无法确定。1905年被任命为中国驻新英格兰领事的弥格臣①，当其在温斯洛普的家中接受采访时，他表示怀疑波

① Stephen W. Nickerson，美国人，光绪二十八年至宣统元年七月（1902—1909年）被清政府委任为驻波士顿副领事，译者。

士顿是否有足够多的人有资格投票，并让当地社区对选举产生兴趣。对那些在美国拥有永久居住权且回到中国也享有选举权的阶层，弥格臣认为他们还没有足够的人数来发起一场选举运动。中国人天生不爱与人交往，外国人很难深入了解其计划。受过教育的或拥有财产的华人得到了美国的投票权，只不过是最近几年的事，而且范围很有限。

弥格臣先生于1902年被任命为副领事。1905年，他本要升任驻新英格兰领事，但那一职务却授给了费城的托马斯·W. 巴楼。1907年1月，当他在中国办理公事时，被两广总督委任为驻美国的商务代表。同年3月，他又被直隶总督委任为商务代表。直隶总督比其在南方的同行级别更高，是皇家任命的级别最高的地方官员。弥格臣先生在完成这些差事的过程中，获得了对（中国）情况的了解，其声明具有权威性。弥格臣先生大约在一年前辞去了领事职务，但是中国使馆方面希望他继续用领事的名义来代表大清帝国，因此朝廷没有任命任何人来接替其职务。据有人说，弥格臣先生很快又会接受这一工作。

安大略渥太华。住在本市艾伯特街219号的中国商人、王安公司合伙人Hum Quam已经被选举为加拿大东部地区出席中国广东省谘议局的两名代表之一。投票在蒙特利尔进行，Hum以350票当选。

另外一名当选者，蒙特利尔商人Lee Mon How，以180票当选。共有2100人投票，其中300多人来自渥太华，全部投的是Hum Quam的票。渥太华的投票结果通过一名特使送到蒙特利尔，几天前送到这里进行标记。

此次选举在中华帝国的历史上是一个划时代的事件，因为他们两人即将参加的谘议局将是中国未来的国会，即立宪政府的核心。人们期望，当这一运动结束之时，中华帝国将会从一个集权帝国变成一个立宪制的国家。投票在加拿大的曼尼托巴及西部地区进行，会推选出两名代表。

《基督教科学箴言报》，1910年8月22日

义和团运动以来的中国与列强（节选）

威廉·R. 曼宁

内政、改革、宪法

上面已经对1903年年底以前引起外国关注的内政事务进行了评述。从那以后，叛乱及各种内乱已经比较少见。1904年，南方重新出现叛乱，好几座城镇落入叛军之手。派去镇压的军队倒向叛军，一名总督亲自前往镇压。在河南、直隶、山东，义和团运动死灰复燃，却被镇压。1906年，庄稼欠收在某些地区带来了饥荒。尽管中央政府未采取任何措施，地方政府却提供了一些救济。传教士散发了从外国募集来的捐助。美国的慷慨援助，特别是罗斯福总统在其中所起的重要作用，缓解了上一年度抵制美货风潮中所表达的反美情绪。在一千万灾民之中，约有1/5死亡。1907年，春天的到来结束了饥荒，但江苏是个例外。在那里，洪水又重新造成了饥荒状况。今年初，湖南长沙发生了严重骚乱，1/4个世纪甚至更长的时间以来，那里一直是最狂热的排外运动的大本营。外国人的产业受到攻击，六座教堂及许多外国人的楼房及领事馆被毁。没有人死亡。引起骚乱的原因是生活费用高涨、无法就业、种族反感以及当地传统的排外情绪等。

传教士与人民之间的关系、官员与老百姓之间的关系正逐步变得友好起来。自1904年以来，中国曾有传教士受到袭击，有的被杀，不过，与从前相比已经大大减少，而且凶手很快就受到了惩罚。1907年，所有官员受命熟悉各条约中涉及基督教的条款并在各自辖区内对基督教徒提供更好的保护，不管他们是外籍的还是本国的。各地的地方官员都经常向传教士咨询意见，作为医生、教师、官方顾问，传教士们已经占据重要地位。

老皇太后以及过去十年中她一直牵控在手中的年轻但孱弱的皇帝于1908年

11 月几乎同时去世。皇帝的去世早就是意料之中的事，但是皇太后在去世的两周前刚刚庆祝了 74 岁的生日，她似乎没有想到自己会这么早去世。根据习俗，新选的皇帝是一婴儿，即 1900 年以来在政府事务方面起重要作用的醇亲王载醇之子。醇亲王曾经作为谢罪特使远赴柏林，为德国大使被杀一事道歉。在近年发起的改革方面，他是一个非常引人注目的角色。他被任命为摄政王，从那以来他就一直是中国的实际统治者，尽管他自己也是一个年轻人——只有不到 30 岁。他是已故皇帝的弟弟。朝廷的变化对政府的政策没有任何影响。过去所做的一切都被继承下来，各方面都在以过去同样的高速度前进。

在 19 世纪最后十年里，中国维新变法问题以及采用西洋文明的问题曾经使全国振奋过。皇帝转向（改革）并试图强行实行激进变法，这导致了戊戌政变。在外国军队占领京城、（两宫）不得不出逃期间，朝廷发布的许多上谕都提出了新政改革的（前景）〔措施〕。它们主要涉及教育体制方面的变革、裁汰闲散衙门、选用能干的官员以及整饬军队等。这些方面的改革从此以后一直在进行中。

接替李鸿章继任直隶总督的袁世凯聘用日本军官来训练其省内的军队，并催促中央政府接受日本主动提出的借用日本将军来重建整个中国军事系统的建议。为了满足重建军队以及改革官制所需的经费，赫德爵士建议增收土地税，于是朝廷采取措施来增收土地税。外国人帮助训练的直隶军队，其进步状态让各国武官们羡慕不已，其他各省的总督们也开始效仿。1905 年，皇帝发布的一道上谕号召贵族们把自己的儿子送去接受军事教育。这对于提高从前受人鄙视的行业在公众中的地位有着深远影响。尚武精神迅速增长。

1906 年，这一年在各方面的变革都颇值得称道。与戊戌年仅仅有所提议而其提议者就为之丢了脑袋的那些改革相比，现在实际开始实行的改革要激进得多。在军队和官制以及教育、工业、经济和政治生活方面采用西方模式的工作都已认真开始。集中各省军权的工作已经开始并取得进展，这将使中国的军队成为国家的军队。差不多一年以前，皇帝担任了由日本军官按德国模式组建的陆海军的统帅。各省设立了军事学堂，每年都选派若干人到日本接受军事教育。如果时机允许，中国军队经过略加训练之后，也将会像 1904 年日本军队那样震惊世界。现在，军队约有五六十万人，其中约有 160 000 已经训练完毕。官方已经在按计划迅速扩大这一有效数字，到 1913 年将会有 400 000 人，而到 1920 年，则将有

1 185 000人。据报导，中国政府已经提议由吉青纳勋爵来掌管其军队并完成重建和训练。

官制改革与军事改革同步进行。1904 年，为了节省开支，好几个闲散衙门被撤销。次年，在天津的直隶总督倡议给官员发放高薪、取消满族特权、大兴教育、救济贫民，需要时实行征兵制，后来几年中实施了许多其他进步计划。年轻人被提拔到高级职位。1906 年，大量闲散机构被撤销，政府重叠的机构进行了重组，并简化了管理事务。1907 年，朝廷做出若干调整，削弱湖南人或反动成份，加强广东人或进步势力。袁世凯从天津的直隶总督署提拔到北京中央政府，人们很快就感到其影响力更为强大。许多满族人的特权被取消，以便安抚百姓对满族统治日益增长的不满。他们的津贴被代之以赐予土地，限制他们与汉人交易、通婚等方面的措施则被取消。

1907 年中，一股反动的潜流开始浮现，当时，进步分子的影响似乎因腐败而受到削弱。但是，到了年底，他们又重新取得优势。许多改革不尽人意，对某些人来说，改革走得太远太快，而对另外一些人来说，改革则走得不够远不够快。1908 年底，突然传来惊人的消息：进步的袁世凯已经被革职，革职的理由则是足患风湿。但是，大家认为，那种病显然不足以构成必要的理由。大家担心新的反动潮流即将到来。但是，一位进步的继任者继承了其路线。

新的精神已经成长壮大，无法压制。受日本榜样及其成就刺激而产生的新的爱国主义扩展到所有各阶级。留学生回国时带回哲学的、政治的专论，它们被翻译成中文并广泛流传。公共媒体上自由讨论着卢梭的理论。

教育方面的进步和变革早在十年之前就已经开始，实际上，重要的步骤早在义和团动乱之前就已经开始。1902 年，皇帝发布上谕，鼓励学习西方科学，11 个省份开设了高等学堂。1903 年，回归的民族自豪感找到了自我表达的途径，京师大学堂一度驱逐了所有欧洲和美国籍的教习，不过，几年以后，又解除了有关限制。1905 年，从欧美归国的留学生发现他们在国外所学到的知识已经不再是其升迁的障碍，而是其升迁的关键。今年，一道上谕废除了旧的完全以儒家经典教育为基础的教育制度，增加了西学。传统的科举考试制度在全国废除，就像《辛丑条约》中规定在发生过义和团之乱的少数几个地方废除科举那样。不仅为男子，而且还为女子，官方建立了大量的中小学堂和高等学堂，包括师范学堂和技术学堂。没有人抱怨没有资金来做这些事。在广州，旧的考试院被拆除，以便腾出地方建设立一所由三座大楼组成的高等学堂。寺庙被改造成学堂。

由于担心对西学的热情及官方的正式采纳会降低中国经典在普通民众中的地位，1907 年（皇帝）发布了一道上谕，把崇礼孔子的秩级提高到比原来更高的地位，一周之后发布的另外一道上谕则宣布，对于中学的研究要优于西学。

在 1906 年所发布的众多上谕之中，有一道是要在十年之内逐步消灭吸食鸦片。为落实这一上谕而制定的章程于 11 月发表，在此期间，逐步停止种植及吸食，违者处以流刑。在此期间，吸食者要进行登记，销售鸦片的店铺要逐步关闭，官方制定销售统计表，分发戒除上瘾的药品，除在宫中者及年事已高者外，所有官员都要停止吸食。（中国）将与外国政府谈判限制并逐步取消鸦片进口，谈判在外国租界内提高征税额及实施新的章程。与上世纪其他时期颁布的各种章程相比，这些新的章程相对比较温和。人民的脾性已经改变，实施章程相对较为容易，因此章程正在得到理性地实施，在限定的时间内有望达到目的。甚至一些外国政府，尤其是英属印度政府，给予了真诚的合作，当然，在某些地方实施起来可能没有另外一些地方那么容易。1909 年，一个研究、调查鸦片及其影响与消除的国际会议在上海召开，会议的成果有助于消灭鸦片罪恶。

但是，中国所采取的所有改革措施中，最具革命意义的，则是采用立宪政府及创设国会。仿效大约 1/4 世纪前的日本，中国于 1905 年派遣帝国考察团出洋考察各国宪政。次年 7 月，考察团归国，（皇帝）任命了一个高层贵族组成的委员会来研究报告。

一道皇帝的上谕宣布，中国积弱的原因，是由于上下相睽，内外隔阂。接着又说，外国之所以富强者，实由于实行宪法，实行公论。1907 年，中国派遣新的考察团专门前往考察大不列颠、德国及日本的制度，这些国家将成为学习的主要榜样。后来的上谕解释说，在人民参与全国性事务之前，应该先教之以爱国忠君，先使之取得地方管理的经验。天津所进行的允许市议事会协助地方正常管理的试验，被下令首先在各省会城市试行，然后再向全国普遍推广。

（朝廷）宣布，目前建立一个正常的议院还不太可行。作为初步步骤，官方采取了一些预备措施以便建立帝国议会。目前该局只是一个议事机构，除了其议员个人行使的权力之外，它没有任何实际的权力。它由北京各部的代表、各省督抚提名的人选等组成。就其个人的能力方面，他们具有重大影响。他们中许多人希望早日实现开设国会。第一次出洋考察的大臣归来时建议，以五年为期，彻底实行宪政。最后，1908 年 8 月 27 日，（朝廷）公布了九年之内实行宪政的确切时间，即 1917 年实行宪政，届时，下院即代表院亦将召开。

大量自愿组织的政治团体突然冒了出来，各以帮助教育民众完成其政治责任为志向。其中包括预备立宪公会、宪法研究会等。上谕号召所有人民团结起来，为新政权做好准备。

到 1909 年秋，为落实上年颁布的预备立宪上谕而创设的各省谘议局进行了选举。候选人条件非常严，其资格要么是曾经有担任公职的经历，或者获得高等教育文凭，要么有五千两以上资产。谘议局目前只是咨议机构，其目的是发现并反映人民需要等方面的公共舆论。第一届会议于 10 月召开。供其公开讨论的议题有所限制。议事程序按照西方的做法。允许记者旁听。辩论有记录。议员有报酬及旅费。

如此一来，承诺过的立宪很有希望在 1917 年时完成预备并开始实行。去年夏天，官方出现了很大压力，民众要求缩短预备期限，有的甚至要求立即成立国会。但是，到目前为止，这些要求都被成功拒绝了。或许，中国按部就班，再耐心等待规定的七年，将会做得更好，在享受立宪政府的特权和承担其责任方面，也将会准备得更加充分。

这只是一个极为粗略的概括，简述了最近几年惊人的进步。去年秋天兰·P. 比奇在结束其演讲时，是这样总结的："那些能够像我一样拿 25 年前的中国与今年的中国进行比较的人，几乎难以相信我们的感官。蒸汽航运已经扩展至浅水河流；甚至连京城中都有了铁路、电报、电话机；缫丝机和微型南伯利恒炼钢炉喷出了西洋的袅袅云烟；嘎吱作声的印刷机下滚涌出数以百万计的图书和数不清的杂志；许多大城市中都设立了自来水和卫生设备；有了西式的陆军和海军；旧的考试院在过去五年中曾有多达 25 000 名学生在此参加考试，现在已经拆除，以便为新式高等学堂腾地；成百上千的男孩女孩上了从幼儿园开始的初级学校，他们之中许多都穿着整洁的校服；鸦片烟馆已经被查禁，裹足也将告别；从日本和西洋归国的留学生将催变一个新的国家；旧法庭的酷刑将消失，而新的法典正在形成；许多人每晚都集中到报告厅来听取有关政治、历史、教育及改革等方面的研讨；而且，官方承诺一个立宪的政府将在不久成立。”

《美国国际法杂志》第4卷第4号（1910年10月），第895—902页

难道已觉醒的中国没有强有力的领导者吗？

李佳白博士（中国国际研究所）

在东方度过数年的人讲述了将要代替那些
已经被迫退隐到古老帝国的人们的故事

“中国群龙无首，将很快崩溃。当过领导者的人们要么已经去世，要么被迫处于退休状态。处在这样状态中的一个国家还有什么希望？”这是一位著名的美国资本家近来向我做出的评论。他用沮丧的眼光来观察中国，而且看不到希望——哪怕一丝迹象。

今天中国真的没有领袖了吗？如果有，他们是好的还是坏的？如果有好而强的领袖，那么对这个国家来说就有希望。如果她有坏而强的领袖，那么，灾难将降临到她身上。如果没有领袖，我们会说什么呢？

知道中国不同于其他任何国家？我愿意说，就他们自己而言，即使没有任何领导人，中国人也会设法活得很好。唯一的麻烦是，当他们对付外国并遭遇外国政府的时候。如果她是孤立的，正如在过去美好的时代，数个世纪之前那样，她会是一个幸福的国家，其人民将仍旧是忍耐的和满足的，一如他们过去的数千年一样。但是今天的中国和她的辉煌时代不一样。她必须与外国以及世界各大国打交道。我们出现在中国，这给中国人提出了一些新的、艰难的要解决的问题。由于这个原因，领袖就必不可少。

中国人自己普遍表示他们的国家没人。他们的意思是说几乎没有有能力处理国家事务的人。这是他们自己对缺乏领袖人物的坦率表白。许多事实可以证明这

一结论，但不是全部。

中国与所有其他缔约国家相比较，不能不形成奇怪的对比。这些强国有政党制度。也许，当不满某个政党的领导及其施政措施时，人民很容易地转向另一个政党并给它机会证明其能力。在这些国家中，领导者数以千万计。但是，中国，不可能转向另外一个政党——没有政党存在。她甚至不能转向一群不同的人或者更好的人。能干的事情充其量不过是把官吏从一个职位换到另一个职位，偶尔因为不称职而解雇一个官员并试用另外一个，或者对那些被御史们在混乱中抓到的某个不幸的人连降多级。

当已故的皇太后活着的时候，中国拥有一位领袖。大家清楚地知道谁是国家——这只破船的掌舵。她控制周围人——按照她的旨意做的睿智之人。她一去世，中国立刻感到缺乏一位强有力的领导者，尽管她是位女性。在有生之年，她用报复的手段给妇女的选举权做出榜样。在全世界的妇女当中她达到了顶点。

她让政府里那些可敬的、有学问的大臣在她面前恭敬地低头。要不是她的上谕，古老的中华帝国将永远不会尝试建立立宪政府。她活着就是为了开动帝国政府的新机器。她把她所拥有的巨大权力不是传递给某个人，而是传递给许多人。我相信，我们将会看到这些人在政府中能力越来越强、效率越来越高，也许甚至会有一位妇女又将显露头角。

如果说毕竟还有领导的话，责任最终还是摄政王来承担，无论他会还是不会，他都不能逃避一位领导者的责任。他必须做出决定。上谕必然由他发布。其他所有人必须指望他做出最终决定。这是摆在他面前的一项艰苦的工作，难怪他会盼望他可以托付的强有力的人，来帮助他做出正确决策，把国家从无休止的烦恼和混乱中拯救出来。无疑地，他的动机是爱国的。他忠于皇室，在履行影响全国的职责方面，他也是忠诚和积极的。他对汉族、满族或蒙古族一视同仁，把他们都看成他自己的人民，都是一家人。他希望自己保护帝国广阔的边境，就像它们从过去的统治者传递给他的那样。

摄政王并不是完全没有经验去理解与世界其他国家产生的日常问题。义和团起义之后，当时人人皆知的醇亲王，作为特使被派往德国，为德国公使在北京街头被杀一事去请求德国皇帝谅解。他到欧洲的访问给他提供了一个机会，不仅看到美丽的风景，会见了欧洲国家的要人，而且可以面对关系到中国、欧洲、美国还有全亚洲的重大国际问题。

但是，摄政王发现自己被派系和宫廷阴谋所控制。为了成功，他必须小心翼翼地走路，尽可能地少说话。他不应该有情感，却像一个传统的、典型的儒家哲学家。对我们身处美国的人来说，不熟悉东方民族的生活条件，很难理解为什么摄政王常常迟迟不下令执行明智且必需的措施。即使我们不知道，但他知道幕后隐藏着反对的力量。已故皇太后在移交权力时，很清楚地要求摄政王与现在的皇太后协商，并在所有政治问题上遵循她的愿望。因此中国人一开始就存在内部纷争、权力分散的危险。

到现在为止，争论仅仅是表面化，没有公开的冲突，但是皇太后必须加以对付，尽管她是一位温和、保守、慈祥的妇女。她是已故皇帝的表妹，所以也可以认为是摄政王的表妹，摄政王是已故皇帝的弟弟。已故皇太后、现任皇太后的父亲、已故皇帝和摄政王的母亲都是同一家庭的兄妹。

老皇太后选她的侄女做已故皇帝的妻子，这样权力仍然掌握在她手中。她死之前，选定了现在的皇帝，与其说是因为他父亲是她的侄子，还不如说是因为他母亲是已故尚书大学士荣禄的女儿。至于关系，如果我们停下来想一下，在这个家庭里没有什么值得争吵的理由。也许他们彼此之间永远都会和平相处，也许会激起家庭仇恨，对国家造成伤害。

在皇太后要求实际参与国家大政方针的决策之前，等待儿子长大成人的摄政王会因地位崇高、强有势力而必须以国家领导人视之。

幸运的是，在所有的亲王中，他的道德品质和信仰都是最好的。他对贿赂、侵吞或者其他形式的腐败都不感兴趣。自从他掌权以来，宫廷气氛变得纯洁了。传统形式的腐败仍然存在，但是，如果摄政王是一位彻头彻尾的独裁者，他会下“命令”，永远革除那些官员和那些抹黑、玷辱、毁灭国家的思想。

再看看政府大臣，他们担任摄政王的顾问并在国家管理中承担部分责任。那些熟悉京城状况的人清楚满人占主导地位。除非此种状况得以改变，否则全国各地占绝大多数的汉族有发动革命的危险。

事实如此，掌权的满人，确实表现出非凡的能力，使自己适应预备立宪环境下迅速变化的条件。要不是他们是满族人，他们中的任何人根本没有理由让位给其他人。作为个体，他们敏锐，有预见力和适应力。

一般来说，他们的大缺点是好炫耀、奢侈、浅薄。中国需要节俭、简朴、经济，总之这些意味着政治上的诚实。摄政王确实愿意服从国家需要的要求，但他的满族顾问在这些需要自我克制和吃苦耐劳方面修养欠佳。

在北京任职的满人中，堪当其选者之一是那桐。他不仅是内阁成员，而且是军机处即今天代表着帝国内阁的成员。他也是外务部尚书。这样一来，由于职位的关系，对于内政外交方面的问题，他都必须理解、考虑并做出决定。他被认为是中央政府中强有力的人物之一。

他的经验不如其同僚、已故的张之洞丰富。事实上，他的能力得到锻炼只有大约十年的时间。尽管他以前也担任过官职，但皇上并没有给他显赫的任命。1900 年，他被任命为总理衙门即外务部的成员。他被增补到这个机构，该机构早已经有一名亲王和十名大臣，而声名狼藉的端亲王和小心谨慎的庆亲王则是领班大臣。

于是那桐被认为是义和团团员之一，不过他不像刚毅或其顶头上司端亲王那样是义和团首领，但是朝廷对他的任命适逢其时，似乎显示他同情义和团运动。1901 年末，朝廷回銮北京，那桐担心他可能被列入黑名单，即使不遭受更严厉的惩罚，也可能不得不退休，他对外国公使强作和蔼可亲之态。他到处展示他的自然和睦与良好品质。他高调宣称他对所有外国人友好。在没有任何反对或批评的情况下，他被允许留职。他甚至得到荣升。首先他作为特使被派到日本，在那里，他代表政府为 1900 年义和团骚乱期间北京日本公使馆的一名成员被杀致歉。

这次出访日本是按照那桐通常的热诚精神进行的。他与日本人交上了朋友。据称其结果是，他从此以后一直亲日。至少他从来没有像他的同僚袁世凯那样受到日本人的谴责。几年前他就向日本人示好，这是很自然的。他不太可能有另外的表现。他们公平对待中国，应该得到友谊的回报。

今天他的态度会是什么样子，这是另外一个问题。人们很难想象他的感觉会和八九年前一样。他知道，他的国家的命运或者至少满洲王朝的命运，取决于日本在东三省领土上推进的结果。作为一位爱国者，他必须首先寻求保护中华帝国广阔领土每一部分的主权与福利。

那桐在处理外国问题方面的声誉很高。由于他个人良好的脾气，他已经为自己赢得了许多朋友。他对立宪政府各个方面的掌握已经远远超出了其同事中的许多人。麻烦的是，他已经担任了太多职务，太忙碌了。

对任何一个人来说，谁都不可能全面处理或安全应对内阁、外务部或他挂名的政府其他部门出现的所有问题。为了当好摄政王睿智的顾问，那桐需要有机会更加集中精力，随之带来更高效率。

与这位满洲领导人并驾齐驱的是一位汉族领导人，他的名字近来通过发自北京的电报出现在公众面前。他的名字是徐世昌。像他的同事那桐，我本人也认识他，关于他的领导能力，我可正面肯定。他快到中年，身材远远高于普通人。他在中国科举考试的制度下受到正规训练，属于已取得最高功名的那些人中的一员。他本人是一个随和、脾气很好的人，像其同僚那桐一样。今天，他刚刚被任命为军机处大臣，几年前他曾短时间担任过这一职位。此事使他成为摄政王的日常顾问。

此前他曾担任过邮传部尚书，该职现由不久前曾作为特使到访我国的唐绍仪担任。担任该部相关各职务的任何人都不得不接触国家现代工业的发展。铁路、轮船、电报都归该部管辖。

令人困惑的是，大不列颠、法国、德国以及美国铁路贷款问题的解决均出现在该部面前，而不是仅仅限于外务部的决定。这里，徐世昌在进退维谷之间表现出其能力。一方面他有外国列强的代表，另一方面他有铁路经过省份的代表。他避免公开决定支持外国贷款，同时也不正面肯定这样的贷款将永远不贷。通过督促他们募集足够的基金自己建铁路，他尽量使地方代表满意，从而取消引进外国贷款的必要性。

他一边这样为铁路贷款而斗争，另一边又悄悄地与伦敦的某些独立银行直接谈判，争取一笔用来收回和经营已建成的从北京到汉口的铁路贷款，这是一条由比利时人用比利时和法国资金建设的铁路。这次谈判很成功，谈判完成的结果已经在过去的几星期内公布于众。

这位领导者能力的另一个显示是在担任满洲总督期间。在那里他与俄国人和日本人发生联系。他表现出高超的技巧，在不冒犯他们的情况下拒绝了他们的要求。他的目的在于由中国人自己迅速开发满洲资源，赞成从更多人口的省份让更多的移民去满洲。就公共机关来说，他把奉天变成一座现代城市。他处理事务像西方的官员，而不像往日的官吏。

他相信进步是重要的，并采纳了他所了解或听说的能进入新时代的每个方法。他与城市里的新教徒、罗马天主教徒、传教士交朋友，无论为学校还是为医院，他都帮助他们工作。他在使自己对关系整个国家的较大问题感兴趣的同时，又对关于满洲的特殊问题进行专门研究。我自己在上海的工作，甚至也得到他再三的捐款，在我们最后一次常规会议上，他被加到了我们官员的名单上。

作为一位体格强壮并且经验丰富的人，他可以被看作是这样一位领导者，他在未来岁月里会更加有力。他已经表现出其价值，他被接纳进入军机处，确保自己有了一个施展领导力的广阔舞台。

另外一位对欧洲了解超过三十年之久的汉族人，经过沉沉浮浮之后又在北京得到了最重要的职位。他的全名是盛宣怀。以前他被称作盛道台，因为他是帝国所有道台中最著名的之一。后来他被叫作盛宫保，最后两个字，宫保，意思是赠给他的头衔，是太子师傅的头衔。

在李鸿章处在权力高峰的时期，他的特别门徒之一就是盛宣怀。他最初担任芝罘海关道台，后来在天津担任一个类似的职务，那里是李鸿章的大本营。这位上升的官员不久就受命监督中国轮船招商局和电报局。在这两家公司中，他都是大股东。他赞成西方方法和新观念。

在天津，他帮助建立了一所大学，那里由一位美国人丁家立博士全权管理。同样，他又用这两家公司的资金，在上海建立了一所类似的机构，让另一位美国人福开森博士管理。他对所有教育改革的努力都表示同情。他鼓励所有那些为新学识希望开办学校的人。他是拥护我们学校计划的第一批人。他毫无疑问是进步的提倡者。他与吕海寰、伍廷芳一起担任商约专员，与大不列颠、美国和日本展开谈判。

不久，他受命管理中国的事务。他担负起与比利时签约建设京汉铁路，与美国签约（通过一家皮包公司华发公司）修建粤汉铁路。他还与一家英国公司做出初步安排，修建沪宁铁路、沪汉铁路及由此到宁波的铁路。

在那些日子里，他被认为是北京以外最有权势的人。他自由支配金钱，并且知道如何花钱。这些钱不仅用于经营这些企业，而且还用于满足京内众多个人的贪欲。他在商业和政治上都是成功的。他是一位天生的外交官。他有一双小而敏锐的眼睛，温和的态度，他从来不害怕会见任何人，也不怕与任何人谈生意，不论是北京的皇太后，还是欧洲富有的资本家，还是来自美国的冲劲十足的特许权所有者。对他们每个人来说，他都是一个（厉害的）对手。

除这些大企业之外，他还对开矿感兴趣。他在湖南省有自己的煤矿，在湖北省有自己的铁矿。其他人有资金投入，但他是管控者。他开设了最大的公司之一，经营设在汉阳的巨型铁厂，并刚刚与太平洋海岸一家钢厂达成协议，每年从其工厂购买7.2万吨生铁。

他最新所做的调查之一是货币问题。其他中国官员已经就这个话题呈递了奏折，甚至上谕也已发布，命令进行变革。每个人都明白，这个货币问题是政府最重要的问题之一。盛宫保深入地研究了这个问题，并且提出了明智可行的建议。他得到了其顾问福开森博士的帮助。最后他应召进京，协助政府来实施这项最新的改革。

这三个人，一个满族、两个汉族，足以说明中国不缺乏领袖人物。他们与本身就是领袖的摄政王结合在一起，显示了中国可能的走向。把他们跟过去的其他领导者作一对比，乍看起来似乎他们是有缺陷和无用的，但是如果我们仔细考虑已变化了的情况和这些人真正的人格，就没有理由不把他们看作是真正的且有能力的领导者。

他们确实全都是进步人士。他们只是各省许多其他人的几个例子。我能说出几十个人的名字，他们不仅在北京政府或在各省担任要职，而且与地方谘议局有联系或忙于为大企业工作。那些有希望、精力充沛且富有进取心的人们，所有这些人将来都会成为新政权下的真正领导者。

中国人在学校、在学会以及在所办报刊中嘲讽现在身处领导职位者，并喊出讨好、吹捧性口号“青年人，你们是中国未来的领袖”。当然我们希望如此，而且我们知道，在年轻的中国人之中有大量的人才，其才能正在得以开发，有的甚至就在我们国家，在未来的岁月里这对中国的安全至关重要。但是要想能够领导，就必须先学会服从，何况领导是目前的紧急问题。

中国甚至不可能等待五年。如果说外国训练的学生是中国的希望，如果他们必定会拒绝腐败并且能够从容解决所有外交使节团产生的烦人问题，那么为什么在其他的国度中，国际事务、外交以及一切重大政治问题的指导不能委托给那些在教室接受训练和正在通过他们公认的预备期的人呢?

事实上，这些年轻人尽管充满希望，但他们必须花时间来武装自己，以便完成等待他们的任务。他们必须心甘情愿地服从当今掌权的那些领导人。要做的事很多，但是中国有人，同样有其措施和需求。他们有能博得世界尊敬的领导者，中国并非没有希望。

《纽约时报》，1910 年 10 月 2 日

中国资政院开幕

简单的仪式标志着立法上的进步。皇帝仍处控制地位。二百名成员中，一半由摄政的醇亲王任命。外交官和新闻界因会场狭窄而被禁止列席会议。全国性的国会从现在开始五年后召开

北京，10 月 3 日。今天，当中午时分摄政王醇亲王宣布新成立的资政院开幕时，中国又向前迈进了一步。几乎没有或根本没有任何仪式来标记这一历史性的事件。在简短的训词中，醇亲王宣称，人民的愿望是建立一个议院制的政府，他要求议员们为这一目标而努力。

政府将建造一座宽敞的议院大厦，但在完工之前，资政院会议只能在法政学堂狭窄的校舍内进行。缺少空间被当作拒绝新闻界代表参加今天会议的理由。同样的规则也被用于对待其他人，甚至应邀出席会议的外交使团成员也未能列席会议。

1915 年召集国会

资政院是代议制政府发展过程中的第二阶段。第一阶段是一年之前各省谘议局的成立。而最顶峰的事件则将是议院的建立，（政府）承诺的时间是 1915 年。

我们期待资政院展示中国人适宜于自治的能力并为真正的代议政治奠定基

础。某些阶级，特别是商人，急不可耐地要完成皇帝的计划。刚刚过去的 6 月间，各省谘议局代表来到北京，要求速开国会。

由皇帝控制

请愿书被拒，请愿之人被告知，只有到已故皇太后规定的九年预备期结束之时才会出现真正的立宪政府。事情将会慢慢进行，资政院的构成已足可保证皇帝能够牢牢控制这一组织并直接影响其行动。激进的改革分子将受到约束。二百名议员之中，一百名是由皇帝钦定的，而其他成员尽管由各省谘议局选送，但在所在省的督抚批准选举结果之前，政府并不承认其资格。这些被皇帝任命的议员包括皇族亲贵、硕学通儒、有官爵者及纳税额多者的代表等。

《华盛顿邮报》，1910 年 10 月 4 日

中国资政院由摄政王主持开幕

中国代议政治发展过程中的第二阶段。国会将于 1915 年召开。一半议员由皇帝钦命，其余精心挑选以便限制激进主义

北京，10 月 3 日。今天，中午时分，当摄政王醇亲王宣布新成立的资政院开幕时，中国又向前迈进了一步。几乎没有或根本没有任何仪式来标记这一历史性的事件。在简短的训词中，醇亲王宣称，人民的愿望是建立一个议院制的政府，他要求议员们为这一目标而努力。

政府将建造一座宽敞的议院大厦，但在完工之前，资政院会议只能在法政学堂狭窄的校舍内进行。缺少空间被当作拒绝新闻界代表参加今天会议的理由。同样的规则也被用于对待其他人，甚至应邀出席会议的外交使团成员也未能列席会议。

资政院是代议制政府发展过程中的第二阶段。第一阶段是一年之前各省谘议局的成立。而最顶峰的事件则将是全国性议院的建立，（政府）承诺的时间是1915年。

我们期待资政院展示中国人适宜于自治的能力并为真正的代议政治奠定基础。某些阶级，特别是商人，急不可耐地要完成皇帝的计划。刚刚过去的6月间，各省谘议局代表来到北京，要求速开国会。

请愿书被拒，请愿者被告知，只有到已故皇太后规定的九年预备期结束之时才会出现真正的立宪政府。事情将会慢慢进行，资政院的构成已足可保证皇帝能够牢牢控制这一组织并直接影响其行动。激进的改革分子将受到约束。二百名议员之中，一百名是由皇帝钦命的，而其他成员尽管由各省谘议局选送，但在所在省的督抚批准选举结果之前，政府并不承认其资格。这些被皇帝任命的议员包括皇族亲贵、硕学通儒、有官爵及纳税额多者的代表等。

《纽约时报》，1910年10月4日

中国资政院由摄政王主持开院

本报特别通讯员

北京，10月3日。今天中午，在摄政王的主持下，资政院开院。在实现立宪承诺方面，摄政王此举又向前迈进了一步。尽管资政院的性质是纯粹咨议性的，尽管政府在选定议员方面起了主要作用，但是，会议的召开还是得到了中国人的欢呼，许多人认为这是一个新时代的开始。

有很多评论指出，资政院开幕没有盛典，没有仪式，外国使团也没有被邀请，政府似乎有意不让此项宪政试验的开始吸引太大注意。也许，中国人不希望外国人对其立宪程序中所采取的试探性步骤提出批评。确实，开幕式地点所在的法政学堂太小，没有办法容纳资政院的全体议员。

重要的是，半官方的日报在一篇社论中，赞成尽可能地扩张未来国会的权力。一家白话报纸宣称，摄政王对于民众速开完全国会的要求留下了深刻印象，他已经决定缩改（预备立宪的时期，并）于三年之内召集一个立法性的国会。今天，日报引用了这一说法而没有加以反驳。它证明了现在流行的有关载泽亲王在欧洲访问所产生的效果的报导。

《泰晤士报》，1910 年 10 月 4 日

摄政王宣布中国资政院开幕

民选代议制政府发展的第二阶段

1915 年设立国会

半数资政院议员由皇帝任命，其余人慎重选择以便抑制激进主义

北京，10 月 3 日。今天中国又向前迈进了一步，中午摄政醇亲王宣布新设立的资政院开幕。

很少或者没有仪式来庆祝这个历史性的事件。在简洁的致辞中，醇亲王说，人民的愿望是支持一个议会制的政府，因此他要求资政院议员们为达此目标而努力。

中国将建造规模巨大的国会大厦，但是在完工之前，资政院会议将在法政学堂狭窄的校舍里举行。今天的会议未邀请新闻界的代表，理由则是没有足够的空间。同样的理由也适用于其他局外人，连外交使团的成员也不在邀请之列。

资政院在民选代议制政府的发展中构成第二阶段。首先是各省谘议局一年前的就职典礼。最后将是完全国会的成立，据承诺这要在 1915 年完成。

我们期望资政院展示中国人能够帮助自己适应于自治的状态，并为建立一个真正的代议制政府铺平道路。某些阶层，尤其是商人，迫不及待地要完成皇上的

计划，去年6月各省谘议局代表团来北京，要求立即召开国会。请愿书被拒绝，而其作者则被告知，只有按照已故皇太后的安排在9年之后才能正式成立立宪政府。

事情进展得很缓慢，而资政院的构成则足以保证皇上能牢牢控制那个机构并直接影响其行动。极端变革的人几乎受到限制。二百名议员中一百名是由皇帝任命的，而其余议员尽管是由各省谘议局选举，但得到各省督抚的批准后，他们才能得到承认。

由皇帝任命的那些人，包括满族宗室王公亲贵、硕学通儒以及官员阶层代表和纳税额多者。

《纽约时报》，1910年10月4日

中国资政院：日本人的评论

本报通讯员

东京，10月4日。日本报纸在提及中国资政院开幕时，特别同情，说日本只不过早一天采用代议制，现在仍处于试验阶段，中国从其邻国这里没有多少东西好学。（日本媒体）表示的担心是，（中国）在采用新法的最初几年可能会很不平静。

《泰晤士报》，1910年10月5日

中国的立宪政府

有关中国立宪政府开端的情况，我们可能会听到几乎所有俄国立宪政府开始时所受到的批评。从西欧和美国人的角度来看，俄国向着议院自由所迈出的步伐又小又原始，不过，无论如何总算是迈出了步伐，而下述论点即杜马是用来搪塞民选国会的可怜借口，本身就带有承认俄国实现某种形式的国会的目标总算已经达到的意思。杜马可能无法与任何现代的、人民所派出的制定国家法律的公民代表会议相比，但是，下列事实同样也是确凿的，即杜马已经存在，它已经有了一个可靠的基础，不仅是俄罗斯民众的头脑而且俄国官员的头脑都已经调整到了这一方面，即都已经调整到它所代表的观念上来了。

这一点同样适用于中国。一年以前，在那个伟大的国家中，他们成立了省谘议局，作为对民众要求议院制政府的让步。本周的某一天，他们的资政院开幕，实际上是拟议中的议院中的一院。下议院列在1915年的计划之中。下述事实都难免招人议论或嘲讽，即资政院开幕之时，新闻界的代表被排斥在外，从内容到目的，这一组织都只不过是与帝国政府立场一致的一批人士所组成的而已。但是，中国政府批准了这一组织，意味着对议院制度的承认，与这一伟大的事实相比，上述事情实在是微不足道。

就像在俄国一样，在中国，代议制政府终于成为事实。它们在开始时又小又粗糙，这又有什么关系？《大宪章》、莱克星顿之战斗、攻打巴士底狱，这些开始时都是很小而且粗糙的，但是，最终它们越长越伟大、完美。最重要的是，它们仍在成长。

《基督教科学箴言报》，1910年10月8日

乔·道·德来格致莫理循（节选）

1910年10月21日

……自从你离开以后，发生了许多事情，本可以广为宣传，这似乎是文纳力不胜任的。[1] 政府的事并不很好，尽管喋喋不休地宣扬进步，比起慈禧太后时代来并没有丝毫进步也没有什么改革，这是我的许多官方朋友公认的事实。“人人为自己和亲属打算”是当今的风气。在北京，一切都像过去那样一团糟。资政院（国民议会）正在开会。开起会来，主要是忙于议程问题。有半数议员听不懂另外一半议员的方言。他们就允许外国人进入议会厅问题，向各国公使馆发了一个通知：外国人不准带左轮手枪，不准携带提包，不准在地板上吐痰，不准穿沉重的靴子，也不准携带照相机等等。……

唐绍仪已进京，虽然他受命到邮传部任职，但用不了多久就会被调到外务部。美国陆军部长雅各布·迪金逊阁下，偕同随员已经到达这里，中国人在宴会后演说中特别表现得令人肉麻，双方都极尽阿谀之词。在众人的喧嚣声中，他好不容易才脱身。“美国商人观光团”突然到来，冗长的演讲在声嘶力竭地继续着。《北京每日新闻》对“商人”这一用语仍嫌太普通，称呼其为“荣誉商务委员”，阿谀奉承以至于此。一位美国佬在某次宴会上说，他曾遍游美国、英国和欧洲大陆，见过那里所有的铁路，他愿借此机会奉告大家，浙江铁路不亚于他所见过的最好的铁路！北京有即将发生宫廷革命的不祥的谣传，说摄政王及其追随者同慈禧太后及其家族作对，据称预定在下星期一举事。……

录自〔澳〕洛惠敏编，刘桂梁等译：《清末民初政情内幕——〈泰晤士报〉驻北京记者、袁世凯政治顾问乔·厄·莫理循书信集》上册，上海：知识出版社，1986年，第671—672页

① 艾伯特·厄内斯特·文纳，路透社驻北京记者。——原编者注

爱·盖·熙礼尔致莫理循

1910年10月22日

得知你预定明年一月返回此间，十分欣慰。因为我确信，这个国家在财政压力和公众迫切要求改革的压力下，正面临一场非常严重的危机。在每一项可以设想出来的计划上，把钱像流水一样挥霍，但是，税收却没有相应增加，不知道节约开支，各种弊端并未真正得到纠正。贪污、挪用公款、受贿、卖官鬻爵依然如故，白拿薪俸的闲职人员及候补道台的队伍有增无减，由于这些原因，政府在偿还外债时，当然倍觉困难。人们不会长期忍受下去。临时议会已在某种意义上掌握了过去从未指望过的权力，要求缩短筹备期并立即召开国会已经形成了一种力量，在这股力量面前，政府开始感到气馁。我相信，人们将自行抉择，那将会是一场不流血的革命；不论他们在开始时会犯什么错误，而且无疑会犯许多错误，我仍然相信，它是挽救这个国家的唯一的办法。当前，其他一切问题都受财政问题的影响，在这方面不能寄希望于自上而下的改革，它只能来自民众。民众是官僚阶层的敌人，他们正在摩拳擦掌，准备用毫不留情的手段扫清当权阶层的腐化及成倍增加的拿优厚薪俸的冗员。就资政院本身而论，我认为他们相互监督，彼此有权力揭露对方的行为，将是保持他们自身清廉的有利因素。我现在完全赞同尽快成立一个立宪政府的运动，如果事态像目前这样继续下去，我想，我们不久将面临一个更坏的抉择。

录自〔澳〕洛惠敏编，刘桂梁等译：《清末民初政情内幕——〈泰晤士报〉驻北京记者、袁世凯政治顾问乔·厄·莫理循书信集》上册，上海：知识出版社，1986年，第675页

中国需要国会

资政院请求皇帝立即召开国会而不要等到1915年

北京,10月22日。一场出人意料的反政府起义已经发生。成立还不到三周的资政院,已经接受了要求皇帝速开完全国会的请愿书。这个行动被认为暗示新资政院将不会是一个顺从的或者装模作样的机构,而是军机处必须认真对待的一个机构。

早在去年6月（各省谘议局代表）就已经正式要求立即召开国会，原来承诺设立的日期是1915年。然后，（皇帝）发布一道上谕拒绝了此项要求，该要求由各省谘议局代表提出并得到了全国各地商人组织的支持。

资政院在10月3日一召集，各省代表就组成了一个反对党对抗皇帝。每天都提出国会问题，并要求它应该具有执行权而不仅仅是议事权。这场战役昨天达到高潮，当时的演说慷慨激昂，演说中指出拯救国家，变革是极其重要的。这个请求赢得了大多数人的支持。

关于日本并吞朝鲜的日俄协议已经被鼓动者和新闻界有效地利用来制造一股爱国主义浪潮。这种宣传已经在知识阶层取得了相当大的进步，进步派现在形成了一条强大战线，反对联合起来的官员和满族军队。

然而，大家普遍认为摄政王抵制变革仅仅因为令人尊敬的军机大臣们建议他这样做，他们认为国家对如此广泛的变革还没有做好准备。

既然资政院已经站出来支持开国会，这暗示着许多政治领导人决心达到他们请求的目的。在私下谈话中，受过教育的中国人谈到两年之内会发生大变革，除非皇上屈服。然而，形势中的一个因素是北京驻军和驻扎在相邻区域的防营各镇全是满族，汉族军队总是被控制在离京城有一段距离的地方。

《纽约时报》，1910年10月23日

中国资政院要求召集完全国会

本报通讯员

北京，10 月 23 日。在极大的甚至狂热的热情场面中，资政院一致通过尽早召集完全国会之要求。根据政府制定的计划，在按照西方模式建立国会、完成从专制体制向立宪体制转变之前，仍然还有七年时间。在过去几个月里，支持缩减预备期限的呼声在范围和强度上都在迅速扩大。运动受到各省谘议局的鼓舞，而一开始反对这一运动的政府当局最近也开始变得更加支持。除驻天津和南京的总督之外，所有督抚都支持请愿者，尽管其中有些只是半心半意地支持。几天前，拜访庆亲王以争取支持的代表们因受到王爷的热情接待（尽管没有承诺）而大受鼓舞。

除了接近摄政王和高级官员之外，倡议者们还向资政院请愿，要求其运用自己的影响力。昨天，他们对这一议题进行了讨论，所有发言者都宣布强烈支持速行完全立宪，这是把国家从目前的悲惨状况下解救出来的唯一希望。一项动议要求立即将此意奏报皇帝。这一动议得到包括蒙古王公、满洲世爵、官员以及各省选举的代表们在内的资政院部分议员的支持。当付诸表决之时，（议案）获一致通过，每一位议员都起立表示支持。这一引人注目的结果引发了热烈的掌声，旁听席上拥护的人们也鼓起掌来。在会议恢复正常之前，人们为中国、为宪法欢呼，时间足足长达五分钟之久。

六位议员被委任起草给皇帝的奏折。毫无疑问，他们心中都抱有大幅缩减预备期限的希望。一般相信，第一届国会将定于 1913 年或甚至更早之前召开。今天的报纸对资政院的行动发表了热情的赞扬，有一家报纸甚至把会议报导印成了红色。

主张速开

对原定的谨慎的计划进行修改，这一前景也许会在国外引起疑虑。但是，资政院中所使用的论据颇为有力：国家局势太严峻，不能光靠官员阶级单独来挽救；政府迫切需要由国民代表来控制财政，以便开源节流；各省谘议局所获得的成功，足以证明扩大代表原则是正确的。我还可以增加一条：出席资政院的各省代表给所有观察会议者及与他们个人有所接触者都留下了极好的印象。他们似乎都是一些有着强烈务实意识的人。他们表示，决心集中精力把争取财政管理改革作为该国最为迫切的需要，这是一个最令人高兴的预兆。

《泰晤士报》，1910 年 10 月 24 日

中国人要求开国会

北京，10 月 26 日。一份给皇帝的奏折的附片促请国会不应在三年之后召开，而应立即召开。资政院今天对此提议进行了辩论。最后，全体一致同意原先的提议。

在发表有关预算案的讲话时，载泽解释说，由于进行影响深远而广泛的新政改革与官制改革，国库已经空竭。补救的方法就是建立国会，他希望国会尽早召开。

《泰晤士报》，1910 年 10 月 27 日

中国宪政编查馆上奏皇帝建议取消奴隶制、皇帝批准该报告及十条实施条款的批示[①]

宪政编查馆经与修订法律大臣会商后，谨就某些有关取消奴隶制的奏折而上奏此报告，提出为达此目的而应该采取的措施。

光绪三十二年三月初一日（1906 年 3 月 25 日），署两江总督周馥奏买卖人口有伤天地之和未洽文明之化请旨禁革以昭仁政一折。奉朱批："政务处会同各该部议奏，单并发。"

宣统元年正月十六日（1909 年 2 月 6 日）陕西道监察御使吴纬炳奏置买男女奴婢恶习宜除请旨严行禁革以昭仁政而重宪法一折。奉谕旨："著宪政编查馆知道。"

周馥折内称：

（中国）三代盛时，无买卖人口之事，惟罪人乃为奴隶。周室之衰，始有粥鬻身之说，秦汉以后，变而加厉，以奴婢与财物同论，直不以人类视之，举动不得自由，生杀悉凭主命，相沿成俗，视为固然。我朝定例，逐渐从宽。白契所买奴婢，与雇工同论，奴婢有罪，不告官司而殴杀者治罪。叠次推恩，有加无已，然仍准立契买卖，本源未塞，徒挽末流，补救终属有限。贫家子女，一经卖入人手，虐使等于犬马，苛待甚于罪囚，呼吁无门，束手待毙，惨酷有不忍言者。泰西欧美各邦，近年治化日进，深知从前竞尚蓄奴为野蛮陋习。英国縻数千万金币，赎买全国之奴；美国则以释奴之令，兵争累岁，卒尽释放，义声所播，各国从风。我朝振兴政治，改订法律，百度维新，独买卖人口一端，既为古昔所本

① 中文原折题为《宪政编查馆会奏会案会议禁革买卖人口旧习酌拟办法折并单》，因此处英文原意与中文有所不同，故采用意译，译者。

无，又为环球所不韪，拟请特沛殊恩，革除此习。嗣后无论满汉官员军民人等，永禁买卖人口。如违，买者卖者，均照违制律治罪。其使用奴婢，只准价雇，仍议定年限，以本人过二十五岁为限，限满听归本家，无家可归者，男子听其自立，女子由主家婚配，不得收受身价。纳妾只准媒说，务须两相情愿，不得抑勒。母家准其看视，仍当恪守妾媵名分，不许僭越。①

吴纬炳奏折中说：

天地有好生之心，帝王以仁民为本。方今预备立宪，全国人民，其俊秀者固宜随时培养，其微贱亦须一视同仁。若以穷苦无告之民，听其互相买卖，沦于贱役，致令虐使苛待，惨无人理，非仁政所宜有也。查徽宁世仆，嘉庆年间，早经开豁；浙江堕民，近已设立学堂，准其出业。新民善政，薄海交称，而奴婢一项，同居人类之中，竟列良民以外，在宪法固无偏枯之理，则皇仁方以普及为公，应请置买奴婢一事，永远革改。嗣后满汉官员军民人等，需人工作，只准价雇作工，不准买为奴婢。凡纳妾者只准媒说，不准立契价买。其从前原有奴婢，皆以雇工论，有犯照雇工科断，所有律例内关涉奴婢各条，均予删除，庶国无贱民，皆欢欣鼓舞于圣仁之世。拟请敕下宪政编查馆公同修律大臣，连同周馥原奏，一并核议，妥订条例，请旨施行。

臣等伏查周馥前奏，政务处未及议复，旋即裁撤。今吴纬炳奏请一并核议，自应汇案办理。

窃惟立宪政体，首重人民行使权力②。若互相买卖，夺其自由，视同犬马，与朝廷颁行宪法之宗旨，显相违背，非所以广皇仁示列邦也。是买卖人口一事，自应禁革，毫无疑义。而论者每多论其不便。若不详加推究，终无以释众人之疑，立率由之准。综而论之，不便之故，约有数端：

一谓诸王府中有不便也。查王府包衣人向准考试出仕，既非寻常奴仆可比，又世居户下，亦非罪奴之徒，本与买卖人口之案无涉。惟奴婢事例，若有变革，则王府属下人亦应一体遵办，所关系者此耳。在王府属下人，其中多有品官，初

① 英译当系据宪政编查馆所上奏折中摘引周馥折中文字。今传民国本《周悫慎公奏稿》卷四所收周馥《禁革买卖人口折》部分文字与此略有不同，译者。

② 折内中文原为“首重人权”，英文译作“the essential thing in the establishment of constitutional government is the exercise of power by the people”，与中文意思完全不同，译者。

不若寻常奴仆之沦于贱役，按之唐律，其隶属之情事，与部曲约略相似。唐律杀奴婢与殴部曲罪有差等，则此项属下人，本不当与奴婢同科。今量予变通法理，自当如是，此未可拘牵旧制者也。

一谓满蒙官员之家有不便也。查国初旗下家奴，于赏给投充之外，半由契买，故定例有分别红白契之专条。近数十年来，赏给功臣之法，早已停止，投充契买，亦久无闻。大抵因为奴者易逃难育，相戒不用，其所驱使之人，亦多出于傭雇，惟世家大族，从先遗留家奴之子孙，尚不乏人，犹累世不能脱离奴籍。汉世免官奴婢为庶人。本纪屡书。唐代官奴婢年七十者免为良人，载在六典。古人良法，班班可考，初无世世为奴之理。即现行例内，亦有数辈勤劳情愿听赎，及累代出力放出为良诸条，以功令而论，亦未尝令其世世为奴也。此辈跟随主家，必皆数辈，后之子孙，阅时一二百年，徒以未放未赎，世世被以奴名，其情亦殊可悯。今朝廷既沛殊恩，天下人民，不复再有奴籍，此辈亦未可独令向隅，但概令放免，亦不易行，惟一律以雇工相等，则主仆之名分仍存，于主家毫无所碍，而此辈得霑国家一视同仁之泽，获与齐民为齿，实真正之解放也。

一谓奴婢之家有不便也。今买奴之风久熄，而鬻婢之家，不独满汉官员大族，即中人小康之户，莫不有之。盖以使用婢女，较之傭妇为便。此等习惯，势难禁断。若改买卖为价雇，恐此辈恃系傭赁，不听指挥，或亲属人等，常来看视，致有勾串逃盗等情事。不知价买之婢，无从驱逐，或虑其不听教令，难于管束，若本系傭雇，则不听指挥，尽可遣去另雇，何难之有？至于婢女逃走，系因卖身不能自便，是以潜逃。若由雇傭而来，如有不合，可以明言告退，何必私逃？世间但闻有婢女逃走，未闻有傭妇逃走，其明证也。自来鬻婢之家，在良善者相待既宽，及年之后，嫁人为妻妾，必得其所，原与使奴之恶俗迥殊。若遇残忍之人，或非法殴打，戕贼其生命，或衣食缺乏，冻饿其体肤，种种凌虐，惨不可言。如改买卖为价雇，此风庶可少杀，洵王者好生之仁政也。

以上诸端，实属均无窒碍。

至奴婢雇工，虽有区别，而律例内罪名从同之处，本属不少，惟斗殴故杀，则定罪轻重攸殊。在奴雇于家长，奴重雇轻，第雇工殴家长，死者绞决，谋故斩决，罪名已特重于凡人。当此减轻刑法之时，照此科罪，实亦不为宽纵。若家长于奴雇，奴轻雇重，故杀奴婢不过徒一年，殴死雇工者已拟满徒，故杀者即拟绞抵。人或以此为疑义，不知奴亦人也，岂容任意残害。生命固应重，人格尤宜尊，正未可因仍故习，等人类于畜产也。方今朝廷颁行宪法，叠奉谕旨，不啻三令五申，凡与宪法有密切之关系，尤不可不及时通变。买卖人口一事，久为西国所非笑，律例内奴婢各条，与买卖人口事实相因，此若不早图禁革，迨实行宪政之时，将有格不相入之势。臣等公同商酌，拟请准如该督该御使所奏，将买卖人口之事，特旨禁革。嗣后无论满汉官员军民人等，不准以人口互相买卖，违者治罪，其使用奴婢，只准价雇，纳妾只准媒说。从前原有之奴婢，一律以雇工论，身体许其自主，有犯按雇工科断，并不轻纵。所有律例内关涉奴婢诸条，悉予删除，以广皇仁而符政体。

至其办理条款，谨就周馥原奏清单悉心参核，酌拟十条清单，恭呈御览。此事扫除数千年积弊，为旷古未有之盛举，足以感薄海之人心，动环球之观听。应请明降谕旨，宣布德音，敕下各省，刊刻謄黄，遍行张贴，俾大众周知。其律例内关涉奴婢诸条，臣等正在核订现行法律，即当查明删改，以昭核实而便引用。所有臣等遵照汇案会同核议缘由，理合恭折具陈，伏乞皇上圣鉴。

再，此折系宪政编查馆主稿，会同修订法律大臣办理。

宣统元年十二月二十一日（1910 年 1 月 31 日）奉旨：著依议。尊敬。①

谨将酌拟禁革买卖人口条款十条开条开具清单，恭呈御览。

一、契买之例宜一律删除也。价买家人婢女例内，分别旗民赴该管佐领及本地方官钤盖图记印信，其情愿用白契价买者从其便，遇有相犯以红契白契分别科断。又买卖人口不仅奴婢一项，亦有为妻妾子孙者，今既以不准买卖为宗旨，自应一律禁止。拟请嗣后买卖人口，无论为妻妾，为子孙，为奴婢，概行永远禁止，违者治罪。旧时买契之例一律作废。

二、买卖罪名宜酌定也。查略卖和卖治罪各律例，已极周备，惟买者不知情，律不坐罪。因贫而卖子女及买者，律例内亦无科罪之文。今既禁止买卖人口，则此等情节虽轻，未便置诸勿论。拟请嗣后除略卖和卖各律例于新律未颁以前照旧遵行外，如有因贫而卖子女者，于略卖子孙处八等罚律上减一等，处七等罚，买者处八等罚，身价入官，人口交亲属领回。其略卖和卖案内不知情之买者

① 英文为“Respect this”，应为“钦此”，译者。

亦照此办理，律内买者不知情不坐之文即行删除。

三、奴婢罪名宜酌改也。律内奴婢干犯家长罪名綦重，今既禁买奴婢，改为雇工，此后即永无奴婢名目，自不便沿用旧法。查康熙年间原有旗人白契所买之人以雇工论之例，准此定拟，尚非无所依据。拟请嗣后契雇贫民子女及从前旧有之奴婢，均以雇工人论，仍存主仆名分，有犯即按雇工人本律本例科断。其与家长之亲属人等有犯，亦照此办理。

四、贫民子女准人雇工也。荒岁贫民乏食，无力养赡子女，势将流为饿莩，即寻常境遇艰窘者，亦有不能存活之时，若禁止买卖，而不筹一善法，亦非两全之道。拟请除寻常雇佣，仍照旧各听其便，毋庸议定年限外，嗣后贫民子女，不能存活者，准其议定年限，立据作为雇工，先给雇值多少，彼此面订。雇定之时，不问男女长幼，总以扣至本廿五岁为限，只准减少，不准加多。如雇时十岁，不得过十五年，九岁不得过十六年之类。愿减少者听。限满听归本家。其限满后无家可归者，男子听其自立，若欲再雇，彼此情愿，准另立据订雇，按年论值；女子如母家无人，交其至近亲属领回婚配，无亲属者，由主家为之择配，不得收受身价。此等雇工，与契卖奴婢不同，主家当以雇工之例相待，不得凌虐。该雇工仍当遵守主仆名分，不准违犯。倘雇限以内，主家有虐待情事，准本家交还未满工值领回。

五、旗下家奴之例宜变通也。查八旗家奴，先年有赏给者，有投充者，有契买者，其名目不一，人亦众多，户律内则有放出为民之例，有赎身为民之例，原未尝令其世世为奴。惟未经赎放者，其子孙仍须在主家服役，偶犯军流等罪，则发驻防为奴。若犯徒罪，徒满后仍归伊主，不能消除旗档。其或潜入民籍，即干例拟。近来不独赏给一项早经停止，即投充契买之事，亦不复多见。惟从前未经赎放之人，以及庄头、看坟等项，其赖伊主养赡，已非一世，与本身契买者不同。如果伊主情愿放出，或准其赎身，仍可照定例办理。若未经赎放，而必以二十五岁为限，限满听其自由，则此项人等，皆有经营田庐产业事宜，亦未必尽愿舍去办理，恐多窒碍。此项罪名，今既拟悉照雇工人科断，则奴仆之名，已可永远蠲除，似不必再以年岁为限。拟请旗下家奴，概以工人论，不必限定年岁，伊主情愿赎者听。

六、汉人世仆宜酌量开豁也。现在汉人之畜婢仆者，各省皆有，而畜奴者实已罕睹。从前安徽省世仆，早于嘉庆十四年（1809）奏明开豁为良，第恐他省尚有昔年遗留之世仆，未经开豁者，自应酌量办理。拟请嗣后汉人世仆及其子孙，概行开豁为良，如仍在主家服役者，俱以雇工论，嗣后佣雇男女工人，无论满汉人家，均仍遵主仆名分，不得违越。

七、旧时婢女限年婚配也。民间契买婢女，大抵经媒人之手，真正亲属，无从考查，又或历年已久，或远道携归，若必责令交还亲属，匪特窒碍难行，恐亦徒滋纷扰。定例婢女不行婚配，致令孤寡者，照不应重律拟杖，自应明定年限，勒令婚配。拟请嗣后旧时婢女，照定例年二十五岁以上，无至近亲属可归者，由主家婚配，不得收受身价，违者照例治罪。

八、纳妾只许媒说也。泰西各国，无论何人，不准置妾。日本近从西例，亦无准令置妾明文，但中国礼俗民情，与东西各国不同，未便遽加禁止。惟向来习俗，有凭媒说合者，有用钱价买者，自应明定办法，庶与此次宗旨相符。查唐律娶妾，本有婚契名目，拟请嗣后凡纳妾者应凭媒说合，只用财礼接娶，由妾之母家写立为妾婚契，不得再以买卖字样立据。母家准令看视，以顺人情。至为妾名分，仍当严恪遵守，不许少有僭越。

九、良贱为婚姻之律宜删除也。向来奴婢之于家长，名义至严，故有犯，罪名独重，而与良人为婚姻，不能谓家长无责，故知情则亦坐罪。律内特设专条，预防流失，重在压良为贱，冒贱为良，而以良从贱次之。其于良贱之分，秩序判然，殆如泾渭之不可合流，东西之莫能易位。正始所以正名也，然定律虽严，而良贱为婚，仍各循其风气，人情所习惯，法亦莫得而加之。今既禁止买卖人口，则以后奴婢名目，自当永远革除，同是齐氓，似不应再分阶级。拟请将此律删除，凡雇工人与良人为婚，一概不加禁阻，并于主家无涉，庶与重视人类之意有合。至良贱相殴相奸各条，及律例内分别良贱之处，拟请一概删除，以归一律。

十、买良为娼优之禁宜切实执行也。奴婢虽为贱役，尚得齿于人群。若降至娼优，託业愈卑，品类污下，荡然无复廉耻之存，故例于买良家之女为娼及买良家之子为优者，皆科以枷号满徒罪名。无如奉行既久，官吏视为具文，买良为娼之案，尚或偶然一见，买良为优，则终年不见一案，亦未闻有经官举发者。若不严申禁令，实力执行，恐奴婢之名目易除，娼优之根株难绝，流弊所至，将有不为奴婢或转而为娼优者。拟请责成地方官严密稽查，遇有买良为娼优案件，务须尽法严治，勿事姑息。

《美国国际法杂志》第4卷第4期（1910年10月），第359—373页

中国迈出的新一步

皇帝将同意速开国会的要求。议员们欢呼这一决定。毓朗贝勒承认速开民选国会，全国要求佥同。在野党的努力由于得到督抚们支持而获得胜利

北京，10月31日。据相信，皇帝已经决定向资政院和各省谘议局代表所提出的速开国会的要求做出让步。

在今天的资政院会上，当着军机大臣们的面，管理军机处大臣、贝勒毓朗声称，全国上下都认为有必要建立完全国会。

议员们把这理解为他们的奏请即将获得批准，遂用热烈而长时间的欢呼声接受了贝勒的声明。

考虑到6月份时还刚刚拒绝过各省谘议局代表所提的一个类似的请求，政府方面的这一让步，其重要性无论如何估价评估都不为过。

慈禧太后的计划迟缓

已故的皇太后所制定的计划规定，在九年预备期结束之后，于1915年建立全国性代议立法机构，即所谓的议院。这一上谕刚刚发布，就有人广泛鼓动，以便促使皇帝提前建立一个真正代议性的政府。

各省谘议局开会讨论这一问题并得到全国商人的支持。他们派出代表到北京向皇帝请愿，但是摄政王立即宣布原定计划“期在必行”。

在刚刚过去的10月3日，新成立的资政院召开了第一届会议。二百名议员

之中，一百名是皇帝钦定的，种种证据表明，它除了反映政府的想法之外，不会有什么作为。但是，在其历史初期，资政院就形成了由各省代表所组成的在野党，他们从一开始就展开攻势，希望内阁承认资政院是一个具有实际权力的团体，其辩论并非仅仅属于参议性质。

督抚们支持在野党

与此同时，各省的总督和巡抚们也支持在野党。他们奏请皇帝速开拟议中的国会。10 月 26 日，取得下述进展，即资政院几乎全体一致投票通过，决定奏请皇帝速开国会。两天以后，皇帝令军机处讨论这一奏折，今天毓朗贝勒宣布的声明即被认为是军机处“有关民众的要求应该获得批准”的决定。

《华盛顿邮报》，1910 年 11 月 1 日

中国不久将召开国会

皇上决定答应各省代表的要求

在资政院宣布

毓朗亲王的陈述得到了热烈反应——原计划于 1915 年召开国会

北京，10 月 31 日。人们相信皇帝已经决定在资政院答应各省代表的要求以便尽早召开民选国会。

今天在资政院，在主要的军机大臣都出席的情况下，军机处成员之一毓朗亲王说全国上下都一致同意尽早建立完全国会。

资政院议员明白这意味着他们的奏请将会得到批准，他们用响亮且持久的欢呼声欢迎亲王的声明。

政府方面所做的这次让步的重要性无论怎么评价都不为过，因为不久以前本

年6月间它还拒绝接受由各省谘议局代表提出的类似的请求。

由已故皇太后确定的方案规定，在九年准备期结束后的1915年中国将成立名为议院的全国性代议机构。该计划刚刚公布于众，就开始出现大规模鼓动宣传，民众要求皇帝把日期提前，使中国早日实行真正的代议制。

各省谘议局集会讨论此事，并得到了全国商人的支持。他们派了一个代表团到北京向皇帝请愿，但是摄制王立即宣布坚持原定计划。10月3日新的参议院①第一次集会。二百名议员中的一百名由皇帝钦命，所以所有迹象都表明它除了反映中央政府的意愿之外，不可能有任何作为。然而，参议院很快发展成一个由各省代表组成的在野党，从此以后，该党一直在进行积极要求军机处承认资政院不是一个咨议团体而是一个有实权的团体的运动。

与此同时各省督抚也给皇帝上折，请速开国会，支持在野党。10月26日，他们已经取得如此进展，参议院几乎全体一致通过给皇帝的奏折，恳求速开民选国会。

两天以后皇帝下令要求军机处仔细考虑奏折，所以今天毓朗（亲王）〔贝勒〕的声明被认为是军机处决定答应人民的要求。

《纽约时报》，1910年11月1日

中国人要求开国会

——摄政王的地位

通讯员

面对少年中国党有关立即在北京召集国会上下院的迫切要求，摄政王及其追

① 即资政院，译者。

随者们的地位已岌岌可危。各省谘议局代表们的态度和行动一方面非常清楚地指向记者和学生方面巨大的政治活动力——这种活动力是印度自受过“西学”教育的阶级出现以来早就已经盛行的那种活动力；另一方面，又指向他们未经消化的有关政治科学与艺术的理论。

已故皇太后确定了九年预备期，但各省代表有组织地鼓动缩短此期限。对这一运动的发展做过跟踪研究者会记得，今年，各省代表的请愿运动先后两次遭到摄政王的断然拒绝，一次是在 1 月，另外一次是在 7 月。简要地说，这些请愿的目标就是取消九年计划中的剩余部分，不再经过预备或组织，就直接着手建立国会两院，并按照完全承认人民代表的原则来管理国家。不过，从那时起，《泰晤士报》专栏就已经透彻解释过：因受到反对，再加上宗室贵胄和叶赫那拉家族的密谋，摄政王的地位和权威已经受到明显削弱。面对日益普遍的宣传鼓动，摄政王之态度最近也表现出明显软化的迹象。假如在北京无人支持，各省代表的宣传鼓动也许不会那么可怕，但是，由于有紫禁城内外某些强大势力作后台，此种宣传鼓动大有使其地位不保之势。因此，得知他已经发布上谕（10 月 28 日），下令会议政务处研究代表们的最新请愿书并面奏皇帝批准，也就没有什么惊奇之处。至于会议政务处即将奏报的性质，没有什么可以怀疑的，各省代表们的胜利几乎已成定局，而 10 月 26 日资政院内的辩论可以看作是足够的证据，证明朝廷即将加快步伐，按照成熟的宪法，尽早召集承诺过的国会。度支部尚书载泽支持这一建议，以便补充国库。他在发言中强调摄政王所处位置之难。

惊人的一幕

据报导，各省代表集会呈递第三次请愿书的当天下午，在摄政王府的外边发生了惊人的一幕。他们一起来到王府大门前宣布，如果王爷不接见他们，他们就在府前过夜。尽管有大批警察的警告，他们仍拒绝“走开”。最后，在摄政王的召唤下，北京巡警总厅厅丞及肃亲王亲自前来，恳求他们走开，亲王还答应第二天早上亲自把请愿书呈交上去。据一般报导，好几位代表按照古典传统，剁掉了手指，用自己的鲜血来写请愿书——这很典型地代表了少年中国政治鼓动的热情品质。会议政务处已经下令进行讨论这份请愿书。这明确表示，资政院不能令公共舆论满意，必须召集国会，必须立即实行完全立宪。《泰晤士报》派驻远东的记者报导了资政院的开幕并迫使摄政王同意将剩余准备时间缩减至三年之内（从那以来，才过了一个月）。但是，早在7月份，南方的白话报纸已经特别声明，资政院不会让各省满意，并提议，万一政府拒绝速开国会，那么就拒绝纳税。

群众鼓动

不管摄政王是让步还是继续抵制，其行动都会受到后党的牵制，其后果也会被用来反对他。后党也许将利用这次危机来攻击、推翻摄政王，并恢复叶赫那拉家族无可争议的权威。他抵制目前的鼓动是正确的，这是毫无疑问的。在这一过程中，他本人及其追随者所面临的危险，一定远比把国家政权交到一些没有经验的理论家及蛊惑民心的政客手中而造成的危险要小得多，即使其中掺杂一点真诚的爱国者和改革家也是如此。确实可以放心地说，威胁现代中国的危险，没有比现在她所面临的更大的——一方面，政府软弱、腐败且因内部磨擦而分裂，另一方面，一群未经历练的政客鼓动着要行使需要若干年的耐心预备才有资格行使的大权。所有没有偏见的观察者都意识到了此中的危险。伊藤亲王清楚地看到了此点，中国局势方面的最大权威之一、一位与民众生活有密切联系的传教士毫不迟疑地说过，在现有状况下，一切有关中国立宪的讨论都绝对是胡说八道，而且是危险的胡说八道。不过，列强在中国的代表，要么是没有意识到局势的危险，要么是冷嘲热讽漠不关心，都没有提出警告或提供指导，而条约口岸的报纸，无论是外国人办的还是中国人办的，都一致为各省代表的行为叫好，认为他们的行为进一步证明了中国人民的爱国心及进取心。立宪党既无知又吵闹，这一事实似乎无关紧要或没有任何关系。唯一需要的就是一个国会，它作为救治目前中国一切疾病的灵丹妙药，会像搬家一样有用。

日本的情形

中国记者与演讲家们的论点非常强调日本的榜样和经验，但是，如果相信他们从那一榜样之中看到了任何可以适用于中国问题的真正价值，那对他们的智力而言是不太公平了。因为，由于日本民族根深蒂固的忠诚和忠心，日本的天皇保留了一切基本的最高权力，而中国的满族统治者们却不能对少年中国党抱任何幻想。少年中国党的态度在最近的宣传鼓动中表现得非常清楚，它（少年中国党）宣布资政院不足以满足各省的希望。根据皇帝的界定，资政院的职能纯粹是咨议性的，它可以将决议奏报皇上，但是皇上拥有一切行政和司法权力。更为重要的是——因为此处我们触及了中国所有一切政治活动的关键之处——以下事实：资政院没有任何财政动议权。它所能够做的一切，就是讨论和批评政府所提出的那些议案，其意见会与京城各相关衙门的意见一起奏呈给皇帝。代表们明确表达的意见是，只有当其职能包括了控制一切财政措施、行政当局直接对人民代表负责时，政府才能名副其实地受到民众欢迎。毫无疑问，当那些宣称代表人民的人们在某种程度上已经接受过集体诚实和责任的教育时，那么这一意见是站得住脚的，是有最好的经验可以佐证的。中国各省的绅士和学生阶级在这一方面的宣言还需要自我证明。

开幕之际，发生了一个特别有趣的插曲，资政院把广西巡抚和广西省谘议局之间的争议作为紧急事件提交给一个特别委员会。原因是广西巡抚下令批准延期种植鸦片，谘议局议员拟集体辞职。资政院支持谘议局的决议并奏请皇帝，说巡抚违犯了章程。结果，摄政王发布一道上谕警告巡抚。资政院和各省谘议局自然欢迎，认为这是他们在立宪斗争中所取得的第一场标志性的胜利。

“穿丝绸”的选举人

在考虑整个问题时，必须牢记，选举权本质上只限于受过教育的和富裕的阶级，未来的斗争将主要在这些阶级与组成现政府的势力之间发生。选举人被形象地描述为“穿丝绸者”，包括：

一、在教育或其他公共机关服务超三年以上者；

二、从中国或外国公认的学术机构毕业者；

三、在科举考试中获得功名者；

四、所有七品及七品以上文官，五品及五品以上武官；

五、拥有价值超过五千元以上财产者。

自从已故的皇太后宣布预备立宪（1906 年 9 月）的上谕发布以来，朝廷所发布的每一道上谕都强调皇帝欲把政府的权力和动议权保留在自己手中，特别是在涉及财政、军队组织和外交政策方面的事务上尤其如此。但是，立宪党每时每刻都同样明确要求削减北京的特权与权力，而对其行动的每一次让步，都会进一步增加该党对限制的不耐烦。

与此同时，在所有这一切骚动和斗争之中，人民，那些无声的“愚民”，都没有份。没有什么能够比以下两者之间的对比更能说明目前局势的真实性质：一方面，自去年创设以来，各省谘议局喧闹忙碌，而另一方面，根据第一年预备计划而成立、旨在教育人民大众理解现代地方自治基本原则的城镇乡村议事会内，则沉寂无声。关于这些，没有什么可说的。

《泰晤士报》，1910 年 11 月 2 日

中国资政院

今天，我们发表一篇由一位消息特别灵通的通讯员所写的文章，论述中国速开国会运动的进展及在北京形成的局势。在其成立的第一个月，设在北京的中国资政院已经要求开设这样一个国会，而会议政务处已经接到上谕，要求他们向皇帝奏报此事。我们在远东的特派记者陈述说，要求向皇帝奏报的议案在“极大甚至有些激烈的热情场面”中获得通过。奏折的一个附片要求不要等到三年之后再开国会，这遭到拒绝。议员中的绝大多数都要求立即召开国会，而且他们似乎能够对皇帝身边的高级官员产生相当大的压力。指导逐步在中国实行宪政的上谕设想在十年之后再创立国会，（如果照此，中国人）还要再等七年。最初的步骤是创设各省谘议局，这些团体已经在一年以前按时召开了会议。他们的会议开得庄严、得体，这些几乎无一例外地显示出中国上层阶级的杰出（特点），他们的会议给人们留下了非常好的印象。现正在进行的资政院会议也显示出同样的特点。我们的通讯员见证了从地方选送的代表们深切的务实意识。毫无疑问，他们对于这样的赞扬是当之无愧的，但是，要立即在中国开设国会，这并不是一个能够令人信服的理由，更不是一个高级的理由。谘议局通过的决议在大多数实行宪

政达数百年之久的国家看来，不仅不能令人满意，而且在相当程度上令人担忧。其性质是草率躁动，与真正稳健的代议组织的发展并无关系。中华帝国已经存在了数千年，其政治家认为，在召集议会之前，十年的预备训练是必不可少的。各省谘议局和资政院的议员们自以为训练只需一年即可进入国会制度。西方诸国不会分享他们的信心，因为这与一般政治经验的趋势大相径庭。日本的适应能力之杰出，是中国所无法比拟的。即使这样，日本在宣布立宪之前，也需要经过八年的准备，而日本的国会组织不仅成功有限，而且现在大有退步之势。

也许可以承认，中国具有多数东方国家所不多见的某些优势，适当时机来临时，这些优势有利于成功创设国会制度。例如，也许她比土耳其更能够引进立宪而不必担心复杂化。土耳其需要应对众多的民族和宗教，其人民常常痛苦于种族和宗教冲突。她还要进一步克服语言混乱这一永恒的难题，而其代议机构则处在威胁日趋扩大的军事统治的阴影之下。中国至少是很同质化的，尽管如果要争吵的话，其政治家要相互理解对方的方言也有些困难。尽管有西北地区的穆斯林人口，但整个国家很少因为宗教不同而受到影响。不管将来会发生什么变化，军人将来不太可能成功地欺压这一国家。另一方面，中国不具备日本从其人民强烈的爱国心和对天皇的普遍效忠所得来的那种统一的影响力。没有人对满族王朝抱有希望。这一王朝对国会制度的发展推动很多，却没有所得。不过，我们反对中国开始对巨大试验加速，并不是因为在一个强大的国会手下紫禁城有毁灭的危险。如果满洲（政府）倒台，而取代它的是一个强有力的政权——这看上去不太可能，那么欧洲人会非常平静地待之。我们并不同情速开国会的热情呼吁，因为我们相信，中国人民必须谨慎前进，谨慎在他们的历史上一直是他们民族一种有利的特性。意识到代议政府的真正精神，认识到选举人责任的真正意义，这不是一年之内能够完成的。寻求建立国会的那一受过教育的阶级只是一小撮，就是这一小撮也许还应该懂得，没有氛围，制度是没有用处的，而氛围如果必需的话，它只能一点点慢慢创造。十年的一段时间要完全消灭鸦片习俗，人们已经发现实在是太短促了，而我们无法相信中国有可能使自己在十年之内养成立宪的资格。可以要求运动的支持者们反思一下，如果他们的运动失败了，这会给国家带来什么影响。已故的伊藤博文亲王去年在福岛宣称，这一试验如果失败，就会危及远东的和平。

还应进一步指出，至今还没有提出可以接受的缩短期限的理由。我们的通讯员说，资政院敦促说，国会获得控制财政之权，就可以限制浪费，就可以开辟新的财源。在其他方面，资政院认为，国会可以照亮中国那些黑暗腐败的地方。对于后一论点的现成答复是，资政院和各省谘议局早已为公开化提供了便利条件，很难想象一个完全没有经验的国会能够在预算之中真正实施任何节约。急欲为战备作预算的土耳其，提供的是一个完全相反的先例。对于现在正在北京开会的政治家们，我们不想冤枉他们说，在他们向皇帝请愿的巨大热情背后，也许有一种染指面包与鱼的强烈愿望。而且我们也认识到，曾于1906年率使团赴欧洲考察的载泽公爵对此次请愿运动所给予的支持，一定是起了相当大的作用。与此同时，我们相信，在具有中国这样的历史和传统的国家里，发生剧烈的、突然的变革，通常不是一件好事，而是预示着罪恶。我们对整个立宪运动抱有怀疑，而我们好歹感到慰藉的是，不经过中间一个谨慎的转型过渡时期，这一试验不会正式实施。西方各国正逐步认识到，代议政府并不能必然地使他们更接近太平盛世，而且中国人也许会发现，国会组织并不能实实在在地振兴中国，就像它们不能振兴波斯和土耳其一样。东方的智慧发现其是最佳、最有价值的表达方式。这样一些考虑不会阻止我们以某种程度的同情心来关注中国人民略带悲情的雄心，既然他们已经毅然决然地执行其新政策，那么我们希望，不要在一开始就因轻率冒进而使之处于危险的境地。

《泰晤士报》，1910年11月2日

中国国会

对于中华帝国来说，国会的开设之所以重要，主要是因为两件事。一，它将把代议制引入数量庞大、成份复杂的人口之中，他们的许多传统和见解本质上是民主的；二，它会倾向于政治统一，倾向于用中央集权的方式来组织其庞大的人口，其政府现在被分裂到了西方人几乎不能理解的地步。

像地球的这一边所存在的那样，在如此落后的中国人中谈论民主政治的实践，这似乎是不太理智的。但是，这确实是真的，数个世纪以来，步入仕途，除了最高级别外，已经对所有能够达到考试要求的人群是开放的。这些考试对我们许多人来说也许已经显得荒谬且毫无价值，因为它们以孔子的著作及其注释者作品的琐碎知识为基础。但是支撑他们的却是公开的机会均等的原则。的确，实际上这种平等已被形形色色的普遍盛行的贪污、行贿、受贿、欺骗以及恐吓所侵扰和损害。不过，这类事情的先例在西方社会以及我们自己热爱的土地上并不少见。其重要性在于，基本的民主思想已经得到公开承认，在某种程度上在中国数个世纪来得到重视。代表制度——自罗马帝国衰落以后，西方政治演变的最有影响的因素——的引进也许会产生非常重要的结果。

即使尝试性地、有限制地采纳全国性代表制，都可能提升迄今为止已经脆弱的民族情感，如果此种情感的确存在的话。这种趋势在已经发生的事情上是显而易见的。如果不是出于此种情感的压力，哪怕仅仅是提出宪法——也就是说，对皇帝和总督所拥有的涉及到人民权力的任何形式的规定和限制——都绝不会发生。宪法提出来了，不仅如此，（皇帝）还下令召集一个所谓的资政院。在这一机构中，中国引进了在最严格的限制条件下从各省选送个体代表的形式，并宣布像国会一类事情九年内不应该考虑。但是，要注意，它不但被提及，也承认其要求，而且中央政府事实上答应了此事。中国人不以信守诺言而著称，所以这种诺言很容易不遵守，但是仅仅做出这一承诺就是与其数个世纪的理论与实践的决裂。

一定不要忘记这次事件之前还发生了其他一些具有重要性的事情，一种是拥有权力的满洲统治者放弃了对高级官职的垄断，该项措施把许多原先被排斥在神圣圈子之外的干才能人吸纳了进来；另一种是放弃作为官位竞争基础的纯儒学而介绍西方学识。随之而来的，至少是西式教育的开始并有望广泛传播。所有这一切只是新的一天黎明的晨光，但是它开创了巨大、持久且影响广泛的变革的可能性。

《纽约时报》，1910 年 11 月 2 日

中国要求（成立）国会

皇帝听取新资政院的要求

北京，11 月 4 日。今天，官方发布谕令，宣布中国历史上第一届国会将于 1913 年开幕。

从皇帝的角度来说，这是对新近成立的资政院和各省谘议局代表们所做的一种让步，他们最近作为代表奏请尽快建立一个能够普遍代表全国的立法组织。

由已故的（慈禧）太后制定的大纲规定国会将于 1915 年召开，但是，直到最近，皇帝一直都拒绝批准在此日期之前提前召开国会的各种请愿。

今天的上谕规定，（中国）将于三年之内召开国会。警察走家串户，把上谕的内容通知到居民。现在，龙旗和纸灯笼已经挂到了各家门口。除此之外，公众对于这一重要消息并无其他表示。

《华盛顿邮报》，1910 年 11 月 5 日

中国国会（将于）1913 年召开

上谕命将首届议会提前两年

北京，11 月 4 日。今天（官方）发布了一道正式命令，宣布中国历史上首届国会将于 1913 年召开。这是皇帝对近来新任命的资政院和各省谘议局代表团

所提要求的一次让步，它们近来为了尽早建立立法机构而向政府请愿。

由已故皇太后确定的这个计划规定于1915年召开国会。直到不久之前，皇帝（还在）拒绝接受请求速开国会的请愿书。近来军机处受命考虑此事。上周军机大臣毓朗亲王在资政院宣布全国上下都同意必须尽早建立完全国会。

今天的上谕宣布国会将在三年内召开。警察挨家挨户地把上谕通知居民。不久龙旗和纸灯笼就出现在各家的门上方。除此之外，没有其他公开形式来展示这个重大消息。

想到中国迈向现代民选政府的第一步，各省谘议局仍然处在新生阶段，想到第一个多少有点接近人民代表的组织资政院于上个10月3日开幕，皇帝让步的重要性得到赏识。就其章程组织而言，资政院在人民立法方面没有太大希望，二百位议员中一半是由皇帝钦命的。然而，它从初期就立场坚定地支持速开国会并获得了意想不到的成功。

《纽约时报》，1910年11月5日

中国事务稳步前进

中国的旧秩序正缓慢而确定无疑地变化之中

香港。到目前为止，中国一直被认为是一个庞大而停滞的帝国，居住着几乎是静止不动的一群相同的民众，其进步似乎是不可能的。但是，这一流行的观点却是彻底错误的，绝对代表不了现在中国的实际状况。旧的秩序正在变化——缓慢变化，但毕竟是在变化——正在让位给新的东西，其潜在的对内的以及对外的影响正在显现。

几个世纪以来，当西方向她压来时，中国一直在拒绝现代化的观念，但是，痛苦的屈辱和厄运使之意识到其弱点，从那时起，半个多世纪以前，其真正的进步才有了确定不移的时间。今天，在这一国家，大事，政治的、教育的、商业的、工业的以及社会的大事，正在进行之中。

……①

教育改革宣布两三年之后，接下来就是承诺将颁布宪法。在中国，政治鼓动者为数颇多，但是，他们不是西方意义上“鼓动”一词所说的“鼓动者”。他们的意图与其说是政治改革，还不如说是改朝换代。实际上，尽管宪法承诺没有削弱皇帝的权力，但是，就该国人民的思想状况而言，它却是超前的。就目前而言，还没有确切的、系统的要求人民统治的呼声，而皇帝主动做出的让步整体上被认为是令人满意的。当然，一旦这些得到改进之后，一旦国会精神成为自觉，那么，可以预期，那些有授权的人和那些想拥有（权利）的人将坚持要求更多的参政权。当已故的皇太后慈禧许诺颁布宪法时，她意识到，国家还没有到赞成这样一项创新之时，于是她明智地把改革延缓大约十至十五年，在此期间（官方）可以致力于为新的职责做预备。到 1913 年时，人们期望着中华帝国议会两院在北京开院。不过，（那时）地方自治早就已经实现。各省谘议局类似于光荣的乡村议会，或许更像美国各州的立法机构，它们早已开始工作，尽管其中一些谘议局似乎倾向于要求额外的权力，但是，必须承认，其所作所为总体上是适度的，不仅证明了这一试验的正确性，而且提供了足够的理由，可以使人相信，国会也将会一样成功。……②

《基督教科学箴言报》，1910 年 11 月 23 日

中国的立宪运动

已故的皇太后是世界上已知的最伟大的女性统治者。在西方世界更多了解近

① 以下是谈中国教育改革、社会改革等方面的情况，此处省略未译，译者。

② 以下部分谈商业改革等，此处略，译者。

代中国内部的历史之前，她的能力和人格力量是否最伟大还无法说清，但是，无论如何，她在其权力所及的范围之内及其所引起的巨大变化方面确实是最伟大的。在其（执政）后期也是比较更进步的时期，当她运用朱笔来为自由主义服务时，所采取的行动之一，就是发布上谕，使中国成为一个代议制的国家。在中国事务之中，这是一场巨大的革命，尽管上谕中用引自经书中的语句来证明统治者应该听取人民的声音。这道上谕是1906年9月20日签署的。第一届国会的日期定在了十年之后，以便（中国）有时间预备（立宪）并实施地方自治。在外部世界看来，这一段时间对于这样一个大国的这样一场剧烈的变革来说，简直是太短促了。但是，对于年轻的中国来说，已经被自由制度的观念所点燃，（人们）觉得这段时间似乎太漫长了。他们决心把参政的日期提前。他们成功了。他们成功的简短历史表明，中国的立宪运动是多么强大。各省谘议局奉命向资政院推荐代表，1月份，他们向皇帝请愿，要求缩短预备期限。请愿书被摄政王拒绝。10月3日，第一次预备国会在北京召开，平淡而没有华丽的仪式。在法律学堂，会议厅太（少）〔小〕，无法容纳全部代表。公众及报界被排斥在外。外交团体没有被邀请参加开幕式。但是，如果政府试图用这样的策略来尽量减少这一机构的影响，那么，它却没有成功。资政院像1789年法国第三等级那样自觉意识到了其真正的权力及其重要性。心急的议员们要求立即召集国会，甚至要求将现存的资政院大会宣布为国会并接管行政的以及咨议的职能。但是，一致的意见则是要求军机处在三年之内建立国会。只有一位代表坚决支持上谕中的原定计划，而他被大家轰了下去。摄政的醇亲王仍然坚决抵制这一运动并发布上谕，命令各省代表返回家乡。资政院没有接受这一上谕，并批评了上谕。一些代表切断了手指关节，用自己的鲜血写下了要求成立国会的请愿书。资政院全体前往摄政王的宫殿门口并宣布他们将整个晚上都会待在那里，直到摄政王接见他们为止。警察无法驱逐他们。北京警察总监前来哀求他们离开，最后，肃亲王受醇亲王之请，前来答应第二天早上亲自把请愿书呈上去。在10月31日的会上，军机处成员之一毓朗亲王宣布，全国上下一致同意早日建立国会，而在11月4日皇帝则发布了一道上谕，下令第一届国会将在三年之后召开。当这一决定宣布时，北京人民在房前插上了旗子，挂上了灯笼。

《独立》，1910年11月24日

皇太后

——统治中华帝国达半个世纪之久的那个女人的权威传记

悉尼·G. P. 科瑞

中国皇太后死于1908年11月15日。(此时，全世界）已经可以得到如此重要的一本（慈禧）传记。这足以证明该书的作者J. O. P濮兰德先生和E. 贝克豪斯先生卓越的活动能力。作品很有权威性，这表现于以下事实：它是根据官方文书和皇太后管家的私人日记整理而成的，(读者只需）粗略地看一下它那525页（的厚度)，就可以知道它卓越的格调，准确的历史描述以及在传记文库里的普遍价值。很可能，以前从来没有一套这样的中国文献集，或者一套更好地反映官场生活真实性的文集奉献给世界。

尽管该书可信度高，写作技法严谨，但是我们仍然发现很难总结这个非凡女人的性格，她是半个多世纪以来中国数以百万计人民的暴虐统治者。也许人格无法总结，但是在这个事例中我们遇到了额外困难，遇到了与我们自己截然不同的道德准则。当她强烈谴责欧洲的贪婪、缺德、不敬时，毫无疑问，皇太后是真诚的，但是暗杀一个个对手以及无情地破坏她发展道路上的任何障碍都不会使她感到愧疚，也没有使她的顾问们感到愧疚，尽管这些顾问们随时准备自杀以抗议皇家违反道德规范或国家规矩。如果我们要评价皇太后，就必须根据她本人和她的臣民所承认的规则，而就我们所理解的那个规则而言，我们必须承认她对规则的完全忠诚。即使按照我们自己的标准，我们也得佩服她临终时的仁慈，棺椁周围都是由衷哀悼的仆者。对朋友坚定不移的忠诚，天生和善、温柔的性格，非凡的魅力，这些都是出自与生俱来的心灵和思想的美德，而不是靠圆滑而形成的。

无论对皇太后的美德有何争论，对她管理国家事务的智慧和能力是毋庸置疑的。只有东西方之间的鸿沟才会否认慈禧是曾经掌握皇权的最伟大的女人，她思想上像拿破仑，具体策略上像马基雅弗利，据此她达到了目的。21 岁时，下等嫔妃的她已经是中国至高无上的人。她的魅力是推翻太平军的道德力量；当咸丰皇帝死后，她能够轻而易举地征服诸顾命大臣，无视禁止皇太后统治国家的先例，抓住在位期间的绝对权力，掌权达（50 年之久）〔47 年〕。然而她的临终遗言几乎是劝诫她的人民决不能再让女性统治者坐在北京的皇位上。

慈禧一生最大的错误在于她鼓励义和团运动。她几乎完全不了解她自己边境以外的世界，尽管她已经放弃她早先的信念，不再相信侵略军会按照孔子语录所规定的路线前进，但她仍然相信没有任何联军能够抵抗得住中国的勇猛。但是即使她被迫逃离北京，她也有理由相信她统治的整个组织在她眼前崩溃时，她不屈不挠的勇气却从来没有背弃她。她的命令依旧严格，她的外交手腕依旧随机应变，她的神采依然自若，所以最后必须向外界忏悔之时，她以完美、温和以及极具魅力的技巧采取了屈辱的措施。她曾经满腔热情地鼓励过义和团，而现在对义和团的所作所为，她公开表示惊愕，其程度如此之大，以至于她和皇帝“欲同殉社稷”，但是“当哀痛昏瞀之际，经王大臣等数人扶掖而出，于枪林弹雨中仓皇西狩”。中国的历史就是依靠这样的文件制造出来的。

尽管该传记的作者从未改变从一开始就采取的审判者态度，但是很容易看出他们对皇太后的佩服是出自内心深处的。她是一个“具有管理国家事务本领的天才”，但是关于她自身的性别，她从来没有忘记在外国女性当中展示“女性的优雅和性情的温和”。他们引用了公正而富有的庆善的话，说：“皇太后本性平和；她饱阅春秋，我本人非常了解她高贵文雅的情趣，她爱好绘画、诗歌和戏剧。心情好的时候，她是最友善和温顺的妇女，但是有时她的狂怒是极其可怕的。”她是多么优秀的作家，能言善辩和喜怒无常，难以捉摸和直言不讳交替自如。她充分地运用性别的自负和善变，从来不被阿谀之辞所动，也不会忘记斥责它。有位考生曾经因为把皇太后描写成为“女中尧舜”而得到考官的赏识，却发现自己成了一道特颁上谕的主题，将他从该等的头名移到了末尾，考官受到强烈斥责。她不惧怕任何人，毫无疑问，她想像统治人间一样统治天堂，但是她伟大之处的最好证据在于事实上对她无数的臣民来说，“她就是勇气、慷慨和善良的化身”。

《纽约时报》，1910 年 11 月 26 日

中国的国会运动

——朝代、改革家和人民

本报记者

在中国的政治界，事件正在迅速发展。1906 年 9 月，慈禧笔下所呼唤出的新生力量正以非凡的活力和意想不到的凝聚力，清楚地指明中国政府在最近的将来要么出现危机、要么发生重大变化。为推行立宪政府，（朝廷）在九年计划下给予各省谘议局的有限权利已经证明不能完全充分地满足当选代表们的要求，而统治阶级手中所掌握的资源同样已经证明不能阻止变化的潮流。但是这种形势最显著的特点是，各省代表所持有的极端激进的观点在资政院获得一致支持。这样的特点显示了满族（统治者）缺乏勇气和政府高官害怕少年中国党的革命趋势。

京师与各省

按照已故皇太后所规定的立宪计划，主要由皇帝钦选人员和各省高级官员组成的资政院在国会于（1916 年）〔1915〕召开之前的 6 年预备期中，应负责制衡各省民主分子不负责任的极端行为。这是根据日本的先例而确定的目标，但是慈禧没有考虑到少年中国党的满腔热情和满族男性成员的不可救药。在北京召开的资政院会议中，没有什么比代表们掌握运用议会程序和辩论机制的快捷与从容更引人注目，简直好像天赋一样。

尽管如此，仍有一些明显的迹象表明节奏正被不适当地强行加快。由于受到各省激进运动的影响，资政院迅速取得了一些显著而又十分出人意料的结果。它一致同意支持各省代表速开国会的要求；它严厉批评了中央各部交议政府议案的方式；它已经促成（官方）发布一道上谕，要求各省督抚在签订任何公共贷款前咨询谘议局；它坚决支持地方（谘议局）马上讨论他们各自所在省的预算要求。总之，它的灵感和言论非常民主，这足以证明在议员中占多数的满族贵族和官方钦选人员已经决定接受这一意料之中的事，并未极力保护他们沿袭已久的特权，至少到目前为止是这样的。

宫廷政治

但是，如果认为这种默认精神必然是永恒的，如果忽略了宫廷政治在这场实验政治的游戏中已经产生或正在产生的影响，则是不明智的。人们将会看到，资政院总裁溥伦亲王和度支部尚书载涛已经公开宣布他们站在进步派一边，支持速开国会，反对摄政王的保守和谨慎的政策。这样做，他们不但成了进步派的财神，而且对皇太后隆裕还能提供不小帮助，他们都是隆裕的追随者。10 月 23 日满族贵族和资政院的旗人一致同意和汉族代表一起建议立即召集已经被摄政王拒绝三次的国会，但是他们的行动是否是出于政治权宜之计，还是由于坚定的信仰，还是因为命令，还不得而知。但是，据猜测是由于命令，因为，正如路透社记者所观察到的那样，几乎全部由汉族发言人进行的辩论的腔调已经公开表示效忠皇上，但是强烈反对政府。

很显然，对部分满族而言，在某种程度上各省代表团反政府的态度，如果不受鼓励的话，也是可以容忍的。同样可以确信，他们要进一步削弱摄政王权威的目标已经达到。但是同样显而易见的是，有一点是少年中国党的顽固倾向所达不到的。经过一次次成功的洗礼，北京议会中性急的人们通过了一个方案，要求军机大臣亲自到场并向资政院解释他们批准湖南贷款的理由，这时这一点就达到了。军机大臣断然谢绝了邀请，于是通过载涛向资政院的主要人物暗示，若再对政府有重大敌对表现会导致资政院的解散。皇太后的支持者拥有满族方面的大多数的情报机构和动议权，但现在还未出手，很明显它是留了后手。

表面和深层

在资政院和谘议局的会议中，奇怪的特征是，为了强行通过某一主张，他们都倾向通过停会作为最后的手段。目前，据报道有两个谘议局处于此种状态，资政院也已经威胁说万一开国会的要求不获立即批准，它会暂停开会。对一个长期以来经历消极抵抗的民族来说，抵制和停会似乎是最后最佳的申诉，但是对欧洲人来说，只要财源控制权不在人民代表手中，好像他们就不太可能说服政府（政府方面会威胁解散议院）。

议会事务中另一个有趣的特点是处理事情的速度。（议员们）做每件事情都好像是性命攸关，都好像一致渴望到达立宪政体的福地，一天也不敢耽搁。代表团的演讲简短、尖锐、切题。由议院提交给特别委员会的问题反馈异常迅速，所有由各省谘议局提交给资政院的问题都通过电报发送，其速度比欧洲国家快大约十倍。当律师和法律程序成为中国体制的一部分时，这种狂热的运动毫无疑问将被纠正，但是，在等待那一天到来期间，少年中国党会有令人兴奋的举动，它挽起袖子希望重整自己的家园。

但是，一定不要忘记，中国政治分子（主要是外国培养的）中所有的炫耀和诱骗迄今为止对这个民族的大众来说并不重要甚至毫无意义——事实上，这只不过像中国上层社会的妇女在通商口岸集会讨论女性解放一样，对内陆地区千百万辛勤劳作的人而言毫无意义。表面上是骚动和空论，深层里未受到扰动的则是这个古老而又神秘的民族忧思的心灵。正如皇太后所了解的那样，最终总还是要由中国人民说了算。所以，如果不是因为其他的原因，她是明智的，而在拒绝加快宣布完全立宪中，摄政王的行动则是谨慎的。因为国会意味着预算、直接税收以及其他一些将会触动人民的事情。但是少年中国党急于求成，于是就有了这个十分绝妙的问题和异常有趣的形势。

《泰晤士报》，1910 年 11 月 30 日

中国向前迈进

责任内阁将于（次年）1 月份创立。皇帝被剥夺权力。数千年的绝对王权结束。考察宪政大臣载泽将任首任总理大臣。涉嫌义和团运动的庆亲王将退职。中国最近采取了迈向民众政治措施的第一步

北京，12 月 8 日。看来，今天晚上中国完全可以宣布，古老的绝对王权在 1911 年 1 月中国的新年之后将不复存在。据说，皇帝已经决定同意资政院有关立即成立责任内阁的请求。

如果考虑到在该帝国数千年的历史上代表民主政治第一步的省谘议局仅仅是 1909 年 10 月 14 日才创立的，那么中国政治事件的进程看上去几乎是革命性的。第一届资政院于去年 10 月 3 日开幕。

人民要求权力急不可待

已故的太后曾经谕令，在九年预备期结束之时即于 1915 年，召开能够代表全国的立法团体会议即国会。但是，已经具备了民主政治要求的人民已经急不可待，资政院在成立之后不久就要求速开国会。皇帝和内阁已大致同意把召开国会的时间定在 1913 年，使之生效的上谕已于 11 月 4 日发布。

一想到其成员一半由皇帝任命，资政院肯定会俯首帖耳，但成立伊始，它就形成了鲜明的独立特性，表现出几近叛逆性的精神。几周以前，当此种态度出现明显变化时，一般人都认为这一团体已经屈服了。街道上越来越多军队的出现被误认为是政府决心镇压各省代表及其支持者活动的证据。

议员们立场坚定

现在看来，这些以及另外一些要求速开国会的人们并不准备放弃其运动，只不过是改变了策略，即开始进行私下活动但无疑是更有效的个人游说计划而已。

在一系列的秘密会议上，议员们决定将不再容忍一个不对资政院负责、不执行资政院决定的内阁。简单地说，资政院决议解除了摄政王醇亲王的绝对权力，并从此开始使国家成为立宪国。

载泽将出任总理大臣

据认为，令人尊敬、掌握着现任皇帝背后的实权、涉嫌卷入义和团事件的庆亲王即将退休，载泽将出任总理大臣。

在这方面，人们将会想到，载贝勒曾是 1905—1906 年出洋考察宪政的大臣之一，在此之前，在这个城市曾有人试图谋杀他。他在炸弹爆炸中受轻伤，但是，当其家人要求他辞掉考察差事时，他回答说，如果他的死能够为中国带来立宪政府，他将心甘情愿地去死。

资政院到目前为止所表现出的理智、能力和坚定，得到了外国在华居留者中对中国抱有善意者的欢迎，他们预感到一个进步时代的到来，尽管不无出现灾难的可能性。

眼下，资政院正在委员会中讨论财政预算并实实在在地压缩旧政权的开支，但是，它不太可能打破更严重的包袱，即征服中国的满族所有成员都享受的皇粮。不过，据说当国会权力完全由选举产生时，就会下决心停止这些皇粮。

《华盛顿邮报》，1910 年 12 月 9 日

中国立即改革

独裁政权终结——立宪内阁将成立

北京，12 月 8 日。中国今天晚上似乎可以有把握地宣布，明年二月中国新年之后，古老的独裁政权将成为历史。

据称皇帝已经决定同意资政院请求，立即成立立宪内阁的决议案。

关于各省谘议局，其组织的章程是由已故皇太后去世前不久做出的。1908 年 12 月 3 日的上谕声明，这些谘议局意在为九年之后召集的全国立法机构铺路，谘议局的首要要求是按照现代方式设立国会并制定宪法。去年 6 月，资政局向皇帝正式发出了要求立即召开国会的请求，而带着此份请愿书去北京的代表声称不达到目的决不会离开京城。如果摄政王醇亲王对原先的计划坚持己见，议员中的八人发誓要自杀。

但是，政府态度一度坚决，6 月 26 日发布上谕拒绝了民众的要求。据悉那八位代表重新考虑，取消自杀计划，因为近来据报道政府正在策划一项重要的加

速改革计划。

要求成立立宪政府的请求似乎在全国的商业阶层很普遍，他们构成了最强的要素。

《纽约时报》，1910 年 12 月 9 日

中国人将通过改革拯救帝国

《纽约时报》特约记者

确信一个代议制政府是阻止灭亡的唯一方法

辩论中展示出能力

资政院表现出出人意料的尊严和对事务的了解

北京，11 月 15 日。在过去数月里中国的政治形势所产生的千变万化使得对未来的结果比以往更难做出可靠的预测。6 个月或者 1 个月，甚至 1 周以前发表的关于形势的声明，或者将来可能发生的情况，今天都过时了，而今天发表的关于这一话题的声明毫无疑问在另一个月的时间消逝之前就需要加以修订。

然而，甚至中国最保守的官员也开始认识到，通向立宪政府的运动已经取得了既迅速又重大的进步，不仅清王朝而且整个帝国的命运都取决于这场运动的结果。显然，皇帝已经从民众对代议制政府的普遍要求中意识到这场运动无法遏制，否则就会给王朝带来严重后果，因此王朝得以延续的唯一方法就是皇帝与改革派合作，承认立宪，建立国会。

建立一个自由政府的运动数年前就开始了，但是只有在皇太后死后才开始活跃起来。在她临终前发布的最后谕令中，皇太后不但承认要求建立代议制政府的合法性，而且表示她十分清楚统治家族未来形势的严重性，声称应该在皇上制定的九年期限到期后给人民颁布宪法，召集议院。自从那件事情以后，运动获得迅

速扩大。去年，帝国在历史上首次召开地方谘议局会议，而今年的 10 月 3 日资政院首次集会。尽管这些会议的作用和权限还没有得到清晰的界定，尽管议员们此前在立法机构的组织和管理上没有经验，然而民选代表齐聚一堂讨论影响民众日常生活的公共事务，其结果已经使迄今为止还没有组织起来的对代议制政府的希望得以整合成型。

因此，这对一直关注事件发展的那些人来说是意料之中的事。10 月 22 日星期六那天资政院全体投票一致支持提早召开国会（比政府安排的时间要提前），并为此而任命一个委员会来草拟一份给皇上的请愿书。请愿书准备妥当，随后，周三，资政院会议批准了这一请愿书。资政院总裁、摄政王之弟溥伦亲王立即同意亲自把请愿书呈递给摄政王，并利用他与皇上的所有影响使资政院的请求得到承认。

大家可能还记得，就在不久之前，5 月 20 日，各省联合奏请，呼吁缩短原定的预备期限，而皇上立即拒绝考虑此事，声称将严格遵守原计划，并禁止人们再呈递此类请愿书。资政院此次大胆违抗皇帝的禁令，再次奏请，反映出立宪派的沉着和力量。

在这种情况下，人们自然会得出结论，满洲王朝和帝国历史的命运都遇到了危机。确实如此，密切关注事件发展的研究中国事务的学者正在对政府是否拥有敏锐的头脑来理解灾难即将来临的预兆，理解新运动的全部意义和重要性（进行研究）。中国之友和希望中国平安者担心皇上可能再次拒绝维新派的恳求，各种各样的国内分裂会接踵而至，对进步运动带来极大的伤害。

然而，皇上没有让人们担心很久。本月 5 日（谕令是在本月 1 日签署的）皇上以上谕的形式给资政院作了答复。谕令的主旨是皇上将在宣统第五年即 1913 年颁布宪法，召集国会。

于是，一个在现代中国历史上重要性无与伦比的事件，就这样平静度过且成功地转变成极有利于中华民族的重大事件。的确，皇上从现在起把时间确定在三年之内，这一行为象征着极端的立宪主义者和保守人士之间的妥协，然而无可置疑的事实是进步派已经取得了巨大胜利。激进的进步派希望立即召开国会，并且已经使出所有解数来促使它实现。他们是否会最终满意地接受目前的安排还有待观察，但是征兆已经清楚地显示急进分子方面会再度提出这一问题，强迫皇上在

1913 年之前就宣布立宪并成立国会。

关于中国人是否已为代议制政府做好准备的问题，不同人持有不同的观点。当然如果准备工作取决于此前国会程序或行使个人选举权的经验，那么中国同样连一个民族本来可以自治的职责也不能承担。然而必须记住，尽管中国政体是一种专制的君主政体（从理论上说，皇上有绝对权力），但是世界上几乎没有任何一个国家人民的意志对政府有更大的影响，或者其人民享有比中国更大的个人自由。

通过种类繁多的商业机构、政治和社会组织（联合会、协会和社团），数个世纪以来，当时机需要时，中国人民对帝国政府施加了最大影响。此外，在这些各种各样的组织中得到的训练和经验已经教会全国负责任的中国人懂得合作组织的价值，不但是为了一个明确目标的实现，而且是为了公共福利。因此从行会成员到谘议局或资政院议员，对中国人来说将是容易的一步，地方行会在处理当地问题中所获得的经验，对他们来说，在国家立法会议中有极大的价值。

那么，同样，一个现代中国人有能力适应新环境，并有能力在很大程度上应对紧急情况。资政院议员们的所作所为很好地显示了这种能力。在他们关于公共问题的辩论中，以前从来没有参加过政府会议或委员会的成员在辩论中既得体又能言善辩。

在诸如教育、货币以及其他改革方面，尽管议员们在技术问题上不是专家，但是他们对手头的这些事情进行了长时间的研究和仔细的思考。因此最初被许多人认为是闹剧的事情，最终已经成为帝国政府行政部门的巨大获取物。

因此，尽管按照资政院目前的结构（它事实上充其量只是一个国民辩论团体）没有立法或其他权力，但是它正发挥着非常重要的作用，因为它已经把全国各地的责任代表聚集在一起，使他们有机会来讨论影响总体福利的事情，为公共利益组织和（公众）联合采取措施。而且，不仅仅如此，议会正在开发其成员迄今为止还没有机会开发的潜能，当给予正确引导时，此种潜能将是帝国一个巨大的收益。

资政院将发挥的另一个重要影响将是成员之间所产生的同质性，他们代表着如此广泛不同的地区、如此多样性的人民和利益阶层。中国政府的特点之一，同时又是弱点之一，是缺乏合作，这造成帝国的各省区之间缺乏利益共同体意识。

一般来看，每个省只关注它自己的福利而不考虑帝国其他部分的遭遇。

然而资政院将会纠正这种现象。它的成员不久将发现，要完成任何事情，他们必须联合周边的省份，为了共同的利益而肩并肩地和他们一起工作，所以从这种利益共同体的观念之中将会发展出民族主义和爱国主义精神，这类东西在中国人中以前从来都不存在。

今天，中国负责任的领导人认识到中国是“亚洲病夫”，其状况非常危险，如果想挽救他的生命必须大胆地治疗。在外部，国家的完整受到中国近邻侵入的严重威胁，所以在目前条件下中国无力保卫领土或主权；而在内部，国家的统一又受到动乱、破产、腐败的威胁，而在目前状态下政府无力使国家恢复秩序。所以必须做点什么事，必须马上做，否则“亚洲病夫”最终的结局将类似于他另一边的老朋友和邻居。“‘朝日和宁’的老病夫”（朝鲜），他的挽歌旋律余音未消。

政界中最近发生的两件事情已经发挥了很大作用，使代议制政府运动具体化并为之增添新的活力。一件是朝鲜被日本吞并，这让中国人感到强烈震惊，并向他们显示了真实的日本；另一件是葡萄牙革命，这场革命显然进行得如此容易并获得了辉煌的成功。

朝鲜的命运不但给中国皇室脑海中而且给全国理性的中国人脑海中留下深刻的印象，并使他们重新认识他们自己帝国的弱点和危险状况。姑且不论对错，大多数比较理性的中国人相信了拯救帝国的唯一办法就是代议制政府。

现政府应该对全国弊端负责的情感在中国人民中广泛流传，在目前的政治体制下官居高位的那些人无力整顿秩序。葡萄牙革命的成功已经足以鼓动中国改革派重新燃起希望并采取更大的动作努力改变目前的状况。

立宪派在代议制政府形式中看到了医治中国现有疾病的灵丹妙药，认为如果要避免重蹈朝鲜的覆辙，中国必须采取立宪，建立国会，迅速整理内政。一位认真研究中国特性和制度的学者不得不承认，通过代议制政府的手段支持中国复兴的可能性比目前体制下所期望的要大得多。

在目前中国政体僵化的根源之下——其巨大的财政赤字、缺乏名副其实的货币制度、缺乏合适的教育和法律体制、缺乏高效的陆军和海军以及缺乏适当的行政组织——存在着古老的、久负盛名的、官方认可且经常加以鼓励“搜刮”的体制，此种体制不可否认的是国家倒霉的祸根，更是现代中国一切希望化为泡影的敌人。

一旦这种体制彻底地根绝，而由基于官员生活中更高个人道德和廉洁的意识的体制所代替，中国就会踏上国家成功和尊严的征程，并在国际大家庭里找到她合适的位置。

自称有四千多年文明史的中华民族生生不息，其人民勇敢 、勤奋、节俭，国家地大物博，人口众多，所有这一切都会使人持久不变地相信中国有能力解决目前国家所面临的众多重大问题。除此以外，政府最高和最好的形式，是人民在其中有机会为了他们自己的准则和利益而制定法律。持有这样观点的人，将会在中国人为代议制政府进行的运动中，看到文明开化和进步的征兆，此种征兆应该受到全世界中国之友的鼓励和衷心的欢迎。

《纽约时报》，1910 年 12 月 13 日

中国的改革运动

——严峻的形势

本报驻远东特派记者

11 月 9 日，上海。失去耐心的改革者对 10 月 4 日上谕的反应，以及该上谕颁布以来资政院所持的态度，加深了在现场的大多数观察家对形势的担忧。

该上谕许诺三年之内召开完全国会，期间用来完成必不可少的准备工作——包括成立责任内阁和起草宪法——把中国政府彻底改造成欧式的君主立宪制是必要的。事实上，对改革者来说，尤其是对资政院来说，这是一个完全的胜利，仅两周以前资政院就一致热情地支持民众尽早建立一个完全国会的要求。无论改革者之中那些不太爱动脑筋的人头脑中在想什么，但是，他们中更负责任的领导者

认识到，要把中国政府纳入到民选国会的控制之下，这个创新太大，不能指望不经过长期而认真的预备就能一蹴而就。改革者们估计，要组成一个政党并胜任中国国会的工作，可能要花上三年的时间。然而，当该上谕发布并给予他们所想要的一切，给予他们自己认为有把握给予的东西之后，他们却未能让资政院满意。一个接一个的发言人宣布三年的时间太长，不能等——“在那段时间谁能够拯救满洲”？一个热情的爱国者质问到。而唯一一位企图为政府决定做辩护的议员被同僚轰下台。其他场次会议上发生的事件令人怀疑各省谘议局议员已经失去控制，他们企图用高压手段来贯彻事情。

缺少领导者

当然，这一切可能只是改革者方面对他们速开国会运动成功的一点自然得意的结果，对他们用非凡的方式成功地控制住了资政院而自鸣得意的结果，那里虽有政府提名的议员，但总体上说却是团结一致的。很可能更稳健的一伙人会重新控制运动，很可能反对推迟三年的大辩论会逐渐平息，很可能资政院议员和他们在各省的朋友会静下心来通过仔细准备来确保即将进行的大宪法实验的成功。这就是我离开北京以后与各省改革者谈论形势时，他们所持的观点。他们指出，作为运动的领导人，为政府的新计划辩护是很危险的，因为那将会使他们和政府站在一起来反对人民。政府不足信，除非各省不断施加压力，为了得到一寸他们不得不向政府要求一尺。稳健派所提出的一切要求都得到了满意的答复，无论理由多么充足，因疏忽或无能，稳健派未能制止对已经得到满意答复的条件进行野蛮攻击，这是一个令人忧虑的征兆。这似乎证实了这样的怀疑，即目前无论如何，改革运动成了一场没有领导者能够控制，没有领导者能够引导运动沿着稳健和安全的道路前进。

人们热切地希望这样的领导者能够很快地出现并在同伴中建立起威信。没有坚强的领导，中国几乎不可能有希望把自己变成一个没有灾难的现代国家。在政府官员中，没有哪个政治家能够引导这个国家走出内部和外部所面临的危险，这些危险已经相当严重且近期很容易对其领土的完整带来威胁，美好的愿望有很多，但是没有什么地方能够看到洞察力、能力、经验以及影响力必不可少的结合。

呼唤政治家

人们相信，袁世凯是高级官员以及前任官员中唯一一位能够领导中国进入更加顺利状况的人，但是尽管对于他的复出已经有了很多谈论，并且现在还在谈论着，然而毫无结果。的确，除非（中国高层）保证他在实施其政策中得到必要的支持，否则他的复出没有多大用处。要是一个国家什么时候需要一位强人的话，那么中国今天就需要一位。一个政府对内不受信任而对外没有威信；国库空空，但是公众却强烈要求进行需要花费上百万的改革，国家信用被轻率的借款和腐败的开支所损害；军队虽然稳步改进，但迄今为止几乎不能指望他们能打仗，所以强大而野心勃勃的邻居们已经在她的东三省占据了特殊位置；由于妇女和宦官居住于京城的紫禁城中，于是成了各种阴谋活动和腐败行为的温床；普遍认为这个朝代大限已到，天命已终；一个年幼的皇帝加上一个摄政王——虽然他具有高尚的品质和良好的意图，但却年轻且缺乏历练，其权势被反对他的宫廷阴谋活动所削弱；人民具有良好品德却愚昧无知，容易受骗，很容易受到那些煽动者（他们知道如何利用偏见）的影响，（这些人）暗中密谋着一场革命运动，虽然目前看上去微不足道，但在有利的形势下，很可能像几年前的义和团或者它们之前的太平天国那样迅速地集结力量。由于这些状况，它需要拥有最高级的治国之才才能成功地克服困难。除非改革运动能够产生某位或某些人士有资格担当起拯救帝国的重任，否则中国的前景确实很暗淡。

光明的一面

对于这样的领导者或领导者们来说，任务虽然艰巨，但绝非没有希望。不但旧的自我满足的停滞正在很快地消失，不但人人都坚信必须进行变革而且坚信必须进行剧烈的变革，而且这些变革实际上正在发生，各方面有效的工作都在进行之中，不仅仅是在京城，也不是专门在京城。例如，奉天的老居民可以告诉你修街道、（建）学校、（改造）监狱、（训练）警察和士兵，一切都难以置信好于前任总督徐世昌及其副手唐绍仪进行改革前，这项改革由现任总督锡良主持进行（五年前，谁要告诉他们在这样短的时间内能够完成什么事情，他们就会嘲笑谁）。士兵和警察都是体格强健且有礼貌的人，在街上看到他们身着整齐的卡吉制服是件快乐的事，尽管缺乏好的军官和恰当的训练，他们还没有所希望的那样有本领，但和他们前辈的对比是显著的，这证明在中国一场新的引起渐变的因素正在起作用。监狱已不是无辜者和犯人被关在一起的肮脏的场所，现在取而代之的是待人宽厚的拘留所，（政府）在那里尝试着根据他们的功过来对待他们，甚至改造他们。除了二三条主干道之外，凭良心说街道仍然相当糟糕，但是现在（政府）正在对它们进行维修，成群的士兵和犯人正在不停地工作。就像部队缺乏受过训练的军官一样，学校仍然缺乏受过训练的教师。根据西方的标准来判断是不合理的，但是教育问题专家、纽约大学校长麦克科莱肯教授在奉天时和我一起去看过，发现他们所做的工作远远超过他希望在中国能发现的任何事情，正如在奉天一样，其他地方也是如此，无论什么地方只要有一个精神饱满的总督、巡抚或道台，就能取得实质的进步。

社会变革

但是，也许最迅速的变革正是在旧社会瓦解中才会发生。除了传教士与皈依者之外，外国人和中国人之间的关系几乎很少超出单纯的政府关系或单纯的商业关系，但无论如何，在京城，社会交往正变得越来越多，越普遍；几年前可能会被认为是不可思议的新鲜事在今天几乎没人说三道四。满人和汉人，包括地位最高贵的太太们，现在几乎每天晚上都可以看见在六国饭店用餐，经常是作为欧洲人的客人或东道主。许多皇室成员或多或少地与外交使团，尤其是英国公使馆有着密切的关系。所以，迈克斯 · 缪勒夫人的画室就成了吸引清室公主的中心。最近在英国公使馆的运动场地上举行的国际网球锦标赛上，混双的一等奖获得者是一名外务部的成员和他的搭档——新任驻伦敦公使的千金刘小姐，而观赛的人员中外国人和中国人几乎一样多。她们当中许多人是太太，因为中国妇女现在也开始效仿她们的丈夫，融入外国社会。中国太太在接待美国商业使团当中起了很大的作用，该使团成员现在正带着他们的妻子和女儿在中国观光旅游。更值得注意的是，前些天在邮传部衙门款待弗雷德里克爵士和陆嘉德女士的正式宴会上就有好几位中国太太。

对外国人的态度

文明程度大相径庭的不同民族杂处时存在着障碍和危险这是不应否认的，因此不能期望与西方不断接触对中国人的生活和性格所产生的影响完全都是有益的。但是平衡起来大概总是正面的多，而且可以肯定的是，随着知识的不断增加，存在于双方中的偏见与误解一定会趋于消失。正在建立的更紧密的关系中所产生的益处不一定只有利于一方；西方也仍有许多东西需要向东方学习。在北京数周和对中国其他城市的访问给我留下美好而又愉快的记忆是，我所遇到的中国人表示出了礼貌和好客，另外他们中许多人表达了自己对国家目前形势坦诚的看法。

无论改革运动的结果如何，是否找到了有能力的领导者并成功地把中国改造成一个能够开发巨大的资源并抵御外国侵略的组织良好的国家，否则一旦未能正确引导，它的直接结果将会破坏现存的组织从而引发一场大灾难，但是，这场运动都是值得外国人尊敬、同情和给予支持的。这是真诚的爱国心和拯救中国（亡）于瓜分与屈辱命运的强烈愿望的表达结果，那一命运因停滞不前且毫无希望而一度看上去似乎是不可避免的。如果这种新生的爱国心有时偏向于盲目的爱国主义（沙文主义）并对外国人的动机表现出过分怀疑，那就很自然引起惊慌。必须承认，外国（政府）对待中国和单个的外国人对待中国人的态度和行为一直就是那个样，如果他们心中没有仇恨和怀疑，那么中国人或多或少总是很通人情的。他们的情感经常导致他们采取不明智的做法，有时甚至是荒唐的，例如他们拒绝雇佣外国人参与他们自己到现在还无力完成的诸如金融重组和铁路建设等项目，再例如，中国人雇佣外国人后而不使用他们。但是感情本身既非不自然又非不健康，在目前状况下，更理智的判断和更多的常识可能会影响它向好的方面发展。

中国和列强

今天，这种情感强烈地表现在中国各派政党和各省人民对日俄处置满洲的忌恨上。当有人跟一位严肃的中国人交谈时，无论是官员还是官员阶层的批评家，无论他来自奉天还是广州，来自四川还是江苏，最能引起他兴趣的问题一定是东三省的地位问题。中国人的疑心可能没有根据，日俄对满洲也许没有额外的计划，最近的日俄协定可能只有表面上的内容。但是即便如此，它仍然是一个健康的信号，即全帝国的中国人应对他们认为危及国家完整的事件表现出新的敏感性，而对第三方而言，他们的利益则是纯商业的，对他们来说，如果日本或俄国关闭满洲开放的大门，那损失将是严重的。他们只应感谢这种嫉妒的警觉性。这并不是说，在与两个入侵的强国争论中中国人总是或者通常是正确的；他们经常是不够理智，几乎总是过于轻率。然而，他们的错误多半可能是由于绝望无助的情感所导致的。如果发誓保持中国完整和机会均等原则的列强对在满洲遵守那些原则表示出某些真正的忧虑，那么中国人就有望变得不那么敏感和没有理智。在这方面帮助中国的两个强国——大不列颠和美国是最感兴趣的，这两个强国正通过友好的象征获得中国的信任，并帮助、引导她走向真正且持久的改革，而远离革命和混乱所带来的真正的危险。

《泰晤士报》，1910 年 12 月 17 日

中国政府与改革

——对资政院的抵制

本报通讯员

北京，12 月 18 日。今天的上谕特别有意思，它拒绝了资政院所提出的建立责任内阁以取代军机处的建议。上谕指出，政府一直都在向民众运动让步，现在，它最终应该表示一种立场。其结果如何，大家都在急切地等待观察。

鸦片问题

资政院所采取的大胆姿态，已经使政府在处理鸦片问题而与外国所进行的谈判陷于停顿。资政院的决议已经导致对新协定中条款的讨论暂时搁置。结果，在 12 月 31 日现有协定期满之后，限制印度出口鸦片的条款失效，形势又退回到

1907年前。不过，有意义的是，中国人对英国善意的信念如此坚定，政府有意坐待这一考验心理的时刻过去，相信大不列颠会采取措施，自动减少鸦片产量，并准备不理这次的中断，而在以后更加有利的时机继续进行谈判。

抵制鸦片的宣传则远没有那么有力，也许这是因为福音派美国传教士所采取的某些方法而造成的。关于福音派美国传教士，我在以前曾经提到过。

资政院的活动也影响到美国借款，致使在涉及开支的监督问题上的谈判不适当地拖延。在一些地方，现在已经有人在怀疑，政府想拿这笔钱来弥补最近由度支部编制的1911年度预算中存在的一千万英镑的赤字，而现在发现贷款方有意看到专款专用，于是便失去了交易的兴趣。

《泰晤士报》，1910年12月19日

中国与宪政主义

中国皇帝已经拒绝最近呈交给资政院的一份请愿书，该请愿书要求成立立宪内阁。这一消息不应引起人们对该国向立宪前进的担忧。相反，它可以用来强调这样一个事实，即中国不会通过跃进和蹦跳的方式进行改革。中国，也像西方国家一样，对立宪改革郑重其事。仅仅是公众要求变革愿望的表达，即使是通过资政院及上院表达并得到其同意，并不足以立即根除数百年来形成的传统。

但是，毫无疑问，中国不会有反动派。中国向着建立立宪政府而采取的步骤不可逆转。就像在俄国一样，先进的进步分子受到一场胜利的鼓舞，就会不明智地企图推进整个激进计划并受到挫折。然而，最后的胜利会等着那些虽然缓慢但却稳步前进的运动。

回望十年，动脑筋的观察者不会不为中国已经取得的进步所打动。最近的一些建议被听取，这一事实就可以表明中国人已经在政治自由的道路上跑了多远。

《基督教科学箴言报》，1910年12月20日

中国议会藐视政府

各省领袖拒绝遵守回籍的命令并坚持立宪

他们攻击庆亲王

拒绝立即解散议会，希望立即建立责任内阁

北京，12 月 24 日。政府和资政院今天发布了互相抵触的文件。

在冗长的上谕中，皇帝命令现在北京要求立开国会的各省领导人回籍，并令督抚调动警察阻止各省代表进一步集会，把煽动者视为革命者，并给予严惩。

猛烈的反驳是以给皇上的奏折形式出现的，它以严厉的措辞陈述了庆亲王的经历，说他的官职是海军部顾问，但其在政府中有如此的影响以致于承受了进步派以及军机处同僚们很大的批评，他们断言国家已经受到愈来愈严重的损害。

奏折坚持认为立宪政体已经开始，因此政府不应再把全部权力交予摄政的醇亲王，皇上没有 12 月 18 日在上谕中所行使的权力，在该上谕中皇帝拒绝了建立立宪政府的请求。

奏折要求立即建立对人民负责的内阁。据报道，政府正在调动现代军队以便镇压任何暴动。

《纽约时报》，1910 年 12 月 25 日

资政院与皇帝

本报记者来稿，北京，12 月 26 日。本周为中国政治之谜提供了一个极好的例子。资政院长期持续的大胆行为终于受到扼制。本月 18 日，皇帝发布上谕，向改革者们发出了明确无误的停止的信息。资政院的回应是召开会议，议员们在会上通过了高调的决议，重申上次的奏折，要求用内阁来取代军机处。但是，正在起草期间，本月 24 日又发布了一道上谕，指黑龙江的立宪代表为傻子，申斥各省督抚纵容宣传鼓动，令警察将黑龙江代表押送回籍。与此同时，有谣传称，政府已经下令派两千名军人前往保定府和天津，那里，学生们正在进行宣传鼓动。

看上去似乎庆亲王已经辞职，因为今天发布的一道上谕拒绝接受其辞职。

一般的意见是，政府虽然外表上采取了强硬立场，但有迹象显示其缺少决心。资政院据人们期望将会再次上奏其请愿书，但（议员）不会辞职。

反鸦片宣传

老手们承认自已没有能力做出预测，认为两方中任何一方都不会走极端，认为局势一般而言会由细微的机会决定。

反对鸦片的宣传已经大大放松，但是，最近达成、准备签字的协议已经暂时搁置，其结果是自本月 31 日以后印度承担的缩减任务将会减少。根据那份协议，英国政府几乎同意了中国政府对限制鸦片贸易而提出的一切要求。

19 日，一家中国报纸发表了一份声明，是有关总督宣布在浙江彻底禁止种植鸦片的消息，而官方对此没有加以驳斥。声明说，虽然某些地区（的鸦片种植）已经有了相当幅度的减少，但有一地却显示比去年多种植了五万亩。报纸补充说：“由此可见各督抚奏报之不可信。”

北京，12 月 26 日。昨天的一道上谕令宪政馆尽快准备向皇帝提交一份包括责任内阁成立在内的宪法大纲。资政院对该上谕感到满意。该机构今天以全院3/4的多数通过决定，撤回本月24日通过的要求成立责任内阁的奏请。

一场危机得以避免，皆大欢喜。

《泰晤士报》，1910年12月27日

中国国会

如果这一题目现在还不合适的话，那么似乎不久它可能合适了。旨在预备（也有人猜测是阻止）六年之后建立立宪政府的资政院或议会在北京开幕。会议肯定，立宪政府已经建立，会议本身就是一个真正的国会。会议使自己关注外交、财政、节省经费、立法、陆海军、官员任免及内部改进等。它频繁通过电报与各省谘议局保持密切联系，它对于地方事务的决议比皇帝的上谕更管用。少年中国现在第一次被赋予权力，或者至少是第一次可以发出声音，它自我表现了出人意料的民主、进步、务实。各省代表从一开始就控制了资政院，尽管事实上由朝廷提名的议员和满族贵族占了资政院的大多数。事实上，许多满族议员站在汉族议员一边。当资政院通过历史性的要求立即召开已被摄政王三次拒绝的国会时，满族贵族与旗人一致投了赞成票。进步派在朝廷中甚至在军机处中不是没有朋友。但是，政府似乎决心不让资政院取得权力。资政院所提出的有关将军机处改为内阁、其成员应向资政院负责的要求遭到拒绝。至此，资政院开始采取更加强硬的措施。号召弹劾军机大臣的决议以二百票赞成、二十五票反对获得通过①，尽管是在人员不齐的一场会议上，因为满族贵族及朝廷提名的人选缺席。他们准备了一份给皇帝的奏折，特别批评了包括摄政王在内的政府成员的官方行为。奏折宣称，摄政王已经无权忽视人民代表的立法行动。此时，政府采取了重

① 原文如此。但两者相加，超过了资政院议员的总数，译者。

大行动。皇帝发布了一道上谕，要求各省为首的代表们返回家乡。督抚们接到命令，强行解散各省谘议局，凡有鼓动宣传者以革命党论处，严加惩罚。另一道上谕则为受到批评的军机大臣们辩护，支持其政策。代表们热心推进的另外一项改革是反对鸦片之役。政府所采取的逐步取消鸦片的政策不够迅速，不够有效，达不到改革者们的要求。他们怀疑那些本身就沉湎于鸦片之中的官员们的诚意，这不是没有理由的。资政院曾一次次请求政府坚决取消在国内种植鸦片并禁止从印度进口鸦片。两项之中，仅采取任何一项当然都不会有效。但是，大不列颠挡在路中，反对任何干涉其鸦片贸易的行动，因为印度的财政状况已经非常危险，禁止种植鸦片将会颠覆其财政。因此，中国政府如果想取消鸦片进口的话，它是否能够做得到，这是令人怀疑的，因为这样做的后果将会为其带来一场与英国的战争，像从前那样。

鼠疫正在蒙古及满洲流行。德国驻哈尔滨领事送给中国道台一封紧急照会，要求采取紧急措施阻止鼠疫，并声明，如果不采取的话，德国将加以干涉。哈尔滨市已经邀请日本医师在兵营中看护鼠疫受害者，因为俄国人自己不愿意接触患者。

《独立》，1910 年 12 月 29 日，第 1429 页

1907—1910 年概览

明恩溥

在试图了解“中国事务”（或其他任何事务）时，首先必须面对三个问题：事实是什么？为什么？其性质是什么？几乎可以肯定，知道大量有关中国的知识的人比从前任何时候都要多，他们有关中国的知识也比从前任何时候都要多，但是，要理解中国，困难不仅没有减少，相反，与 20 年前相比，实际上困难反而增加了。出现这种现象，显然是有原因的。那时作用于中国的力量虽然多且复杂，但却相对而言是同质的，其中有些则是比较负面的。今天，全中国都因对新

生活的自觉或半自觉意识而兴奋不已。其同质性还像过去任何时候一样明显，而其异质性则更为显著。潮流与逆流纠缠在一起，但是，这些都在表面之下，对于局外人来说，它们存在的唯一证据便是新的沙州的出现，新的复杂的河道的开凿以及原来长期使用的那些故道的局部或全部关闭。

以下有关中国现状的概述，其目的，是要对自1907年百年纪念大会召开以来的三年间中国内部重要方面做一评论，而不是要向读者提供他们应当早已了解的事件的知识，如果他们还没有了解，那么他们可以从本文以后的各章中去了解。中国与列强的关系不在本文概述的范围之内。

如果任何一个“中国老手”被事先告知“皇帝和皇太后将会先后在二十四小时内去世，继位问题将会悄悄做出安排而没有任何不满的迹象”，他将会心地一笑，并列出事件更多的可能性，但是，他可能大错特错。在中国，少数民族长期占据皇位并不是什么新鲜事，过去的几百年里就是少数民族当政。但是，在这一个案中，对于皇位继承人及摄政王的选择似乎显然是最好的可能，以至于消息传出来之后，没有起义，也没有喧闹，我们似乎真的进入了一个平静之湖，像中国这种情形，一百多年来都是没有听说过的。不过，摄政王一年半的统治表明，人们对他的善意所抱的期望太高，而相对于放在他肩膀上的艰难的担子而言，他的资历又极其不足。袁世凯被突然而草率地革职，这在中国政府的中央机构中又打开了一个窗口，清楚显露出个人考虑在国家利益之上，就像中国历史的长过程中尽管不是总出现但却是经常出现的那样。在这一年结束之前，精干的满族将军端（方）突然被解职，这又为中国内在的弱点提供了一个实实在在的例子。当国家需要所有能干的人才都在某一职位上服务时，不光这两位而且还有许多低级别的官员被闲置起来，不是因为当局不需要他们，而是因为不想用他们。

年迈而颇受人敬重的张之洞的逝世，使一位显赫的人物从政坛上消失。对于他，外国人也许不可能有公正的评论。从一方面看，他是一位自由而开明的政治家，数十年来，他一直是国家之船的舵手。从另外一方面看，他又是一块令人尊敬的“化石”——部分地但又是表面地包裹上了薄薄一层“现代主义”，而每当不方便的时候，这层包装都会脱落，并展露出一个儒家学究式的有趣人格，“脚在宋朝，而脑袋则在云彩里”。如果中国有可以期望的能人，则张之洞的去世也许不会感觉有什么影响，但是，实际上，他的去世令国家机器中为数不多的平衡失去了重要一环。

年迈的孙家鼐是一个有自己行事方式、有份量的重要人物，但是，他属于一个从来也没有理解过新时代的时代，在新时代中，他不能算是一个领袖人物。直隶总督杨士骧是一个能力不大的人，但却是一个有势力而有用的官员。其赞助者袁世凯倒台后，他保持了职位，这一事实可以看作是中国越来越注意外部世界反映的标志。五年前奉命出洋考察宪政的大臣之一戴鸿慈似乎地位正在上升，他的突然消失留下了一个显然不易填补的空缺。

在中国，20 世纪开头的十年最显著的标志是，或是历史上最为独特的现象，即中国人民作为一个整体对世界意识和自觉意识的迅速发展。长期以来大家已经认识到，中国人民在许多社会习惯方面本质上是民主的，（皇帝）绝对的统治（理论上）依赖于民众的同意。但是，这种同意相对而言一直处于含混不清的状态。促使已故的太皇太后决定热情批准在中国预备立宪的真正动机是什么，我们没有办法知道，但是，不管其动机到底是什么，这一步都是具有深远意义的一步，对中国当然如此，可能对世界亦是如此。显然，仅仅一小部分中国人对现在健谈者挂在嘴上、作家挂在笔上的"宪法"一词是什么意思有点概念，但是，他们期盼"宪法"的引进，把这看作是一个黄金时代的开始，而不是进入了一个"被暴风吹袭的狂荡不羁的大海"。通过什么方式，这亿万人民才能理解这一伟大而神奇术语的意义，才能区分自由与批准，才能学会需要合作？需要把现在从属于未来，特别是个人服从群体的自我约束。10 月 14 日召开的各省谘议局会议是这一伟大试验开始的第一步，它们对于所有当代中国人来说都是有意思的——多少有些意义。有机会目睹这一开端的人，都被那些新选举出来的代表们的尊严和姿态所打动，尽管他们对未来的目标、达成这些目标的手段以及克服早已开始出现的障碍等并不完全了解。似乎可以肯定，这些谘议局（议员）一旦找到自我定位，就会着手研究为什么人民承担的赋税如此之重，现在随意从他们那里榨取的巨额的（赋税）都去了哪里。下一步就是要弹劾那些无用的冗官。迄今为止，他们基本上还没有被（纠正）〔谴责〕过。当那一天来临时，地方行政长官必须对诉讼采取迅速行动。判决必须有某种程度的公正，基本的人身保护法案将会出现——防止不加区别地对罪犯及无辜者成月累年地羁押，直到所有原有案件的痕迹都从公众视野中消失。稍早前许诺过的新修订的法律是否会注意到这类事情，似乎还没有人能够加以肯定，但是，不管它是注意到还是注意不到，旧的那种暴政及对个人权利的忽视都注定不行了。

在中国，在新精神的各种展示之中，经常出现对“崇洋媚外”且不受欢迎的官员的抗议，并阻止他们返回到他们出生于此但却在同僚的评价中受到侮辱的省、市、镇。这种情绪毫无疑问有可能会被滥用，不过，它却显示了一种对于迄今为止尚不知道的整体福利的有益的兴趣。在中国，中央政府统治权和各省的自治权之间一直存在着斗争。某些省份，特别是湖南，部分由于历史的原因，导致其享有某些特权和豁免权，部分由于其人民的脾性，使之处在一种特别的地位，这是没有问题的。此种区别与中国政府的理论和实践是完全一致的。但是，当各省忽视甚至拒绝将赋税移交朝廷时，当士绅们自作主张地决定政府哪些债该借、哪些债不该借时，当他们坚持修建自己的铁路并在完成之后自己经营时，我们似乎使人们的现代文明与自秦始皇以来开始的封建主义发生了冲突。从科学、政治经济学以及可靠的财政学的角度来看，这种斗争如何结束，这是不会有什么问题的。但是，北京政府可怜的软弱似乎使之在一些本来必须迅速、果断地确定最终权威的地方，却在关键点上妥协退让，拖延推诿。大家如此渴盼国会，但国会召开之后将会发生什么情况，现在还不能预见。但是，早晚会看到失望的过程。那时也许就会实现一位道台的预言。那位道台五年前曾陪同端方阁下周游世界。他预言说：“还没有一个国家不流血而获得自由，中国也不会例外。”在此期间，到处都有公众压力，要求减少并最终取消所有给予的外国“让与权”。由于这种共同的压力，北京（英国）福公司被迫从山西撤离，而主持了这场谈判的能干的官员就是今天最出名的人，也就是办事高效的该省现任巡抚。安徽的李斯特·凯叶爵士放弃对其权利的争取，也许标志着所有这类企业极其严重的情况。去年间，遍及全国的大动荡在很大程度上因为流传极广的以下报告（来自某些不明来源的小道消息）而更为加剧，即中国又面临着被“瓜分”的时刻。革命党一次次企图刺杀摄政王，这表明，就在考察宪政的大臣于1905年末离开北京之前，披着外国衣装进入中国的那种“鬼魂”在天朝帝国还是一个不受欢迎的、邪恶的客人，帝国的启程可能还会长期拖延下去。

去年冬天发生的军事暴动是一个严重的信号，它表明训练最精良的军队在最需要它的时刻，不是不可能成为一个致命的弱点。关键不是军队，而是军队背后的精神，而这多少还是个谜。最近在湖南省会发生的爆炸深刻地证明，把我们和火山喷出的火焰隔离开的壳子是多么薄弱，那些火焰谁会知道烧得多大，但是，在这场不祥的事件彻底调查清楚之前，对之做出总结也徒劳无益。中央政府制度缺陷的一个例外，则是在处理神一样光芒四射的“达赖喇嘛”时所表现出的坚定。他被诱至北京，受到奉承（和慢待），期间，被故意夸张地给以礼遇，送上路程，受到谴责，得到规劝，然后突然被贬。中国似乎决心空前地让西藏感受到中央的存在，但是，在此点上，也像在所有中国事务中一样，“预言是一种失传的艺术”。不过，中国显然对尚武极为尊崇，而且此种尊崇越来越强，视尚武为保证中国安全的基本条件，此种情感上的变化如此之大，以至于它本身已经构成了一场革命。

对于其所有经济问题之中最大的问题，即货币问题，中国没有表示出任何要解决的意向，尽管与数年前的几个条约相抵触。元朝（初期）〔末期〕的几位皇帝因滥发用桑树皮做成的钞票而著名（最后导致了财政灾难）。光绪皇帝统治的晚期让人记住的是这样一个时期，在那一时期，中央政府、各省及许多官员都在所铸铜币中发现了一种叫作戈尔康达的钱币，其价值可能从两个半到四至五个铜钱，而发给人民则是当十个铜钱。如果不是因为做出了将来缴纳赋税时可以收回的承诺——一个刚一做出就被破坏的承诺，这些钱币可能根本就不会进入流通。但是，恶果很快就出现了。据海关总署统计处估计，五年以前，在当时开办（现已关闭）的数十家铸币厂里，每年铸造的钱币总数不少于 16 亿。在此期间，格雷兴及其“定律”很快登场了，而旧的笨拙的那种中间有方孔的圆铜钱（少数在中国展示“方圆”相交的钱币之一）悄悄消失了（这是一般情况，但不是普遍情况，因为有些地方在其境内极力拒绝任何铜钱）。中国与世界分享了各种物价上涨带来的负担，但是，造成这一特殊灾难的专利权却属于她自己，别人侵犯不得。长期处在痛苦中的人民糊里糊涂而绝望地遭受到的总损失是完全无法估量的。与此同时，到处都在传言，到处都传言过，也许将来还会传言，即将铸造新的“统一”钱币。（有人说）这是一种以“两”为基础的单一钱币。（有人说）这是两种钱币，都以圆为基础。（有人说）中国将以金为本位。而人们所知道的一切就是什么都不知道，情况还像原来一样，而且显然还将永远继续下去。

唐绍仪阁下被派往全球各国去执行一项重要使命，他分送了适当数目的皇家赠送礼品，所到之处几乎都受到皇家般的礼遇。当袁被革职时，唐[1]未能复职，遂继续其胜利的旅程。据报导，他接受了许多采访。他是一位货币及其他改革方面的专家。他返回中国，除了开始有一点传言之外，显然那就是他的终点，据说他健康每况愈下，这也不足为奇。

被称作御史的群体在引起人们关注中国高层臭名昭著的冤案方面曾起过重要作用，但他们有时——不是总是——被认为是经过政府授权的一个敲诈部门。这一群体最近相当活跃，但是，没有人知道这种现象意味着什么。大员们任职的期限越来越短。巡抚或将军常常还不等坐到位子上就已经被调往其他地方。人事或计划方面没有连贯性，每一个现任官员都按照自己的观念和理想来调整行动。人民对于此种胡调乱动已经习以为常，见惯不惊，但总体效果则是到处都使真正的进步之类的东西几乎陷于瘫痪。

中国的铁路建设尽管有许多倒退情况，但还在进行之中。英国修建的从上海到南京的线路，法国修建的（从越南海防）到云南府的干线铁路，日本修建的从汕头到潮州府的线路，比利时修建的从京汉路进入山西的线路，从上海到杭州的线路、从北京到张家口的线路、从满洲里路到奉天的延伸线，此外还有从河南郑州往东至开封、往西到河南府的“汴洛线”，中国修建了广东附近三水的线路，穿越广东省的粤汉铁路，从宜昌到四川最艰难的铁路也在开工——以上及其他线路都表明，在这一部门中，至少还未出现停滞。天津与南京对面的浦口之间重要的直通线路的第一段刚刚开通到德州，全路据承诺将在三至四年之内完成（山东省会济南府下边造价昂贵的洛口桥除外）。中国已经完全“皈依”了铁路。这样一种情感上的变化对一个还记得30年前甚至20年前情形的人来说，简直就像是天方夜谭。不过，这没有什么神秘的。中国有一个有关“摇钱树”的俗语，说这种树碰到有运气的主人就会下钱雨。但是，事实证明铁路是一个永不停息银泉，它会自动地增加政府财富而不会让人民变穷——这是中国人在其历史时代中所发现的为数不多的致富买卖之一。其效果像电击一样。那些死去的人不仅在墓中翻身，而且还急忙腾出地方。无论是对地下的还是地上的人来说，“风水”已经不再是一个现实问题。

---

① 此处原文为“Yang”，但从上下文看，应为“Tang”之误，故改为“唐”，译者。

从比利时人手里接管过来的京汉线等铁路管理严重不善，这是早就想象到的，不过，这是事情整个计划的一部分，在将来天朝的新千年里可以得到纠正。但即使这样，铁路也是一个从未想到过的、不可思议的财富来源，其经济效果与整个国家的相关性还只不过是朦胧可见，（中国）还没有有意识地加以研究。据俄国杂志报导，将成为俄国征服满洲工具的跨西伯利亚大铁路，在以巨大的成本维持着，其结果，每年可能有五十万人涌入黑龙江省，全部移民数居说已达三百万至四百万人。中国太多地方都是人口过密，特别是古省山东，其人民可以迁移到长城以外新开辟的大片地区，这是一件有益的事情。迁徙的人流确实没有停息，但它应该得到省政府和中央政府的支持，应该经常地、永远地维持下去。为此，高级官员们告诉我们，已经没有后继资金（尽管无数没有什么意思的项目却似乎已经找到了资金），而真正的困难则在于没有政治家，没有创意，在于对人民状况的漠不关心。三十二年前的大饥荒所引起的创伤已经修复，从经济的观点看，除了移民之外，没有任何办法能够挽救山东。但是，就我们所知，还没有一个中国官员曾经考虑过此事。伴随着中国铁路系统的拓展，其远古的、无价的水道系统即将被毁坏。天津城所处的白河下游（河道），已经被熟练的方法拉直、疏浚，不过这一切都是由外国人完成的。保定府河、下西河（Hsiahsiho）、浑河都完全处于荒弃之中，成为整个国家的一种危险的根源，而这些如果能够加以疏浚、管理，是可以成为一个永恒的利薮的。十年以前运送贡米进京的白河，现在要么在其故道干涸（因为没用而随意流到什么地方），要么变作洪流，淹没整个乡村。一年前，数百名船工被困在通州，哪里也去不了。然而，此处骑马到皇宫不过只有半小时的距离！大运河在整个北段大部分地区都是古旧的，处于一种可怜的、毁坏的状态。在江苏北部，向大海泄洪的河道被堵，这直接引发了洪水，最终导致 1906—1907 年的灾荒。然而，仍然没有任何地方做过任何事情，或者开始了某项工程，又是孤立、偶尔、没有结果的。根据外国人最好的估计，用不了十多年左右的时间，中国的宿敌（本来是可以转化为铁哥们的）黄河，由于河床淤积，将再次决口，我们又将重睹 1887—1888 年的场面，人们又会哭喊天意，哭喊天命无常。

在相邻两省的督抚（像欧洲相互竞争的王国而不是一个帝国内的组成单位那样）经过长期争吵之后，扬子江上游蒸汽轮船航行的“能”与“实”（Promise and Potency）才最终得以落实。当四川省被通过铁路及轮船与中国其他各地联接起来之后，并进而与其他更为广大、几乎人迹罕至的地区联接起来之后，这对整个国家来说就会是一个新的世界。

没有任何一件事情会像对待（鸦片改革）〔严禁鸦片〕那样反映出新中国的脾性。在此，必须略说几句。重要的是要记住，官方宣布的目标是要“让中国强壮”。五年之前，要认为（就像我们之中确实有人认为的那样）中国政府是认真想做此事的，那多少有些冒险。而现在，这已经得到了那些其意见有所轻重者的公认。1909 年在上海召开的禁烟大会可以说把全世界反对此种毒药的情感都集中了起来，似乎成为远东地区杂志观点缓慢但切实变化的工具，其中许多杂志过去一直都对中国的真实意图抱着一种坚不可摧的怀疑态度。她证明随时准备放弃一亿到一亿五千万两的财政收入，这就是其意图的最高级的证明。主要出产鸦片的几个省份已经不再种植鸦片，这似乎是一个可信的证据。许多吸食鸦片者已经通过引导，停止吸食，期间一些人在戒烟过程中死亡，这也都是众所周知的。鸦片价格大幅上升，穷人已无力购买。大量吗啡流入中国，这是一种比原来的鸦片还要坏的替代品。要有效防止，非常困难。所有这些事实，甚至所有这一切事实加起来，也不能证明中国已经放弃了鸦片，或者将放弃鸦片。此等事情至少还需要十年甚至二十年的时间，要等到所有种植鸦片或明显的进口鸦片都停止了之后才能做到完全消除鸦片。中国到处都是埋藏起来的鸦片，完全超出审核人员或调查人员的审查范围，这些将在未来相当长一段时间内保证供应。（鸦片）通过中亚从波斯等地渗入中国，这似乎也未可知。无论在哪种情况下，问题都极为严重，以至于它像任何既是道德问题又是经济问题的任何其他改革一样，已经再也无法像秦始皇建筑长城那样说干就干并获得成功。中国最终将取得成功，对此我们是相信的，但是，这是一个长远目标，将需要强劲的、持之以恒的努力。如果我们还记得中国一度曾经是一个酗酒的民族但又彻底戒掉了那一恶习，我们就能看出中国人民中所蕴藏的道德毅力。正当这一国家在努力挣扎以摆脱鸦片恶魔之时，一家大型的辛迪加竟然出现在这舞台上，把暗示性的（有时甚至是不加掩饰的）广告大量发散到各省，极力把吸烟的习惯强行加固到中国人民身上。对于所有中国之友来说，这是（或者说应该是）一件遗憾之事。

把外国烈酒普遍地引进中国，这也证明是对中国人的身体和道德有害的，除此之外别无其他。

无论对中国人民来说，还是对其统治者来说，报刊都是一个非常值得关注的问题。目前还不知道期待什么。一些杂志临时被查封了，然后又用其他名字再出。财大气粗的官员控制舆论喉舌，这是一种严重的罪恶，这种情况显然（在证据上）比一两年前要轻一些。但是，在这方面也像在其他方面一样，在具备足够的自制力防止其滥用之前，给予太多的自由是极其危险的。

有关即将破茧而出的各种各样社会改革的传言还在继续流传，有些可能为期不远。其中，有取消太监制度、停止蓄用女奴、允许剪辫等。西洋的点头礼在北京被认为是满汉民族不同的敬礼方式之间一个有益的折中。在中国人和外国人之间，握手礼（姑且说）已经大大盛行，而越来越多的会见士绅和官员的机会提供了无数互相之间进行调适的重要机遇。

无法探测出全国教育系统管理中有任何改善的迹象，这太让人遗憾。总体而言，它似乎不成系统，不够协调，代价昂贵，而且没有效率。在十八行省之中，据认为约有三百五十名外国人受雇于中国学校，其中可能七分之六是日本人。就像从一开始那样，合格的教师严重不足，尤其是受过专业训练并热爱其工作的更是缺乏。采用西方的星期天作为假日一事被广泛地称颂为一个充满希望的光明的信号，但在其年龄和条件需要有所限制的时候，定期给学生们解除一切约束，这也可能证明几乎是一种不合时宜的罪过。

在李提摩太博士的领导下，（山西省立学堂）〔山西大学堂〕鹤立鸡群，但十年聘期即将结束之时，它会倒向何种方向，这却没人敢做预测。同类学校中例外的是天津大学，由丁家立[①]创建，有一支庞大的外国教习队伍。在保定府的省立学堂一年半多来是在先后毕业于奥柏林和耶鲁大学的基督徒费起鹤先生的主持之下。上海的福开森博士曾明确指出，中国政府的致命弱点之一是控制权分散。“每一所学校都由四套管理者：包括中央机构和地方分支机构在内的学部，学校的总办，教职员，学生。后者通过玩弄反对一方或另外两方，几乎每次都能决定学校的政策，几乎总能达到辞退那些他们不喜欢的教习的目的，无论是本国的还

① 丁家立（Charles Daniel Tenney，1857—1930），美国公理会教士、外交官，1886 年在天津设立中西书院，自任院长。1895 年被清政府聘为天津大学总教习，译者。

是外国的。这类学校很难说能够连续两年执行同一项开明的政策。”政府已经宣布对男孩女孩都实行义务教育政策，这在目前还是一个没有意义的术语，将来似乎很可能也是如此。

在被认为是教育最先进的直隶省，在大的中心城镇以外的地区，小学要么并不存在，要么仅仅是旧式的，不太统一，纪律也更松散。像其他各部一样，学部也时不时地发布数量惊人的各种“章程”，其中一些是规定女生穿朴素的、便宜的服装且不能缠足（据报导）。看似停滞不前的反缠足事业，可能已经在悄悄向前发展，尽管到目前为止受影响的总人数当然还只是一小部分，数量上微不足道，但是，运动确实开展得很好，似乎这也是到目前为止唯一一项在中国得到本土化的西方式的改革。在日本的中国学生数目大幅减少，而质量则大大改进。也许，现代最昂贵的“教育体制”是不断派遣满族皇子（及其他青年），携带大批随从出国“考察”这“考察”那——公款旅游，回国时就满腔热情地要建立同样的教育。还应该提一提在我们眼皮子底下发生的中国语言的进化，这很大程度上是“日本造”，任何人要想与中国保持联络，这是必不可少的。两年前在上海出版的一部两大卷本的英汉字典，本身就是一件重大教育事件。学部之下已经开设了一个名词馆，可能中国最称职的学者严复博士被召（主持该馆）。

去年有一个奇怪的特点是大量中国人在广泛努力，试图筹集足够资金来偿还所有国债。这是对可恨的外国枷锁普遍气愤的一种间歇暴发的症状。由于缺少合作，缺少信心，缺少现金，这一计划显然注定失败，而万一计划成功的话，它就会严重扰乱财政平衡，结果是害多利少。

北京城正被迅速改造成一座东西方都难以接受的东西方奇怪的混合物。数以百计的新楼房建起来了，许多覆盖着毫无艺术品位的镀锌铁屋顶，以作为所有公共机关的标志，如中学学堂、大学等。城里的许多街道都铺上了碎石子，但铺设工作如此粗糙，以至于说不定什么时候就完全失修，尽管皇家的一场葬礼就会使之得到改善。北京自来水管道的铺设是一个明显的、重要的改善。中国的改革之中没有哪一项像邮政的改革那样密切涉及到外国人的利益并引起外国人的支持。1906 年，处理的邮件有 1 亿 1300 万件，1907 年增加到 1 亿 6800 万件，1908 年增加到 2 亿 5200 万件，1909 年增加到 3 亿 600 万件，而包裹则从 1906 年的 136.3 万件，提高到 1909 年的 328 万件。中国现在已经遍布邮局及分支机构，但旧式的昂贵而无用的驿站还在维持着，而且中国还不准备加入邮政联盟。[①]

季理斐主编：《中国教会年刊》（上海广学会，1910年），第1—16页

重要谕令与政府变化

李 治

把占一章篇幅的重要谕令和政府变化收入书中，这是一种切斯特顿式的幽默。对于现在回顾的这段历史的开始，我们不能不回溯到1905年五大臣出洋大巡游。人们从来都没有想过那次出洋有多大教益。他们匆匆走过欧洲、美国及日本，很大程度上像是庆祝胜利般地走过无数道香喷喷但转瞬即忘的餐宴，再加上走马观花式地参观工厂、铸造厂、政府部门及统计局。这样的访问不能指望中国官员学到许多东西，尽管很可能像烟花表演一样，有优越资源的支持（没有此种支持就不可能有这样的表演，因此，在它结束的时候，会对其美丽壮观景象留下一个总体印象），但是不管大臣们学到的是多么少，这次考察使得政府不可逆转地实行了改革政策。在这一点上，这次考察也许是独特的，因为中国仍然需要从过去一旦把手放到犁把上就不再回望中吸取教训。从那时开始到现在，中国感到自己无论如何也得在纸上取得进步。正是因为国耻的关系，那一考察团不允许被人忘掉。一方面，此事也许中国并不关心，但外部世界却在观察着；另一方面，如果不是相当一部分，至少也是好事的那一部分，中国自己的儿女明确期望考察团能够获得巨大成果，这样，多少总得做一点事情。这是起作用的第一步，而既已迈出这第一步，尤其又有日本打败一个西方列强这样当时还鲜活地摆在面前的光辉先例，中国就不得不往前走。由此就有了许多谕令和某些变化。

对这些谕令和变化进行粗略的研究，它们可以划分为三类：一、关于官制改

① 原文以下为第二部分，主要叙述传教团体内部事务进展情况，此处从略，译者。

革的；二、关于立宪改革的；三、关于道德与知识进步及特殊问题的。前两类很难分开，因为它们很自然地相互密切地作用和反作用。这些方向的变化开始于五大臣回国之后不久，当时皇帝发布了一道上谕，要求在北京的高级官员们“预备立宪”，并命载泽等编订官制改革方案，而庆亲王等人则受命监督以上两项工作。这一上谕之后，1906 年 12 月，皇帝又发布一道上谕，实施相当大的改革，尽管有些部门没有动作。作为行政部门核心的军机处没有变化，正像外务部和吏部一样。巡警部升格为民政部，户部升格为度支部，原财政处并入其中。好几个多少带有门面性的部门，如礼部、太常寺、光禄寺、鸿胪寺等合并组成礼部。同样，兵部、练兵处及太仆寺合并为陆军部。海军事务同时纳入陆军部管理，但那只是一种临时安排，只维持到一个独立的海军部创建时为止，不过，目前还没有创建，尽管看上去似乎很快就会成立。

司法系统变化的前兆是把刑部改为法部，大理寺改造为大理院。原来的工部（商部并入）扩展成为农工商部，这样，在该部的管理之下，对开发全国的资源起了极其重要的作用。而所有与轮船、铁路、电报、邮政相关的事务都归新创建的邮传部管辖。派往拉萨的荣赫鹏使团及最近发生在满洲的事件惊醒了政府，使之注意到保存边疆设施的必要性，于是，朝廷将理藩院改为理藩部。像都察院一样，除了一些无关紧要的微调之外，礼部也没有变化。朝廷新创设了两个衙门：会议政务处，以显赫官员参与国务；审计院，审计财政收入及支出。关于后一机构，自其创立以后，似乎没有听到过任何事情。宗人府、翰林院、钦天监、銮舆（仪）卫、内务府、各旗营侍卫、顺天府及仓场衙门等均毋庸更改。根据同一道上谕，各部只设一名尚书、两名侍郎，不分满汉，尽管外务部的官制仍按照以前旧制。旧的两尚书（满汉各一）、四侍郎（两满两汉）的制度被取消了，但是留下的则可能是更大的（对汉人的）歧视，对满人更有利，因为过去的尚书由满人担任，而侍郎则是满汉相当。现在各部的职责还没有明确划分，但是各部院的尚书已经奉命核议妥筹，会同军机大臣奏明办理。两周以后，皇帝发布上谕，公布了新成立及经过改组的各部院的任命名单。

上述上谕及相应的任命代表了 1907 年春夏间的现状。中心人物是袁世凯，在他周围，凝聚了唐绍仪、杨士骧、周馥及张百熙。不过，另外一个集团则依附于张之洞。此时，袁世凯则已经解除了练兵大臣的职务，把北方的军队移交给了陆军部尚书铁良。从这时开始，袁世凯有关改革中央政府官制的建议——其中若干涉及到他自己要解除的职务——在北京得到采纳，而张之洞有关各省官制改革的建议则势头十足。大约在此时，皇帝发布了一道上谕，规定把具有神圣封号的孔子的生日定为国庆日，此举得到积极响应，有人提议在山东曲阜建立一所孔子学堂，任命张之洞为校长，下令在课程之中排除现代科学，而把孔子的经书列在突出地位。目前，此种对古代圣人的极端偏好具有相当大的政治影响，实际上与皇室对唐绍仪和张百熙行为的批评在时间上巧合。实际上，袁世凯及其追随者看上去几乎是孤立的，以致于辞职是他们唯一可能的选择。不过，不久之后，袁氏决不言退的智慧得到了证明。7 月间，端方的《政治要义》问世，共有 133 章，主要由五大臣所获文献翻译而成。由端方和戴鸿慈共同编撰的这一著作在中国报界和学术界引起巨大的热情，而其问世也适逢各省相当骚乱之时，骚乱的顶峰便是 7 月 6 日安徽巡抚恩铭被刺。热情与骚乱刺激了北京，引发了一系列政府变动，这些变动似乎预示了皇太后的引退。随时愿意做中间人的庆亲王从公共生活中退休，醇亲王将成为事实上的总理，张之洞和袁世凯则于 8 月 14 日被召入京，此举被解释为他们两人均将被任命为副总理。8 月 12 日，作为对张之洞上奏的批复，皇帝发布了一道上谕，化除满汉畛域。在此之前两天，袁世凯的一道奏折中也包括了同样的观点，并提出了其他改革主张。8 月 14 日，设立宪政编查馆的上谕发布，这终于迫使北京至少承诺进行稍许改革。7 月 26 日，袁世凯曾呈递了一份有关预备实行代议政治的奏折。袁世凯和张之洞抵达北京，这引起了人们相当大的猜测。他们两人是会团结合作还是相互拆台？不管怎么说，有一段时间，他们配合相当默契。他们两人上升都相当迅速，都在 9 月初被任命为军机大臣，其中，年长者同时兼管学部，而年轻者则被任命为外务部尚书。他们在北京的出现确实加快了改革进程，原因在于，16 日时，会议政务处讨论了袁世凯 7 月 27 日所上奏折，而到了 18 日，就以奏折的形式发表了一份报告，包括五点：行政权集中于北京、设立资政院、扩大地方自治、广兴教育、化除满汉畛域。皇帝研究了这一奏折，两天之后，皇帝发布上谕，令设立资政院，以预备立宪基础，派溥伦、孙家鼐为总裁，负责起草详细章程。一周之后，皇帝发布上谕，令旗民另筹生计，各自食其力，"著各省督抚会同中将军都统等，查驻防旗数目，先尽该驻防原有马场庄田各产业，妥拟章程，分划区域，计口授地，责令耕种”，分别筹办，以广旗丁谋生之计，“著各将军督抚等实力奉行”，“期于化除畛域”。这道上谕又通过两周以后的另一道上谕进一步强化。该上谕令礼部，“除宗室未有定制外”，“议定满汉通行礼制刑律”，“俾率土臣民咸知遵守”。在这两道上谕之间，皇帝还发布了另外一道上谕，标注的日期为 9 月 30 日，其中宣布：“教育普及……非地方自治，则人才无从历练。”这道上谕要求各部门为了实现这些目标而提供必要的协助。袁世凯此前曾向皇帝报告过在天津进行的有限形式的地方自治试验情况，由此可以看出，他的大多数建议都得到采纳。本年度北京官场之中大体是在和睦中结束的，而各省学生界则颇为躁动。

1908 年的第一季度可记录的只有一道重要上谕。3 月 12 日，皇帝“剀切严谕法部、大理院暨各省督抚，著即通饬所属各员，……均须随到随讯，虚衷研鞫，秉公定断”，并要求“京师大理院审判官及外省有司衙门发审督审各局，必须选择恻怛明决之员，使充此任”，尽管朝廷并没有提出任何据以进行选择的方法。在此，我们可以注意到，3 月 6 日，赵尔巽被任命为四川总督，赵尔丰被任命为驻拉萨大臣，这两项任命都是开始向西藏前进的标志。一个月之后，张之洞提出了有关西藏问题的十条建议，包括设立小学堂、开矿、争取英俄支持保护中国主权、发展电报和邮政服务、建设联结西藏与四川的铁路、改西藏为行省等。最后一条建议与上边曾提及的理藩部的设立是一致的，由于达赖喇嘛的出逃及奇迹般选出新的接班人，已使之更接近于实现。7 月份朝廷颁布了资政院院章。上谕的第一条声明，议院将包括上、下两院，尽管没有给出具体的说明，此后也没有有关两院之间区别的说明。上谕中最引人注目的是在选举议员的方法及避免接纳代表成份的机制中所表现出的智谋。按照上谕中所开列的条件，所有年满三十岁的皇子都将是议员，另外十位其他血统的王公由军机大臣选举，以十人为限；宗人府负责选举，数目未详，从与宗室相关的四等及四等以下者中，通过投票选举出五人；礼部负责从四品及以下官员中选举出一百人；业主有资产满百万元以上者，由民政部提名，从中选出十人；各省谘议局从其议员中提名 1/10，资政院从中吸收 1/10。以上人员构成资政院，其职能则未经确定。7 月 22 日皇帝发布了一道上谕，宣布决定设立各省谘议局。中国的大量内政活动都是从那一决定开始的。因为，除了在大一些的大城市中按照袁世凯在天津办的自治研究所的模式设立的议事会之外，各省谘议局是第一批参与管理国家、多少带有一些公众性质的组织。强调三点：（对谘议局）认真监督，精择慎取，断不准使心术不正、行止有亏之人讬足其内。尽管有这种种限制——对中国多多少少有了解的人都完全理解这些，各省谘议局开会之时却表现得非常出色。

此时，张之洞与袁世凯一直都在密切合作，而此种合作最值得注意的就是他们平息北京与各省谘议局之间相互敌意所采用的方式。8 月底，上谕公布了一个九年预备立宪大纲，其各阶段分别如下：

第一年：筹办谘议局，颁布地方自治章程，清理财政，调查户口。

第二年：实施地方自治选举法，颁布资政院章程，调查各省岁出入总数，颁布法院编制法。

第三年：召集资政院议员举行开院，颁布新刑律，试办政府预算，颁布文官任用章程及薪俸章程。

第四年：筹办各级审判厅。

第五年：颁布（国家）税章程，颁布新定内外官制。

第六年：设立行政审判院，试办（全国）预算。

第七年：颁布会计法。

第八年：确定皇室经费，成立审判厅，设立审计院。

第九年：宣布宪法，宣布皇室大典，颁布（议院议员）选举法。

这一大纲今天仍然成立，在环境允许的条件下，它正在被严格遵照执行。

1908 年 10 月 3 日，唐绍仪阁下离开上海，赴美国和欧洲去完成其双重使命。在美国，他要完成代表中国向华盛顿致谢的任务，感谢华盛顿免除在义和团赔款中美国向中国多收取的部分。而在欧洲，他的使命则是要完成调查列强财政制度的任务。这一任命的重要意义，在一定程度上表现于以下事实，即唐绍仪过去曾是袁世凯的亲信之一，就其涉及到财政方面而言，在袁一方面来说，这是一步妙招，是要把唐绍仪从奉天令人厌烦的职位上解脱出来，准备让他以财政顾问的身份站在袁自己身边。但是，在他出发的当天，皇帝发布了一道上谕，授权采用标准货币，以银两为基本单位，当时大家认为，这是张之洞对袁世凯派唐绍仪出使的答复。不过，那道上谕从未执行过。

从此时开始到 11 月中，政府没有什么大的动作。11 月 14 日，光绪皇帝去世，不到 24 小时，几个小时前已经成为太皇太后的（慈禧）皇太后也随之去世。以宣统为年号的新皇帝溥仪只不过是一名两岁半的小孩子，因此，其父醇亲王担任摄政王。摄政王是已故皇帝的弟弟。在此关键时刻，政府的工作似乎几乎陷入停滞。什么都可能发生，但什么也没有发生。新王朝开始两周之后，一道有关立宪改革的上谕让中国人放了心。该上谕宣布，新的政权将恪遵前此谕旨，仍以原定计划为准（见上），期在必行。事情进展不顺利，这从以下事实中不难做出推断，即正当袁世凯有关一年之内建立责任内阁的奏折受到其他军机大臣的不利批评时，张之洞正在请假。这一年在平静中度过。

1909 年是在巨大的变革中开始的。1 月 2 日，袁世凯突然被解职，其在外务部的职务由在外务部任职的梁敦彦接替，满族人那桐则接替其在军机处所遗空缺，在军机大臣上学习行走。之所以会发生这一切，据上谕称，是因为“不意袁世凯现患足疾”（让他回籍养疴），“以示体恤之至意”。这一解职是一个极其严重的错误。从袁世凯解职以来，北京已经没有能够领头及担负责任的人，而在他被解职后的一年里，许多强人相继去世或被解除职务。张之洞于 10 月逝世，随后，孙家鼐，一个可靠、安全但并不杰出的人，于 11 月辞世。到 6 月底时，直隶总督杨士骧谢世。本周末，对端方及其继任者来说，已经很难成为北京的势力的对手，而因为一场小小的争吵，端方于 11 月 20 日被解职。北京朝廷的独特情况很可以说明端方为什么会被解职，尽管下述事实即他依附于袁世凯派可能促成（朝廷）下决心解除其职务，但是，宫廷密谋却无法解释唐绍仪从国外归来后为什么受到冷遇，也无法解释他在出使期间所收集到的宝贵资料为何会被束之高阁。很显然，他是袁世凯的人，这一事实可以解释他为何最终被解职。他是北京最能干的人之一。其他人被解职的原因应归之于摄政王。贪婪而腐败的邮传部尚书陈璧被革职，其职位由徐世昌接替，徐是让出了总督之位而到北京任职的。锡良，一位保守但诚实的蒙古族“托利党人”，能力极强，属于省级官员中的老前辈，他被从云贵总督任上调至东三省。本年下半年，天津—浦口铁路北段负责人李德顺因贪得无厌被革职，作为间接结果，声誉颇佳的吕海寰被革去督办之职。11 月，端方从直隶总督任上被革职，陈夔龙被调至北方，其在武昌的职位则由瑞徵接替。端方本年初在南京的职位由张人骏接替，张将其在山东的巡抚职位交与孙宝琦，孙有一段时间曾担任驻德公使。

如此看来，1909 年一年之内，皇帝的顾问之臣中，超过一半以上或逝世，或革职，各省的疆臣之中也有一半被革职或调任。因此，可以预期的是，政府的工作将会被打断。很确定的是，改革没有取得任何进步，尽管发布了无数上谕。除了革去袁世凯职务的上谕之外，本年度最重要的上谕是于1月18日发布的，令民政部会同各省督抚核复城镇乡地方自治选举情况。一个月之后，即2月16日，各省督抚接到命令，进行省谘议局选举，10月14日，各省谘议局正式开幕，会期一直到11月23日。从那时起，政府便没有一刻的安宁，因为谘议局发起了一场速开国会的运动，并在其他方面表现出活力、坚忍与热情。北京政府帮助推动立宪原则的决心可见于一道上谕之中。那道上谕批准了陕甘总督开缺的请求，理由是他“迹近负气”。到11月底，皇帝发布两道措辞强硬的上谕，鼓励所有官员加速进行改革。毫无疑问，这两道上谕意在安抚全国，使之知道皇帝在改革问题上的善意，并阻止任何进一步煽动提前召开国会的企图。但是，鼓动速开国会的活动之活跃仍一如既往。到了今年1月30日，在中国新年到来之前，皇帝不得不发布上谕，重申已做之事以及已故皇太后和皇上的遗愿，并坚持皇帝的善意：“兹特明白宣示，俟将来九年预备业已完全，国民教育普及，届时朕必毅然降旨，定期召集议院。”这还不够，到了2月3日，皇帝再发一道意思大体相同的上谕。立宪问题最新的进展是今年5月9日发布的上谕，令九月初一（11月3日）召集资政院开会，并列出了一份供该院选择的长长的清单。

3月间，皇帝发布了一些上谕，确定御史的职权，并要求所有官员，不分文武，不分满汉，在给皇帝上奏折时，一律使用“臣”，废除一些过时的称呼，以昭平等。

有关今年间官员变动情况，也许最重要的就是铁良从陆军部尚书位上退休，由最近担任过驻德公使的荫昌将军接替他所留的空缺，以及撤销奉天将军——担任此职的程德全调任江苏巡抚。

到现在为止，我们已经讨论了上谕和变化方面的一般情况，但是还未讨论那些具有特殊意义的上谕和变化。首先是大量有关禁止鸦片的上谕。这些上谕发布的时间起自1906年，但到1907年2月7日，官方又发布了一道确认性的上谕，而到6月25日再发一道上谕，授权负责查禁鸦片的官员，可以登门造访那些违法的官员并奖励那些在其管辖区域内成功禁止鸦片的官员。此后，10月10日，朝廷公布了一份吸食鸦片官员的名单，不过，又给了这些官员一次机会，允许他们暂时退休，以便戒除此项恶习。次年4月7日，皇帝发布上谕，令建立戒烟机构，7月30日，多位官员因被人发现吸食鸦片而遭革职。上年3月20日，鸦片种植受到攻击，官员们竭尽全力减少用于种植鸦片的土地，而到6月17日，皇帝又下令对有吸食鸦片嫌疑的官员进行审查。从那时开始，中国一直都在不遗余力地查处吸食习者及减少鸦片种植。

去年5月25日，官方发布了一道重要上谕，要求关注基础教育设施严重缺乏的问题，要求广设小学，但是却没有资金来实施这项工作。上谕实际上成了一纸死文字。不过，另外一道上谕的情形则不同，那道上谕是为了回应端方的奏折而发布的，端方在其奏折中建议筹设南洋劝业会。1909年8月12日，上谕任命张人骏为会长，负责筹设事宜，现正按照上谕的要求在进行之中。我们在前边曾提及一道有关钱币的上谕，但是，那道上谕被今年5月24日的一道上谕所取代，授权采用圆为标准单位，一圆币的重量是库平银七钱二分。由于此后政府一切支付都将用圆结算，因此，它不用什么帮助就会逐渐排挤掉其他货币单位。前不久，朝廷又规定了时限，超过此时限之后，其他所有钱币都将不再是法定货币。在财政领域，有两道上谕值得注意：一道是1909年4月10日发布的，任命了各省财政监理官，实际上相当于审计官，他们杰出的工作现在已经表现出来；第二道是任命了各省财政官，其性质相当于省财政厅厅长，与原有的省财政官可以互补。

有关司法改革方面，我们必须注意的是，三年以来，专家们一直都在致力于编纂新刑律。新的刑律已经以奏折的形式上报皇帝，但去年2月16日，上谕下令对此进行修订。10月22日经过修订后的刑律再次奏呈皇帝，又被返回来修订。不过，据报道，几天以前（5月中）有消息说，最终钦定的版本不久即将公布。

除了这些特殊的上谕之外，还有诸如最近处理家奴问题之类的上谕，把这一问题首次正式提到公众面前的，是发在《大同报》上的文章及总督周馥所上的奏折。

季理斐主编：《中国教会年刊》（上海广学会，1910年），第23—37页

1910 年中国的人口普查

柔克义

世界人口问题仍远未圆满解决，而确定中国人口的大概总量是这一问题中如此重要的一个因素，以至于我们不得不欢迎中国官方首次对全国真实人口数字所做的尝试性普查。此次普查的结果业已于 1911 年 2 月发表于政府在北京所办的《政治官报》上。这份文件尽管显示调查者完全不了解现在国际上在重要的统计报告中普遍遵循的方法，但却对于解释中国的人口问题相当有帮助，而且似乎比此前出现过的数字更让人放心。

1908 年，当慈禧皇太后迈出那重要的一步，向人民承诺成立一个代议制政府时，立即感觉到需要进行人口普查，这种感觉此前也许是从来没有过的。当政府决定各省设立谘议局时，在 1908 年 7 月 22 日经皇帝批准的管理这一问题的章程中，不得不声明“议员定额之准则，固以比照户口之数为最当，惟中国户口数尚无确实统计，详细调查，恐需岁月，不得已参酌各省取进学额及漕粮之数，以定多寡”。

但是，进行人口普查的必要性一直十分重要，上述权宜之计无法长期存在。在 1908 年 8 月 27 日发布的一道“1917 年正式实行立宪前所必须完成的预备工作计划”的上谕中，规定民政部从 1910 年起，在各省督抚协助下，开始对户口进行调查，并将结果汇报北京。1911 年各省则进一步对人口进行调查，并于 1912 年将结果汇报中央政府。

1911 年 2 月 27 日，民政部将第一次调查结果奏报皇帝。由于奏报时有些结果还没有汇报到北京，因此，此次奏报没有预想的那样完整。这一调查数字就是目前研究的基础。

奏报分为两部分。第一部分是“户口”，分为两类，一类是“正户”，一类是“附户”。这一部分不仅列出了分省人口数，而且还列出了某些组织的户口总数，如八旗、顺天府、北京城区、各地满洲驻防营等。第二部分也是比较零碎的部分，显然是1912年第二次调查比较早返回的部分结果，它对按户数统计的数字是一个补充。它列出了（1）成年的男丁女口数，（2）6—16岁学童人口数，（3）用与第一部分中同样的分类标准划分的适合于服兵役的壮丁（年龄可能是在16—45岁之间）数。尽管这第二部分很零碎，但它却使我们能够估计出散布在全国多个省和地区的每户的平均人口数值（因为我们无法确切了解城与府家庭的差别，尽管各府的家庭一定毫无疑问比城中的家庭人口数要少），而把这一平均数值应用于全国相邻的省份或较小的地区，以及那些已知地理和气候环境相似的地区，就比从前的数据更有可能从中推算出全国人口的大体数字。这些所得到的户平均人口数值（不含6岁以下婴儿数）如下：

直隶省	5.5口
山西省	4.2口
浙江省	3.6口
四川省	4.0口
贵州省	5.2口
吉林省	7.2口
黑龙江省	3.1口
北京城	5.8口
顺天府（不包括北京城）	5.8口
广东满洲驻防	4.7口
科布多	3.9口

上述平均数的平均值是4.8口。这一数值被用来估算那些没有其他平均数可用的省份的人口数。至于6岁以下的婴儿人口数，考虑到中国女性人口数字太少，据估计，中国的年出生率不会超过人口总数的1/100，可能还要更低些，婴儿死亡率如果不比我们有可靠数据的印度那些省份更高的话，一定也会同样高——大概每1000名中死亡40—50名之间。在人口调查提供的数据的基础上，我们可以推定，6岁以下婴儿的总数约为900万到1000万之间。四川和山西两省汇报的结果都不够完整，前者只覆盖了125个区，而后者只覆盖了87个。上海《字林西报》，1911年3月11日发表的有关四川人口的数字，我认为是正确的。

该报称，根据一个未透露姓名的中国报纸权威报导，四川总督赵尔巽向北京报告说，该省共有 9 205 200 户，丁口数为 50 217 000，学童数为4 288 600，壮丁数为8 669 000，若不包括婴儿在内，共54 505 600人。

在山西省的个案中，我发现没有什么比坚持我在 1905 年时对此问题研究时对该省总人口的估计（即 10 791 000 人）更好，因而比现有人口调查所统计的数字多出一百万。

全国的人口总数（不包括蒙古和西藏），与现有的数据，用上述的方法计算，如图表 I [①]所示，大概在 325 000 000 左右，其中，所得到的数字与我此前所做的研究所得的数字进行比较，那里的数字截止到 1885 年。

现有的人口调查为我们提供了满洲八旗注册人口的数字，其中丁口数约为 1 380 440。如果在这一数字的基础上，我们再加上统计中未列入的江苏南京、湖北荆州、浙江杭州等地驻防人口，大概有 5 500 户，或者包括婴儿在内约 30 000人左右，如果在所统计的满洲人口总数上再进一步加上40 000名婴儿，那么我们所得到的满洲旗人人口总数大约为 1 500 000。

现在提供给我们的数据揭示了一个非常有趣、非常重要的事实，如果此后需要证实的话，无论是什么地方，当对男女性别比例进行统计时，数据差别很大，男性大大多于女性。在少数情况下，这种男性人口过剩可以解释为是因为从全国其他省份新来移民的涌入造成的，像吉林和黑龙江这两个满族省份，也可能是由于当地人口主要是由军队构成的，如科布多，或者是由于地域原因造成的，如北京这样一个大商业城市，但是，在其他为数更多的地方，这样一种失衡只能用自然原因和条件来解释。现在提供给我们的报上来的结果，可详见表 II。

现有的报告中有关“壮丁”的数据虽然不够完整，但它对我们来说却非常有意思，因为它可以使我们对于这一类人口在整个男性人口所占比例情况有所了解。我们据以得出七省的比例。他们之中，壮丁在男性总人口中所占的平均百分比为 40. 20% 。1898 年——这也是我能得到权威数据最近的一年，日本 18—41 岁间须服兵役的男性，占全部男性的 36% 。现有报告所反映的中国各种壮丁的比例详见表 III。

① 为节省篇幅，本表及下文其他三个统计表格省略，特此说明，译者。

我们也至少能够进一步对全国七个省份中16岁以下儿童占人口总数的比例有一大致了解，就像我们推算出壮丁占总人口的比例一样。这些百分比已在表IV中列出。在日本，15岁以下人口占总人口的33%。在我们有数据的中国七省之中，每100个人中有6至16岁儿童6.22至11.86个。如果再加上6岁以下儿童的数目（我们认为大概占总人口的3%左右），那么他们一起占总人口的比例约在9.22至14.86之间。当然，我们只能把中国的这些数字看作一些有趣的数据，但却不能视作权威的数据。

至于北京城的人口，在把城区划分为现有的23个警区之后，民政部于1908年所做的人口调查所给出的数字为69 579个正户，56 429个附户，鞑靼区或内城区有79 009户，汉城或外城有46 999户。按每户平均5.8口人计算，就像此次人口调查给我们所提供的数据那样，我们发现，1908年，京城的人口（当然不包括婴儿）为730 846，其中，458 252人住在内城，272 594人住在外城。此次人口调查给出的北京人口为805 110。1908年，北京在学的儿童数为男孩16 282名，女孩771名。1910年，北京适龄学童数为47 653。

我们面前的汇报结果不足以估算（内外）蒙古的人口数，它们只包括热河和察哈尔地区的统计——从长城到阿拉善的漠南蒙古地区以及北达外蒙的地区。我们被告知，他们的成年丁口数为348 000。全国蒙古族人口的总数通常估计为175万。

尽管1910年人口统计为我们提供的新数据还不足以让我们依之做出任何结论，但是，它似乎终于可以证实我在早前对这一问题所做的研究中得出的这样一个观点，即该国的人口比过去我们被诱导相信的数字要少得多，在过去一个世纪中，其人口增长非常缓慢。

《通报》第2辑第13卷第1期，第117—125页

中国的宪法改革

本杂志去年10月号曾刊发一篇长文，研究了最近十年来中国的进步。那篇文章撰成于仲夏，自那以来，该文中有关引进立宪政府、创立国会的计划已经发生了重大变化。8月，北京的高级官员进行了重大调整。前驻华盛顿公使伍廷芳被任命为新设的外务部即外交部顾问。刚刚从欧洲进行过长时间考察研究后归国的中国军机处领班大臣载涛亲王被任命为军咨大臣。到月末，一大批高级官员被一批更为进步的官员所取代。几天之后，人们便殷切期待着进步的袁世凯能够回到曾被革职的职位（他因与现任执政者不合而被革职），不过，不幸的是，这一期望注定要变成失望。这些变化对中国人和外国人都留下了重要印象，被认为是回到了前任政府最后几年所执行的自由改革和更为高效政府的政策上来。

有人把这一变化归之于载涛的影响，另外一些人则认为这是宫廷阴谋的结果。老皇太后的侄女、已故光绪皇帝的妻子、现在的皇太后隆裕似乎具有老皇太后的性格和野心。此外，她也是现在小皇帝的母亲、摄政王载（醇）〔沣〕的妻子的私敌，被认为是嫉妒摄政王的权势。

1907和1908年立宪上谕中所规定的资政院于本年10月初召开。在此一年之前，各省谘议局会议已经召开，以便为资政院会议做准备。他们秩序井然而成功的会议引起了人们对于资政院会议的巨大期盼。摄政醇亲王不事声张、不搞仪式地宣布资政院开幕。它包括大约二百名议员，其中约半数由各省谘议局选送，另外一半由皇帝从上层社会几个组别中钦选，多数为贵族。因此，它囊括了未来上院和下院的核心成员。它被定位为一个纯粹咨议性的机构。中国为其召开欢欣鼓舞，全世界也对其召开做出正面评价。

自从1908年的上谕承诺九年之后建立完全议会制政权以来，一直有人在努力加速运动并争取早日召集完全议会。无数以此为目标的请愿书和奏折呈递给皇上，但是，摄政王拒绝接受。资政院刚一开会，就开始讨论此事。资政院开会不到一个月，就在巨大而疯狂的热情之中全体一致通过了关于要求缩短预备期限的决议，甚至连那些被认为是反革命的满族亲贵和蒙古王公也真心实意地参加进来。全国的报纸为此举动而欢呼。国外媒体则表达了相当程度的担忧。

11月4日，皇帝发布了一道上谕，同意了民众的要求。在上谕中，摄政王提到了无数被拒的请愿书并宣布，之所以拒绝那些请愿书，是因为政府对这些请愿有所怀疑，希望等待人民代表的决定。现在，他同意了。于是，确定召集完全国会的日期定为1913年，比原来承诺的时间早了4年。最激进的议员曾希望立即召开国会，因此感到失望，但是温和派感到满意。一部分人士认为摄政王的决定过于软弱，或者是担心宫廷中的敌人会乘机暗中破坏其权力。以上两种猜想之中，或者其中之一是对的，或者两种都对。但是，甚至早在一个月之前，当摄政王宣布资政院开幕时，他就宣布朝廷可能在三年之内召集完全国会。他表示对全国民众之愿望印象极深。这道上谕进一步承诺，这期间还会组织内阁，发布宪法，制定选举法。

人们很早就已经十分清楚，资政院以及原有的顾问机构军机处难以和谐共处。在这道上谕发布一周之后，资政院要求后者到院接受质询，后者拒绝了。采取强制措施的动议被以微弱多数挫败。随后，朝廷发出警告，如果此后再有此类敌对行为，将会解散资政院。有那么几天，资政院似乎被吓呆了。但是，到11月22日，由于军机处对资政院一些奏折的处置，两个机构再暴冲突。资政院指控军机处侵犯其权力，蔑视其决议。资政院的一些议员宣称，要么是资政院，要么是军机处，总有一方得走人。另有一些议员则要求立即成立责任内阁。他们几乎一致决定起草一份措辞明确的抗议书送呈皇帝。

12月初，据报道，皇帝和军机处向这一新成立的机构进一步妥协，内阁制政府将立即成立。据说，资政院并不准备要求立即成立国会，而是提议目前暂按一院制来管理政府。

如果这些暴风骤雨般冲动一时的会议就是人们所期待的三年以后召开的全国议会或国会未来活动的标志，那么它们对中国议会制政府的成功来说并不是好兆头。人们希望，这其中有很多原因，而当挑衅消除、资政院开始行使其所拿到的全部权力时，更为平和的协商就会占上风。世界在既赞赏又担忧地观察着。对于中国来说，一旦确定了日期，最好是耐心等待并执行预定的计划。

无论如何，如果或迟或速可以建立起一个立宪政府，那么它会大大提高中国的国际声誉并使之摆脱列强强加于她的一些屈辱限制。中国面前有日本的榜样，日本近年来走过了类似的路程，但是更有耐心，更加克制，由受国际争议走向国际赞赏。尽管日本的议会制政府离它应当完成的样子还差得很远，甚至离现在西方世界大多数国家差得很远，但是，它毕竟完成了很多事情。通过建立有秩序的立宪政府，创立有效率的执行机构，最重要的是改革司法程序和建立一套以西方为范本的新法典，日本在外国列强中赢得了普遍的尊敬。而这些的完成，多数都在其振兴陆海军并将之提升到一流军事强国之前。正是通过从原有的混乱、低效向立宪政府的有序进化，特别是由于对法典和司法程序的改革，日本才得以取消外国列强强加于她的屈辱的治外法权。

在中国与列强的关系之中，中国最企盼的就是取消这些治外法权，外国法官正是利用这些权利在中国领土上进行审判。但是，在其政府有序高效之前，在其法律改革以前，在其法庭改组从而使司法公正有所保证且高效、清廉，财产和人身安全权利得到保障之前，这一希望是不可能的。在 1902 年的英国商约和次年的美国及日本商约中，都明确约定，一旦中国法律和诉讼程序有了足够改革之后，就把这些权利交还中国。其他国家也愿意采取同样的做法。

外国财政家的信心显然没有动摇，这是一个充满希望的信号。在新成立的立法机构喧闹的活动之中，中国还能够与一家美国辛迪加（J. P. 摩根公司是其成员之一）签订一项五千万美元的借款合同。这笔借款的收益将专用于两个目的，即用于满洲工业和用于币制改革。后一项长期以来一直被认为是中国最为迫切的需要。去年，（中国政府）向中国学生以及在国外的外交随员发放奖励金，以奖励那些优秀论文，这些论文提出从现有混乱不堪的省自为币过渡到全国统一货币的办法。现在，官方已经在制定明确的办法并将尽早付诸实施。

取缔鸦片运输是开明的中国人心中另外一个重要目标。在消灭国内生产、销售、吸食这种毒品方面已经取得可喜进步。经过中国无数次的请求以及英国宗教等团体出自良心不安而发出的呼吁和请愿，大不列颠正准备采取更多措施，限制并最终消灭（中国）从印度强制进口鸦片。经美国提议而在海牙召开的一个国际鸦片会议已经推迟到今年，不过，毫无疑问会议会召开并将制定出一套国际法规来控制鸦片运输。

……

与宪法改革加速及外国列强态度越来越友好的同时，工业的繁荣和资源的开发也相应地迅速而喜人地加快。满洲和蒙古大片荒芜的土地正在移民开发，到目前为止仍无人定居的西部大沙漠地区正在被认垦并定居，从而扩大了国家财政来源。交通运输设施、制造以及矿务业也在进步，尽管速度没有那么快。只要急欲成功或不明智的措施没有带来一些新的混乱，那么未来就大有希望。

《美国国际法杂志》第5卷第1号（1911年1月），第200—204页

中国国会

北京，1月9日。12月20日在天津示威支持立即召集国会的两千名学生们的领袖[①]，已经被终生流放到处于边疆地区的新疆省。在明天即将休会的资政院常务会上，没有出现更多与政府作对的行为。

《泰晤士报》，1911年1月10日

中国宪法的变化

北京，1月15日。由中国资政院提交的宪法大纲已经过皇帝的修改，并以增补的形式，包括了在今年中国春节期间公布内阁章程以及由庆亲王担任院长、

① 指温世霖，译者。

由现任军机大臣组成军咨府（Advisory Council）的内容。（朝廷）还将做出安排，停止给满人发放政府津贴。到 1911 年底，这些改革必须完成，民商法及刑事法必须公布，弼德院（Privy Council）必须建立。1912 年，（朝廷）将制定出议院预算并公布选举法，此后将于 1913 年召集议会。

大纲中所提到的内阁性质含混。

《泰晤士报》，1911 年 1 月 20 日

莫理循博士论中国

《伦敦杂志》2 月号上刊载了一篇对驻北京（但现在伦敦）的莫理循博士的访问。莫理循博士谈话中强调中国正在发生的巨大变化。他说："这一伟大人民的西方化不能不对整个世界产生影响。"但是，他认为，此种影响是好的影响。"现在，中国人来了，不是作为对西方的威胁，而是作为世界进步中的一个和平的参与者。"在采访过程中，莫理循博士描述了今天的北京和十年前的北京之间惊人的对比。他描述了铁路所提供的服务，认为它不仅有助于为国家的开放和破除对外国人的偏见，而且还加强了中央政府的威信，增强了新的国民感情。他坚信，立宪政府将会促进官制改革。"当曝光于公众面前时，腐败就不会继续下去而不受到限制。"他毫不怀疑中国政府禁止鸦片种植和铲除鸦片罪恶的诚意，而对于传教士，则除了好话之外别无可说。莫理循博士举出了许多有关改革运动进展的有趣细节，如各省谘议局的工作、新式军队的创建，等等。他相信，在这关键的几年里，中国向英国寻找同情和鼓励，是不会徒劳无获的。

《泰晤士报》，1911 年 1 月 21 日

莫理循致达·狄·布拉姆（节选）

1911年4月17日

……

资政院。一百另一名议员（占议员的大多数）在一份请愿书上签名。代表们向我保证在五个星期内一定召开会议。总裁是一个年老而反动的军机大臣，他的名字叫世续，他不在北京，正在西陵守护先皇帝的陵墓。副总裁李家驹收下这份请愿书，并将转呈摄政王。我不知道你是否见过这个精明干练的人。他是中国当前这部宪法的主要制定人，以前是摄政王的师傅，不久前是驻日公使。

录自〔澳〕洛惠敏编，刘桂梁等译：《清末民初政情内幕——〈泰晤士报〉驻北京记者、袁世凯政治顾问乔·厄·莫理循书信集》上册，上海：知识出版社，1986年，第718页

莫理循致洛·乔·弗雷泽

1911年4月17日

日本在中国的影响在日趋减弱。我毫不怀疑有一个时期，以北京为例，就有五千名日本人。日前此间最大的报纸的主笔告诉我说，包括妇女、儿童在内，这里的日本人肯定不超过六百八十人。

我虽然没有时间去会晤许多人，但却碰见过相当数量的中国人，他们都是留日的，能说日语，然而他们却对日本满怀敌意。一天晚上我和两位最杰出的雄辩

家在一起进餐。有人介绍说，他们是真正的雄辩家。他们是资政院的议员。一位曾留日六年，另一位留日两年。与他们二人有密切关系的一位同道，又是他们在新闻界的支持者，当时也在座，他曾留学日本六年，说一口漂亮的日语。李家驹，这位当代最能干的中国人之一是新近任命的资政院副总裁，曾留日多年。他的日语说得很动听，写过一篇论述日本宪法的报告，中国把日本宪法作为中国宪法的底本。外务部的大臣之一，五位大臣中的第五位，称作右丞的曹汝霖也在日本住过多年，很了解日本人。

邮传部有二十多名官员是在日本留过学的，外务部的低级官员中也有大致相同数目的留日学生。来自各省的报告表明，各省城中各种衙门都有相当一部分人能说日语，报告中也谈到日本在各地的影响在大幅度下降，对日贸易特别是日本花俏小商品的贸易额都在下降。日本小商贩已无法糊口。……

录自〔澳〕洛惠敏编，刘桂梁等译：《清末民初政情内幕——〈泰晤士报〉驻北京记者、袁世凯政治顾问乔·厄·莫理循书信集》上册，上海：知识出版社，1986 年，第 719 页

中国的改革上谕：设立内阁

本报通讯员

北京，5 月 8 日。今天夜间，皇帝发布的一道上谕裁撤了军机处、内阁和会议政务处以及两个存在了数百年但已经过时的部院。作为替代，已创设了一个内阁，由庆亲王担任总理大臣，那桐和徐世昌任协理大臣（其中，前两人为满族，第三人为直隶当地人）。

皇帝下令正式设立总参谋部（军咨府），由载泽亲王和毓朗主持，两人都是满族。同时，还下令设立弼德院，由一位已经古稀之年的汉族学者担任院长，一位满人担任副院长。

这些高级官员的任命，满族所占比例过大，这必然会引起人们的关注。

《泰晤士报》，1911 年 5 月 9 日

中国的两次变革

上谕废除军机处并代之以立宪内阁

北京，5 月 8 日。盼望已久的废除军机处并代之以十名成员组成的立宪内阁的上谕今天发布。

然而，所宣布的内阁是由目前的军机大臣组成的，外加外务部前尚书梁敦彦，他现在正在美国旅行。

庆亲王成了总理，仍兼管外务部，那桐和徐世昌是协理。梁敦彦被任命为外务大臣，此外，许多各部的尚书则变成他们各自部门的大臣。

这种变化与资政院所提设立（内阁）对资政院负责而不是对皇帝负责的要求是一致的，但是新的政府部门在什么方面对资政院负责还没有宣布。

中英之间关于立即削减和最终停止印度鸦片出口到中国的新的协议今天签订。

此份协议立刻生效。它规定中国将每年按比例减少其鸦片生产及从印度进口的鸦片数量，直到 1917 年完全停止。大不列颠认为如果这个国家的本土产量停止，进口到中国的印度鸦片就会停止。

大不列颠将得到便利以便调查这种减少（过程），而中国将有类似的便利了解印度鸦片的销售和包装情况。印度出口到中国的输出额在 1911 年不超过 3.06 万箱，它们将每年减少 5 100 箱。

《纽约时报》，1911 年 5 月 9 日

坚持改革才能救中国

如果实行宪法，袁世凯愿意接受处理叛军的任务

叛军寻求同样的目的

他们公布共和制计划的宣言书——军队列队阻碍出京的铁路线

伦敦，10 月 15 日。一封给伦敦通讯社的上海快电说，袁世凯已经被政府重新起用，担任湖北、湖南两省总督，他已经拒绝接受任命，除非中央直接保证采取有效改革并实行立宪，这些都是目前焦虑不安的领导人所要求的。叛军慷慨陈说革命的特色。他们已经自称“立宪党”，坚决认为已故皇上承诺的宪法在现行体制下已经被破坏。

快电说，叛军组织良好，领导者对他们的人员有绝对的控制权。所有的抢劫和无法无天都会被无情地镇压。来自汉口的报告说钱币短缺是由于富有的居民已经将他们的财产交给叛军，他们还征用了银行里的所有金银币，为此他们已经开了收据。

这里收到了来自汉口的另一封电报，据称上面写的日期为星期天上午 11 点，说“这里仍然保持完好的秩序，外国特权机构受到占领城市的叛军的尊重”。

汉人叛军领导人声明书的副本在这里发表了。他要求热血男儿以祖先为榜样把满族人驱逐出去，声明书阐述了反抗的目的，即“驱除鞑虏，恢复中华，创立民国，平均地权。”

它建议用三个阶段来实施这些变化，第一个阶段，用三年的时间，军政府掌管全国并洗雪国耻；第二个阶段，用六年的时间，军政府将给予人民自治特权并全面接管国家大事；第三阶段，军政府将放弃它的权力，宪法将成为所有国家事务的基础。

《纽约时报》，1911 年 10 月 16 日

尚武精神充斥全唐人街

数千吹呼的人群听孙中山的代表们高呼共和

改革者分裂为两个营垒

少年中国与帝国公会相互怀疑对方的目的。男孩子们在街上玩打仗的游戏。

昨天下午，唐人街已经不像昔日平常星期天那样安静。平常看到数以百计的人们在人行道上讨论购物的地方，昨天看到数以千计的人们全都在谈论战争与革命。空气中都飘荡着革命精神。十多名中国男孩身带玩具枪，腰别木制的子弹盒，行进在莫特、佩尔及杜耶尔斯大街上，站在人行道上的年老的中国佬向他们吹呼。

正像许多人所承认的那样，这是一个庆祝日，而且许多人似乎都知道他们在庆祝什么。许多人从中文报纸上读到了，而在莫特大街 14 号，一个热情的中国佬树起了一个大牌子，上边贴满了大字报，从牌子受欢迎的程度来判断，它所讲的一定与革命党人在北京附近所取得的最新进展有关。

少年中国协会的会员是唐人街里最幸福、最热情的人，因为他们请来的客人黄云苏及朱卓文都是反满力量领导人，有志于出任希望中的共和国总统的公认的人选孙中山幕僚班子中的代表。

领导人们安排会议在杜耶尔斯大街 3 号和 5 号的中国救济局（The Chinese Rescue Mission）举行，在那里，大群的中国佬赶来，礼堂一直塞满到大门。据估计，几乎有 2 000 多人，考虑到该会只有 200 名经常会员，他们的表现就尤其令其领导人们感到高兴。

当黄云苏起身讲话时，出现了一股政治性的喧闹。黄先生是一位年轻人，具有罕见的演讲能力。他在中国和加州大学接受的教育，最近两年来致力于孙中山先生的工作。他用中文演讲，不时被掌声打断。他讲了中国的状况以及新的共和国将要达到的目的。当他为了赶上火车而早早离去时，数百人跟着他走到街上。

人们为孙中山欢呼。当朱卓文起身讲话时，座位上又坐满了人。朱卓（文）——他自己喜欢人们这样称呼他——34 岁。他于 1899 年从广东来到美国。他没有受过什么教育，但努力参加夜校学习，并请私人老师授课，使之足以能够为革命事业工作。

他对其忠实的听众们说："今天下午孙博士将不会到这里来。他离此不远，但是，我不能说他在哪里。我只能说目前他不在纽约。孙博士和共和国万岁！"

响起了更热烈的掌声。然后，朱卓（文）开始讲革命党人希望在中国做什么。后来，他向记者们概述了其观点并增加了一些内容，他承认，这些内容如果向听众们讲了，一定会引起骚乱。

当问及是否有人反对孙博士时，朱卓（文）谈得很自由，但当谈到反对者即帝国宪政会的领袖现在日本的康有为时，却不太情愿。

帝国宪政会比少年中国协会成立更早，其总部设在莫特街 7 号，就在革命党人大本营的对面。一面龙旗从其窗子中飘出，显示其倾向于君主制政府。

"帝国宪政会的人宣称他们希望改革"，朱卓（文）继续说，"但是，他们真正希望的是一个有限制的君主制，还是老一套，只不过是形式略有不同而已。他们当然反对孙博士，不过，我们反对康有为，而且我们了解一些关于他的事情，能比言词更好地证明，他不是一个改革者。他直到今天不是还拖着一条辫子吗？他还拖着辫子。而且我告诉你，他的协会正在分崩离析。孙博士是一位富人。他不需要荣誉。他想要的是一个共和国。他已经花了自己的一百万美元来宣传其信仰。五年以前，当不可阻挡的共和迫使他不得不露面时，在日本的九千名中国学生投票支持他。悬赏七十五万美元通缉他，当然，他现在还不能回中国。但是，我告诉你，一年之内，他将敢于回国，并将被选为总统。孙总统万岁！"

《纽约时报》，1911 年 10 月 23 日

中国之形势

中国行政机构组织架构松散得离奇，这通过帝国逐渐明朗化形势之下所发生的许多事件而展示出来。理论上，中国政府是一个绝对独裁政府，皇帝至高无上；他的意愿就是法律；所有臣民的行为、财产和生命都任由他处置。他可以任命、罢免、惩罚、奖赏或者斩首他所愿意的人。但是，在实际的行使中，这种权力受到严格的制约。首先中国有任命婴儿为继任皇帝的奇异习俗，以便数年间政府掌握在摄政王手中。然后，官方有一条公认的规定，除了在特别的庆典时期，皇帝不能离开皇宫，所以即使他在名义上亲政以后，他也要依靠别人获得知识，执行他的谕令。中国的独裁者实际上是那些有机会进言并行使君主特有权力的师傅、官保以及官员等人，在此点上，甚至超过俄国独裁政府。这些外在条件和限制的背后存在着根深蒂固的传统，皇帝担任天子之职，因此必须替天行道，必须为成千上万子民的幸福行使权力。可以说中国思想的构成单位是家庭，父亲的权威和责任构成了一个无可争辩的前提，一切关系都受此控制。而这种责任和权威一样可以清晰想象。即使皇帝也不能否认，或者完全漠视而平安无事。作为最后的手段，革命被认为是抵抗最高统治者的合法行为。如果成功，中国人会接受它。老天未能让其子保护好他们，他们对天子的忠诚将不复存在。

于是，权威的源泉就存在极大的不稳定性。因为至少在两代人的时间里，在东方发生重大而进步的变化时期，事实上帝国的皇位上已经没有统治者，帝国的大权是由一群不断变换的人在行使着，而且变换的速度常常非常快，他们不时成功地攫取并行使最高统治权。那些人有时候是北京朝廷中的京官，有时候是外省的督抚。理论上的独裁政府实际上已经是由秘密小集团组成的政府。抓住权力的那些人，一部分是有才能且值得尊敬的人，他们忠诚地、努力地增进人民利益。其他人则自私、叛逆、堕落和残忍。但是重要的事实是他们当中没有人在他所获得的地位上是安全的。革命党已经造成惊人的混乱，其中，目前的叛乱只不过是一个严重的形式，到现在为止限制在局部地区，但是明显地是，这场革命很可能会极度地扩大。

北京的情绪反映出这种混乱。荒唐的谣言四起。小皇帝被报死亡。摄政的醇亲王没能在新一届资政院开幕会上露面，被人认为他已经逃跑。新任命的（华中）〔湖广〕总督袁世凯宣布他的足疾现在还没有痊愈——这是1908年给予他免职的原因，而大众舆论则认为“他的痊愈”要取决于是官军还是叛军首先占领广水关隘（武胜关）——控制着通往暴乱发生地扬子江峡谷的通路。这里的形势有点可乐。汉口下游的海军指挥官报告说在上周的战斗中“二十多位忠臣被杀”，然后解释说忠臣不能够胜任他们的工作，因为他们“被他们的失败弄得无能为力”。他们中的一位补充说：“兵舰无煤米，瑞澂（自己的）炮艇就没有米和油，船员们现在正在等死。”与此同时，据来自汉口的德国人居住区的报道说，被舰队扔掉的“炮弹”是木头模型，据报道这是十七年前与日战争的古老故事的翻版。

最新的报道说，湖南和江西两省省会被叛乱分子所占领，这使得政府形势非常严峻。这次成功使得叛军控制了十八行省中扬子江流域的四个行省，这也是帝国中人口最稠密的居住区。到目前为止，叛军完全尊重外国人的权力，因此近期不会有外国的干涉。

《纽约时报》，1911年10月24日

向中国皇帝发出的最后通牒

资政院弹劾盛大臣——如果他不被革职，资政院将解散

盛因反抗而遭到谴责

政府对他的保留，意味着清朝（皇室）向资政院和全体汉人宣战

鞑靼将军被炸

炸弹炸死了广州的凤山和其他二十一人——皇室准备逃跑

北京，10 月 25 日。叛军进一步背叛，江西省省会南昌和广西省省会桂林已爆发革命，这加剧了此间因革命而带来的紧张状态。使形势更加严峻的是，中国首届国会资政院今天向清朝（皇室）发出了被公使馆认为是最后通牒的文件。资政院弹劾了邮传部尚书盛宣怀，并要求将其革职严惩。

议员们要求政府明天答复，逾期资政院将被解散，议员将回到他们各自的省份。人们相信，从情绪上看，资政院将说到做到，政府唯一能做的就是要么牺牲一个外国人认为势力最强大的内阁成员，要么为留住他而向资政院和大多数汉人宣战。

对盛宣怀的指控是由四川、湖北和湖南人民提出来的。盛为铁路国有化交涉贷款事宜，他被认为是对引起革命负重大责任的反各省政策的主要倡导者，这些省份的居民已经表示强烈反对计划中的铁路建设。在今天的会议上，议员们强调他们不反对向外国贷款，但是反对使用的方法及由此产生的后果，这无异于抢劫中国人的钱包（他们早已经开始修铁路），（反对）把铁路全部出售给外国人。

四个有利害关系的强国的公使馆持有相反的看法，他们认为贷款、湖广铁路以及货币改革计划会给中国带来最高利益。

盛的幕僚根据他的上司的意图写了一份书面声明，盛和其他内阁成员一样缺席会议，但是他的声音被叫喊声压了下去。“斩盛”的声音超过了尖锐的谴责声。没有议员试图为这位大臣辩护。当资政院开始投票时，即使前排的满洲亲王们，明显地被激进派所恫吓，也起身要求将这位著名高官降级。

荫昌的沉默让人难以理解

荫昌将军的沉默已经引起了无数的猜疑。陆军部尚书似乎认为没有必要向其他政府部门大臣传达除必要之外的任何事情。只有皇宫似乎了解他的意图。

没有任何外国人跟随官军统帅，甚至铁路的外国管理者也自愿地撤退或依照请求撤退，所以不可能探知关于帝国军队的报告是否属实。一些报告的大意是，王朝希望所寄托的这支军队严重混乱。部队被迫在没有任何防护的情况下前进，这已经意味着万一敌人要是稍微能干一点的话，灭顶之灾早就降临了。

火车满载着士兵和军备向南方驶去，但是他们回不来了。部队在没有充足弹药的情况下出发，接下来是弹药数量不足的问题，但是没有军需补给。到处都有叛乱、撤退和开小差的传言。

以前有报道说火车司机因拒绝开车而被打死，现在这些司机们却因为开车前进而被打死，而士兵则不想和敌人交火。外国工程师布莱尔德及其助手明天将出发为荫昌尽力重组铁路运输。

然而，尽管充满混乱、无能和叛离，但是部队已经不断地向前推进。今天晚上来自汉口的一封电报表明，官军和革命力量已经取得了密切联系。

满洲迫切需要胜利

黎元洪将军，即现任起义军的总司令，并未参与首义，对此，革命支持者宽恕黎元洪，并相信他有周密的计划——允许荫昌进入湖北边界，然后切断其后援。但是军人们认为，两方面的统帅都没有什么才能，毫无疑问，朝廷正力劝陆军部尚书前进，因为北京方面迫切需要迅速胜利。如果他不能战斗或者失去首次重大交战机会，那么就没有希望阻止反叛的蔓延。

叛军在道义上的地位比官军更牢固。叛军可以打一败仗而不必顾虑全局失败，其他城市会重新集结（反叛者），但是，由于各省的军队犹豫不决，荫昌会使王朝陷入不能摆脱单个省份形势的困窘。

北京普遍报道说，皇室家族随时准备外逃。距北京东北 115 英里的热河道路布满了军队。其他谣言说天津和租界是合适的避难所。

《纽约时报》，1911 年 10 月 26 日

中国首位谋反者康有为现在何处？

上谕已经把华夏大地上最初的变法者从流亡中召回

但是他没有露面

他所梦想的仅仅是让帝国变得更好，但却被悬赏缉拿而仓皇逃离

最近从北京发来的叙述中国正在发生革命事件的一份简报，隐隐提及康有为已经得到赦免并从流放中召回。康的名字与梁启超的名字联系在一起，简报只用了“著名的变法家”一语来描述他们。

革命军总司令黎元洪，新任邮传部大臣唐绍仪，唐绍仪的前任盛宣怀，唐的老师、现在有可能被提名接替庆亲王总理一职的袁世凯，这些名字赫然频现于最近从中国发出的电报中。他们的名字从美国人以及一个月前还不认识他们的其他外国人的口中几乎脱口而出。人们对康的名字则还有些结巴。

人们对（康有为这个名字）不熟悉，然而通过这个名字，却知道这样一个人，其朋友称赞他是现在的“新中国”正在为之前进的变法的开山祖，他的名字挂在这里以及其他土地上成千上万国人的嘴边上，而他可能自任占亚洲大部分的中华帝国以外的无数维新团体的会长。

康有为不是革命者，他是个学者。他所提倡的变法一直都是经济改革，他没有用武力推进他们。他许多年前形成且十多年前部分付诸实施的计划，可能从来没有设想过一个中华共和国。他最多可能梦想过一个更好的帝国而为之工作，但那些熟悉他的人，作为彼此了解的老朋友，说康的影响、康的知识、康的外交技巧、他知人和领导人的能力，是不可能阻止他参与到革命运动中的。这场运动已导致黎元洪自我宣布担任总统。

康现在哪里，他的朋友无人知晓。电报已经发给在槟榔屿的他——不久以前有人知道他在那里——祝贺他本国所发生的大事。这些电报仍未得到回复。也许，在经过十年甚至更长时间的流亡生涯之后，康再次回到了自己的国家。那些非常了解他的美国人希望他已经回到中国，他们每天浏览报纸以便获取消息。（他们希望报界）告诉他们，康已经担任领导职务——他是那些为中国的发展而奋斗的领袖们中的一员。

如果他朋友们的预言成为事实，那么谁是康有为？这必然是经常要问的一个问题。《新国际百科全书》这样描述他：

康有为——一位中国学者和革新家，出生在广东。他成为“进士”即文学博

士，是中国的最高（学历），他著有中国经书评述方面的新作。他在数个省份的学生中有一大批拥护者，他们称呼他为“现代圣人”，他是推荐给光绪皇帝帮助变法的大量的受过教育的年轻人之一。当皇上宣布变法时，一场反动到来了：他实际上被皇太后废除，许多他的崇拜者被处决和监禁，但是康有为逃跑了，去了香港或中国管辖区域以外的其他某个地方。

一部百科全书就这样概要地写出了其经历，但是简要提及的反动政变、皇太后的介入和康的逃亡背后有一个死里逃生的故事，其中命运似乎扮演了一定的角色，一个此后数年间的人生故事，清政府花五十万美元悬赏捉拿他，诡计多端的敌人到处都有。

因为康从中国的逃亡方式不是他所计划的，如果他的准备工作（没有）失败，那么他就会被捕并处决。他已经坦诚地而又感激地把他如何逃走告诉了别人，包括查尔斯·R. 弗林特，百老汇大街25号弗林特集公司总裁，一位交往多年的朋友。

这个故事以及许多其他故事都是弗林特先生乐意讲的关于那位中国革命家的趣闻轶事，可能这个城市里没有美国居民比他更了解康了。

正如弗林特先生所回忆的那样，皇太后的敌意以及再在中国生活下去必然会使其生命遭受危险的警告几乎没有时间让他计划逃跑。然后，他离开了北京的宫殿，动身前往香港，从那里登上了一艘中国汽船，向外国港口航行。他迫切需要对逃跑保密，所以神不知鬼不觉地从一座城市到另一座城市的行程任务变得困难重重。结果，康到达码头时只看看了他原来打算乘坐的汽船的航迹。汽船离视线越来越远。

但是在码头有一艘英国汽船，因此康登上了该船。在皇太后的间谍发现他之前，船就已经驶出了港口，这样康就安全了。他后来得知他原来打算乘坐的那艘船在公海上被拦截住，中国官员登船搜查他。他们准备把他带回中国处决。但是英国汽船把他转送到一艘军舰上，康最终到达了一个英国港口。他的生命得救了，但是他却成了一名离开中国的流亡者。

然后，他开始环球旅行，于1907年到达这里。他在意大利、西班牙、法国、德国和英国度过了数月，日复一日，年复一年，自从他在香港登上英国货船以来，一晃差不多十年过去了。然而无时无刻他不感觉到他的生命处在危险之中。

白天他可以自己照料自己，晚上他将自己托付给一个仆人，一个和他一起从中国来的人，一个与其说是一个普通的仆人倒不如说是一位学者和朋友。此人每天晚上睡在康的门口。刺客要想接近那位被流放的革命家，首先必然惊醒他的贴身保镖。然而真有刺客这样尝试过，康却再次大难不死。

那是在伦敦的萨沃依宾馆，直到刺杀之后的次日早晨，康对此事都还一无所知。后来他得知一个中国人进入了宾馆，并在午夜时分到了他房间所在的楼层，但是刺客错进了隔壁房间的门，把门弄错了。他轻轻地摆弄着锁，直到自己悄无声息地进了一名英国军官的房间。黑暗中，这个中国人朝躺在床上的人伸出手。他手里拿着刀。再过一会，他相信自己就会切开康的喉咙。但是正在这时，那个英国人醒了。

“他不喜欢中国佬的相貌，”弗林特先生大声笑道，回忆着那个故事，“因此他改变了刺客的相貌。”

差一点成为刺客的人后来怎么样了？弗林特先生不知道，但是他的确知道那个人的企图并没有扰乱康的镇静。刺杀行动失败了。所以关于此事没有更多的要说了，而康继续研究经济形势和他身边的政府事务。他舍弃一切，只关注一件他想做到的事，正是此种能力使他成为一名伟大的学者。

在他的青年时代他得益于良好的家庭关系，因为中国的等级就像我们这里用公立学校、高中以及大学的学位来衡量一样，所以康被送到学校考进士。康很容易地取得了功名，中国最高功名，但是当他学习中国学问的基础经书时，他越来越认识到，只记诵词语，其价值远低于应用其微言大义。他立即成了变法家。他要革新中国的教育制度，使学以致用。他开始思考亚洲以外的民族所了解的学校体系之事，学习科学之事，不仅仅学习文学之事，当这些思想在他的脑海中变得明朗清晰起来的时候，他开始描绘一个新中国的图像，他梦想中的那种教育普及一定会来到中国。

他睁大眼睛，凝视着身受迷信之苦、被保守主义所束缚，因无知而付出代价以及被贵族阶级所践踏的中国，这些贵族为了腐败的目的而引导着整个中国政治。他闭上眼睛，就看见这样一幅图画：政治诚实，制造业兴旺，商业繁荣，农业丰富，矿业、铁路发达，一支新式陆军和一支新式海军，一个人民满足、幸福的中国，一个可以与世界列强并驾齐驱的中国。

他正是为此而辛苦地工作着，如此出色，以至于当他被光绪召见时，他很快成为皇帝最主要的顾问。那是在 1898 年春天，康终于找到了接近皇帝的途径。他立即就开始按照其思想路线教育皇帝。他将其所有的变法观点表现在呈递给光绪的奏折之中。他简略地打算创设十二个特别部门来管理政府。财政状况要彻底检讨。裁撤冗员，增加必不可少的官员的薪水。法律要加以厘定。渐渐地，一个文明国度的所有的东西都将被增添到中华帝国里来。一个精心设计的全民教育计划旨在引进科学和外语。商业要加以提倡，国际关系要加以研究。最后，陆军和海军要加以重组。

皇帝 6 月发布的一道上谕总体而言赞成这些变法措施。寺庙被改作学堂，许多闲散的衙门被撤销。康的变革措施被陆续地、部分地采纳。但是，与此同时，反动势力与日俱增，是年 9 月发生了公开的暴动。对保守主义者来说，变革太快了，神职人员被寺庙改作学堂所激怒。1898 年 9 月 21 日，光绪政府垮台，而康成了终生的逃亡者。

那是十三年甚至更长时间以前。从那以后，康致力于获得更多知识，并将其原则与希望传播给像他一样远离祖国的同胞。他受到世界上每个维新团体的尊敬，他的多数时间都用来给他们做演讲。他是第一位公开向世人宣布他对新中国的理想及实现此理想计划的中国人。因此，他的朋友说，他实际上发起了这场运动，通过数年努力已经聚集力量，直到今天，旧的政府正屈服于此一运动，其城市被占领，将军们被击败，其求和被拒绝。

正是在十三年以前，康有为对德国在山东地区的态度感到不安，拟定了他著名的“为国为民上清帝第五书”，恳求皇帝不要相信高级官员们向他做出的国家安定强大的承诺，强调外国明火执仗的行径在国民头脑中造成了生命、财产得不到保障而无所归依的意识。他以这样的宣言结束了他向皇帝的诉求：“若徘徊迟疑,因循守旧,一切不行,则幅员日割,手足俱缚,腹心已刲,欲为偏安,无能为计。”

康向其上书的皇帝现在死了，过去这么多年，但是仍然有那些嘲笑康的人活着。他们现在说那位稳重而富有思想的变法家用预言家的声音演讲，是一个言出必信的预言家，但所凭借的不是等待神的介入，而是凝聚人类的力量。

《纽约时报》，1911 年 10 月 30 日

危　机

在世界上最古老的国家创造历史

惊恐的满人发誓进行划时代的改革

中国皇帝为过去而罪己，许诺将来改好

北京加固防守，以抵抗进攻。尽管皇帝已经下令安抚造反者，但造反者仍然可能发起进攻。有人担心对革命党人的让步来得太迟

（A. P. 晚间向《时报》所发电报）

北京，10月30日。资政院建立完全立宪政府的要求已经得到皇帝同意。一道上谕今天发布，为皇帝过去的“不知”“不觉”而道歉，并允诺立即实行宪政，组织没有亲贵参加的完全内阁。

第二道上谕同意赦免戊戌以来因政变获咎与先后因犯政治革命以及被胁迫参加此次乱事者。

出自宣统皇帝之手的这道上谕说：“朕缵成大统，于今三载，兢兢业业，期与士庶同登上理。而用人无方，施治寡术。政地多用亲贵。”

被官员蒙骗

“路事蒙于佥壬，则动违舆论。促行新治，而官绅或籍为罔利之图。……[①] 民财之取已多，而未办一利民之事。”

“司法之诏屡下，而实无一守法之人。驯致怨积于下而朕不知，祸迫于前而朕不觉。”

在提到了各处的起义之后，上谕又说：“区夏沸腾，人心动摇，九庙神灵，

① 原文无省略号，此为译者所加，译者。

不安歆飨，无限蒸庶，涂炭可虞。此皆一人之咎也。此特布告天下，誓与我国军民维新更始，实行宪政。凡法制之损益，利病之兴革，皆博采舆论，定其从违。”

取消旧法

“以前旧法有不合于宪法者，悉皆除罢。化除旗汉，屡奉先朝谕旨，务即实行。……此时财政、外交困难已极，我君民同心一德，犹恐颠危，傥我人民不顾大局，轻听匪徒煽惑，……我中国前途更复何堪设想。朕深忧极虑，夙夜（旁皇）〔彷徨〕，惟望天下臣民共喻此意。”①

皇帝承诺组织没有亲贵参加的内阁，允许满族亲王、资政院总裁世续辞职，由汉族官员李家驹接替。民政部大臣、满人桂春已被罢免，由汉人赵秉钧接替。

北京周边的防线正在加强。虽然在上等阶级和外国人中间还没有出现大的恐慌，但各处都可以感觉到紧张（气氛）。使馆区正在做应急准备。在某些情况下，使馆区已用沙袋筑起了临时的防御工事。

强大的特遣部队守卫着皇宫及城门。但是，虽然皇帝被迫顺从正在扬子江作战的官军第二军第三镇、第十二镇及第二混成协的两万名官兵通过资政院提出的要求，但是现在还不能说北京平安无事，不会受到进攻。

议论纷纷

到处都在议论上谕。（人们）一般相信，这道上谕是为袁世凯在与乱党谈判时准备的一根杠杆，其效果在北京已经非常明显。当今天早上，（记者）得知除非政府对影响深远的要求做出让步，京城就会面临被进攻的危险，人民大为恐慌，到夜间恐慌已经有所减少，尽管六十万汉族仍担心出现大屠杀，而十万满人也害怕汉人攻击。

今天，在天津，外国军队在租界周边行军，以便让当地人知道他们人数众多，武器精良且严阵以待。

海关税务司收到一份由舒燕棠（音译）代表革命委员会天津支部签署的信

① 本段引文中两外省略号均为译者所加，译者。

件，宣布不久就会占领天津和北京。

《洛杉矶时报》，1911 年 10 月 31 日

旧金山 10 月 30 日电

旧金山，10 月 30 日——这里的革命领导人全体一致宣布清王朝提出的建立立宪政府的计划将不会被接受，同时宣布叛乱将持续到君主政体推翻而共和国建立。

“我们不想要一个君主国，”中国国民委员会书记唐琼昌①说，“我们不承认满族占有皇位的权力。即使他（皇帝）被剥夺了权力，也会意味着最终我们一无所有，因为旧的陋习逐渐地就会卷土重来。”

“军队和资政院要求的且皇帝承认的政府计划是由袁世凯制订的。一段时间以前他向我们提议把此作为一个解决办法，而我们断然拒绝了。这个所谓的资政院不能代表人民。它的代表是由不同省份的督抚所任命的，对王朝非常友好。”

广州支持叛军

今天《中西日报》收到了一份海外电报说广州昨天举行了大规模群众集会，到会的大多数市民表决加入革命党。人们通过正式方案，承认革命政府，并将行动通报总督。尽管总督反对，但随后共和国之旗立即在所有的屋顶升起。

由《少年中国报》收到的来自广州的电报声明说，广州当局已经被要求承认革命者，否则明天将面临起义，最后通牒时限为 12 小时。市政府官员正在考虑此要求。

---

① 疑指唐琼昌（1869－1917），祖籍广东，1881 年赴美，毕业于旧金山肯特法律学院，曾任国民救济局西文书记，译者。

昨天少年中国协会收到来自北美分会主席黄云苏的电文，电文指示，暂停接受新会员，以等候新的入会费率的确定。黄此时正在和孙逸仙博士游览我国，他还说孙博士几天后将经由苏伊士运河启程回中国。黄的电文从纽约发出时，孙博士还在费城。

《纽约时报》，1911 年 10 月 31 日

立宪中国

中国宣布立宪的消息和官军镇压革命者首次（获得）重要胜利的消息竟然同时到来，这实在是令人难以理解的巧合。很显然，这次胜利不够大，还不足以给摄政王和他的顾问们带来信心，他们似乎已经屈服于比汉口更近的威胁和压力。现行的不满在北方盛行且威胁到京城本身。

无论立宪是否将有助于实现和平，它都将取决于政府良好的信义，取决于已经取得总指挥权的袁世凯的能力，取决于革命的领导者在多大程度上具有和谐和切实可行的目的。推断中国庞大的人群适合于用实际的方式行使选举权是很荒谬的，但就在此时，它却突然宣布给他们颁授宪法，而我们知道西方在实行宪法的很长时期里在许多方面是多么的糟糕。但是我们可以有把握地认为，由此产生的制度不会比它取代的那个愚蠢而又腐败的制度更糟。一方面，中国人习惯于事无巨细地被他们的政府管理，另一方面，尽管偶尔有残酷的行为暴发，但是仍具有有序、和平的特点。在过去的十年里，在变法者中不乏有能力和高尚的人，如果政府的控制权在他们手中，那么就有充分的理由认为通过准予立宪而带来的巨大变化，他们能够引领国家达到相对安全的程度。

《纽约时报》，1911 年 10 月 31 日

中国统治者颁赐宪法

五岁大的皇帝下罪己诏并命令立即进行全面改革

汉族取代满族

要组织没有亲贵的内阁——要废止旧法律

但是统治者仍然害怕

让小皇帝宣布（自己的过错）〔罪己诏〕有失败的危险

叛军不满意

在旧金山的领导者说想要建立共和国

广东加入反叛

市民集会后升起共和国之旗，但是据报道广东革命遇到了挫折

北京，10月30日。资政院要求建立一个完全的立宪政府的请求已经得到了皇上的同意。

（官方）今天发布了一道上谕，为皇帝过去的粗心大意而道歉，并同意立即制定宪法，成立没有亲贵参加的内阁。第二道上谕答应赦免与1898年革命有关的政治犯、随后与革命有关联的国事犯以及被迫参与目前叛乱的政治犯。

此份表面上出自小皇帝宣统之手的上谕，宣称：

“朕缵承大统，于今三载，兢兢业业，期与士庶同登上理，而用人无方，施治寡术。政地多用亲贵，则显戾宪章，路事朦于佥壬，则动违舆论。促行新治，而官绅或藉为罔利之图，更改旧制，而权豪或只为自便之计。民财之取已多，而未办一利民之事，司法之诏屡下，而实无一守法之人。驯至怨结于下而朕不知，祸迫于前而朕不觉。”

谕令谈到了许多地方的叛乱之后，继续写道：

“区夏鼎沸，人心动摇，九庙神灵，不安歆飨，无限蒸庶，涂炭可虞。此皆

朕一人之咎也。”为此，上谕：“布告天下，誓与我国军民维新更始，实行宪政。凡法制之损益，利病之兴革，皆博采舆论，定其从违。以前旧制旧法有不合于宪法者，悉皆除罢。”

已故皇帝提到的满汉联合，现在即将执行。金融和外交已经打下了基础。

“此时财政外交困难已极，我军民同心一德犹惧颠危，倘我人民不能顾大局轻听匪徒煽惑，致酿滔天之祸，我中国前途更复何堪设想？朕深忧极虑，夙夜（旁皇）〔彷徨〕，惟望天下臣民共喻此意。”

皇帝答应立即组织一个无亲贵参与的内阁。资政院总裁满族亲王世续被允许辞职。汉族人李家驹接替了他。巡警部尚书满人奎俊已经革职，由汉人赵秉钧取代了他的位置。

北京紧张不安

北京沿线情况紧急。尽管京城上层阶级和外国人中没有可观察到的大的恐慌，但是到处都有越来越多可感觉到的紧张局面。使馆区正做紧急情况准备，在某些场合临时防御工事已经布设好。这些主要由沙袋构成。强大的特遣部队守卫着皇宫和城门。

尽管皇帝已经匆忙地同意第三镇和第二十镇以及第二混成旅两万士兵通过资政院提出的要求，但不能说北京就会免遭袭击。

上谕得到广泛讨论，人们普遍认为它的发布是为了给袁世凯与叛军的谈判提供一个强有力的手段。它在北京的效果已经令人满意。今天上午当人们得知除非政府立即答应具有深远意义的要求，否则京城就会遭到袭击威胁时，这种担心是非常之广。今天晚上人民的担心已经有所减轻。尽管六十万汉人仍然害怕大屠杀，与此同时十万满人也担心遭到汉人袭击。许多高官擅离职守，已经逃到天津。

今天在天津，外国军队在租界周围行进，目的是让本地人知道他们的数量（多）、武器（好）并做好应对麻烦的普遍的心理准备。税务司收到了一封信，信上的签名者是代表革命委员会天津支部的舒燕方（音译），他宣布委员会打算不久之后占领天津和北京。

政府已经收到报告，来自山西省省会太原府的叛军已经向东进军，并切断了陆军部尚书荫昌与北京的铁路交通。

《纽约时报》，1911 年 10 月 31 日

中国的民主

资政院和军队的结合，已经迅速而确凿无疑地迫使清王朝做出让步，立即改为真正的像英国那样由代表人民的责任内阁控制的立宪君主制。据北京一些进步的中国官员阶层的人士看来，由其信任的助手掌控政府各部门——如果要确保秩序，保护外人生命财产，获得财政收入并镇压革命，这些部门对贯彻其意图来说至关重要——袁世凯，实际上成了中国政策的独裁者。具有类似想法和心情的，还有许多最优秀的督抚以及各省谘议局选派到资政院的代表。清廷实际上已经出局。推翻王朝的任务已经完成。

但是，年轻的中国，造反的中国，华中和华南诸省的中国，在反王朝的同时，也反满吗？这才是袁世凯亲自努力通过与革命党领袖谈判要解决的问题。他的生涯以及国史上最近将来时代到底是血腥的还是平和的，就取决于革命党人如何答复。他掌握着北京以及北方地区的大权；他将受到外国列强代表们的青睐，他们会把他视作在未来几年中比任何其他人都更适合于领导中国的人；他还得到了拥有现代化军事装备、受过训练的士兵们或多或少的拥戴；他真诚地支持进步政策，支持接受西方生活理想之类的东西以便形成一种更有活力、更高尚的国民生活。但是，他又是一个机会主义者，一个有分寸的人，一个不愿与过去彻底决裂的政治家。显然，他想站在君主制原则一边，而不是共和主义一边。毫不奇怪，他是否能诱导赞成共和的革命党人（同意他的观点），这需要运气。但是，如果他成功地使之采取权宜之计并接受他早已经从王朝那里取得的东西，那么他就会集中精力来完成建设任务。如果他未能成功，毫无疑问，他会使用武力来镇压革命党人。这就意味着内战，而其结果如何则无法预料。

西方的旁观者在考虑这一问题时，不妨注意一下这样一个显而易见的事实，即中国在社会和政治结构方面远比日本崛起之时更加民主；中国早就已经有了非中央集权化的政府；中国在自治和内政方面所取得的经验，日本人不了解，但多少世纪以来已经成为数以百万计受满族剥削的中国人的财富，中国人的性格和情感使其人民适合于更为激进型的代议政府，但要把这些东西立即给予无论是土生土长的英属印度人，还是日本人或菲律宾人，可能都不那么安全。但是，今天中国最好的外国顾问无疑会呼吁激进派采取某种程度的节制，使用渐进的方法来达到所欲达到的最终目的，使这一庞大的国家逐步实现民主化。

《基督教科学箴言报》，1911 年 11 月 1 日

袁世凯赴前线

资政院与上谕

对造反者的进一步背叛

北京，10 月 31 日。袁世凯昨天开赴前线，今天在信阳州。

在今天的资政院会议上，事前拜访过摄政王的李家驹[①]总裁，向资政院传达了摄政王对其最近“要求”的感谢之情。摄政王还向资政院保证，昨天的上谕并不仅仅是空言而已，一定会得到忠实的贯彻执行。这一消息得到了掌声欢迎。

议员们对上谕表示满意，并表示相信，如果上谕得到贯彻执行，这将会改善目前的处境。

资政院此后进入秘密会议，讨论借款协定。

在北京的使团馆舍正由外国军队保护。

---

① 原文为 Si Chia－Chu，疑为 Li Chia－Chu 的误拼，译者。

驻守在济南府、长春及保定府的军队宣布支持革命。开封据信很快也会起事。据报道，四名外国人在临城受伤，但已在康复之中。

10 月 30 日。普遍认为，皇帝的上谕也许来得太迟了，无法平息造反者。有人怀疑，这道上谕的发布是为了授予袁世凯一根有力的杠杆，以便与造反者谈判时使用。（上谕）在北京已产生了很好的效果，今天恐慌似乎正在平息（路透社消息）。

《泰晤士报》，1911 年 11 月 1 日

满族统治的终结

袁世凯与造反者

将起草宪法

本报通讯员

北京，11 月 2 日。北京出奇地（比平时）更加平静。各大中学校上学的学生今天比昨天还要多，但是，出逃潮一直在继续，出京的火车仍然拥挤不堪。

据认为，现在的形势是这样的：经过最近的几个事件，皇帝已经被压垮，脸面尽失；诸亲王正在为失去的权力而悲伤，而满族则在为其失去的特权而痛心。已经到达汉口附近的袁世凯将开始与革命党领袖谈判，以便通过妥协来安抚造反者，停止血腥镇压。袁世凯弄清楚了革命党人的观点，又得到资政院的支持，他将在对责任内阁和资政院负责的立宪君主制基础上，开始致力于达成妥协，如果成功的话，他将会限制南方革命诸省中极端共和派的野心。

今天晚上发布的一道上谕标志着资政院的又一胜利。资政院被授命担负起草宪法之责，而在此前，它只有咨议权，而无立法权。

皇帝受窘

这一上谕是对驻扎在滦州的张绍曾将军以及其他将军奏折的回应，他们的要求迫使皇帝于星期一发布了这一屈辱的上谕。皇帝现在奴颜婢膝地称赞这些不愿服从命令的将军们的忠诚并令资政院起草宪法，然后奏请自己批准，“用示朝廷好恶同民、大公无私之至意”。目前对军队有约束力的资政院将会坚持消除满族一切特权，取消满族对军事的控制，解散全国各地的八旗驻防，一年之内取消满族赡养费，取消太监，剪辫发，废止明显带有满族特色的服饰。最后，资政院力图废除一切与英国宪法为蓝本的不相适应的风俗、法律及规章。

《泰晤士报》，1911 年 11 月 3 日

中国军队杀人数千

山西兵变者杀其将军，然后屠杀一千名满族人；焚烧汉口城

政府军士兵继续杀戮居民

上谕令资政院起草宪法

北京，（1911 年）11 月 2 日。

……①

北京担心发生一场大屠杀。

逃离北京的（人潮）仍在继续，许多店铺以及私家住宅因发生大屠杀而关门。美国传教士们已经与美国使馆的官员举行了一次会议，认为在四个大的教会房舍区各布置四名士兵就足以制止一般的犯罪及抢劫活动，预计此类活动从今晚

① 此处省略掉与预备立宪无直接关系的文字数段，译者。

开始，随时都有可能发生。一旦发生全面的（暴乱）情况，其他教会可以到美以美会避难。该会紧挨着使馆区的东面，很容易防守。

外交团将于明天开会，讨论（是否）允许中国军队进入天津的问题，那里的一名领事已经提出了严重反对。

今天（官方）又发布了另一道上谕，令资政院“起草宪法决议案，由皇帝颁布之”。此举是军队联合给皇帝所上请愿电报的直接结果。这封请愿电报提到，10月30日的上谕①使士兵们高兴得流出眼泪，但是，不实际组织国会，兵变无法平息。士兵们要求资政院着手起草宪法，因为士兵们希望保护皇帝，并为国家恢复和平。

政府为恢复和平而制定的其他计划也在迅速实施，皇帝与资政院一起工作。今天皇帝命令袁世凯，即新任总理，速回北京，与此同时，资政院也以其官方资格，发电报给黎元洪，即造反者的领袖，要求他在各方解决分歧的努力达致结果之前，停止敌对（行动）。

从半官方的消息得知，袁世凯的一名部下已经与黎元洪将军交换过意见，后者对北京最近的进展表示满意，并同意与袁世凯会见，以商讨局势。

庆亲王，即马上要卸任的总理，也是仍留在京城中的唯一一位满族高官，已经同意奏请皇帝，提出以下建议：第一，与宪政相对立的一切法律立即废止；第二，立即选举国会议员，不得再有任何延迟；第三，准许全国各地谘议局有与当地行政当局同等的权力；第四，为避免与满族皇室的公开分裂，应起草一个计划，为满族旗人及受其赡养者提供资助，旗人，即全国满洲军队的八旗兵，应即解散；第五，满族旗人采用汉姓；第六，正式发布告示，决不对革命党人动用武力。

改革者意见不统一。

起草一部宪法很可能会证明是一件充满困难的事，因为涉及到要采取何种政府形式等问题上，意见会有分歧。资政院大致同意采用一部基于英国宪法（而制定）的宪法，但是，南方诸省——必须争取过来——则仍一意坚持采取一种

① 指1911年10月30日以宣统皇帝名义所发布的“罪己诏”，曾提出与军民“维新更始，实行宪政”，译者。

更具共和形式的联邦制。这一分歧是人们期盼袁世凯解决的最大难题。荫昌将军直到最近几天前还是汉口前线政府军的统帅，今天已经回来，担任军咨大臣。他到达时，车站内有大批人群，但是没有人向他表示（欢迎）。

据认为，资政院对于早已做出安排的外国借款表示坚决反对，认为此种借款并无必要，因为紫禁城中所藏的（财富）就有数百万。

《纽约时报》，1911 年 11 月 3 日

中国资政院提出宪法基础

皇帝已经接受

本报通讯员

北京，11 月 3 日。今天晚间发布的上谕具有历史性意义。资政院在提交该院起草的宪法十九信条时，敦促说，立即接受并颁布这些信条将比军队更有力，这是目前绝境下唯一的救治方法。皇帝应以最从容的方式，毫无保留地接受这些信条以作为最后草案的基础，并立即着手在太庙宣誓并向全国公布。

奏折中所提条件

保证王朝安全，皇帝神圣不可侵犯，但是，遇到一位意气用事的幼君，在险恶的后宫嫔妃和品格下贱的太监们的引诱下野蛮专制时，就会实行立宪君主制，实行议会制，建立责任内阁，任命内阁总理大臣，议会控制预算，包括皇室的预算。

奏折称，所有国家都承认，英国宪法是宪法之母。因此，中国选择英国的君主立宪制。各信条表明，（起草者）是深入研究过英国宪法的。

需要克服的困难

更大的希望激励着北京，但是，显然还有众多困难需要克服。在汉口城当地发生大屠杀，如果这样令人可怕的故事属实的话，那么这些困难是不会减少的。

《泰晤士报》，1911 年 11 月 4 日

北京 11 月 3 日电

北京，11 月 3 日。今天下午发布的上谕证实皇帝接受了资政院草拟的宪法大纲，并许诺：

“择日告太庙宣誓，并张皇榜公布。”

皇帝将会任命一个资政院委员会来草拟实际宪法。它将得到军队代表的协助，这项工作可能需要数月的时间，因为需要与各省谘议局协商。

计划中的宪法大纲已经引起了人们的许多兴趣，迈向民选政府的最新一步在外国人团体中成为一个热烈讨论的问题。对其基本要点的研究表明，这是对满族皇上权力的严重限制。

它完全针对王朝权力的减少和控制，根本未提及国会有关于汉人的责任方面有什么想法，或者国会本身有什么责任和义务。它完全针对满族皇权。

它是 1907 年皇帝公布的立宪计划的一次革命性进展，那一计划仿照日本宪法，并被中国保守的外国朋友认为是可以接受的。

资政院要求中的前四项与日本宪法的前四条一致。在第十款中中国皇帝被授予陆海军指挥权，但不是日本皇帝所享有的最高指挥权。在日本，天皇可签订条约，但是在中国国会会行使这项权力。在日本，政府或天皇的大臣与天皇协商，草拟皇室大典，但是中国改革者们的意思是国会应该制定这些法律。

第十四条，涵盖中国的金融事务，据说该条是爆发敌对冲突和目前革命的原

因。它们对外国利益有直接的关系。他们从去年开始和国会一起控制预算，并阻止政府采取临时金融措施，这就影响到实施湖广铁路贷款、货币贷款，以及据报道的与比利时和法国金融业者所洽谈的战争贷款。

宪法重大信条

资政院所起草的新宪法大纲如下：

第一条　大清帝国皇统万世不易。

第二条　皇帝神圣不可侵犯。

第三条　皇帝之权，以宪法所规定者为限。

第四条　皇位继承顺序，于宪法规定之。

第五条　宪法由资政院起草议决，由皇帝颁布之。

第六条　宪法改正提案权属于国会。

第七条　上议院议员，由国民于有法定特别资格者公选之。

第八条　总理大臣由国会公举，皇帝任命。其他国务大臣，由总理大臣推举，皇帝任命。皇族不得为总理大臣及其他国务大臣并各省行政长官。

第九条　总理大臣受国会弹劾时，非国会解散，即内阁辞职，但一次内阁不得为两次国会之解散。

第十条　陆海军直接由皇帝统率，但对内使用时，应依国会议决之特别条件，此外不得调遣。

第十一条　不得以命令代法律，除紧急命令，应特定条件外，以执行法律及法律所委任者为限。

第十二条　国际条约，非经国会议决，不得缔结，但媾和宣战，不在国会期中者，由国会追认。

第十三条　官制官规，以法律定之。

第十四条　本年度预算，未经国会议决者，不得照前年度预算开支。又预算案内，不得有既定之岁出，预算案外，不得为非常财政之处分。

第十五条　皇室经费之制定及增减，由国会议决。

第十六条　皇室大典不得与宪法相抵触。

第十七条　国务裁判机关，由两院组织之。

第十八条　国会议决事项，由皇帝颁布之。

第十九条　以上第八、第九、第十二、第十三、第十四、第十五、第十八各条，国会未开以前，资政院适用之。

资政院使帝党缄默

资政院仅在一次会议上就草拟了宪法大纲，该次会议拒绝它的半数议员参加辩论。一百名钦定议员在资政院中不敢发言，甚至温和派的议员经常被轰下台。四十到五十名激进分子口授议院的政策，剩下的议员像皇帝一样不敢与他们争辩。

“这个国家已经发疯了，”今天一位著名的外交官说，“只有一个强硬的独裁者能够拯救它。资政院的激进分子似乎被军队所胁迫，希望中国好的人士则希望看到一个能够独裁的人，即张绍曾出来执政。”

两天前一列火车把担任张绍曾将军特使的卢[①]姓军官带到北京，此人在滦州指挥着五千名现代军队。卢由二百名骑兵护卫。政府起初考虑以武力反对卢传达的请愿书，该请愿书要求政府应该答应十二项请求。这些请求的最后一项规定军队应该立即参加立宪政府的建立。

资政院和皇帝顺从了，卢和他的同僚留在北京，组成一个由许多驻军支持的军事联盟。

但是当空有其名的政府按命令行事时——赦免叛逆者、准予大赦、许诺不使用武力对付革命者，陆军部继续坚定地（阻止）〔讨伐〕汉口和太原府铁路沿线的革命者，尽管在后一地区官军已经拒绝攻击山西叛军。

据报道，今天晚上第三镇军队将从奉天到达直隶，官方显著的目的是将它们布置到滦州和北京之间。既然麻烦已经进入京城所在的省份，政府似乎感觉到它已经失败，遂让地方八旗驻军自由调防。

《纽约时报》，1911 年 11 月 4 日

---

① 原文为“Lu”，疑指卢永祥，时任协统，与张绍曾等一起发起滦州兵谏，译者。

中国局势日趋复杂化

北京，11 月 4 日。中国局势每天都在变得更加复杂，如果不是更加严峻的话。一周之前，有人怀疑袁世凯与资政院合作。后来，据相信袁世凯与张绍曾将军统帅的驻在滦州的军队达成了谅解。但是，现在已经清楚，所有各方——皇帝、袁世凯派、资政院、各省谘议局、南方反叛者及北京军队——到现在为止还没有任何联系。整个运动不过是一场突发的反对旧的腐败政治的起义而已，而外国人未受攻击的事实表明，其希望真正改革的愿望是真诚的。

今天晚上，有报导称，由于各省谘议局发电报到北京提出抗议，资政院在一场秘密会议中决定集体辞职，反对一个临时性的机构擅自担负起一个正当选举的国会才能承担的起草宪法的任务。据声明，不承认北京政府的黎元洪将军及其他叛军领袖，也拒绝承认与资政院、皇帝以及军事上的敌手、总理候选人袁世凯解决问题的努力有任何关联。同样，张将军据说也对资政院的方法感到不满。

人们不希望袁世凯接受总理一职，因为他无法获得北方军队的支持。

原驻长（春）府[①]的第三镇军队以及驻黑龙江的第二十镇军队现已在滦州集结，部队早已到达，表面上是组建第二军，以供袁世凯使用。但是，袁世凯似乎并不想打仗，第二军似乎也没有开往汉口的打算。据相信，其目标是北京。

要获得更正昨天及前天上谕的上谕，必须威胁京城才能达到目的。但是，新的上谕并不能满足张绍曾及其军队。因此，人们预计，在今后两周之内，在选举完全国会和任命一个责任内阁期间，将会看到张成为临时军事独裁者。不过，他可能会与其军队在一起，以便保持对满族政府的压力，而其代表早已到达此处，他们会执行其计划。

今天发布了好几道上谕。一道提及袁世凯辞去总理一职的请求，称袁世凯久

---

① 此处原文为 Chang Fu。第三镇军队调赴滦州前，司令部原驻守长春，译者。

历中外，诚信素孚，世受国恩，秉性忠亮，毋再固辞总理一职。另外一道上谕赞成袁世凯与南方叛军停止敌对、进行谈判的决定。今天，大约一百名议员参加了资政院会议。没有讨论任何计划中的议案：这些天来，事件进展太迅速，已来不及制订计划。

《洛杉矶时报》，1911 年 11 月 5 日

中国改革者缺乏合作

袁世凯、资政院、各省以及南方和北方都各自为政

资政院可能解散

当各省反对授权机构草拟宪法时就威胁辞职

北京，11 月 4 日。中国的形势每天都在变得更加复杂，如果不是更加严重的话。一周前袁世凯和资政院之间的合作让人猜疑，后来人们相信袁世凯能够与张绍曾将军率领的驻守滦州的军队达成协议。然而，现在很显然，所有的组成部分——皇帝、袁世凯派、资政院、各省谘议局、南方叛军和北方军队——至今没有任何联系。整个运动是反对腐败秩序的自发暴动，外国人在任何地方都没有受到攻击的事实表明，渴望名副其实改革的愿望是真诚的。

据报道今天晚上资政院在一次秘密会议上，决定全体辞职，原因是许多省的谘议局发电报至北京，反对由一个临时机构担任草拟宪法之责，他们认为这是正式国会的分内之事。据称黎元洪都督和其他叛军领袖均不承认北京政府，也拒绝承认资政院与皇帝和袁世凯联手解决问题的权力。袁现在是他们的军事对手和当选总理，据说张将军同样认为资政院的方法不能令人满意。

不能期望袁世凯接受总理职务，因为他无法获得北方军队的支持。据报道他已经派了一个特使去滦州，寻求达成和解，但是没有成功。正如以前所指出的那

样，这个国家被分成要成立共和国的南方革命者和愿为废除满族特权、创造人民政府而努力奋斗的北方立宪主义者，北方军队只愿意接受最高规格的保证和保护。就北京而言，形势取决于这支军队的行动，此时该军队正在滦州集结。

关于昨天滦州军队被指控没收两列军火之事，据悉那批军火来自奉天兵工厂，而不是报道的那样来自德国，这些军火被直接运送到滦州。

已经驻扎在长春府的第三镇和奉天的第二十镇正在滦州与当地驻军调动，表面上组成第二军供袁世凯使用。但是，看样子，袁世凯不打算打仗。那支所谓的第二军也不打算前往汉口，它的目标被认为是北京。

要获得改变昨天和今天的那些上谕的上谕，对京师加以威胁是十分必要的，但是新的上谕不会让张绍曾将军和他的军队满意。所以，在正式国会选举和责任内阁任命以前，可以预料的是两周之后，张将成为临时军事独裁者。然而，他可能继续跟军队在一起，继续向清朝（皇室）施加压力，与此同时，他的代表已经来到京城，实施他的计划。

官方今天发布了几道上谕。一道是针对袁世凯请求免去总理一职的上谕。上谕详细说明了他得到了大家的信任，有能力且有爱国心，并且多年来得到皇恩，命令他不要再辞总理一职。另一道上谕赞成袁世凯就停战一事与叛军进行谈判。还有一道上谕详尽地说明皇上的让步事项，并补充说，今后人民所提建议只要与舆论一致就会被公开采纳。第四道上谕要求满汉之间化除畛域，友好相处。

大约一百名议员参加了今天的资政院大会。议员没有对计划中的议案进行任何讨论，事件发展太快，来不及制定计划。

“陆军部有成员到场吗？为什么政治犯汪兆铭没有获得释放？为什么国事犯温世霖没有被允许从流放中回来？”会议一开场就从四面八方叫喊起诸如此类的问题，使得当天的日程无法进行。一位办事员宣读了已经发给各省谘议局的电报，内容是资政院正在奏请皇帝补偿汉口商人的损失并从皇家资金中给汉口的死难者一定的抚恤金。资政院表现出了想要得到皇宫里金银财宝的贪心。

奏折还要求允许严惩下令破坏汉口的官员。观察皇帝是否会答应这个要求而违背对军队许下的诺言，这将是十分有趣。

还宣读了一份发给张绍曾将军的电报，声明整个宪法起草完成时将提交人民和军队审议，会征求他们的意见。大会宣读了给袁世凯的电报，要求军队停止对生命和财产的破坏，同时把黎元洪将军向他提出的要求转给资政院。

其中的一位代表反对袁世凯对军官的调查，指出军队由他指挥，不要过于严苛。其他代表则认为袁世凯既残酷又邪恶，但是他们却投票支持他着手调查汉口的抢掠事件。一位议员问是否内阁已经草拟了宪法，却得到了他不无幽默地回答：由于那十九信条，必要时对政府的草稿做某些改动，这可能还需要十天时间。

革命军队的指挥官黎元洪将军今天对资政院的请求给予的答复是“和平谈判期间他停止敌对行动”，并说资政院最好把王朝和反叛者之间的最后决定权交给那些正在作战的人手中。

《纽约时报》，1911 年 11 月 5 日

莫理循致达·狄·布拉姆（节选）

北京，1911 年 11 月 7 日

我几乎每天给你发一份电报叙述这里发生的瞬息万变的情势。现在绝非可用写信描述形势之时，因为当你接信以前，形势也许变化六七次。今天的形势如下：

皇室。如我昨晚电报所说的，皇室因惊慌而瘫痪。朱尔典爵士昨天见了那桐。他只有用瘫痪这个字眼才能描述那桐的状况。那桐不知道会发生什么事情，他几乎要落泪了，但他宣称朝廷不会离开北京，他相信如果离开，那就是清朝的末日。

皇宫被迫交出它的部分财富，总数约达白银五百万两。是皇太后，即先帝的遗孀交出这笔财富。当国家处于这样严重的困窘状态而一个如此无知无能的妇人竟掌握着一笔如此巨大的钱财，真是可悲可叹。一些满族亲王和许多满族公主逃往天津，包括贵族良桂，他是皇太后的哥哥，荣禄的过继儿子，娶庆亲王的第二个女儿为妻。

政府束手无策。由袁世凯提名现为内务总长的赵秉钧，同陆军部侍郎荫昌就北京

的治安进行了协商,以免汉人和满人冲突。北京或许将是最后一个归附革命的城市。

资政院干得不错。为了使革命党人和北京资政院的行动取得和解，它的三名重要成员今天下午离北京赴上海及长江流域。

袁世凯打电报说要等到资政院给他任命后才来北京。许多资政院成员打电报请袁进京，但袁说，他希望在他来京前资政院能通过一个任命他的正式的决议。昨天有消息说，一个这样的决议已在秘密会议上通过。

以张绍曾为首的将军们，同意皇室批准建立立宪政府的敕令，并支持保留清朝的政策。他们当中或许最能干的吴禄贞也赞同这一政策，他拥有最近在陕西搞兵变的士兵。这样，就有一批强有力的人物赞同皇室提出的立宪计划，他们是：拥有军权的袁世凯，以张绍曾和吴禄贞为代表的将军们及他们麾下的军队，包括最近在陕西发动兵变的士兵；资政院（至少是资政院中的大多数）的要员正努力劝使长江流域的革命党人采取一致的步骤。如果上述计划行得通的话，这个运动的力量将大大增强，也许会强大到足以说服中国南部主张共和的团体加入到这场运动中来，约定先建立当前拟议中的君主立宪制，而推迟建立联邦共和的日期。我们每天都听到有新的城市投向革命党。天津眼看就要归顺革命党了，昨晚我们还等待公布这个消息。我给大卫·福来萨去了电话，要他把那里的事情打电报告诉你们。

列强。日本人同我们一道干得不错。他们当然要比我们准备得充分很多。他们在辽阳有一个整师，他们能很快占有从奉天到山海关的铁路。我们对北京至山海关的铁路拥有优先权，有最有力的理由，由我们来担负维护这条铁路线治安的全部责任。如果我们软弱无力而同旁的在这条铁路线上没有权益的国家分担这责任的话，就令人感到吃惊了。我要告诉你们（假如以前我没有告诉你们的话）朱尔典爵士赞同从华北撤走印利司林快枪兵。库珀将军从天津前来要求朱尔典把军队留下，哪怕留几天。朱尔典干脆加以拒绝，说印度比这里更迫切需要军队；说哈定爵士决不同意将军队留在华北，因为当国王和王后访问孟买时特别需要这支部队担任仪仗队。库珀将军未能说服朱尔典爵士，就来找我，问我能不能帮忙。我回答“行”，因为我完全持不许军队撤离的意见。于是我去见朱尔典爵士，向他指出，如果他在这个关键时刻从北京调走军队，将会受到《泰晤士报》的严厉攻击；并且，这种举动将显示软弱和缺乏远见，会有损于他本人。我告诉他至少应该给外交部打电报，建议军队留下。他这样做了，并且得到了外交部的同意。这就是为什么我没有在《泰晤士报》上提及此事的原因。我想朱尔典爵士现在会因当时接受了良好的规劝而高兴的。他实在操心过度和劳累了。……

录自〔澳〕洛惠敏编，刘桂梁等译：《清末民初政情内幕——〈泰晤士报〉驻北京记者、袁世凯政治顾问乔·厄·莫理循书信集》上册，上海：知识出版社，1986 年，第 775—777 页

严复致莫理循

北京，1911 年 11 月 7 日

中国怎么会到今天这种地步，她目前究竟处于什么样的状况，你和外交界对此一定有精辟的见解，一定给予了密切的注意。尽管如此，如果我告诉你们从我的观点看形势是怎样的，或许你们会感兴趣。

我国目前这场起义的远因和近因可归纳如下：（一）摄政王及其大臣们的极端无能；（二）心怀不满的新闻记者们给中国老百姓头脑中带来的偏见和误解的反响；（三）秘密会党和在日本的反叛学生酝酿已久；（四）近几年来长江流域饥荒频仍，以及商业危机引起的恐慌和各个口岸的信贷紧缩。这些就是共同导致目前灾难的因素。

年幼的皇帝登基以前，海外有两个反对中国政府的秘密团体。一个团体的名字叫国民党，即革命党。但这个名称过于广泛了，他们仅仅是反满的会社，带有一点共和主义的味道。另一个团体称自己为保皇会，即康有为的党，他们宣称要保卫先皇帝光绪。这两个团体有完全不同的纲领。摆脱满人的枷锁，消灭这个可恶的种族，是第一个团体所做的宣传；他们曾在横滨出版过叫作《民报》（意即人民的言论）的报纸作为他们的喉舌。后一个团体的纲领要温和得多，而且确实理智得多。他们坚持中国的统一；要求彻底改革中国政治；对满族没有深仇大

恨；把光绪皇帝捧上天，把先太后骂入地狱。他们大多数人是1898年间的逃亡者。他们有一个很有能力的领导成员梁启超，他有一支带感情的笔，并且熟悉政治、经济和哲学。不久前，他们的喉舌是一份报纸或杂志叫《新民丛报》，后来是一份三月刊[①]杂志叫《国风报》。这两份刊物都畅销，对中国的舆论具有巨大影响。

当今的皇上即位时，即光绪皇帝和他的养母慈禧皇太后去世后，康党作了极大的努力来取得大赦以使他们的人得以返回祖国。他们认为，因为摄政王是光绪陛下的弟弟，他一定会同情他可怜的皇帝哥哥，会对于因为他才被放逐海外的人表示好意的。那时确是一个如此行事的好机会，杨锐的儿子[②]把一份早先在杨锐手中、后来又传给儿子的皇上诏书展示出来。如果摄政王不是个无情无义的傻瓜，又没有庆亲王、张之洞蒙蔽圣聪的话，他会赢得大多数民心而绝不会发生目前的叛乱的，然而康党大失所望。于是自1908年起康党参加反满活动。梁启超开始用他的杂志对摄政王政府进行了毫不留情的攻击。……内务部和各省当局被言论自由这个学说吓住了，也不敢加以镇压。这家杂志，连同各省数百家其他革命报刊，为全国对今年这场灾难做了思想准备。

今年春天，他们在广东发起第一次进攻，牺牲了数十名学生，但未获成功。随之而来的是倒霉的盛宣怀和他的铁路干线国有化的政策。这给了他们借口来抗议政府背信和掠夺人民合法财产。要是政府知道如何对付四川人民，事情或许会好办些。而清政府除了懦弱、自相矛盾外无所作为，结果导致四川省暴乱。革命党人那时在为各省谘议局的联合而工作，我不知道他们在这方面取得了多大成功。但是武昌起火了，由于军人（我指的是大清的军队）的参加，使问题的处理百倍困难。

所有现代组建的中国军队大多由湖北人充任军官，这些人先是在张之洞创办的军官学校中受训，而后或在湖北由日本军人加以训练，或被送往日本学习军事。与此同时，他们吸收革命思想，也吸收被曲解了的爱国主义的真理。因此当两支部队接到命令调往汉口惩处那里的造反士兵时，他们敢于第一次起而抗争，

① 误，应为旬刊，月出三期，编者。

② 杨庆旭，戊戌六烈士之一杨锐（1858—1898年）的儿子，参看《清史稿》465卷，原编者注。

并宣称："不！我们不打自己的同胞。"或者更确切些说："我们不打我们的同种同胞！"可以说这简直就像个法力无边的魔王，霎时间将悉心经营二百七十年的大清王朝推向绝境，进而将中华帝国碎为齑粉。

十多年前，先有普鲁士亨利亲王，后有一名日本军官（我想是福岛①）向满族王公们建议，中华帝国的当务之急和首要任务是要拥有一支现代化的、组织得很好的军队；其次，将权力完全集中于皇室中央政府。满族王公们努力照此行事十二年，除此之外无所作为。谁能说这些建议是错的？但是前面提到的两位先生都不知道他们恰如将一件锋利的武器给小孩玩耍，或拿一块马钱子碱当补药给婴儿吮吸！

政府以其总收入的三分之一用于改编军队，而摄政王完全凭借这支军队作为靠山，以为这样一来他就将壮丽的城堡建筑在磐石之上了。他自封为大元帅，让他一个兄弟统率陆军，让他另一个兄弟统率海军，他认为这样至少不愁没有办法对付那些汉族的叛逆子民了。他做梦也不会想到恰是他依仗的东西有朝一日会转而猛烈地反对他，因为他不知道他所依仗的东西的基础已被数百个新闻记者的革命宣传瓦解了。

随后一切都失去控制，甚至北方的军队也杀机毕露。于是便有 10 月 30 日的诏书，皇上发誓要永远忠实服从不久就要召开的国会②的意愿。他发誓不让任何皇室成员进入内阁；他同意对所有政治犯甚至那些反对皇上的革命者实行大赦；宪法由议会制定并将被无条件接受。如果一个月前做到这三条之中任何一条的话，会在清帝国发生什么样的效果啊！历史现象往往重演。这和十八世纪末路易十六的所作所为如出一辙。所有这些都太迟了，没有明显效果。所谓的宪法的十九项条款在我看来根本不是宪法。它不过将专制政权从皇帝转移到未来的国会或现在的议会。这种事绝不会持久、稳固，因而不是进步的。

袁世凯最初被任命为湖北总督，而后在一些请愿书的推荐下当了总理大臣。袁世凯赋闲太久，又面对着完全变化着的政治形势，现在不再胜任他的工作了。而北方和南方的中国人对他怀有不同的感情。他的确还为北方人所爱戴，但另一

① 福岛安正，原编者注。

② 那天发布的诏书之一委托资政院（议会）考虑并起草宪法及未来政府的组成。这样做的目的是抚慰革命党人，但没有效果，原编者注。

方面，为许多有影响的南方人如张謇、汤寿潜等人所厌恶甚至仇视。后来发生的在上海及其附近地区杭州和苏州的起义，很可能是因为他们对遴选袁世凯为总理大臣不满而引起的。

本以为10月30日及以后的诏书会使革命党人得到抚慰，感到满意，可以较容易同他们和解，可是我们大错特错了。十九项条款公布的第二天早晨就收到各省发来的若干抗议电报。电报指出：资政院决不是一个忠实于人民、能同皇室政府做出这种安排的机构；而由于最近汉口发生的屠杀（如果属实，对满人来说是最不幸的事情），人们再也不信任他们了。这样，上海市、江南制造局、杭州、苏州等等，一个紧接一个地造反。被占领的市镇仍保持敌对状态，没有和解的迹象。资政院在开会二周多之后，现在再也无能为力。他们必须辞职；如果辞职不获准，他们将自行解散。

这两天我没有得到任何确切的消息，但据说在上海将召开一个真正的人民代表会议。他们没有军队办不成事，因而在武昌或别的地方也会有一个军队的代表会议。有了这两个政治团体，他们将试图解决问题。一旦他们像个样子了，他们将向北京政府发号施令！他们允许目前这个王朝在法律上存在呢，还是干脆将其废除代之以中华共和国呢，还是他们相互战斗直到最后，而以一个中国的波拿巴为最终结果呢？现在没有人敢于预言。

但依我愚见有一点可以肯定，即如果他们轻举妄动并且做得过分的话，中国从此将进入一个糟糕的时期，并成为整个世界动乱的起因。直截了当地说，按目前状况，中国是不适宜于有一个像美利坚共和国那样完全不同的、新形式的政府的。中国人民的气质和环境将需要至少三十年的变异和同化，才能使他们适合于建立共和国。共和国曾被几个轻率的革命者如孙逸仙和其他人竭力倡导过，但为任何稍有常识的人所不取。因此，根据文明进化论的规律，最好的情况是建立一个比目前高一等的政府，即保留帝制，但受适当的宪法约束。应尽量使这种结构比过去更灵活，使之能适应环境，发展进步。可以废黜摄政王；如果有利的话，可以迫使幼帝逊位，而遴选一个成年的皇室成员接替他的位置。

现在已是列强采取一致行动来询问双方他们要干些什么的时候了。为人道和世界公益起见，他们可以提出友好的建议，让双方适可而止，进行和解。如果听任一些革命党人的种族敌对情绪走向极端的话，现在满族人确实毫无防卫能力了，可是蒙古、准噶尔等等又将以何处为归宿呢？他们会同纯粹的汉人一道组成一个广袤的、难以驾驭的共和国吗？还是他们会从今宣布独立？两者似乎都不像！前者不可能，因为有种族仇视问题以及感情、习俗、法律、宗教的完全的差异；后者不可能，因为他们的政治力量不足。于是这些广阔的地域连同它的人民势必要归属附近的某个强国。一旦出现这种情况，“分裂中国”的老问题就来了。愿苍天保佑我们免受浩劫！当最坏的事情发生时，任何自认为文明开化的人民都负有责任，因为他们具有防止它发生的能力。

对如此重大的事情，你当会原谅我此信写得冗长。你如能对我所写的东西有所赐教，我将不胜欣慰。你也可以按你的心愿将此信给你的任何对中国抱有良好愿望的朋友看。

录自〔澳〕洛惠敏编，刘桂梁等译：《清末民初政情内幕——〈泰晤士报〉驻北京记者、袁世凯政治顾问乔·厄·莫理循书信集》上册，上海：知识出版社，1986年，第781—786页

中国贵族求助于公使馆

恐慌在北京的满族人和汉人之间蔓延——另一道绝望的上谕

叛军给伍的官职

前驻华盛顿公使被任命为外交部部长，但他还没有接受

给《纽约时报》的特别电报

伦敦，星期二，11月7日。《泰晤士报》驻北京记者莫理循博士发来以下电报：

“据来自宫廷成员的可靠消息显示，宫廷已经因恐慌而陷入瘫痪。无论发生什么事情，它（皇室）仍然会留在北京，但是许多公主和贵族太太已经寻求外

国租界的保护。”

“目前危机的奇异特点莫过于汉人和满族人急于寻求外国保护，外国租界挤满了难民，尤其是挤满了近来强烈要求反对外国租界（存在的人）和其他（反对）外国侵害中国主权的人。”

“皇帝今晚又发布了一道令人绝望的上谕，表彰桀骜不驯的张绍曾将军的优点——他的要求使皇帝屈服——并任命他为钦差大臣前往长江流域，宣布皇帝对革命者的善意。不久，我们可以看到革命领导人黎元洪被任命为湖广总督，接替因年迈而无法赴任的魏光焘。吴禄贞据信在山西成功诱降革命党，如果张绍曾也像吴禄贞那样成功诱使汉口革命党领袖接受以下观点，即革命党人所提出的所有根本性的改革要求（朝廷）都已让步，（那么中国）不需改朝换代。”

“如果偏激的观点盛行并且黎元洪逼迫建立共和制，那么中国将卷入无法摆脱的困难之中。幸运的是，皇帝认识到各省革命运动的蔓延，无法通过武力镇压。”

“袁世凯会等待资政院选举之后再回到北京。”

《纽约时报》，1911 年 11 月 7 日

罗·威·燕致莫理循

开封，1911 年 11 月 9 日

几天来，这里的人们对中国各地的革命造成的可怕的结果忐忑不安，并且感到这厄运很快就要降临这里。省谘议局终于通知官吏们：省谘议局决定就今后的行动同各界进行磋商。

随后，他们召集军、学、商各界开会，决定建立一个独立的政府，防止出乱子。他们还决定军队留在这里，以保证强盗或叛军不致为害。

人人都赞同这个计划，很可能不久以后巡抚就要带着省谘议局所发通行证离

去。这是一个辉煌的成就，人们对他们办事有方由衷地感到庆幸。他们主要担心的是从南方回来的军队会带来麻烦。而我想他们将会看到这里不会有什么祸害。我一直在尽我最大努力设法保住巡抚的性命。我想我们能够免去一场流血革命的恐怖。

请将信中有关巡抚的部分保密；而其他部分，如果你们认为有价值的话，乐于供你们使用。

太原府。这是由曾在那里负责军事的姚道台[①]开始的。他们枪杀了巡抚和他的儿子[②]。后者是一个卓越的学者，曾在日本渡过六年时光。姚也是日本留学生。看来肯定有几个外国人在太原意外地受伤，但我未能搞清谁是受害者。袁世凯的一个朋友[③]最近被任命为新巡抚前往太原府，并且成功地说服了驻军。他随后去彰德府会见袁世凯的同党。而这时，驻军和他们的一名军官发生了口角而枪杀了这名军官，于是引起了一场新的暴乱。

录自〔澳〕洛惠敏编，刘桂梁等译：《清末民初政情内幕——〈泰晤士报〉驻北京记者、袁世凯政治顾问乔·厄·莫理循书信集》上册，上海：知识出版社，1986年，第779—780页

袁（世凯）掌权下的中国之命运

他在皇室许诺的总理职位和革命党人许诺的总统职位之间犹豫不决

① 姚鸿发是山西省的军事负责人，原编者注。

② 这里说的是陆钟琦（1911年7月起任山西巡抚）和他的儿子陆亮臣。他们都于1911年10月29日被杀。陆亮臣是阎锡山（1883—1960年）在东京士官学校的同学。阎锡山在他的回忆录中描述过这件事，原编者注。

③ 这里说的也许是李盛铎（1860—1937年），因为吴禄贞将军在被任命接替李将军职务后的第三天，即1911年11月7日，据称被袁世凯的特务暗杀。其后被任命的张锡銮没有上任。而山西省叛乱的实际领导人是阎锡山，他在巡抚陆钟琦被杀的当天就任都督，原编者注。

商谈分裂帝国

长江以南为共和制，满洲里和直隶为君主制，而各省则由自定

北京，11 月 12 日。皇帝的命运似乎要取决于袁世凯的行动。袁世凯一直在同叛军都督黎元洪进行谈判，来自他的最新宣言则表明折中方案是可行的，黎都督（与袁）变得不那么势不两立，黎都督和他的同僚在政策问题上观点却不同。

在收到袁（世凯）的这份宣言之前，皇上和政府时而希望时而绝望。首先是来自袁（世凯）的电报，他在电报中声称不能来北京（就任内阁总理），并表达了关于目前形势的悲观看法。几个小时后又来了另一份宣言，调子稍令人愉快。在他的第一份宣言中，袁世凯说：

“前途难料。和否未知。除此之外，我的身体虚弱，因此不能来北京担任总理。”

当这一消息宣布后，更加悲观的情绪笼罩了官宦人家，因为他们记得昨天中文报纸刊登的声明说袁世凯已经被革命家领导人黎元洪都督邀请在国会组成之前担任中华民国总统。这似乎是皇室支持者已经让步。作为帝国军队第二十（师）〔镇〕的真正指挥官——张绍曾，能够解决北方的形势，他可能来自北京，重新效忠政府的期望寄托在会议期间他将会见袁世凯和前总督锡良这个假说之上。

因此，当袁的第二份电报到达时，引起了议员们的一阵惊喜。电报告知外交部，说发信者与黎元洪的谈判已经好转，并且黎都督已经表现出不那么不能调和的迹象，为了避免进一步的杀戮，可能会同意和平的妥协方案。袁补充说黎的同僚在政策问题上有分歧，这样麻烦可能在他们当中出现。

帝国分裂议案

根据昨天晚上来自汉口的外国政府的电报，因为未能得到更好的条件，黎都督可能会同意中国分治，长江以南地区为共和制，东北和直隶仍为君主制，其他省份按照他们自己的选择而定。

黎的许多追随者要求推翻政府，并侦查分裂帝国的想法。这就应该是为什么黎元洪都督要求来自其他省份的代表在武昌会面，任命著名的革命领导人黄兴为总司令，而自己将留任都督职位，这就给他在行政事务上有了更大的自由。黄兴

正在使汉阳成为他的司令部，在那里他正监督着叛军的防御措施。

大清亲王，代总理和其他高官已经允诺如果张将军去北京，一定保证他的安全。张将军还没有同意那样做，但是他仍和他的部队驻守滦州，等待来自武昌谈判的确切结果。张将军还没有被允许辞去他的指挥权，但是已经获准所谓的“病假”。

天津的革命家认为目前强行解决这一问题是不明智的。他们采取这种态度是因为（兰）〔滦〕州军队的存在，他们的同情值得怀疑。

沈阳的谘议局已经否决了俄国的贷款，并且已经告知总督如果接受提议他们将宣布独立。

《纽约时报》，1911 年 11 月 12 日

鹫泽与四二[①]致莫理循

北京，无日期[②]

一个同袁世凯有密切联系并且今天和他作了长时间谈话的日本人[③]很秘密地告诉我：袁世凯对他解释，他到北京根本不是要同黎将军[④]取得友好和解，而是因为朝廷的要求。他对于今后与黎将军的和解感到很无把握，因为黎将军持完全相反的基本立场，坚持要建立纯粹的共和国。

皇帝和满族政府非常担心帝国中枢如若没有一个能够应付自如地处理内部外部局面的领导人物，将会给对外关系带来更多的困难。袁世凯解释说，这就是为

① 鹫泽与四二（1883－1956 年），东京《时事新闻》驻北京特派记者，后来成为日本国会议员。此信是他用英文写的，未作改动，原编者注。

② 然而信上有莫理循的注“1911 年 11 月 14 日”，原编者注。

③ 莫理循的注：“这无疑指的是坂西利八郎少佐”。坂西利八郎，日本的情报官员，后任中国陆军部顾问。据莫理循说，没有任何人比他现袁世凯的关系更密切，原编者注。

④ 黎元洪，原编者注。

什么如此急切地召他进京的缘故。当然，除了昨天和今天的诏书中提出的间接的迂回曲折的办法[①]以外，目前他还没有任何确定的足以顺利地控制形势的方略。然而他承认：我不当总理，或许会被看成是摆摆样子，可是在目前极为糟糕的情况下，我不能说别的，只好这样。

这是袁世凯说的。而我们可以从这个谈话中得出这样的推论：不管怎样，他的做法是从控制资政院开始，而后同地方议会取得谅解，同时同列强取得谅解的曲线政策，这样他就加强了他在中央政府当总理的地位。

唯一重要的一点是，如果他对黎将军和地方议会所采取的和解政策失败了，他是否敢于推翻朝廷。无论如何我肯定他已经有了开始实现这个目的的既定政策了。

中国政府的要员（他们一定了解事情真相）告诉我，推翻摄政王的问题已在各地方当局中讨论了，并且昨天提出了一个有关这个问题的备忘录。

（录自〔澳〕洛惠敏编，刘桂梁等译：《清末民初政情内幕——〈泰晤士报〉驻北京记者、袁世凯政治顾问乔·厄·莫理循书信集》上册，上海：知识出版社，1986 年，第 788—789 页

莫理循：蔡廷干上校来访接谈记录

1911 年 11 月 16 日

今天早晨我接受了海军部的蔡廷干上校的来访。他在过去三个月中离开北京去视察各个要塞，并代表袁世凯同革命领导人黎元洪进行谈判。他很了解黎元洪的为人，因为黎元洪曾在他任海军正参领的舰队的鱼雷艇上当三副。他到汉口的

① 1911 年 11 月 13 日的诏书授权那天到达中国首都的袁世凯统率北京及其附近军队。11 月 4 日的诏书命令袁世凯立即掌管政府，早先 11 月 1 日的诏书已任命他为政府头脑，原编者注。

时候正好岑春煊①到武昌。他从未拜访瑞澂②总督，他以轻蔑和厌恶的口吻说瑞澂是个胆敢打自己祖父的人。瑞澂总督是蔡廷干在视察行程中唯一没有去拜访的高级官员。

蔡廷干多年以来一直是袁世凯的忠实追随者。1907 年至 1908 年直隶总督的弟弟杨士琦③所执行的特别使命对在海峡殖民地、婆罗洲、爪哇和暹罗的中国人进行访问，就是由蔡陪伴的。那时，中国首次将龙旗展示在她海外臣民眼前。他是广东人，美国的大学毕业生，在我知道的中国人中，他英语讲得最好。他有文学天赋，会写英文诗。

他受袁世凯之命，渡江到武昌，拜访革命党领导人并尽力达成和解，革命党以礼相待，由两名官员陪同乘车前去省议会的新建筑；一位官员负责外交事务，广州人，非常能干（各国领事们承认黎元洪处理事务方面的能力和正确性），另一位负责财政问题。到省议会后，蔡廷干受到殷勤的接待，有人送了茶，并被引至房间中的上座，而后他便同大约四十名代表开始讨论。值得注意的是，代表们来自长江流域各省，不仅仅是湖南省和湖北省的。给蔡廷干留下最深的印象是代表们很年轻。黎元洪四十八岁（中国算法），是他们中年岁最大的。几乎所有的代表都去过日本，在那里接受了革命思想。

代表们要求蔡廷干发表意见。蔡廷干说，他作为总督代表前来致力于恢复和平，如果可能的话，达成和解。他极力陈说共和政体的政府不适合中国国情。他指出如果每个省是联邦共和国的一个州的话，可能由此而发生危险。怎样防止各个省退出联邦呢？如果某省打算退出中华联邦，由谁来挽留呢？例如，假如有云南省片马问题那样的边境问题，其他省份的公众不会和受到影响省份的人民对危机的严重性持相同的观点。在本省内，事情被认为是生死攸关的，而在更遥远的人看来，或许经妥协为好。如果这种事情在云南发生了，云南会和旁的省份分

---

① 岑春煊在铁路国有化后四川省的暴乱爆发的时候，拒不接受被任命为四川总督之职；而现在要与共和人士共命运了，其中部分原因是他与袁世凯之间的不和，原编者注。

② 瑞澂是 1841 年将香港割让给英国的琦善的孙子。武昌起义后，他逃到上海的外国租界避难（据说是第一个这样做的中国官员），并于 1914 年死在那里，原编者注。

③ 杨士琦，杨士骧（1907－1909 年任直隶总督）的弟弟，农工商部副大臣（1907－1911 年），曾被派往东南亚对华侨进行友好访问。这是官方第一次对海外华人的存在及重要性所做的承认，而到那里为止的政策视海外的中国人为被遗弃的人，原编者注。

离。在这种情况下，旁的省份是否要用武力来阻止云南脱离呢？同样的，对日本人在满洲的侵略行径，以及同法国人在广东、广西的纠纷等，诸如此类的事怎么办？他强调指出，在袁世凯看来，保留清朝而限制君权是维持帝国统一的最好的保障。他声称革命党人所提的每项改革要求都已被认可。随后，代表们发言。

在场的四十位代表中，许多人很有口才，讲话很有说服力，坚决果断。每个代表都强调指出当今的王朝必须推翻，并且抱怨说“你们不能相信满人的话”。当满人处于困境时，他们要汉人帮助；而当他们的权力又巩固起来时，便又开始压迫汉人。在这个国家中，再不能忍受这种腐败的统治了。清廷总是违背自己的诺言。国家唯一的希望就是清除这个祸根。清廷非引退不可，但满人的生活费用和人身安全可以得到保障，而他们再也不许在国家政府的任何部门任职。

他们讲话充满了无比的信心。武昌革命领导人下了最大决心来驱逐清廷，这一点在蔡廷干的头脑中没有任何怀疑了。代表们一致表示他们赞成中华合众国。他们宣称，中国所必需的和人民决心要求的是一个共和国，这个共和国部分仿效美国，部分仿效法兰西，并根据瑞士的原则进行某些修改。总统由人民选出，任期三年。

蔡廷干回答说，像现在英国那样的君主立宪制，是最稳定的政体，是廉洁政府的最好的例证。他谈到法兰西共和国所显示出的极度腐败，并援引巴拿马丑闻为例说明那里的情形。他提醒代表们，他曾在美国受教育，而后描述了在美国社会生活的各部门蔓延着极端腐败的状况。代表们指出所有的人都渴望统一的中国能够稳定，问他能举出什么例子来说明君主制比共和制更稳定。蔡廷干回答说，看看在墨西哥发生的事情吧。不要忘记自从南美洲建立共和制以来，各共和国中屡屡发生的自相残杀，每隔两三年就要来一次革命！

晚上，蔡廷干同代表们一道进餐。他们坐在一起，相互交谈，“亲如一家”。蔡廷干为袁世凯，为有限的君主制辩护，但他承认代表们决没有被他的话所打动。相反地，我深信，蔡廷干为代表们论争的力量和真诚所感动。事实上，蔡廷干一方面在理论上捍卫君主立宪制，而同时又和他的谈判对手一样强烈反满。如果他真的像和我交谈时那样激烈表露出反满情绪的话，我想他就不会对和解做出很大帮助了。他和我谈话近一个小时后，使我深信，他就像黎元洪的许多追随者一样内心里赞成共和制。他说，所有的代表都给袁世凯以好评，并表示他们非常惊讶，在满人给了他那样的待遇之后，现在竟站出来帮助满人。蔡廷干反驳道，当人们恳求他出来把中国从分崩离析中挽救出来时，如果他不挺身而出，他就是一个懦夫。

然后蔡廷干对我谈到了当今的朝廷。他以极大的蔑视谈到了摄政王。谈到摄政王“下了决心”，并问道，摄政王没有心，怎么能够下决心呢？他对黎元洪的印象很好，发现黎元洪是个真诚、有理智的人。我们谈到了皇室。我们谈到了载振，我告诉他当载振携同埃·斐士去英国参加加冕典礼时给他的国家带来的耻辱。我说，袁世凯任命段芝贵为两湖代理总督一定会激起武昌革命党人的愤怒。他同意这点，并说他已向袁世凯谈了这一意思；袁世凯回答说：“在目前这个时候，我们无法找到一个合适的人担任这样危险的职务。我们必须起用一个以其无畏闻名的人。过些时候，当事情平息下去了，就比较容易找到合适的人来担任这些职务了。”

他说，昨天袁世凯交给摄政王一封黎元洪写给他的信。这封信措辞激烈、苛刻、傲慢，用无比强烈的词句表示了再也不让清廷在中国大地上为害的决心，谴责清廷将国家引入屈辱的境地；称颂袁世凯，谴责皇室对袁世凯的待遇；但是保证如果皇帝逊位，将得到年金和体面的待遇。

然后我们谈到袁世凯的困难处境。我说：“袁世凯的情形是这样的，在宣布剥夺清朝的全部权力的情况下使清朝继续保持下去，并竭力使他的这种观点同整个长江流域和长江以南所有省份的建立共和政府的决心取得妥协。怎么可能想象他能够使这两种分歧如此大的观点协调起来呢？这不可能。决不会有妥协。他不可能帮助清朝用武力保全其权力。难道能找到比清廷逊位更好的解决办法吗？这将避免各种各样的困难。”我又说，“在那种情况下袁世凯会被任命为总统吗?”蔡廷干说袁世凯在南方得人心，但被任命为总统还无把握。

接着，他告诉我一件稀奇古怪的事情：他非常遗憾山西的运动发展得还不够深入，从山西到河南的铁路线上还没有设置障碍，从而阻止袁世凯回来。如果那样，就有解决办法，皇帝就必须退位了。他说必须把满人赶走。

袁世凯的密使以这种态度讲话，还能想象有保留一个立宪君主的希望吗？他说开封就要转向革命了——开封在袁世凯原籍的省份里。

他说袁世凯曾对他谈起我，谈到他所谓的我对中国所做的贡献。我关于庆亲王的文章发表时，他认为我过于严厉了。可是蔡廷干问袁世凯，“难道他说的不是事实吗?”袁世凯不得不承认我说的是真实的。然后我提出或许可以促使各国向清廷暗示他们不能指望从任何外国干预中得到帮助，他们最好接受向他们提出的建议，体面地退位。他说，有些满人说要战斗到底。我说，根本没有这种可能性，但听说袁世凯讲过北京有能力作战而且绝不会为革命党人攻下的消息，使人感到别扭。

我们随后谈到财政形势。他说，财政状况太糟，外务部没有钱支付职员工资，商务部将不得不关门大吉。

蔡廷干和我的有趣的谈话，留给我的清晰印象是：

(1) 没有希望搞保留满人地位的君主立宪制。

(2) 袁世凯的亲信蔡廷干本人反对保留满人地位。

(3) 皇室自己开始意识到它的处境毫无希望并要退到热河去，昨天晚上对锡良的任命，就是考虑到这个确定无疑的结局。

又及：蔡廷干说，在武昌时他曾问道孙中山在这场革命中起了什么作用?人们告诉他，孙中山在起义中没有起任何作用，起义纯粹是军事行动。与蔡廷干会见的革命者以几分蔑视谈到他不过是一个革命的吹鼓手，没有参加过任何实际行动，为了保住性命总是躲到一边。他们说尽管在日本受过训练的人当中有一些曾是孙中山的党人，但不能说孙中山在当前这场革命中起过任何作用。

（录自〔澳〕洛惠敏编，刘桂梁等译：《清末民初政情内幕——〈泰晤士报〉驻北京记者、袁世凯政治顾问乔·厄·莫理循书信集》上册，上海：知识出版社，1986 年，第 791—795 页

袁世凯纵论危机

有限君主还是共和
分裂的危险

本报通讯员

北京，11月20日。今天下午，我有幸与袁世凯进行了一次长谈。我发现他身体特别好，信心十足。他知道他即将面临的任务的严重性——绝望性，但他仍决心不遗余力地重建一个稳定的政府，并避免国家分裂。

抱着这样的目标，他呼吁把现存的王朝作为有限君主制保存下来，因为他担心，如果革命党的要求得逞，王朝被推翻，就会发生内部争吵，导致无政府状态，那时外国的利益就会受到损害，外国人的生命就会受到威胁。他说，革命党人中间早已有纷争的迹象。各省都有自己的目标与野心。北方与南方的意见不能调和。他们的目标分歧很大。

我认为，革命运动是对中国被削弱的一种抗议，是对中国主权受伤害的一种抗议，是对衰败王朝腐朽性影响的一种抗议，正是这一朝廷使得国家接二连三地遭遇灾难。我还提示说，革命党人的力量是集中在增强国家力量、加强国家和人民的团结上，而不是要分裂国家。

总理重述了他对失去控制的民主导致动乱的担心以及对分裂和被瓜分的担心。他认为，保存现有王朝，剥夺其复辟旧的腐败政权的一切权力，仅仅把它作为君主制的象征保留下来，这将是保证国家完整的一种纽带。

我提出应该面对现实，而最迫切的现实就是中国大部分省决定不接受保存现存王朝所必需的任何形式的妥协。我提出，像现在这样一个不胜统治之任、不受欢迎的王朝，保留它作为统一的力量，这很难理解。这样的王朝不可避免地是一种导致分裂的力量。

总理对此种观点提出质疑。他说，他对中国有着深入研究，特别是在最近三年他赋闲期间。他认为，十分之七的人民还都是保守的，都满意于旧王朝的统治，十分之三的人属于进步派。如果革命党人能够把现存的王朝推翻，就可能出现另外一场革命（由保守派领导），其目标是复辟清室统治。在这样的混乱状态下，所有各派的利益都将受到损失，国家在数十年间将无和平可言。

我提出，英国那样的有限君主制是一种理想的政体，但是，我们的王朝是掌握在那些我们信得过的人手里，而在满族王朝的个案下，不容争辩的事实是，它普遍不受信任。

他说，皇帝不能也不会试图回避 10 月 30 日所做出的承诺，下周五，摄政王将在太庙宣誓，皇帝将会信守承诺。

热河计划

然后我就谈及我昨天在电报中所说的想法。整个计划是，朝廷自愿退往热河，以待召开全国大会来决定将来中国采取何种政体，决定是采取有限君主制还是联邦共和制。

袁世凯承认，那一计划已经递交给他，计划得到许多有理智的人的支持，不应轻易拒绝。在过去的一周中，他曾认真考虑过那一计划，而且现在仍在考虑之中。他所担心的是，皇室过早离开可能会导致不必要的恐慌，从而导致他刻意要避免的流血事件的发生。

我禁不住想问，由本身已是逃亡身份的萨镇冰将军指挥的舰队改挂革命党人的旗帜并轰炸汉口的政府军，此事会对摄政王的判断力或担心有何影响，不过，最终还是忍住未问。

1898 年的政变

在我离开之前，袁世凯谈起了 1898 年的戊戌政变。他再一次向我讲述起那一段历史性事件的故事。有关那一事件，若干时间以前，他早已让人把书面材料寄发给我，为自己的行动辩护，认为那是忠君爱国之举，是为了国家的最好利益。

故事的主要情节都已众所周知，但是，总理宣布，坊间出版的报刊所宣称的说法，意在描述他在那一事件中所扮演的角色，其中大多都是对事实的扭曲。1898 年秋，康有为所领导的维新派认为，已故的皇太后及直隶总督荣禄阻碍了变法的道路，于是密谋清除之。荣禄将在天津的衙门中被处死，皇太后将作为国事犯被囚禁起来。袁世凯所持的进步观点广为人知，他被选中去执行这些计划。按计划，他应回到天津，把其资助者和恩人荣禄处死，然后立即带领由外国人训练的军队返回北京，逮捕并囚禁皇太后。

针对皇太后的阴谋

1898 年 9 月 18 日晚，康党的成员之一、军机处的章京、维新人士谭嗣同拜访袁世凯。在把所有仆役支开之后，稍作寒暄，他便开始严词痛斥荣禄，并把计划告诉袁，说该计划已经得到皇帝同意和批准。说完，他拿出一份用普通的墨水书写的计划草稿，邀请袁世凯合作。袁回答说，没有接到皇帝要他承担这一任务的谕令。谭说，到 20 日那一天，一定会给他一道皇帝的密旨。当袁提出这样的计划无法突然实施，必须缜密考虑并需要有“朱谕”批准时，谭说，“我带着皇上的谕令”，接着把一份文件递给袁。这不是一份朱谕，而是一份用黑色墨水书写的文件，写得工工整整，措辞也用皇帝的语气。这份文件说，朕亟欲变法，但是，由于到处都遇到守旧派的反对，著杨锐、刘光第、林旭、谭嗣同（维新派中最积极的四位）制定切实可行的计划。

袁再次提出质疑，说这份文件并不是上谕，因为它不是用朱砂写成的，也没有提到诛荣禄并囚禁皇太后于圆明园之事。谭说朱谕在林旭手中，他所拿的只是一份抄件，又补充说，实际上皇帝的上谕在三天前就已经下达了。他向袁保证，“切实可行的计划”所指的就是诛荣禄、囚太后。由于袁坚持要朱谕而谭又拿不出朱谕，两人未能谈妥。在道别时，谭说：我们就靠你了。袁决定在 20 日觐见时，他将通过提及变法运动的方法来探询皇上在此问题上的态度。于是，他在应诏觐见时，就谈起了变法及其遇到的难题，而已故的皇帝则深为他的言词所动，但并无一词涉及“切实可行的计划”。

反制的阴谋

当维新派在忙于其计划时，保守派也没有闲着。怀塔布、立山、杨崇伊经常往天津跑，与荣禄密谋。后者通过与反动派的私人通信，早已完全掌握了局面。

当袁结束觐见之后，他便出发前往火车站，在那里等一个朋友，然后一起前往天津。当天傍晚，一到天津，他就拜访荣禄。荣对他说："你是来取我脑袋的。你最好坦白，因为在你来此之前，刚刚有人（杨崇伊，其儿子娶李经芳大人之女）来过，他已经把一切都告诉了我。"袁回答说："你所听到的不过是少数几个政治阴谋家的阴谋。皇帝陛下并未对我提及过这样一个计划，他完全不知道有此等之事。"当他们谈到这里时，有人报告说叶将军来了，接着达佑文到了。他们在那里呆到晚上 11 点，袁看到没有机会重提前边的话题，便返回住处。次日，即 9 月 21 日，荣禄回访袁，说："最近，北京来的朋友不断告诉我有关维新派的最细微举动。其胆大妄为令人震惊。我们必须把皇帝从其包围下解救出来。"

当荣禄回到其衙门时，他召达佑文商量，晚上又召见袁世凯。杨崇伊在场，并出示了一份通过电报发来的上谕，告诉荣禄，维新派在京城的阴谋已被揭穿，皇帝被囚禁，皇太后重新听政。在让袁回去时，荣禄指着茶杯说道："你可以喝，里边没有毒药。"四天以后，即 9 月 25 日，荣禄奉召进京，28 日，他被任命为军机大臣，被授予元帅之职衔与权力。

《泰晤士报》，1911 年 11 月 21 日

中国之前途

目前威胁中国的两种危险，一方面是政治混乱，另一方面则是外国干预，伴有可能的侵略和攫取。在西方人看来，两者最好通过建立一个由袁世凯这样的强人领导下的君主立宪国来避免危险。那是外国人所可以理解的事情，我们自然推断它将导致像类似的体制在我们这边的世界所产生相同的结果。从我们所了解的中国人的情况来看，选择名义上的共和政体几乎是不可思议的。在帝国的不同区

域组成一个共和国或共和国联邦政府，或（成立）一堆独立的国家，这是我们当中没有人能够做出判断的事情。几乎我们所了解的或者认为我们所了解的一切，都使得它看上去即使不是完全不可能，也似乎是不切实际的。

然而，几个月以前看上去几乎令人难以相信的事情，现在却在实际的形势中出现，例如在中国建立某种民主－共和组织。在叛乱中大概有一股力量有助于行动和组织的统一。如果没有，那么我们所了解的那支军队就不可能在战场集结、固守、作战。目前大约有 17 000 叛军向南京进发，据报道他们装备有颇为精良的武器、大炮、弹药和给养。考虑到有关扬子江流域、北方各省以及分散在各地的革命军事力量的可靠情报，保守估计革命军有四万到五万人配有武器，这些军队并不仅仅是几群心怀不满的农民。他们很清楚是服从某种程度的纪律，他们对他们本土的敌人非常残酷，但是迄今为止外国人的财产和人身利益则很安全，比过去更安全，甚至和在某些西方国家一样安全。所有这一切意味着有人或者有一类人能够控制大量资源，拥有大量金钱，有一个西方世界完全不了解，可能连北京政府都全然不知的、一个具有惊人实力的有力组织。这并不意味着共和政体会在中国成功地得到实施，但是它的确意味着一些成体系的自愿组织的要素存在。

外国干涉问题是一个难题。袁公开宣称希望避免它。革命党人已经非常实际地表示他们希望避免它。许多在中国有利益的外国政府没有理由渴望干涉。如果他们能，他们有强有力的理由阻止干涉，这些国家中主要是美国和大不列颠。德国尽管没有那么明确地保证反对干涉，但它从干涉中几乎得不到任何形式的利益。俄国和日本正式保证反对干涉，但是许多有能力的中国人和许多西方人认为，这两个国家正在密谋一种情景，在那种情景下，誓言将“不可能”得到遵守。关于这一点还没有实质性的证据。两个国家都是中国的邻国；两者在满洲都有基础；两者都在把剩余的人口移民，在日本他们重压本国的陆地资源，而在俄国他们具有天生的“流浪癖”。但是这两个国家从一个健全有序的中国政府，从其人民繁荣，从其发展中所获得的利益比通过暴力而获得任何中国领土更多。而且日本和俄国政府脑海中存在着侵略倾向，如果有必要，肯定会遭到其他列强，尤其是大不列颠，行动上的反对和阻止，日本的盟国和俄国的亲密朋友，又会得到美国衷心合作。

的确，根据华盛顿快电，美国为了在可能出现的危机中采取联合行动，已经与其他西方政府进行了接触，毫无疑问，美国也同日本政府进行了接触。由于有共同接受的海·约翰政策原则作为出发点——维持中国领土的完整和“门户开放”——可以有把握地假设联合行动完全有可能是和平行动，只要有可能采取和平行动。诚然，中国的巨大变革似乎是不可避免的，也完全有可能出现外国必须干涉的情况，但是，要真正保护全世界的利益，就必须保护已经处在演变进程中的中国。

《纽约时报》，1911 年 11 月 22 日

资政院大胆要求改革

中国终于要有宪法了

资政院发起行动

震动皇帝制度的基础

《纽约太阳报》。去年 10 月，资政院在北京第一次召集时，并没有人把它当回事。这是实行立宪政府计划的第二个重大步骤。该计划是 1907 年用皇太后和光绪皇帝的名义发布的，它规定要在大约 10 年的时间内逐步试验，最终实现立宪政府。各省谘议局早已开会一年，而看上去似乎并无多少建树。资政院只能是另一种谘议局，是一所学校，在这里，家长式的皇帝认为温驯的子民们能够玩耍这一新的拔掉了牙齿、卸掉了爪子的宠物即立宪政府。换言之，二百名代表，其中一半由皇帝钦定，其余由各省谘议局推选，将可以就皇帝交议的议题进行讨论和辩论并将其温和的提议及建议呈交皇帝以供其决策参考——这些决策，皇帝想什么时候忘记就什么时候忘记。资政院被当成一个温顺的、斯文的喝茶聊天之类的机构。在中国的外国人几乎没有意识到，它即将开幕，尽管有上述一番评论，但它很可能有些好处，可以允许多少有些自由来谈论少年中国党，但是，资政院

对帝国来说不会造成任何差别，他们对之嗤之以鼻。

但是，资政院震惊了皇帝

像黑暗的天空中一道刺眼的闪电那样，第一次会议开幕刚刚不到一周的资政院中就传来了这样的（声音）：

“我们必须要求速开国会。当务之急是奏请皇帝。有投票反对者，即是叛徒。”

当作为资政院议员在第一排就座的满族亲王和蒙古族亲王以及政府高级官员们对这种大胆妄为的渎圣行为感到震惊、不满并试图加以告诫时，他们反而受到了威胁和哄闹，请愿书迅即被通过，而当总裁溥伦亲王把请愿书呈递给皇帝时，请愿书中说“人民代表全体起立，热情洋溢，为皇帝和国家欢呼，这在国史上是从未有过的事情”。

皇室被震惊了。在游戏房中的婴儿皇帝像被投掷了炸弹。如何答复这一请愿？如果加以拒绝，皇室害怕现在已经开始的革命。资政院所提出的要求使其在全国的地位得到提高。从广州到蒙古，从黄河畔到新疆，学生都站到了它背后，各省谘议局中进步的立宪主义者的小圈子亦是如此。

妥协不能令人满意

两周过去了，没有答复。然后，皇帝妥协了，他答应国会在三年而不是七年之后召开。当妥协的上谕宣布之时，北京街头脏兮兮的店铺门脸都挂起了龙旗，彩旗飞扬，人民似乎表现出极大欢乐。但是，实际上并没有那么欢乐，因为整个晚上，城中警察都在闯进店铺。

“把你们的旗子挂出去，”他们对店掌柜说。

漫不经心又随和的店掌柜说：“为什么？”

“喜庆，喜庆！”“幸福，幸福！”警察一边匆匆忙忙往外走着，一边喊道。

资政院用不祥的沉默迎接上谕的到来，尽管外国人士看来，这道上谕已经是格外开明了。来自各省的代表们蜂拥而至北京，请求立开国会。他们赖在王府门前求告，为了用中国方式表示其诚心，他们剁掉了自己的手指，在自己身上乱砍。缩减后的期限，即三年，在外人眼中已经是不太长的一段时间。但是，资政院中新中国的年轻立法者们却不这样看。

“上谕可真悲哀，”他们在会上说，“三年里，可能会有重大灾难降临中国，使之亡国。东三省将会首先被日俄占有。请问皇帝，这些除了国会和宪法之外还有什么能够挽回?”

政府的一名成员试图力挽狂澜。一眨眼之间，十来个年轻的狂热分子跳起来冲他抗议。他们喊叫着，几乎恨不得用火炙烤他。第二天，一份中文报纸中写道：“他们谴责他没有良心，辱骂他是软弱的高丽人中的一员。另外一些人则喊‘把他扔出去’，所有人都喊叫着站起来，（会场）大乱。”

那时，“中国国会”没有达到预期的目的。不过，它现在正在得到更好的结果。

可以安排与起义者谈判

正是资政院在那时以及刚刚过去的一年中专断、大胆地喊出了人民的要求，才给这个国家带来了政府无法回避的直接难题。对清政府腐败不满的深层原因已经存在了很多年。正是资政院把这些喊了出来，面对面地反对那些导致这些原因的人，才把事情推向危机状态，唤醒了受过教育的年轻人积极投身改革，采取重大措施。尽管不是指革命，但是他们同情革命，认为它表达了通过猛烈打击迫使清政府就范的需要。如此一来，他们又与袁世凯联手，资政院就可以毫无疑问地安排与起义者谈判的条件。中国年轻的领袖中最明智者认为最适合中国的政体形式不是共和制，而是英国模式即有限君主制的政体，因此资政院与作为强人的袁，就应该能够把王朝皇帝转化为名义上的元首，而自己实施统治。

使贵族颤抖

资政院中民选议员们在去年 10 月份开幕、为期 4 个月的会议中的突出大胆的表现，让外国观察者听着听着就从旁听席上站了起来。直到 1910 年 10 月 3 日，中国人民的声音才开始被听到。御史——一个比罗马的御史更古老的（机构）〔官职〕——前仆后继地高声谴责皇帝无道，然后为之掉了脑袋。人民群众几十年来长期忍受着官僚强加给他们的负担，但是中国人民以民主而著称，中国人民本质上是民主的。一旦当他们再也无法忍受时，他们也会揭竿而起，进行杀戮。几个世纪以来，这已足够表达人民的愿望。资政院是用学者式的、精心思虑过的方式来表达人民要求正义和权利的第一个明确标志。

十年或十五年前，中国的这些代表们将会因指名道姓地批评政府、亲贵的激烈言词而被砍去脑袋。但是，在去年的会上，只用了三个星期的时间，他们就让这同一群亲贵害怕得哆嗦颤抖。代表们甚至拿皇帝的辫子开玩笑。当倡议剪辫时，有人说皇帝不能剪辫子，因为他根本就没有辫子，所以应该禁止他长出辫子。

“你为什么不去参加会议并回答他们的问题?”军咨府的一位大臣说道。

“我宁愿去面对一头狮子，也不要去见这些议员们。”他答道。尽管军咨府的五位大臣在资政院章程中被皇帝授权可以参加所有会议并替政府向代表们解释，但是两个星期过去了，却没有一位大臣露过面。他们正是那些怕掉脑袋的人，至少从官方来说是如此。

学部尚书前来报告其管辖范围之事。“你的报告真是愚蠢。”他们告诉他。“你的报告只有大空话，没有提出任何具体的建设性的补救措施。在过去十年中，学部没有为新教育做过任何好事。”

资政院插手国家财政事务。若干世纪以来，人民第一次对政府收入多少、钱是如何开支等问题有了一个大概的了解。预算之类的东西过去从来没有过，政府的财政一直都是没有计划地胡乱花钱，然后再向各省要钱补充。

起诉腐败的督抚

资政院所做的最好的一件事情，就是开始教给朝廷立宪政府的基本原则。皇室未认真考虑后果就拒绝接受教育，这导致了现在的起义。资政院会议立即开始向皇帝请愿，抗议督抚们专断的、不合宪法的行为。在南方的广东省，谘议局已投票在广州消除赌博，而巡抚则给赌博者送去了一道特许状，允许他们可以在禁赌令规定的日期之后继续赌博。“他是违反宪法的。”资政院的议员们说。

上海省①总督把三百万元公款借给商人，这些商人则陷入了橡胶投机失败之中，钱款损失。“他没有咨询过谘议局的意见，应该受到弹劾”。资政院的议员

① 原文为“Shangai Province”，疑为“两江”之误，译者。

们说。

四川总督因为数百万本来应该用于铁路建设的民间集资下落不明、用途不详而受到谘议局弹劾。

在部分这类案例中，皇帝所下上谕反对督抚，而更多留中不发的案例则堆积起来，被列入黑名单，带来了此次报复。

教给皇帝的教训的最高潮，是资政院要求开会，以及今年初要求重组内阁并消除庆亲王的政治势力。他是政府中满族官员的领袖，也是民众眼中的罪魁祸首。如果这一要求得不到满足，议员们就威胁要解散资政院并回到各省去制造麻烦。政府愚弄了他们。政府说将取消军机处，以便它能够慢慢艰难地爬出目前极其复杂的困境。皇帝答应按照英国的模式重组内阁，设立总理，对人民及皇帝负责。等资政院休会之后，政府便全然忘记承诺。它任命资政院鼓噪反对的那位庆亲王担任总理大臣，宣称满族必须掌控政府大权。此时，资政院议员已分散到各省，他们没有权力，但是在人民对满族的仇恨方面，则又加上了大大的一个污点。

资政院议员们的宪法知识，他们的论辩能力以及捍卫省谘议局和他们自己的资政院所授权力的坚定决心，都是外国旁观者们所钦羡的。这完全是一个惊喜。人民选送的代表是有能力的人，他们中的许多人是在日本大专院校接受的教育，许多人是学习政治和经济的。其他许多人则是在中国的新式学堂中接受的教育，他们所学的专业是立宪政府。他们立即打消了中国人民还需要七到十年才能为立宪政府做好准备的观念，并证明他们去年就已经像七年之后一样适合于在国会之下管理国家。

会议的结束及此后的一系列事件，使得中国人民更坚定地相信了这样一些进步观念，即满族统治者正在把立宪政府变成一场闹剧。资政院最终成了极端的报纸嘲笑的对象。这些报纸说代表们都是一群搬弄是非的人，都毫无成就。他们本希望采取激烈行动反对政府，而且行动要快。他们认为，除非资政院在一眨眼之间就建成了真正的议会制的政府，否则它就是一个彻底的失败。如果你认为中国人愚钝迟缓，那么你应该读一读这些报纸，他们即将采取激烈的行动。这些报纸中的一家把资政院称作是一群叫嚣的猴子暂时闭上了嘴巴。

尽管去年春天的一场临时会议被禁止，但今年秋季开会时，资政院却已经有了举足轻重的权力。尽管缺少训练，仍较原始，但它却是立刻就要成立的、强有力的真正国会的一粒活的种子。

《洛杉矶时报》，1911 年 12 月 3 日

醇亲王放弃中国的摄政权

由一位满人和一位汉人继任——后者在三百年内首次担任此职

但袁是真正的统治者

叛军认为他只不过是在等待适当的时机宣布赞成共和政体——停火延期

北京，12 月 6 日。一道宣布小皇帝之父摄政醇亲王辞职的上谕由皇太后发布。同时由内阁成员签名，并指出行政多拂舆情，立宪徒托空言，弊蠹丛积，人心瓦解，国势土崩。据称摄政王追悔已迟，并认为如果他继续掌权，他的命令将鲜有效力。上谕继续写道：

“（醇亲王）泣请辞退监国摄政王之位，不再干预政事。予深处宫闱，未闻大计，惟自武汉事起，各省响应，兵连祸结，满目疮痍，友邦商业，并受影响。……监国摄政王性情宽厚，谨慎小心，虽求治綦殷，而济变乏术，以至受人蒙蔽，贻害群生，自应俯如所请，准退监国摄政王之位。”

上谕要求人民忠诚于大臣们，“我国民当知朝廷不私君权”。

退休的摄政王将会每年从皇室经费中得到五万两俸银（大约三万美元）。他作为监国的职位将由满族亲王资政院前总裁世续和内阁协理大臣徐世昌共同代替，两人都是前任军机大臣。

上谕督促所有的亲王平静地退休，这可能暗示，一些经常流传的有关年轻亲王渴望袭击外国人的报道确有其事，他们希望制造外国纠纷以便满族从中渔利。

摄政王最终选择牺牲自己来拯救他儿子的皇位，但是已经太晚了，除非所有

的证据都失效。一些公使馆同情摄政王。他们同情但不责备。可以指出的是他非但不自私，而且为皇室和国家争取了更好的利益，但是此刻他无能为力。贪婪和阴谋盛行的皇宫作为政府的所在地是令人绝望的。

袁的权力无限

行政权目前掌握在总理袁世凯手里，而皇太后和皇帝继续上朝，并执行仪式功能。

袁在已经瓦解的政府的有限范围内拥有所有的权力。叛军说他们期望袁巧妙调遣军队直到清廷不再有能力扰乱京城为止，不久忠于朝廷省份的代表和叛军占据省份的代表将在上海举行会议协商是否支持共和政体。总理已经许诺遵守会议的决定，据承认，此决定将支持共和政体。

人们认为总理渴望外国斡旋以确保朝廷的安全和优待费的给予。袁世凯已经让北京知道他已经把秘密告诉了大不列颠公使朱尔典先生。袁已经把他的计划告诉了公使，并说他希望从朱尔典的斡旋中得到很多（利益）。

叛军把袁世凯描写成一个老练的政治家，因为他正在实现从清王朝向共和国的转变，却没有发生屠杀或袭击公使馆事件。

一些较大列强的公使馆把他们的护卫增加到了三百至五百人之间。当朝廷要求的贷款被彻底拒绝时，它似乎已经失去了希望。

标有 11 月 14 日日期刚刚来自西安府的邮件报告，简单提及了那里先前对外国人的袭击。信件说据报道被杀死的德国邮递员菲律蒲·曼纳斯在 11 月 14 日还活着，西安府的区邮政局长 W. 亨纳正在康复中。报告没有提及其他外国人受伤，但是有迹象表明叛军已经在审查这些邮件。

由于在汉口的官军和革命领导人还没有达成谅解，所以停火再延期三天。

《纽约时报》，1911 年 12 月 7 日

中国可能实行君主立宪

这是上海会议可能产生的结果，但是期望为共和而战

六大强国采取行动

根据美国提议起草同一照会，表示希望冲突结束

托玛斯·F. 密勒发给《纽约时报》的特别电报

上海，12 月 19 日。大家普遍认为昨天议和代表召开的第一次会议已经表明现在防止中华帝国瓦解的努力充满了令人满意的前景。

会上完成的任务限于交换资格证书并拟定和谈议题。然后代表们休会以便允许与北京沟通，延长休战到更加偏僻的地区以便全国完全休战，给详细考虑即将决定的原则性问题提供时间。

会议的最终结果似乎取决于唐绍仪说服或者强迫北京的满族贵族屈服于所达成的决议的能力。满族和他们的对手目前似乎同样无力通过暴力迅速解决问题，因此也许需要数年时间通过军事方式来解决问题。

特使们已经接到通知，明天他们将通过不同的领事馆收到一份来自美国、大不列颠、日本、法国、德国和俄国正式希望国家和解的照会。特使们声称他们会用照会发出者的精神来接受该照会，而不会把它看作是干涉的威胁，而仅仅看作是友好的建议。

大家普遍的看法是，两个代表团的领导人伍廷芳和唐绍仪都是通情达理而又开明的人，他们盼望达成和解。人们也认为，唯一分歧之处的关键点可能是当今王朝的保留问题——在其他方面则很容易达成一致。

有人私下告知我，伍廷芳愿意承认君主立宪政体而不愿意延长战争。

需要考虑的次要问题包括共和党人所借债务和发行的货币、叛军的薪饷、新政府里每个派别的代表权以及特赦。据说，这些问题中没有一个被允许与解决方

案相抵触。

总的形势仍相当严峻。处于准无政府状态。实际上哪里都没有政府，国家被不法之徒所蹂躏。贸易停滞不前，庄稼被毁。饥饿和由其他原因造成的痛苦是不可避免的。

人民总的来说渴望和平。中国人作为一个民族是遵守秩序的，所以目前形势的延长将有可能导致反革命运动。

依我看，解决办法会在君主政体中找到，由袁世凯来控制它，组成一个进步的内阁。

美国人不应该感情用事，错误地鼓励中国采用共和制。这个国家目前还不适合这样的政府形式，它将意味着叛乱的延续并延长混乱。这是对中国友善的外国居民所表达的几乎一致的观点。不太可能出现已经被剥夺权力的君主政体复辟其绝对权力的危险。

和谈可能会持续数周，但是结果可能是我所描述的和解。协议的主要障碍是共和党人中的激进派，他们自以为得到外国的支持而洋洋得意，他们可能会威胁伍廷芳。世界应该运用道义的影响来支持和平。

《纽约时报》，1911 年 12 月 20 日

中国不共和 干预将至

袁世凯坚持君主立宪计划，因此人们担心战争重新开始

大不列颠提醒列强，认为有必要进行干预以阻止（中华）帝国的分裂

——（中国）有发生排外暴动的危险

北京，12 月 21 日。袁世凯总理今天答复那些旨在把中国改变成共和国的人。在一份正式声明中，他未经授权就声称自己拒绝接受共和政体。

在昨天的上海和平会议上，临时革命内阁外交部部长伍廷芳坚定地支持共和政体，后来总理的代表唐绍仪说他确信只有皇帝退位和建立共和才能使人民满意。与此同时，他表示怀疑自己是否有可能说服袁世凯放弃他的君主立宪计划。

人们相信袁说到做到，他将会支持君主制。

出现新的形势。大不列颠数周以来一直支持总理的君主制计划，现在得到日本的支持，正努力获得美国和其他国家的支持。

大不列颠相信，随着共和国的建立，满洲、蒙古和西藏等藩属地将会分离，中国本部将会严重瓦解，而拥护共和政体者在物质方面已经获得了他们梦寐以求的一切。只剩下君主制之名而已。

据称，如果不是美国国务院，至少是美国财团已经支持大不列颠的想法，并准备与“四国财团”中的其他三家（至少也是其中两家）借款给袁世凯政府。为达此目的而开始的谈判已经进行数天。

正是按照大不列颠的倡议，六大强国要求上海和平会议达成协议。现在大不列颠正努力劝说叛军结束革命并准备达成协议。

据指出，大不列颠的干预并不违背中国利益，而是反对一种情绪化的观念，为此整个民族的实际利益正遭遇危机。

十天休战延期，对此革命者已经同意，这带来了一些希望，但是除非革命者接受袁世凯总理的提议，否则唯一的选择就是继续冲突，国家可能分裂。

总理已经派第二十镇的三千人到位于北直隶海岸的秦皇岛，其目的是阻止在北方的共和军。天津城下正在采取预防措施。

《纽约时报》，1911 年 12 月 22 日

中国问题：袁世凯与列强

担心外国干涉

本报驻北京记者

上海，12 月 24 日。从袁世凯处还没有收到任何答复，局势也没有任何变化，但是，越来越多的证据表明，毫无理由地担心日本和大不列颠发誓联手行动阻止建立共和政府，这已经堵死了袁世凯自由行动的道路。袁世凯宣布，日本驻中国公使伊集院先生已经告知他，日本在任何情况下都不会承认在中国成立一个共和国。此外，中国驻日公使汪大燮也给他发电报说，如果中国决定采用共和政体，日本准备派遣两师军队前往武昌。日本大使馆一名在此执行特别任务的顾问在接受唐绍仪的询问时，否认以上两个传说的真实性。

可以说，整个国家都在等待着一个人做出决定。袁世凯必须让皇帝发布上谕，通过在上海召开国民大会的方式，请人民表达其意愿，否则必须重新开战，或者他辞去总理职务，他的许多朋友就是这么敦促他的。就个人而言，袁世凯希望和平，他个人愿意遵守国民大会的决定，但是，他担心，万一做出的决定是支持成立一个共和国——各种迹象显示可能出现这种情况，那么此后跟大不列颠和日本的关系就会复杂化。

……①

① 以下段落描述清政府官员到上海租界避难情况，与立宪关系不大，故从略，译者。

对未来的看法

本报通讯员

北京，12 月 24 日。上海会议达成任何解决方案的前景正变得越来越暗淡，对未来所抱的悲观看法弥漫在各个不同的人群之中。革命党的代表毫不妥协地坚持要求驱逐王朝，而袁世凯则宣誓忠于一个立宪的王朝，断然拒绝共和。他认同于立宪改革的政策，主张使（王朝）〔皇帝〕在位但没有权力。提议他担任中国第一任共和总统的建议仍然有效，但他宣布，如果他同意共和，他就会在全中国人民面前成为一个撒谎者。

因此，革命党人坚持要求，其前景必然是重开战事，就会出现旷日持久的无政府状况，拖欠外国贷款，进一步扰乱政府机器，在外围地区不可避免地使外国人的生命财产陷入不安全状态。

尽管有列强的非正式警告，但万一上海会议破裂而没有达成解决方案甚至临时的过渡方法，列强立即就会面临着极其严峻的形势。列强只会出现两种选择——任竞争的双方厮杀下去，或者支持袁世凯。如果他们袖手旁观，他们可能会冒北京财政陷入僵局的危险，随之而来的是当局垮台，政治背叛，乃至战场兵变，北方各省必然陷入无政府状态，京城中可能出现骚乱，被许多人视为稳定的政府核心的唯一地方可能分崩离析。

如果他们支持现政府，他们就会引起革命党人的盛怒，革命党人就会把列强描述为压制中国最开明者的理想而支持暴君和压迫者的事业。列强在南方和扬子江就会面临着报复性抵制的危险，而整个运动可能带上排外的特点。特别是大不列颠，它可能会使其远东殖民地中无数的中国人离心离德，这些人绝大多数都是同情革命的。

与此同时，据认为，如果得不到财政上的支持，袁世凯就会辞职。这一可怜的情况一旦发生，立即会重新引发革命爆发时在京城及其他地方出现的恐慌。列强将不得不直接面对这样的困境。在中国的历史上，他们的决定是重要的。

《泰晤士报》，1911 年 12 月 25 日

满洲屈服于人民的意愿

与亲王们商谈后，袁接受资政院计划

（该计划）将决定中国之命运

会议将投票表决国家是采取君主制还是共和制

总理规定议会必须有真正的代表性并且需要数月的准备

伦敦，星期三，12月27日。一份来自北京的快电说，与帝国亲王和贵族们商谈后，袁世凯总理昨天晚上给在上海参加和平会议的代表唐绍仪发了一封电报，原则上接受其计划，即召开一个特别国民会议决定中国是否将转变为共和制，还是仍旧保留君主制。

总理指出，大会必须有真正的代表性而决不能企图作出仓促的决定。否则，他说，其决定将不会得到国民的信任。

因此，他说，数月的准备是必要的，唐绍仪因此受命与伍廷芳和其他革命领袖讨论选举计划。

袁世凯说，在此期间，双方的力量应该致力于恢复和平。

《纽约时报》，1911年12月27日

提议中的大会

北京，12月27日。袁世凯已经电告其在上海的代表唐绍仪，提议决定中国未来政府的国民会议召开之前必须获得皇帝的同意。

今天皇太后召集皇室主要亲王来会见总理以便讨论上海会议上所做的提议。

根据权威消息，朝廷代表已经向袁世凯表明他们同意（皇帝）退位。同一权威消息还表示，朝廷认识到没有必要保留三到四个独立的区域和一些半忠心的省份，所以希望以同意草拟中的公决方式来获得更好的条件。

袁世凯充分认识到在上海和平会议聚集的共和党发言人不可能接受他所提议的方案，即慎重选举一个代表全国议院的方案。他认为共和党人知道时间对他的（袁的）计划有利。

总理确信，由他指挥的现代化部队装备良好，与叛军相比更胜一筹，能够取得几场战斗的胜利，但是因为他不能获得任何贷款，所以他就不可能重新占领失去的省份。

为皇帝创造尽可能好的条件后，袁世凯可能会辞职。他很遗憾的是唐绍仪的擅离职守。他以为唐可以成为共和国的总统，这一职务他本人不可能接受。

袁同样遗憾的是外国已经停止了财政援助，只有在此帮助下他才有可能重新征服这个国家。

《纽约时报》，1911 年 12 月 28 日

中国国民大会

如果说中国在接受代议制政府方面非常缓慢的话，那么现在，她正以惊人的速度向着新的道路迈进。我们驻北京的通讯员今天告知我们，经过皇室亲王的一致同意，袁世凯已经促成（皇帝）发布上谕。在这道上谕中，皇帝表示，愿意召集国民大会以决定国家未来政府的形式，并愿意遵守其决定。非常明显，这是统治王朝在放弃其权力，把自己整个未来交由人民投票来决定。也许可以推断，一切镇压革命运动的希望都已经放弃，尽管没有人禁止我们相信，促成这样一个

重大决定的部分原因是出于爱国动机。引发这一上谕的直接原因是唐绍仪的一份奏折。唐被派去与叛乱一方的领导人伍廷芳谈判，并因（对方）不妥协地要求实行共和而不得不中断和谈。奏折声称，皇帝同意宪法十九信条并庄严承诺遵守这些信条，这已经不足取信，政府采取立宪君主制还是共和制，这是一个重大问题，不能由皇帝或一部分人来决定。由于伍廷芳已经下决心赞成共和政体，而袁世凯则支持立宪君主制，把问题提交给一个国民大会来解决，这一提议似乎是为和平与全国福利而设计的一种妥协。它需要双方默认这样一个命题：迄今为止，情况无法忍耐，必须让位于采取这种或那种形式的另外一个政权。据认为，唐绍仪提出，国民大会应从全国二十二个省谘议局中各选三名代表，这将成为唯一的机构，在三个月之内召开大会。被要求停止敌对行为的革命党领袖认为这一时间太长，并要求正在南京开会的十四省代表会议也要有代表权。可以希望的是，如果仅仅顺为以下理由，即这将因此而削弱国民大会之中共和派代表的道德权威，那么伍廷芳不会坚持此点。很显然，如果国民大会要真正代表人民，其所有成员都必须经过专门选举而产生。各省谘议局的代表必须获得直接授权参加全国大会，决定一个如此重大的问题。

中国宪法也许在本国没有引起过应有的关注。由于它没有在中国行政管理中带来明显的变革，因此，一般的倾向是将之置诸一边，完全不加理睬。但是，它也许与中国舆论中产生的变化大有关系。此种舆论首先使得革命成功，其次带来了现在所涉问题上的重大发展。各省谘议局于 1909 年开设。去年一月，我们派驻北京的通讯员曾经描述过他们是如何完成自己任务的。总体而言，他们表现之好，令所有人吃惊。他们的会议庄严有序，他们的议题很多，特点各不相同，但一言以蔽之，议员们从容应对其新的职责。在其职权范围之内，他们的表现预示了新制度的有效性。不过，各省谘议局只能议，而无法执行。因此，毫无疑问，它们无法实行任何措施改善中国人民的处境。但是，从过去处理事情中所表现的情况看，这些议事性的机构，从今天它们所不得不执行的任务来看，却是举足轻重。我们有权力期望，在选举参加国民大会的代表时，他们将会很好地反映省谘议局所代表的选民们的意愿。和平与良好的政府是本国在中国的主要利益，只要这些得到保证，（政府）机构采用什么形式都无所谓。令人高兴的是，现在有理由相信，内乱与内战已经结束。两派都诉诸人民，因此两派都必须有风度。中国人民自然倾向于和平方法，不管最后决定是什么，多数人的决定都应该完全接受。

《泰晤士报》，1911 年 12 月 29 日

中国：君主还是共和

本报通讯员

（国体）将由全国大会来决定
皇帝上谕发布

北京，12 月 28 日。对日本在中国决定采用共和制问题上所持态度的误解以及对英国在此问题上所持态度的少许误解，现在已经解决，在皇室诸亲王的一致同意下，袁世凯今晚已经促成一道上谕的发布，表示皇帝愿意召集全国会议，决定中国未来的政体形式。

这道上谕是根据唐绍仪的一份奏折而发布的。唐引述伍廷芳的话，郑重声明人民决心采用共和政体。上谕承认，皇帝所颁宪法十九信条虽在太庙中庄严宣布一定要完成其承诺，但是却没有引起足够的信任，政府究竟采用立宪君主制还是共和制，事关重大，不能由部分人决定，也不能由皇帝决定，应召集全国会议来决定。唐绍仪征求共和派代表的意见，对方同意选派代表，停止敌对行动。

我认为，唐绍仪所提出的计划规定，二十二个省份的谘议局——这是目前唯一可供使用的机构——各选举三名代表，在三个月之内集会。但是，革命派领导人不会同意这样长时间的拖延。此外，他们还将进一步要求早已在南京临时参议院开会的代表担任十四省的代表。这或可达成某种妥协，让谘议局为这些代表安排另外的使命。目前，他们还仅仅是由革命派的军事都督们单方面提名的。

袁世凯与大总统职位

袁世凯一直都坚持认为，君主制政府比共和制更适合中国人民的精神，并一直都宣称即使全国大会正式任命，他也不会担任大总统一职。但是，我有理由相信，如果除了全国大会的意见之外，再加上他一直在忠心耿耿地为之服务的满族（贵族）的同意，他就会接受这样的职位。

对英国态度的肯定

在我最近一次到扬子江流域革命派的大本营进行访问的过程中，令我自己感到满意的是，我们在此危机中所持的态度，在各省也像在北京一样，得到普遍认可，认为这一态度始终不偏不倚，不支持任何一方，目标只是为了和平，而让中国人自己来决定应该采用什么样的政体。日本人对其天皇无限忠诚，对亚洲有可能建立的第一个共和国抱着怀疑的态度，自然，我们与日本的联系可能很容易引起误解。

《泰晤士报》，1911 年 12 月 29 日

新的中国宪法

毕善功[①]

目前还无法确切描述中国的宪法到底会是什么样子。不仅宪法正处于构建过程之中，而且已经奠定的基础、已经升起的上层建筑都可能为了适应不断变化的环境而进行修改。公共舆论的发展如此迅速，以至于昨天的政策就必须加以改变以适应今天的环境。

---

① 毕善功（Louis Rhys Oxley，1874—1945），英国人，1902 年来华，写作此文时任山西大学教授。

在作者所能支配的篇幅内，不太可能做更多，只能简要概述已经完成的事情，提示一下可能思考的问题，指出若干有可能阻碍或促进中国建立立宪制度的因素。目前时代的特点是飞速运动，改革被推动着极其仓促地向前发展，而在重大的立法活动时期，新兴的力量正在产生。整个政府官制在重建之中。将要不同程度地参与立法的地方议事会、省谘议局及全国资政院都已经成立或正在筹备之中。从皇帝到地方长官，整个行政官制都在整理之中，民法与商刑法正在编订之中，一套统一的管理新法律的司法系统正在创建之中。变化之突然出人意料之外。曾有人以为，在自然世界中，只有突发的、巨大的灾难才能解释突变现象，但是，更科学的精神则把这些特点解释为无声的原因，它们通过几个世纪的缓慢演变而成。而盛行的则是更古老的、更真实的观点，认为“natura nihil facit per saltum”①。因此，在历史上，有一些变化，从其外表显示看是突发的，但是，这些变化都是多年来一直在起作用的原因所造成的结果。在中国，目前的变化虽然迅速，但这仍是一个多世纪以来在起作用的原因引起的结果，而系统的历史考察则要远溯到马克·波罗，还可能要归功于早期耶稣会传教士的影响。

国籍的观念起源于中世纪，在欧洲，国籍观念把中世纪与现代区分开来。在中国，国籍观念的发展是造成最近几年来必须进行重大改革的最大原因。立宪运动使包括政府和人民在内的中国正在意识到其国籍并第一次成为一个唯一的国族。

用一般的话来说，有两股力量在把中国政府和人民融为一个唯一的国族，一股力量来自外部，另一股力量来自内部。与外国的接触迫使中国政府坚持自己是全国的实际统治者。知识的增加和新教育的出现使人民能够更加实现、更加真实地自我现实。而这种自我的实现正在促使人民要求一种类似于他们在周边所发现的文明那样的文明。一方面，中国出现一种加强中央权威的运动，把中央政府和全国各地拉得更近，而另一方面，则出现一种要求，要求人民分享立法权及行政权。中央政府试图要么直接由自己来治理，要么间接地通过其代表来实施管理，这些代表会更直接、更密切地对中央政府负责。人民极力想使自己的声音能够让政府机构听到，他们正在明确尝试为自己取得参与国家立法和行政的权力。

---

① 拉丁文，意为“自然不会一跃而起”或“冰冻三尺非一日之寒”，译者。

宪法是结合这两股势力的一种尝试。它有意识地加强中央政府，明确承担了更真实更明显的责任。尽管被迫承认民众成份，但其中的自觉意图则是要把人民代表的权力彻底服从于皇帝至高无上的权力。在某种程度上类似于封建制度或诸侯邦国的松散的省级政府，正在让位于由一个强大的中央政府组织起来的帝国，将允许民众的声音通过严格的限制而正式提出。法律将成为全国统一的法律。司法管理将成为一套统一的司法程序体系，由中央直接控制和指导。教育将成为全国性的，按照统一计划来进行。行政将成为统一的行政，（行政权将）集中到北京，直接对中央政府负责。满足民众的要求，允许其参与资政院的辩论，尽管主权一点都没有给予人民。这一目标在上谕、奏折和规章中都很清楚。宪法意在加强皇帝中央政府的权威，而给予人民代表的只不过是一张画上之饼而已。可以猜测的意见是，阻力会是消极的又会是积极的。各省独立可能会强烈憎恶来自北京中央政府的事事干预，而且也不容易把一套法律和司法制度、行政制度和教育制度强加到一个多个世纪以来基本独立生活在农村地区、风俗差异极大、村各自治而且总体上不依赖政府而自行解决其内部纠纷的民族身上。

最高权力保留在皇帝手中。他是所有立法、行政和司法行动的源泉。他是唯一的不可分割的主权者。立法团体只是提出建议，其决议并不是最后决定。同样，关于控制行政和行政官员，议会的职能是严格限于咨议范围之内，只有皇帝才能做出决定并付诸行动。各宪法条文的详细内容也使此点非常清楚，上谕及奏折的措辞也都清楚地表明，政治的意图不逾于此。据声明，国会的观念在中国并不新鲜，现在的政策只不过是用现代的方式来实施古代就已经熟悉的理论和实践而已。对古代用法的使用、对经典的引用都被调动起来支持这一观点。皇帝还像从前一样是唯一的至高无上的大权独揽者，建议、知识、智慧则要从人民中间来寻找，但是，皇帝的特权决不允许人民或其代表分享。宪法不是统治者和被统治者之间的合约，而是高高在上的统治者给那些下层人民的慷慨恩赐。最后的命令总是要由皇帝来下。

正如其名称所暗示的那样，《宪法大纲》包含了中国所理解的立宪政府的基本概念。它规定，君上有统治国家之大权，凡立法、行政、司法皆归总揽，而以议院协赞立法，以政府辅弼行政。法官被宣布为法律的解释者，但他们是皇帝的代表，其解释必须严格按照法律进行。法律由皇帝制定并颁布，而且他有权决定哪些议案需要发交议论。议院议决的法律，未奉诏令批准颁布者，不能见诸施行，直到皇帝批准并颁布之后才能施行。他有可能拒绝同意，也没有任何一处提到过议会的同意是一项立法措施生效所必需的。只有皇帝才有权召集国会，宣布国会开会、停会、展期、闭会及解散。所有行政官员的任命、黜陟之权操之君上。他统率陆海军及编定军制，议院不得干预。他是外交事务方面的最高和唯一权威，有宣告戒严之权，当紧急时，可以发布超越现有法律的行政命令。宪法明确规定，一旦需要时，皇帝可以根据需要，采取任何他认为必须的严厉或非宪法措施。

《宪法大纲》包含了此类工具中所能发现的一般保证。文官及军官职位向所有符合条件的人开放；假如法律所设定的界限没有逾越，言论、集会和结社自由就有保障。对于出版自由也有类似的保障。除非依据法律，否则不许逮捕及监禁（公民），被指控贪污者可以向设立的法官请求对其案子依法进行审判。中国人的房子是其城堡，其财产所有权除非有相当理由，否则不能干预。臣民的基本责任是遵守法律，依法纳税及服兵役。《宪法大纲》对通信秘密没有保障，也没有明确表示允许臣民信仰任何宗教。

《宪法大纲》对议会的权力进行了极其微不足道的论述。议会只有议事权，而没有执行权。它在立法方面不是最高权力机构，因为其措施需要得到皇帝的批准，而这种批准当然并不一定能够给予。皇帝的大权并不是法律的构建，而是一种真实的事实。当皇帝批准时，也只有到那时，决议才会成为法律，才可以通过行政部门来实施。

关于财政方面，评论最好还是谨慎一些。其用意似乎是要让君主有相当的自主权，使之在此范围内可以不受议会控制地开展财政活动，甚至在普通的年度财政收入和支出方面。尽管有人认为不得已时可以寻求议会的建议，但是没有意思表示议会的批准从法律上说是必不可少的。很清楚，议会对财政的控制并不像议会制统治下的国家中那样完整，立法方面亦是如此。

议会及其下属的立法性的谘议局都被赋予了弹劾高级官员的权力，但是只有弹劾权，决定及裁决是皇帝的事。

宪法规定了四级代表会议。北京的全国资政院，该机构以后将改成全国议院；各省谘议局；各省大小城镇乡议事会。除此之外，北京将设立地方政府议事会，有其独立的章程——除最后一个之外，其他章程都是完整的。资政院与各省谘议局早已召开过会议，而地方政府议事会正在试验性地召开。

资政院实行一院制，但包含了两院制议会的成份。其成员中，一半实际上由皇帝钦选。他们选自汉人、满人以及蒙古人，选自皇子及世袭贵族、皇族、大都市的高级官员以及硕学通儒和富人等，他们是上院或贵族院的核心。他们可能会表现出某种保守倾向。一半议员代表人民。他们由各省督抚从谘议局推选出来的议员中指定。从这一部分议员中可以找出进步的动力。资政院的总裁由上谕任命，总负责组织院内辩论及维持纪律。资政院每年从九月初一开始集会，会期三个月。如皇帝发布上谕或经皇室大臣要求或经总裁及多数议员的动议，（资政院）可以召集临时会议。资政院分成若干不同的股，以提高效率，各股对各议案进行初步调查并提出其意见，提请全院会议批准。资政院可以讨论的议题共分五类。第一、第二类为国家岁出岁入预决算；第三类为税法及公债；第四类为新定法典；第五类为奉特旨交议事件。一般的程序是由某“部”向资政院提交一项议案，请求讨论，如果大多数同意，则联名向皇帝奏报，请其批准。如果资政院的调查结果与部里的意见差别较大，则另起一份奏折，并附上不同的意见，请皇帝裁夺。无论是哪种情况，皇帝都没有必要必须批准。在第三、第四两项之下，资政院可以自提议院，但是关于全国的岁出岁入，它却没有动议权。在任何情况下，资政院的决议都不是最终的决定，其结果被附在一份给至高无上的君主提出建议的奏折中，而且一旦资政院在讨论中与任何特定的某部意见不一，就会把其与行政部门相对立的意见呈送皇帝。宪法似乎没有规定最后经过审计的岁出和岁入账目需要提交资政院进行研究与批评。

在其特定的范围内，谘议局的权力也非常类似。资政院处理全国性事务，而各省谘议局则讨论各省事务。谘议局会议每年九月初一开幕，会期 40 天。必要时，可以召集临时会议。谘议局一般不分股，当开会时，都是全体会议。议员中相互选出十分之一作为常驻议员，资议局闭会时，他们仍然继续开会。在这一段时间内，督抚可以召集他们来提供咨询意见，议长也可以召集他们来议事。当谘议局会议开会时，这一常驻机构没有任何特别职能。政府有权派代表出席谘议局及资政院会议并参加辩论或做出解释，其代表可以发言，但没有投票权。督抚一般提出议案让谘议局讨论，尽管谘议局也有有限的提议权，就像资政院的情况一样，但只有政府才有权提出有关年度岁出岁入情况的措施。

谘议局的决议本身不可能变成法律。它需要督抚的批准。如果督抚不愿意批准，或者他批准了之后又忘了付诸实施，谘议局有权向设在北京的资政院上诉，但是，资政院也只能奏请皇帝裁定。其决议只是建议性的。在所有情况下，是皇帝的上谕或皇帝所派只对皇帝负责的代表的行动才能使之具有法律的权威和力量。宪法规定了明确的界限，只有在这些界限之内，代表会议才能行使其职能，纯粹咨议性的职能。宪法没有考虑把皇权的任何一部分分给人民代表们。

谘议局的议员由人民选举产生。选举实行复选制或间接制，谘议局的议员由选举院选举产生，选举院每府设立一个。选举院的成员由一府中所有各县的选民选举产生，每县选举出若干选举院成员，无论某县要选举出多少议员，每一投票人都只投一票。在第二轮投票中，每府的选举院选举出若干谘议局议员，选举院中的投票人每人只投一票。通过对县、府、省总选民数及该省谘议局议员数进行比较，在此基础上，一个选举院成员的人数以及每一选举院选举出来的谘议局议员数通过数学计算确定下来。

所有年满 25 岁以上的男子，如果他们具有教育文凭、做过官、拥有一定数量的财产等，就可以给予选举权。非本省人士只要居住满十年也可以获得选举权。满族有单独的代表，融合满汉的政策在彻底实行之后，这一政策将被取消。年龄是议员的资格之一，三十岁是最低年限。没有选民资格和议员资格者，包括不识文义者、鸦片吸食者、身家不清白者。此外，那些营业不正者、流氓土匪、失财产上之信用者、曾被判处监禁以上之重刑者、被人指控尚未结案者没有选举资格，如已经被选举为议员，则应该辞职。考虑到其工作的性质使之不适合享受政治特权，一些阶级被剥夺了担任议员的权利。在这种情况下，被剥夺权利并不是什么耻辱之事。这些人士包括现任官员及其幕友、巡警或军人、僧人、道士、宗教教师及在校的专科及大学学生。现任小学堂教员可以参加投票，但没有被选举权。议员最多可连任两届。严格地说，议员不领薪酬，但可以有相当宽松的津贴费，资政院与各省谘议局均是如此。

谘议局采用一院制。其所有议员均按同一方案选举，在选举办法中未规定任命或提名。像资政院一样，其职能完全是咨议性的，也不能进行任何直接的立法活动。谘议局和资政院之间没有任何实质性的关系，它不是资政院中相对于贵族院而言的下院。一个可以向另外一个征求建议或信息，资政院对督抚和谘议局之间发生的争议或不同意见进行辩论并奏请皇帝，不过，资政院在这些问题上的决议都不是最后的裁定，它们充其量不过是给皇帝的建设，皇帝可以接受，也可以不接受。宪法并没有剥夺督抚就任何事件直接向皇帝上奏折的权力。

对诸如选举的进行、选举违规的处理、谘议局和参政院的开会与闭会、内部组织、议事规则、纪律以及与代议机构相关的其他事件，宪法中都有详细规定。在此只能提一提。

地方政府分作两级，即高级和初级。一般而言，宪法规定了各县的地方政府系统以及县之下的市、镇、乡等初级系统。在地方政府系统中，县是高级系统，有关这些高级系统的章程是完整的，但是，对于初级系统而言，则刚刚开了一个头。在这一新的初级系统中，人们发现了新的成份，因为，在这一系统中，宪法不仅给了人民代表立法的职能，而且还部分参与行政。但是，政府官员总是引人注目，在立法方面，他有最终决定权，而在一般事务中，也是他才有权提出议案，在行政方面，他有权，也有责任实施广泛监督。

在每一个市镇乡都选举一个议事会，以便就立法事宜等向地方行政长官提出建议。它还要选举或至少参与选举一个董事会，作为较小行政区域内的执行机构。在乡村，由村议事会选举的两名官员负责这一董事会。另一个有趣的特点是，当一个乡村的人口降至两千五百人以下时，其议事会将由参加乡村会议的所有选民组成。

对议事会的职责权限做出了多少有些强制性的规定，包括教育、卫生、道路与公共工程、农工商业、救济法、车道、电灯及自来水。后来，部分条文明确规定，所有一直属于政府管辖的事务完全不属议事会的职权范围。这大大限制了地方自治的范围。关于财政，宪法授予了议事会一些权力，但是，截止到目前一直由政府管辖的则无权干预或控制。地方和政府之间没有划出一条界线。当议事会的决议得到地方官的批准之后，地方长官监督之下的董事会负责执行这些决议。董事会负责“地方财政”的收取和开支，明确规定了审计与检查账目的条文。需要指出的是，这一明确的规定只出现在这一章程之中，其中，行政权力的一部分已转移至民众团体手中。

达到一定年龄以上并每年交纳一笔数额不大的赋税的就是选民。议事会一半的议员由占当地纳税额一半的选民选举，其余一半议员由另外一半选民选出。地方官有撤销或解散大权，并负责一般监督和查核有无违背章程之处的职能。议事会每年开会四次，每次十五天，董事会则每年开会一次。董事会的成员不能同时担任议员，父子兄弟也不能同时担任该组织的议员。

更高级别的地方，即以县为单位的地方政府，目前还没有开始操作。市镇乡已作为选举单位选举了议事会。议事会选举出一个理事会，或者更确切地说是一个委员会或参事会，它不仅是作为议事会的参事委员会，除预备议论的议案并纠正议事会越权之处，而且也是地方官的参事委员会。它不像市镇乡董事会，它没有任何行政职能，因为地方官被宣布为这一类地方政府的唯一的行政官员。它可以就议事会通过的决议的执行本身等向地方官提出建议。县长完全是高级地方政府系统的主宰，无论是议事会或参事会的决议，除非得到其同意，否则不具备任何效力。议事会有权提出建议的事件没有详细规定。它可以就严格限于地方财政（所有在北京度支部管辖范围内的财政收入和支出完全不在这类代议机构的职权范围之内）等提出建议，它可以就下属市镇乡政府没有解决好的问题提出建议，它也可以就诏令特旨交议的事件提出建议。章程自始至终可以发现一个突出的特点，即有意识地规定了同意和不同意议事会和参事会活动的范围，议事会和参事会可以在经范围之内开展活动。这就有了一个可以了解人民愿望的机制，有了一个允许公众意志成为可以作为法律操作的机制，但是，这也是一个抵制人民意愿的机制，一个拒绝公共舆论的机制。

关于这些地方议事会的财政资源和权力，还不可能做出权威的评述。章程中提到了公款公产、地方公益捐费及地方公债等。有关这些事情，度支部及民政部将上奏并确定数目，不过，事情还没有结束。资源及权力还没有界定。一个地方财政计划毫无疑问已经考虑过，但是，其目的也还清楚，迄今为止由督抚或皇帝代表性质的地方官员控制的范围之内的事，它都不想让地方代表议事会有任何控制的权力。

此处不是做出任何批评之地，也不是预测未来之地。宪法或多或少模仿了日本的模式，但是没有日本那样彻底。财政方面，日本国会在提案和最后阶段都有明显的控制权，而且其同意是确定总收入支出的必备条件。宪法给予中国资政院的财政权比影子强不了多少。它缺少真实性。恰恰是在这一问题上，宪法问题将成为争论的问题，这并不是不可能的。在同意提供之前，人民已经开始用古老的呐喊要求政府关心民瘼。议会制之祖英国被视作理想，大臣责任制的要求已经提出。政府当然已经对人民的呼声给予了一定关注，但在已经给予的赐颁的宪法中，皇帝的大权没有受损，中央政府更显眼，它得到了加强和巩固。中央当局仍然是至高无上，行使着未被分割的大权。无论是在立法方面还是在行政方面，皇帝都没有让出任何一部分特权。有一种成立责任内阁的要求，但是，东方君主所了解的唯一的责任是老天赋予皇帝的责任。议员们要求成立国会，但是，在规定的权限内，任何特定的代表会议，就像现在已经建立的那样，还不能说就是一个真正的国会。英寸是否会变为英尺，谦恭奏呈的建议是否会变成不得不遵守的命令，这是只有将来才会做出决定的问题。

季理斐编：《中国教会年刊》（上海广学会，1911 年），第 49—62 页

中国制宪

佩森·J. 屈德博士[①]

在过去十年，中国已经成为全球最有意思的地方之一。事实上，说中国在这十年中是所有国家中最为进步的国家，这似乎也不是站不住脚的。这并不是说她与其他国家拉开了距离，而是说她与十年之前的状况比，已经取得了更大的跃进。对于这些变化和改革的性质，报纸上已经一再指出过。每一重大措施本身都是值得注意的，而对于那些只对一代人以前的中国有所了解的人士而言，这些措施简直是难以置信的。所有这些措施加起来，就构成了一个计划，它们应该引起所有抱同情心的观察者们的惊奇和钦佩。

新中国诞生于 1900 年义和团运动的极度痛苦之中。有些人愿意把其源头上

① 斯坦福大学利兰分校历史学副教授。原注。

溯到传教士和少数出洋的留学生。但是，似乎毫无疑问的是，如果没有皇太后的支持，任何席卷一切的变化都是不可能出现的，而且不是戊戌年的变法，而是庚子年战败和出逃的耻辱，才促使她出现这样惊人的彻底转变。但是，在从逃亡中回銮之前，她已经后悔地承认，旧有的制度已经无法适应新环境的要求。她于1901年1月28日发布的懿旨，尽管是用皇帝的名义发布的，但却是一份了不起的文献。“没有其他任何一位王朝的统治者能够宣布这样重大的变化而不引起内部分歧或者甚至引起内战”，这一说法毫无疑问是正确的。她坦率地告诉人民，她已经决定，“取外国之长，乃可补中国之短，惩前事之失，乃可做后事之师”。有了她的巨大影响和男子汉般的力量，成功似乎是有保证的。与其后来的速度相比，改革运动在缓慢地发展着。概括说来，这是一个庞大计划。它意味着要在教育、新式海陆军、改革币制、统一度量衡、修订法律及诉讼法、整理地方官制、调理中央与地方关系以及其他相关方面进行一场全面的改革。在一个特殊的方面，她超过了外国，因为她无视既得利益者而发动了一场反对鸦片的运动。在中国目前的状况之下，这些之中哪怕最小的一件都绝不是小事。

国内的情况不太有利。即使中国人民具有所有理想的特性，但是，干扰的因素很多。国家领土广袤，风俗习惯及语言相互差异，民众赤贫，无知，保守，官员腐败，反满情绪日益严重，等等。然而，在第一道上谕发布之后不到九年，皇太后强有力的手腕因其去世而消失。

中国也无法集中全部精力来整理其国内之事。外国人所出难题分散了其政治家们的注意力。首先是来自俄国的威胁，接着是在中国领土上发生的日俄大战。日本的胜利给改革运动以巨大推进，在1905年之后，改革横扫一切，几乎没有遇到任何抵抗。然后，由于日本处在俄国令人焦虑不安的状态，东北问题又变得紧迫起来。各个地区的边界问题，为外国贷款和租借地而进行的谈判，以及俄国在蒙古造成的新的威胁，都干扰着对国内重要问题的思考。然而，这些外国的威胁并非只是邪恶。正如1897至1898年外国海军基地在直隶湾的建立给义和团火上浇油一样，同样，对日本和俄国在东北地区的担心，以及对外国贷款可能带来的危险的担心，在全国引起了真诚的爱国主义，并增强了民众参与政府管理的意识。

想到过去十年中国国内外的形势，就很难看出任何人（有任何理由）为中国改革的进程感到悲观。不是做得太少，而是完成得太多，这才应该是外国观察者的感觉。一个能够把受备受尊敬的科举考试制度抛弃在一边的民族，一个能够以意想不到的成功进行了一场反对鸦片的民族，确实是不用再对之有任何怀疑。但是，也要注意，不要期望（中国人）在短时间里完成太多。四亿人民不可能在一天之内或一代人之内完成改造。重要的考验是“方向而不是距离”。很显然，中国似乎正在向着正确的方向前进。

新生力量中的典型，萦绕在进步的中国人头脑之中（但目前还不是最为重要的），是立宪和代议政府运动。几年之前，“中国国会”一词听起来会显得很不真实，然而，一年多以后，它马上就要开幕了。为如此重要的一步进行较长时间的准备，可以说是必须的，但是，政府似乎与此背道而驰，以出乎意料的速度前进。在承诺颁布宪法和召集国会之间，本来是要经过七年筹备的。

自然，日本的榜样一直摆在中国官员面前。作为第一个采用西方政府形式且效果颇令人满意的东方国家，日本的经历也许会给中国提供一个可靠的指导。正像日本能够挑选、选择西方文明中最好的东西一样，中国也有可能对日本所学到的最好的东西加以利用。在日本，立宪政府是在经过全国长期准备之后，由天皇慷慨赐予的。在此长期准备过程中，天皇的顾问大臣们从不出错的智慧，很大程度上是取得成功的主要原因。1868 年，天皇发表了著名的大誓，宣布“广兴会议”。次年，公议所即仅代表大名的一种咨议组织召集了第一次会议。1874 年，首届县知事会议召开。次年，由官方提名人组成的第一届元老院即贵族院组成。从 1873 年开始，自由派领导人鼓动颁布宪法及成立代议机构，从而帮助人民为期盼中的改革做好了准备。最初的代表会议是 1879 年召集的县市代表会议。1881 年，天皇宣布将在十年之内颁授宪法。这些年份都在认真准备。已故的伊藤亲王于 1882 年受命担负起草宪法的责任。1884 年颁布勋位法，1885 年重组内阁，1888 年设立枢密院。最后，1889 年颁布宪法，次年，第一届国会开幕。这一极简短的概括可以表明，在日本的个案中，整整用了二十年的时间，来为新的政治制度做准备。这样长的时间是自由派和保守派领导人之间妥协的结果。但在中国，所允诺的时间只有不到（日本的）三分之一。也许，可以提出支持中国个案中缩短时间的理由，但是，另外一方面，可能更容易相信，中国的各项条件都不如日本有利。无论如何，到了现在这个阶段，任何意见都已经毫无价值，而且就发展状况而言，任何预言也毫无价值。相反，对过去五年间所完成的事情进行简要考察，或许还有些意思。

实实在在的立宪运动开始于1905年12月，那时，一个考察团被派遣出洋考察宪政。他们回国之际，朝廷举行会议讨论其考察报告。尽管有某些保守的满族人反对，但还是通过了支持立宪。皇太后批准了这一决定，并于1906年9月1日用皇帝的名义发布了一道上谕。为这一重大变革提供的理由非常惊人："前派大臣分赴各国考察政治。现大臣[①]等回国陈奏，皆以国势不振，实由于上下相睽，内外隔阂，官不知所以保民，民不知所以卫国。而各国之所以富强者，实由于实行宪法，取决公论，君民一体，呼吸相通，博采众长，明定权限，以及筹备财用，经画政务，无不公之于黎庶，又兼各国相师，变通尽利，政通民和有由来矣。"不过，皇太后知道宪法意味着什么。"目前规制未备，民智未开，若操切从事，涂饰空文，何以对国民而昭大信。"有鉴于此，她开列了在实行立宪政府之前必须采取的步骤。各弊必须廓清，官制必须更张，法律必须厘订，教育必须广兴，财政必须整理，武备必须整饬，巡警必须设立，必须使人民明悉国政，以预备立宪基础。她没有规定最后实行立宪的确切日期，但是要求所有各阶级人民"豫储立宪国民之资格"。

这是一个极其重要的决定。一般都承认，皇太后完全同情这次运动，而积极支持她的人是大总督袁世凯以及考察政治大臣载泽和端方。对运动进展状况极感兴趣的日本报纸多认为运动会取得成功，尽管仍提出了一些悲观的看法并质询皇太后的动机。她任命了一个委员会来负责官制改革，讨论了各种各样的方案。（他们讨论）中央和地方政府权限划分问题，特别是收回督抚手中的"钱"（财政权）和"剑"（军权）的问题，是一个颇为棘手的问题。但是，皇帝的认真很典型地表现在9月20日发布的著名的反对鸦片的上谕中。那道上谕比过去五年中任何其他措施都更清楚地表明，在其实施过程中，消息灵通的外国人是如何严重低估了中国民众情绪的力量。11月，各部进行重组，除外务部之外，满汉官员不再区分高低。

整个1906年的上半年，到处都在传言说保守派要开始反攻。人民是否已准

① 上谕原文为"载泽"，译者。

备好承担如此重任，张之洞表示怀疑，但是，袁世凯却坚持其立场。正是他于那一年夏天在天津组织了一个议会制政府，首次对代议制思想进行了试验。选举权根据教育和财产情况而定，选举实行间接制，对议员资格提出了很高要求。选举于6月15日进行，议事会于8月18日开幕。保守派领导所能积聚的任何力量都因某些外交事件的发生而瓦解。朝鲜国王的退位和日本即将对那个国家实行的并吞，法、日协议和预期的俄、日协议，所有这一切都增强了这样一种意识，即中国的安全只能靠改革。袁世凯充分利用了形势，并再次在政界占了优势。和张之洞一样，他被任命为军机大臣。在他的大力建议下，另一个使团被派往国外，这次的目的是访问君主立宪国日本、大不列颠和德国。9月21日，一个新的咨议组织获得批准，这就是资政院。

下一步是组成地方谘议局。10月19日的上谕令督抚成立谘议局，但是没有给出具体的细节。1908年7月8日由宪政编查馆准备文件提出了详细计划，要求一年之内成立。

与此同时，成立议院的问题经常处在讨论之中，在6月，据说委员中的11人赞成十年内召开，三人赞成七年，七人赞成五年。那些极力主张速开国会的人是在日本接受的教育，而那些极力主张慎重的人是接受的西方训练。在夏天，代表团从全国四面八方到达首都，强烈要求速开国会。他们的请愿书由8月27日的谕令给予答复，以九年为限，颁布宪法召开国会。准备的步骤概述得比1906年的更为详细。现在一个确切的日期被确定，但是这并不能满足鼓动者。

11月14日和15日，皇帝和皇太后相继死亡，某些人认为，这预示着一场反对改革的运动，但是在12月3日小皇帝颁布了一道上谕，批准了已故皇帝的计划。尽管摄政王——醇亲王不久撤了袁世凯的职，但对他的工作并未加以否定。

各省谘议局选举于1909年5月开始，10月14日由各省的督抚主持召开。有二十二个省谘议局会议召开，成员从30到140人不等。尽管他们被设计为议事性的机构，但他们不久就显示出意想不到的独立特征。地方官员行为有时受到严厉批评。政府的举措经常受到抵制，尤其是拟议中的印花税，政府的外国贷款政策也受到特别反对。谘议局同样在请求速开国会方面处于带头地位，尽管有九年预备期。代表谘议局的委员会匆忙赶来京城，但是1910年2月1日一道谕令拒绝了他们的建议并宣布皇帝坚持原来的日期。代表团成员不情愿地离开北京，但是白话媒体开始煽动。与外国的纠纷再一次敦促速开国会。在湖南和四川，民众情感被激发起来反对所谓的四国贷款，而在各边境地区，边界问题很迫切。6月，来自二十二个省份、拥有不同团体代表的代表团成员，来自国外侨民的代表团成员以及其他代表团成员在北京集会，强烈要求速开国会，以便在困难的时候给国家以力量。然而，皇帝在廷议之后，在27日又一次拒绝请愿书。但是这次努力的结果是在北京成立了一个永久性组织，其目的是，为理想的目标进行宣传，并协调各省谘议局共同行动。8月22日朝鲜被日本并吞，这给有思想的中国人留下了深刻印象。

10月3日，众所周知的参议院，实际上也是未来国会基础的资政院，在北京召集。它是根据1907年9月20日和1908年7月8日的谕令成立的，而具体细节是在1909年8月23日宣布的。会员包括一百名政府钦命者，和一百位地方谘议局提名者。总裁（溥伦亲王）和副总裁由皇上任命。官方钦命者包括皇室成员、皇室各支成员以及汉族和满族贵族成员、藩属各王公、官员、硕学通儒和富人。在开幕会上，三十七位满人，十八位蒙古人和一百四十一位汉人一同出席。尽管只有一院，但资政院包含两院的成分，即特权阶层代表，他们构成上院，人民代表，他们构成下院。所宣布的辩论议题包括国民收入与支出，预算准备，税收方法，公共债务，新法典——这些在提交给资政院前必须得到皇上的批准，此外，还有皇上交议的其他问题。资政院的权力是有限的。当它就某个决议取得一致意见时，总裁得到军机处或会议政务处大臣之一的赞同，必须奏报皇帝，如果皇帝同意，就会发布上谕。如果资政院和军机处或者会议政务处成员不同意，则必须由资政院重新考虑。如果不能达成一致，双方都必须提交给皇上（裁决）。

在各省谘议局的案例中，资政院不久就表现出了它的勇气。所讨论的首个问题就涉及到广西巡抚的行为，而资政院毫不犹豫地通过弹劾案。对官方交议问题的讨论不久被恳求资政院奏请速开国会的提议所打断。此案于22日在满腔热忱中获全体一致通过。即使钦选议员也投票赞成这一措施，而一份又一份的来自各省的请愿书指出，外交事务的严重状态和不稳定的财务状况使得国会非开不可。30日的国务会议之后，皇上在某种程度上屈服了，而11月4日的上谕宣布国会将于1913年召开，比原计划早4年。尽管这个宣布得到与众不同的热忱欢迎，但是可以有趣地注意到，在某些地区，大家认为这是对极其重要措施的无理推迟。奉天和天津是继续鼓动的中心。

皇上显然已经在萌芽的国会面前示弱了，而资政院议员则开始乘胜进取。10月26日交议的预算大约有七千四百万两的赤字。资政院下设的一个委员会将此减少为一千四百万两。接下来资政院否决了湖南贷款，理由是没有得到地方谘议局的同意。一道上谕告诉它这笔贷款不在权限之内，但是朝廷声明将来会遵守正式手续。然后资政院要求军机大臣亲自出面解释这笔有异议的贷款。他们拒绝了，一时间出现了僵局。后来，当资政院通过的两项举措被认为是受到军机处欺骗时，不信任案投票被一致通过。当争论中的议案最终得以批准时，这一议案就被取消，而相反地，请求成立责任内阁的请愿书被呈递上去。军机处领班大臣庆亲王，是资政院特别不信任的对象，但是他得到摄政王强有力的支持，成立内阁的请愿书被拒绝了。另一项主要针对庆亲王的弹劾案获得通过。但是一道表彰这位经验丰富的政治家的上谕发布后，这一议案就被取消了。

这是摆在资政院面前的比较重要的措施，尽管对通过的剪辫的决议兴趣相当大，但是摄政王拒绝了。最后，1911年1月11日，资政院第一届会议结束。会议持续了三个月零十天，期间召开了三十九次大议。在其他日子里则召开各种各样的委员会。十七项议案没有议定，而修订过的预算在呈奏皇上之前交军机处批准。

总的来看，临时国会的首届会议可以算得上是成功的。本来是要让它充当国会议员的培训学校的，而它也极好地达到了目的，这证明它是一个表达公共舆论的有用机构。官方用这种方式证明了它对各省过热的政治起到了一个安全阀的作用，就像它实际表现得那样。辩论得到名副其实的爱国主义精神鼓舞，它打算加强中国迅速成长的举国一致的情绪。大多数议员因是钦定而受到批评，但临时国会在高官面前表现出无所畏惧，甚至尝试弹劾（军机处）〔军机大臣〕。尽管它完成的少于其议员们所预期的，然而它却争取到缩短立宪的准备期——从西方观点看，这一结果的价值值得怀疑，它为责任内阁运动提供了力量。

在北京，数月来，内阁的组建一直处在讨论中。5月9日，官方宣布成立新内阁。庆亲王被任命为总理大臣，还有两个协理大臣。设立了十个大臣职位。十三个成员中五个是亲王，四个满人，四个汉人。内阁对皇上负责。在某些举措上它是一个整体，总理大臣如果认为有必要，他可以暂缓执行个别大臣的命令。而陆军和海军大臣则被授予相当多的独立权。与此同时，设立了由三十四个成员组成的弼德院。

过去数月已经见证了正式政党的组成，即各省谘议局的持续活动及其代表在北京的活动。资政院将在 10 月召开常会，召集特别会议的要求已经被摄政王拒绝。

这就是过去五年中中国立宪的过程，只剩下一年多一点的时间了。某些事件削弱了许多中国人普遍相信的观点的力量。他们被宣布为保守者，然而许多人认为他们已经用危险的速度向民选政府前进，因为中国允许用七年去完成日本认为二十二年都嫌不够的事情。他们被说成缺乏爱国主义，然而各省谘议局对外国贷款所采取的态度，朝鲜被并吞以及俄日协议，表明在某些有影响的范围内国民精神在发展。不管怎么说，在过去的五年中，中国充满了变化。皇帝发布了许多改革的上谕并不同程度地得到成功实施，这主要取决于地方官员的态度。这些改革中的某一些措施比引进议会制政府更为重要——诸如在教育、货币、金融、法律以及诉讼程序方面的改革——但是没有一项引起民众的兴趣。在剩余的时间内还有许多事情要做：代表的基础，投票资格，议院章程以及需要仔细考虑的现实问题。但是过去几年的发展使我们有理由相信中国人与生俱来的良心使他们能够以令他们满意的方式应对其问题，即使与西方观念不一致。值得记住的是，四十年前许多在日本的外国人习惯于嘲笑她企图获取西方文明的重要元素。类似地，以牺牲中国为代价所做的批评会不太离谱，这是没有任何理由的。在这些关键的岁月里，中国将给那些对一个民族改良运动感兴趣的人们以很好的回报。

《人种发展杂志》，第 2 号（1911—1912 年），第 147 页

1911 年年度报告：朱尔典爵士致格雷爵士

1912 年 3 月 27 日发自北京

宪法改革①

第 149 节　1911 年 1 月资政院第一届会议的闭幕，迫使皇帝无可奈何地致力于一个大大缩短的预备立宪计划，国会将于 1913 年召开。如此一来，要教育人民如何做公民、如何克服极端保守人群的偏见等，原定的九年期限就似乎太短，现在又缩短到五年。不过，皇帝准备兑现其承诺，此点从下述事实中得到证明：新修订的方案已经让各省官员传阅，并要求他们严格遵守其中的条款，并提交报告，否则将严惩不贷。这些报告将发表在《官报》之中，说明在特定的期限内，在其辖区内取得了什么进展。改革所面临的主要困难是人民的冷漠。也正是因为如此，官方才派人到茶馆中宣讲报纸。同时，为了提高公众对政治事务的正当兴趣，民间已经开办了辩论会，并得到了政府的支持。

第 150 节　与此同时，资政院的议员们，尽管处在溃退中，但也还没有完全忘记国事。5 月间，他们用资政院的名义，紧急上奏皇帝，抗议上届资政院会议通过的预算案没有被采纳，要求召开临时会议，来讨论汉粤铁路借款、（货币）〔币制改革〕、满洲工业与开发借款，以及其他一些引起他们关注的、涉及公共利益的事情。根据资政院院章第 32 条的规定，他们的要求看起来似乎很难加以拒绝。该条规定："资政院临时会，……遇有紧要事件……议员过半数之申请，均得奏明，恭候特旨召集遵行。"然而，政府极欲阻止公众对其行动的直接批评，5 月 17 日又发布一道上谕，声称不必疑虑，事情不是太急，可等到资政院秋季正常开会时充分讨论。不用说，这一决定显然意在阻止公众的质询，直到借

① 第 1—148 节与立宪关系不大，从略，译者。

款协定已经快到执行之时，再提任何补救弊端的措施，就已经来不及了。这不仅远远不能满足资政院议员们，就连普通民众也不满意，通过当地报刊，他们已经把这些人当作了知心人。此种宣传鼓动的结果广泛传播，但在（后边）讨论铁路问题时再谈可能更方便一些。

第 151 节　也是在这同一个 5 月份，政府高层官制开始了一系列变动，名义上是为了集中权力，实际上，废话连篇，却几乎不可能实现哪怕极小的改革。设总理大臣一职，第一任由庆亲王担任（任命两位协理大臣），原有的内阁、军机处、会议政务处等裁撤，以便按照宪政编查馆修订的大纲组织（新的）内阁以及弼德院。前者由总理大臣、协理大臣以及政府各部的尚书组成。内阁之下附设若干属官官制，如印铸局、承宣厅等。这表明中国人还没有能力区分审议机构和执行部门之间的差别。弼德院由院长一人、副院长一人、顾问大臣三十二人、参议大臣十人组成，他们有议奏权，但无表决权。几乎所有那些被撤销了官职的官员都转到了弼德院，其余人在找到新的职位之前，薪俸一律照旧。

第 152 节　内阁和弼德院的成立表面上似乎意味着军机处和（原）内阁的裁撤，而实际上，通过更加集中的方式把权力维持在与从前同样的满族集团手中，他们反倒加固了这些机构。全国各地立即响起抗议亲王进入内阁、皇室和皇族成员进入弼德院的声音，这表明具有民众基础的改革派是多么不愿意接受任何假借实行改革的方式建立的新官制，而这样一种抗议很快具体化为各省谘议局上奏给皇帝的抗议，不过，他们被严厉地训斥：黜陟官员是皇帝的特权，谘议局无权干涉此类事务。在这件事情上，民众还没有最后发言，此点将在随后而来的事件中看到。

第 153 节　立宪斗争的下一阶段把我们带到了 10 月份，带到了革命开始。后者将在其他地方讨论，因此，此处只谈革命对立宪问题所产生的影响。10 月 29 日，在直隶滦州统率军队的张绍曾将军奏陈请愿意见多项。由于他位于进京线路的战略要地，他的这些建议从性质上说几乎就是最后通牒。第二天，他的这些建议都被一连串的上谕所采纳，几乎等于答应了革命党人的全部要求。上谕规定：亲王将来不得担任内阁官职，资政院——当时正在开会期——得起草宪法，赦免戊戌以来所有政治犯。根据上谕中的第一条，庆亲王立即辞去总理大臣之职，袁世凯被命回京组织新一届内阁。根据第二条，资政院召开临时会议，会上形成宪法十九条并被皇帝正式接受，这距下令召开会议才不过三天时间。这部宪法以英国（宪法）为母本，承认皇帝之权神圣不可侵犯，但皇帝之权以宪法所规定者为限，国会议决事项，由皇帝颁布之。第八条规定，总理大臣由国会公举，由皇帝任命，依据第十九条，资政院暂时适用之，因此，袁世凯被正式选举为总理，11 月 9 日的上谕任命袁为总理大臣。五天以后，即 11 月 14 日，袁世凯抵达北京，立即着手组织内阁，并为了拉拢南方派而消除皇帝在政治领域的影响。在后一方面，最重要的步骤之一就是发布上谕，授权内阁在遇有重大国事时直接担负责任，不必奏请皇帝，并规定此后奏折应呈送内阁而不是皇帝。

第 154 条　现此同时，官员们感觉有必要让皇帝宣誓遵守资政院起草的宪法。于是，11 月 26 日，摄政王代表皇帝在太庙内满族皇室祖先的牌位前宣誓遵守宪法。不过，事情发展到现在，皇帝通过如此仪式来表达信条，已无法让民众信服，必须做出更进一步的退让。12 月 6 月，摄政王辞职，政府的一切权力，以及任命官员的权力，全部授予总理大臣及内阁。上谕规定，当皇帝接见外国使臣时，皇后应该陪同，一满一汉两名大内侍卫贴身保护皇帝。尽管这样，南方各省仍一步不让，带着越来越多怀疑心来看待新的皇太后职位。为了答复时在上海与革命党人谈判的政府全权代表唐绍仪的紧急奏请，作为最后一招，12 月 28 日（皇帝）发布上谕，下令召集代表全国的国会来决定中国的国体到底是立宪的君主制还是共和制。近代中国史上最多事的一年就这样结束了。尽管实际上并不属于 1911 年的研究范围，但是，仅仅就算是为这一年的故事做一个自然的结尾，也要说：提议中的国会由于环境的压力从未召开过，（满洲王朝）〔清帝〕退了位，1912 年 2 月 12 日，临时大总统袁世凯宣布民国成立。

第 155 节　现在有必要倒回头来回顾一下其他变化中的几件事，它们就本身而言意义不大，但却都是构成总的改革计划的组成部分。本年中，在十一个省会城市以及其他城市和市镇中开设了“审判厅”及初级审判厅，不过，截止到现在为止，在其中进行的案件审理令人非常不满意，国王陛下的领事官得到训令，凡是涉及到外国人利益的事情（的审理），都不要承认这些审判厅。2 月 24 日，发布了一道上谕，要求注意刑事审判中普遍存在的刑讯逼供的问题，尽管 1905 年的上谕中已经宣布废除此类刑讯逼供，尽管事实上有时有官员因刑讯逼供而受到惩罚，但是，有理由相信，这样的罪恶仍在到处继续，毫无减少，只有行政中心是个例外。

第156节　6月间，礼部裁撤，该部已经差不多早已毫无用处。接下来的一个月中，礼部从国家各部名单中删除,成为(学)部下属的一个部门。8月间,邮传部从海关总署接管邮政服务。10月,官方决定试图重新组织财政来源最大的行业之一——盐业，于是盐税纳入度支部下属的一个临时部门控制，由度支部尚书任总监，以便增加盐田的产量，并确保实际征收的税收中的大部分能够到位。

资政院

第157节　10月22日，武昌革命爆发仅十一天之后，资政院第二次会议开幕，受皇帝委派主持开幕式的礼亲王宣读了摄政王的训词，上谕则由那桐宣读。从会议一开始，议员们的注意力就转向了政治局势，立刻就上奏折，建议采取补救措施来挽救国家，弹劾邮传部尚书盛宣怀——盛氏因滥用权力引发骚乱。资政院攻击盛宣怀事先不向资政院提交议案就宣布铁路国有并向外国借款。显然，他们原则上不反对向外国借款，他们所反对的不过是借款所采用的方法。资政院发言中涉及盛氏时所用措辞极为严厉，而对他的弹劾立即大获成功。皇帝立即发布一道上谕，将盛氏革职，永不叙用。一些议员对他极为愤怒，其生命一度处在危险之中。

第158节　资政院乘胜出击，向政府提出了其他要求，即准许赦免革命党人，亲王不再担任政府职务，尽速起草并颁布宪法等。所有上述要求都在10月30日发布的上谕中得到答复。关于宪法，允许资政院参与起草。他们一刻也没有耽误，就起草了十九条，呈给皇帝后，几乎毫不迟疑地就得到了（皇帝的）批准。在构思宪法框架的过程中，资政院指出，总体上，应该以英国宪法为母本。公认的事实是，在起草宪法一事中，资政院的行动受到了驻守滦州的军队所提出的威胁性要求的影响。那些军队宣布，如不立即颁布宪法，他们将进京。此时，资政院还通过一项决议，反对武力镇压起事者，而他们的这一态度最近被袁世凯在其所上谢辞封爵折中提及，以便论证其采取措施与起事者谈判从而导致迟迟未收复汉阳和武昌的行为的正当性。

第159节　有关宪法的上谕发布后，资政院的许多议员们出发前往天津，因为有谣传说满族军队将奉命进京，解散资政院，甚至可能杀死部分议员。在11

月 8 日举行的会议上，全部两百名议员中，只有八十七人出席。本次会议的主要任务就是选举总理大臣，在投票中，袁世凯得到七十八票。在此次会议上，一两名议员提出了惩罚署四川总督赵尔丰的问题，要求处其以死刑，但是，经过讨论之后，认为审判是最高审判厅之事，资政院只能要求严惩。看到革命党人最近在成都处决了赵尔丰，再注意一下两个月之前资政院曾认真讨论过他的案子，这十分有趣。

第 160 节　资政院在此次会议上讨论的主题致使许多议员坚持辩论必须在秘密状态下进行，从而不允许公众列席旁听。这些会议引起了中国国内报刊的负面批评。大约 11 月中，几名在前几次辩论中起过重要作用、最能言善辩的议员，作为和谈信使，离京回各省。结果，各省留在北京的代表只有极少数，出席会议的多数都是政府官员。由于难以达到法定人数，资政院总裁起草了一封通函，该函被发表在中国国内报刊上，函中要求议员们在此危机时刻不要离开北京。此外，大约在此时，报刊上开始出现声明，称：资政院已不再代表全国公共舆论，原因在于，有许多代表参加会议受阻（资政院的大多数都是政府提名的人选）——自各省宣布独立以来，那些独立省份的议员已不再具有代表性。声明呼吁，正确的道路应该是立即召开国会，而资政院 11 月 14 日上书请愿支持这一步骤的行动，得到了很多称赞。

第 161 节　从第八次会议开始，资政院已渐失声色，但到第十二次会议时，又突然活跃起来。辩论并通过的两个议案，即剪除发辫和采用格列高利历，特别有意义。这两个重大改革中的第一个不久之后就被 12 月 7 日发布的上谕所批准，允许所有人自由剪辫。同一天，另一道上谕要求内阁讨论采用格列高利历的问题，以便采取适当措施，确保改革成功。

第 162 节　不管说过多少批评资政院在此次会议期间表现的话，但是，在困难的环境下，它已经尽了最大努力。从 10 月 22 日开幕以来，资政院完成了很多让民众满意的事情，例如弹劾邮传部尚书、选举总理大臣、起草宪法十九条、奏请特赦党人并允许其改组为政党、修改资政院章程、派议和专使到武昌以及剪辫，等等。采用格列高利历的运动也是他们首先发起的。

第 163 节　由于议员们分散到天津等地，资政院从 12 月初以来再未开会，但是，小规模的代表团一直都在与袁世凯就局势问题进行磋商，另并拜访包括我国使馆在内的各国使馆，以便了解各国在中国应采用共和制还是君主立宪制问题上所持的观点。看上去似乎资政院本身在此问题上分为两个阵营，议员们曾在一次会议上进行过非常公开的讨论。在皇宫的院墙之内居然可以讨论是否采用共和制，这再好不过地说明现存秩序正在经历多么巨大的变化，甚至在所谓忠于朝廷的北方都已如此。

各省谘议局

第 164 节　由于 10 月初革命的爆发并迅速蔓延至全国三分之二以上地区，实际上阻止了各省谘议局召开的任何会议，因此，我们手头没有关于 1911 年秋季各省谘议局会议的报告。鉴于各省（谘议局）未开常会，只能回顾一下江苏一省（谘议局）召开的临时会议。同时，我们也会提到来自四川、云南及山东等省有关 1910 年秋季会议的报告，在去年的总报告中这些没能及时收到。

第 165 节　由于在 1910 年度的常会上未能完成其任务，江苏省谘议局于 3 月 1 日至 3 月 20 日召开临时会议，所讨论的主要议题是省预算案，此问题颇受人诟病。谘议局通过的下列决议间接地与外国人的利益有关：

1. 江苏省内土地严禁出卖，永属公共财产，从其上所得之税收作各区地方自治团体之用。

2. 1910 年所借之三百万两的省债，不应用南京的财政而应用其他担保，以便当地的银行能够满足外国债权人的要求。

第 166 节　巡抚同意了上述第一条决议。如果这一规定在上海实施，将会对土地拥有者十分不便，在对地方自治团体毫无益处的情况下，还会剥夺当地土地管理部门主要的财政收入来源。此次江苏省谘议局的会议出席情况不如前几次，讨论中唯一引起公众兴趣的议题是教育预算缩减案，对此，教育当局和整个学究团体联手反对。除此之外，谘议局与省政府官员之间的关系相当融洽。

第 167 节　在会议的前半期，（江苏省）谘议局用各省谘议局联合会的名义致电北京，呼吁政府在与俄国谈判时应该立场坚定。后来，他们又联合致函，鉴于政治局势严峻，要求召开资政院临时会议。后一项建议为政府所拒绝。由于山西省谘议局发出的下述倡议遭到拒绝，各省谘议局议员即全体辞职，没有得到响应。

第168节　5月初，国王陛下派驻南京的领事报告说，由于巡抚拒绝执行他们在省预算案中提的缩减方案，谘议局的代表们已经全体辞职。巡抚的行动得到中央政府的支持，因此，皇帝发布上谕，指责代表们所抱的态度。据认为，谘议局不准备接受对其权力所加的限制，他们的这种态度最终证明是正确的，因为，到8月间，巡抚对谘议局的所有建议都采取了让步态度，于是代表们也就不再辞职。这样一种结果实在是中国民选政治的一大胜利。

第169节　至于云南省谘议局1910年的会议，国王陛下的总领事报告说，会议从10月3日开到11月1日，会议的安排总体上与上次相同，担任议长和副议长的三个人也与上次相同。会议在一座用时一年、花费约五千镑而建起的半欧洲式的楼房里进行。所讨论的议题中，最重要的如下，即废除厘金，增加税收，开垦荒地，教育土著居民自治，改良盐业系统等。

第170节　在四川，在1910年秋季会议期间，谘议局连续开会至11月22日（中间只星期日休息）。这七周的时间是章程中所规定的常会四十天以及特殊情况下可延长十天的法定时间。即使这样仍无法对所有议题进行充分辩论，于是，从11月11日至30日再开临时会议。总督本人未亲自参加任何一场会议，也未派其行政班子中的任何成员作为代表出席。总之，谘议局讨论了三十二个议题。四川谘议局尽管在1911年期间未召开任何会议，但是并未闲着。相反，其成员在西部地区反对中央政府令人讨厌的铁路政策的斗争中一直站在最前列。

第171节　在山东，谘议局在1910年秋季举行了一次有趣的会议。会议主要从事的艰难任务是要寻找完成九年计划中所提出各项改革的方法和手段，但收效不大。谘议局所提出的一些建议很新奇，得到巡抚的认可。这些建议之一，是向演员征税，另一项则是把地方官员受贿和搜刮所得以及征收土地税和土地交易税所附带的收入全部移交地方自治机构。此外，谘议局还在与黑龙江省谘议局联合制定计划，帮助从山东往北满移民。谘议局通过、巡抚批准的一项非常有价值的建议，是把八大湖、四百六十九条河流的水引入大运河，以便改进其通航能力。所需资金从盐税中支付。

罗伯特·L. 雅曼编：《中国：政治报告》（1911—1960）（档案版，2001年），第39—44页

图书在版编目（CIP）数据

外文资料 / 王宪明编译. — 太原：山西人民出版社，2020.6

（清末立宪运动史料丛刊 / 胡绳武主编）

ISBN 978-7-203-10389-9

Ⅰ. ①外… Ⅱ. ①王… Ⅲ. ①中外关系 - 国际交流 - 史料 - 清后期②预备立宪 - 史料 Ⅳ. ①D829②K257.506

中国版本图书馆 CIP 数据核字（2018）第 092323 号

清末立宪运动史料丛刊 · 外文资料

主　　编：胡绳武
副 主 编：牛贯杰　戴鞍钢
编　　译：王宪明
责任编辑：李　鑫
复　　审：贾　娟
终　　审：蒙莉莉
装帧设计：谢　成

出 版 者：山西出版传媒集团 · 山西人民出版社
地　　址：太原市建设南路 21 号
发行营销：0351-4922220　4955996　4956039　4922127（传真）
天猫官网：https://sxrmcbs.tmall.com　电话：0351-4922159
E - mail：sxskcb@163.com　发行部
sxskcb@126.com　总编室
网　　址：www.sxskcb.com

经 销 者：山西出版传媒集团 · 山西人民出版社
承 印 厂：山西出版传媒集团 · 山西人民印刷有限责任公司

开　　本：787mm×1092mm　1/16
印　　张：33.75
字　　数：560 千字
版　　次：2020 年 6 月　第 1 版
印　　次：2020 年 6 月　第 1 次印刷
书　　号：ISBN 978-7-203-10389-9
定　　价：210.00 元